한문학漢文學의 논리

서강대학교 인문과학연구소 인문연구전간 제49집

한문학漢文學의 논리

…정요일 지음

일조각

Humanities Monographs No. 49
Research Institute for Humanities
Sogang University

Logics in the Classical-Chinese Literature

by

Chung, Yo-il

ILCHOKAK
Seoul, 2009

머리말

'한문학의 논리'는, 한문학에 관한 논리를 뜻하기도 하고 한문학에 의한 논리를 뜻하기도 한다.

이 책은, 필자가 평소에 추구해 온 한문학의 이론 및 한문학 작가와 작품에 대한 연구의 방향과 방법을 제시하고, 한문과 한문학의 학습 과정에서 터득한 한문 문법의 논리와 전통 인문학으로서의 한문학의 문화 이론적 활용 방안 등을 제시하는 책으로, 각각 한때 필자 나름으로 골똘히 생각한 결과라고 하겠으나, 책을 읽는 분들의 생각으로는 대수롭지 않다고 할는지도 모를 저술이다. 필자가 연구를 드문드문 하다 보니, 책도 드문드문 내게 되어 부끄럽다.

마음의 방향이 정해져서 제대로 생각할 수 있게 된 뒤에라야 한문학의 연구도 참된 방향과 방법이 터득될 수 있을 것이기에, 「漢文學 硏究의 方向」이라는 논문을 써서 앞에 싣게 되었다. 그리고 문학 작품은 물론 모든 문장이 참된 '뜻'을 나타내기 위한 것이며 그 '뜻'이 마치 어떤 모습이나 느낌으로 눈에 보이는 듯 제 나름의 설득력을 지니고서 나타날 수 있도록 하는 것이 '氣'라는 관점에서, 한문학 이론의 용어 중에서 가장 중요한 용어들이라고 할 '意'와 '氣'에 관한 논문을 쓰게 되었다. 그리고 또한, 우주와 천지의 만물과 인간사가 생성 소멸하고 행해지는 이치가 '天機'로써 이루어지는 것이라고 하겠는데, 요즘 그와 관련된 이론에 연구자들의 관심이 적지 않은 듯하기에, 그 개념의 이해를 돕고 연구의 바람직한 방향을 제시하기 위하여 '天機와 天機論'에 관한 논문을 쓰게 되었다.

동양 문학 이론의 源流를 알 수 있도록 하는 중국 역대의 대표적인 문학 이론이 「毛詩序」와 「詩集傳序」라고 하겠는데, 그 이론들과 아울러 儒家의 문학 이론으로부터 크게 영향을 받은 한국의 대표적인 문학 이론이 「도산십이곡발陶山十二曲跋」과 「정언묘선서精言妙選序」라고 할 수 있기에, 그에 관한 논문을 쓰게 되었다. 그리고 중국과 한국의 역대 시인 중에서도 大家라고 일컬어지는 시인들의 詩法과 그에 관한 논리를 역대의 문학 이론과 관련하여 살펴보기 위해 「大家의 詩法」이라는 논문을 쓰게 되었다. 그리고 또한, 한문학의 이론이나 작가 · 작품을 연구함에 산문문학에 관해서도 관심을 보일 필요가 있을 것이기에, 한국의 대표적인 고전 작가의 한 분이라고 할 연암燕巖의 〈양반전兩班傳〉과 〈예덕선생전穢德先生傳〉에 관한 논문을 쓰게 되었다.

필자가 한문과 한문학을 처음 학습하던 시기로부터 느끼고 생각해 온 문제점들이 아직도 학계에서 그대로 남아 있는 채 잘못 인식되는 듯하여, 한문 문법과 문맥의 이해에 관한 문제에서 빚어진 오해를 바로잡기 위해 어조사 '之'字에 관한 논문과 몇몇 고전 자료의 해석 및 『訓民正音』「序文」에서의 '者'와 '놈'의 해석에 관한 논문을 쓰게 되었다.

한편 우리의 전통 인문학에서의 한문학과 관련된 학술 연구가 문화 이론으로서의 실용적 측면에서 활용됨으로써 국가의 산업 발전과 같은 정치적 목적으로 이바지할 수 있는 방안을 모색할 필요가 있다는 관점에서, 「문화관광 산업의 발전을 위한 전통 인문학의 역할」이라는 논문을 쓰게 되었다.

필자는 평소 컴퓨터나 교육 현장에서 통용되는 현행 맞춤법과 띄어쓰기 등의 문제에 불합리한 점이 있다고 생각하기에, 아직 논문으로 발표한 것은 아니나 내 나름대로 옳게 여기는 것을 고수하는 점이 있다. 그리하여 이 책에서도 필자가 작성한 원고대로 조판되기 바라는 뜻을 출판사의 '편집부' 에 전한 바 있는데, 필자의 뜻을 존중해 주는 듯하여 고맙게 생각한다.

별로 아는 것이 없는 필자의 부족한 논문으로 엮은 이 책이 학계에 조금이라도 보탬이 될 수 있기를 기대하며, 뜻있는 분들의 많은 질정이 있기를 바란다.

2009년 2월 1일

정 요 일

※ 일러두기

저자의 뚜렷한 주관과 각별한 요청에 따라 맞춤법과 띄어쓰기가 한글맞춤법 규정과 일부 다른 부분이 있음을 밝혀둔다. 예컨대 '회로애락'을 한자의 원음을 살려 '희노애락'으로 표기하였다. 책명은 『 』, 편명은 「 」, 작품명은 〈 〉로 표기하였다.

차례

2부_ 漢文學의 理論과 硏究의 實際

3부_ 漢文學과 漢文 文法 論理의 相關性

-1부-

漢文學 研究의 基本 論理

漢文學 研究의 方向

1. 서론

한문학 연구의 현 단계에서 그 바람직한 방향을 모색하는 데 특히 고려하지 않으면 안될 몇가지 사항이 있다. 그중 하나는 한문학 '연구 장르 범위 확대의 필요성'이라고 하겠다. 그 외에도 필자는, 특히 고려하지 않으면 안될 사항으로, 한문학 연구 '자료 해석의 정확성'과 '선비정신 연구의 중요성'을 들고자 한다. 따라서 본고는, 한문학 연구에서 고려해야 할 그 세가지 사항이 어째서 특히 강조되어야 하는가를 자료적 사례를 들어 논의함으로써 한문학 연구의 새로운 방향 모색을 위한 필자 나름의 소견을 제시하고자 하는 것이다.

아직까지의 한문학 연구는, 최근에 序·跋·記·說이나 碑誌·祭文 등의 장르에 대한 연구가 행해지기도 하나, 대체로 漢詩 장르와 漢文小說·野談 장르 그리고 詩話 장르 등 몇몇 장르에 편중되어 왔다는 느낌이 없지 않다. 漢詩와 한문소설 그리고 野談 장르 등에 해당하는 역대의 문학 작품이나 詩話 등의 비평문학 작품에서도 물론 많은 작가들이 높고 깊은 사상과 탁월한 문예를 보여 주었다. 그러나 또한 역대의 학자와 문장가들은 위에 열거한 장르 외에 다양한 다른 장르들의 작품에서도 얼마든지 높고 깊은 사상과 탁월한 문예를 보여 주었다. 역대 한문학 작가들의 그와 같은 다양한 장르의 훌륭한 작품들을 도외시하고 漢詩·漢文小說·詩話나 碑誌·祭文 등 몇몇 장르의 다소 문예에 치우친 작가·작품이나 작중인물에 대한 예찬 일변도의 작가·작품들을 주로 연구하다 보면 한문학 연구가 대체로 나약한 데 흐르기 쉽기 때문에, 연구 성과에 있어서 한문학 연구자들로부터 그다지 취할 것이 없는 것처럼 보이기 쉽다. 따라서 그와 같이 오해될 소지가 있는 한문학 연구의 학풍은 외부에서 한문학 연구 또는 국문학 연구를 바라보는 이들로 하여금 어떤 선입견을 지닌 채 한문학 또는 국문학 전공 그리고 그 전공자들의 학술적 내면세계를 깊이 들여다보지 않고 피상적으로만 파악하게 하여, 그와 같이 나약하고도 실용성이 적으며 깊이도 없는 것을 연구하는 분야가 우리의 한문학이나 국문학인 것처럼 오해하게 함으로써 그것을 전공하는 일 자체를 사회적으로 존중하지 않고 다소 폄시貶視하는 경향이 없지 않게 하는 것이다.

그리고 또한, 자료 해석에 정확성을 기하지 못하는 것이 한문학 연구를 자꾸 뒷걸음질치게 하거나 제자리걸음을 하게 하고 역대의 문학 작가와 작품 또는 문학론 등에 대한 해석을 빗나가게 한 경우가 없지 않다. 그것이 종래의 한문학 연구에 있어서 또 하나의 문제점으로 지적될 수 있다. 한편 한문학 연구에서 선비정신 연구의 중요성을 간과함으로써 많은 노력을 기울이고도 간혹 연구의 핵심을 흐리게 한 경우가 없지 않다. 그것이 종래의 한문학 연구에 있어서 또 다른 하나의 문제점으로 지적될 수 있다.

따라서 필자는 본고에서 이와 같은 문제점들을 제기하여 한문학 연구에서 그 몇가지 사항들이 어째서 중요시되고 강조되어야 할 것인지를 자료적 사례를 들어 구체적으로 논의함으로써 한문학 연구의 보다 바람직한 방향을 모색하고자 한다.

2. 연구 장르 범위 확대의 필요성

평소에 문학 비평가들이 작성하는 비평문은 물론이요, 문학 연구자들이 작성하는 연구 논문도 넓게는 문학 작품의 범주에 포함될 수 있을 것이다. 같은 관점에서, 오늘날의 문학 비평문이나 문학 연구 논문보다 작품으로서의 짜임새가 한층 더 치밀하고 수사가 뛰어나 문예성이 있으며 내용도 알찬 고전 시대의 한문학 장르들, 심지어는 창작 의도가 문예성의 표출에 있지 않았던 論·辨·說·原·策 등의 논문 장르들을 포함하여 序跋類·書說類·傳狀類 등 여러 장르의 문장들을, 그것이 반드시 문예적인 작품이 아니라거나 요즘 시대에 일반적으로 생각하는 '문학'에 관한 내용을 담은 것이 아니라고 하더라도, 문학적 관심과 탐구 자세로써 연구한다면, 우리는 또한 그런 문장들을 충분히 문학 연구 장르의 범위에 포함시켜 연구할 수 있을 것이다.

그동안 국문학의 고전문학 연구에서나 현대문학 연구에서 모두, 문학 연구의 대상이 되는 장르를 지나치게 축소하여 연구해 온 느낌이 없지 않다. 연구 태도에 대한 그와 같은 느낌은, 특히 문학 장르가 다양하고 자료가 산적한 한문학에 대해서 더욱 절실할 수밖에 없다. 이제 역사 연구나 철학 연구의 대상이 되는 역대의 기록 또는 문헌적 자료도 그와 같은 관점에서 문학적으로 연구한다면, 경우에 따라서는 충분히 문학 연구 자료가 될 수 있을 것이다. 그럼에도 문학 연구자들이 연구 장르 범위를 축소하는 등 연구 영역의 울타리를 스스로 한정함으로써, 오늘날 흔히 역사 연구나 철학 연구 분야에서 다루는 자료와 아울러 그 어느 분야에서도 다루지 않는 자료 등 많은 자료들을 외면하고 방치한 경우가 없지 않다. 그 결과 우리의 문학 연구자들은 스스로 설 자리(立地)를 잃거나 좁히는 결과를 초래하게 되었으며, 심지어는 "(文弱한) 문학 연구자들이 무엇을 알겠는가?" 하는 비판과 폄시를 받아도 어쩔 수 없는 처지를 자초하게 되었다. 그것을 필자 스스로도 반성하는 의미에서, 이제 먼저 문학 연구 장르 범위 확대의 필요성을 강조하지 않을 수 없다.

예로부터 오늘날에 이르기까지 '문학'의 개념이 시대에 따라 변화하고 그 개념이 대체로 축소되어 왔으며, 근래에 이르러서는 심지어 '문예'가 곧 '문학'인 것처럼 인식되는 경향이 있어 왔음을 부인하기 어렵다. 그것은 문학 창작이나 문학 연구에 종사하는 자들이 차츰 기예만을 숭상하게 되어 스스로 자신의 영역을 위축시킴으로써 빚어진 결과라고 하겠다. 문학에 종사하는 자들이 '문예의 글재주'에 얽매이는 것을 한탄하는 논리는, 비단 오늘날의 시대에 이르러서만이 아니라 옛 시대에도 선비정신이 투철한 학자들에 의하여 끊임없이 제기되어 왔는데, 서양 문화가 들어온 이후에 더욱 우려의 목소리로 나타나기도 하였다. 말하자면, 후세로 내려오면서 점차 문학을 보는 관념이 축소되고, 아울러 문학의 궁극 목적이 문예를 추구하는 데 있는 것이 아니라 經世致用에 있음을 알지 못하는 데서, 그와 같은 한탄과 우려가 있게 되었다고 할 것이다.

『論語』, 「先進」篇에 다음과 같은 孔子의 말씀이 있다.

> 子曰, 從我於陳蔡者, 皆不及門也. 德行, 顔淵 · 閔子騫 · 冉伯牛 · 仲弓, 言語, 宰我 · 子貢, 政事, 冉有 · 季路, 文學, 子游 · 子夏.
>
> 孔子가 말씀하시기를, "陳 나라 蔡 나라에서 나를 따르던 자들이 모두 이 門下에는 미치지 못했구나! 德行에는 안연 · 민자건 · 염백우 · 중궁이요, 言語에는 재아 · 자공이요, 政事에는 염유 · 계로요, 文學에는 자유 · 자하와 같은 사람들이었느니라." 하셨다.[1]

위의 孔子 말씀에 있는 '문학' 이라는 말은, 오늘날에 생각하는 '문학' 을

1 『論語』, 「先進」篇, '先進' 章 참조. 여기서의 '先進' 章이라는 말과 같이 『論語』 · 『孟子』 등 經書의 篇名 또는 큰 '章' 의 명칭 뒤에 붙인 작은 '章' 의 명칭 표시는 淸代의 학자 張岱의 『四書遇』(浙江古籍出版社, 1985)를 참조하였음.

포함하는 말이기는 하나, 오늘날의 '문학' 이라는 말이 의미하는 뜻과는 엄연히 다른 한층 넓은 의미의 포괄적인 뜻을 나타낸 말로 이해된다. 말하자면 그것은, '글 배움' · '글공부' · '글공부 잘하는 것' · '文書의 기록이나 문장의 작성에 능하고 또 그것을 잘 이해하는 것' 등의 의미를 나타낸 말이며, 또한 그것을 잘하여 세상을 밝히는 데 쓸모 있는 것을 의미하는 말이었다고 하겠다.

그러면 위의 孔子의 말씀에서 '문학' 에 능했다는 子游 · 子夏는, 구체적으로 어떤 일을 잘하고 어떤 재주가 있었겠는가? 『詩經』詩나 그 밖의 經書의 내용과 같은, 문학 또는 역사 · 정치철학 등에 관한 문자의 기록이나 문장의 내용에 대한 이해에 능하고, 그에 관한 언어 · 문자의 표현이나 설명 등에 재주가 있었을 것이며, 또 그런 재주를 융통성 있게 활용하여 세상을 밝히는 데 도움이 될 만한 재주가 있었을 것이다. 곧 그들 자신이 그런 재주를 갖추는 데 그치는 것이 아니라 덕행을 닦아 장차 도덕군자로서의 큰 역량을 지닌 인물이 되는 데 도움될 수 있다는 의미에서의 그와 같은 '문학' 적 특장이 있었을 것이다.

그런데도 『論語』, 「雍也」篇의 말씀에서, 孔子는 문학에 능한 그 제자 가운데 한 사람인 子夏에게 다음과 같은 가르침을 내린 것을 살펴볼 수 있다.

> 子謂子夏日, 女爲君子儒, 無爲小人儒.
>
> 孔子께서 子夏에게 일러 말씀하시기를, "너는 군자로서의 선비공부를 할 것이요, 소인으로서의 선비공부를 하지 말 것이니라." 하셨다.[2]

『論語』의 集註를 참고하자면, 孔子의 그와 같은 말씀에 대한 '謝氏(謝良佐)' 의 해석 가운데 다음과 같은 구절이 있다.

---

2 『論語』, 「雍也」篇, '爲儒' 章 참조.

子夏, 文學, 雖有餘, 然, 意其遠者大者, 或昧焉, 故夫子, 語之以此.

子夏가 문학에는 비록 남음이 있었으나, 그 원대한 데에 뜻을 둠에 있어서는 간혹 어두웠는지라, 그러므로 선생님(孔子)께서 말씀하시기를 이와 같이 하셨던 것이다.[3]

義理 곧 의리 도덕을 추구하는 선비공부로서의 학문이 '君子儒'이며, 이익을 추구하거나 부귀공명에 뜻을 두는 등 자잘한 이익에 얽매이는 소시민적인 그릇된 선비공부로서의 학문이 '小人儒'이다. 그런 의미에서 보자면, 앞의 孔子 말씀에서의 '문학' 곧 孔子 시대의 '문학'이라는 말에 담긴 뜻은, 그에 관한 재주가 있어도 원대한 데에 뜻을 두지 못하면 그런 재주를 키우는 것이 君子로서의 선비공부가 되지 못한다는 점에서 오늘날 우리가 생각하는 '문학'이라는 말에 담긴 뜻과 근본이 크게 다르지 않은 大同小異한 것으로 이해될 수도 있다. 그러나 子游와 子夏가 주로 문예의 추구에 매달리는 오늘날의 '문학'과 같은 좁은 분야의 학술에만 능했던 것은 결코 아니다. 그런데도 제자 子夏가 '진정한 의미에서의 선비공부(君子儒)'에 간혹 소홀히 하는 점이 있을까 염려되어, 그와 같은 질책에 가까운 孔子의 가르침이 있었을 것으로 판단된다. 孔子는 제자 子夏가 '문학'에 능해도 그 문학적 역량이 세상을 밝히거나 바로잡고자 하는 원대한 포부로서의 선비공부로 활용되고 발전되기를 바랐던 것이다.

그러므로 위에 인용한 『論語』, 「先進」篇의 孔子의 말씀에서 子游 · 子夏에 대하여 일컬어진 '문학'과 『論語』, 「雍也」篇의 集註에 실린 '謝氏'의 주석에서 일컬어진 '문학'은, 오늘날 일반적으로 일컬어지는 '문학'이라는 말과는 분명한 개념 차이가 있다고 하겠다. 옛날 孔子의 시대에는 물론 宋代까지만 하더라도, '문학'은 '글 배움' · '글공부' · '글공부 잘하는 것' · '文書의 기록이나 문장의 작성에 능하고 또 그것을 잘 이해하는 것' 등의

3 『論語』, 「雍也」篇, '爲儒'章에 대한 集註 참조.

포괄적인 넓은 뜻을 지닌 학술을 의미하는 말로 쓰였는데, 오늘날에는 그것이 옛 시대보다는 너무나도 작은 문예적인 것만을 추구하는 데 기울어진 학술을 의미하는 말로 쓰이고 있음을 부인할 수 없다.

『論語』, 「學而」篇의 "行有餘力, 則以學文.(행하고도 남음이 있거든, 그 여력으로써 글을 배우느니라.)"이라는 孔子의 말씀에 대한 集註에 다음과 같은 구절이 있다.

> 尹氏曰, 德行, 本也, 文藝, 末也, 窮其本末, 知所先後, 可以入德矣.
>
> 尹氏(尹焞)가 이르기를, "德行은 근본이요, 文藝(글재주 곧 글공부 잘하는 재주)는 末에 해당되니, 그 本末을 끝까지 밝혀서 먼저 하고 나중에 할 것을 알면, 德(道德君子의 경지)에 들어갈 수 있을 것이다." 하였다.[4]

이 구절에서 밝힌 뜻은, 사람의 도리에 있어서 공부 잘하는 '글재주(文藝)'는 '末藝' 곧 '末端의 재주'라고 할 수 있는 데 비하여 德이 있는 행실 곧 '德行'이 '근본'이라는 것이다. 아울러 사람의 도리에 있어서 무엇이 중요하고 중요하지 않은가를 깊이 깨달아 그 本末에 輕重을 두어, 글공부하는 재주보다는 덕행에 힘쓰는 데서 도덕(도덕군자)의 경지에 들어갈 수 있다는 것이다.

또한 宋代에 程子는, 학사들이 비록 '文章之學'을 하더라도 그 '文章之學'을 학문의 궁극 목표로 삼아서는 안될 것이며 세상을 밝히고자 하는 참된 선비로서의 '儒者之學'에 학문의 궁극 목표를 두어야 할 것이라는 관점에서 다음과 같이 말하였다.

> 古之學者一, 今之學者三, 異端不與焉. 一曰文章之學, 二曰訓詁之學, 三曰儒者之學, 欲適道, 舍儒者之學, 不可.

4 『論語』, 「學而」篇, '弟子'章 및 그에 대한 集註 참조.

옛날의 학자들은 하나였는데 오늘날의 학자들은 세가지이니, 異端은 거기에 참여하지도 못한다. 그 하나는 文章之學이요, 하나는 訓詁之學이며, 또 하나는 儒者之學이니, 道에 나아가고자 한다면 儒者之學을 버리고서는 안된다.[5]

程子의 이와 같은 말씀에서 우리는 다음과 같은 사실을 알 수 있다. 그 시대의 참된 학자들이 '文章之學'이나 '訓詁之學'의 필요성을 인정하여, 경우에 따라서는 그와 같은 학술들에 힘쓰기는 하되, 결코 그런 학술들 자체를 학문의 궁극 목표로 삼지는 않았으며, 道를 밝혀 세상을 살기 좋은 세상으로 바로잡을 수 있는 '참된 선비공부'로서의 '儒者之學'을 학문의 궁극 목표로 삼아, 그 '文章之學'·'訓詁之學' 등이 '儒者之學'을 해 나가는데 도움이 되거나 그에 수렴되도록 하고자 하였다는 사실을 알 수 있다.

따라서 우리는, 그와 같은 역대의 기록들을 교훈 삼아 '문학' 공부를 하더라도 문학의 범위를 더욱 넓혀서 행해 나가야 할 것이며, 또한 세상을 밝힐 수 있는 道를 추구하는 데 학문의 궁극 목표를 두고, 그 궁극 목표를 '문학' 공부 자체에 두지 않아야 할 것이다. 그리하여 '문학' 공부가 마침내 그와 같은 궁극적인 학문의 목표에 도움될 수 있도록 해야 할 것이다.

조선 중기에 栗谷 선생 또한 「文策」이라는 글에서, 참된 선비는 문장에 뜻을 두지 않고 도덕에 뜻을 두는 것임을 밝혀, 인재 등용의 방법에 관하여 다음과 같이 논하였다.

士之上者, 有志於道德, 其次, 志乎事業, 其次, 志乎文章, 最下者, 志乎富貴而已, 科擧之徒, 則志乎富貴者也. 今玆, 欲得志乎道德者, 而反以志乎富貴者待士, 則甚非國家所以求賢之意也.

선비 중에서 가장 높은 자는 도덕에 뜻을 두며, 그 다음은 사업에 뜻을 두며, 그 다음은 문장에 뜻을 두며, 가장 낮은 자는 부귀에 뜻을 둘 따름이니, 科擧에 매달리는 무리는 부귀에 뜻을 두는 자들입니다. 요즘 세상에는 도덕에 뜻을 둔

5 程頤, 『二程全書』, 『伊川先生語錄』 卷十八 참조.

자들을 등용하고자 하면서도 도리어 부귀에 뜻을 두는 자들을 구하는 방법으로써 선비들을 대접하니, 국가에서 어진이를 구하고자 하는 뜻은 절대로 아닐 것입니다.[6]

栗谷은, 인재 등용의 방법으로 국가에서 시행하는 '科擧' 제도의 모순점을 바로잡고자 하는 대책을 제시하면서, 위와 같은 말을 하게 된 것이다. 율곡이 과거에만 매달리는 무리를 가장 천박하게 여긴 까닭은, 그들의 목표가 과거에 급제함으로써 출세하여 부귀영화를 누리자는 데 있었기 때문이다. 율곡이 또한 그들을 문장에 뜻을 두는 자들보다도 더욱 천박하게 여긴 까닭은, 뒷부분에서 인용하는 율곡의 「文武策」에서 논의된 바와 같이, 그들이 經學은 물론 '문장' 공부조차도 祿을 구하기 위한 도구로 삼는 자들이었기 때문이다. 율곡의 말씀 가운데 '선비 중에서 가장 높은 자(士之上者)'로 일컬어진 '도덕에 뜻을 두는 자'라는 말은 앞에서 인용한 바 『論語』, 「雍也」篇의 孔子의 말씀 중에서 제자 子夏에게 일러준 '군자로서의 선비공부(君子儒)'를 하는 경우의 '선비(士)'를 뜻하는 말이라고 할 것이며, 부귀에 뜻을 두는 '선비 중에서 가장 낮은 자(士之最下者)'나 '과거에 매달리는 무리(科擧之徒)'는, 그 孔子의 말씀 중에 있는 '소인으로서의 선비공부(小人儒)'를 하는 '선비답지 못한 선비'를 뜻하는 말이라고 할 것이다.

『論語』, 「子路」篇에는, 정치나 외교적인 재량의 문제와 관련하여 시의 용도가 넓다는 뜻을 밝힌, 孔子의 다음과 같은 말씀이 있다.

子曰, 誦詩三百, 授之以政, 不達, 使於四方, 不能專對, 雖多, 亦奚以爲.

孔子가 말씀하시기를, "시 3백 편을 외고서도 政事를 맡겨줌에 잘 해내지 못하며, 사방에 사신으로 가서 능히 책임지고 알아서 답변하지 못한다면, 비록 시를 많이 왼들 무엇에 쓰겠는가?" 하셨다.[7]

---

6 李珥, 『栗谷全書』, 拾遺 卷之六, 雜著, 「文策」 참조.

『詩經』詩 3백 편을 외고서도 정치적 역량을 갖추지 못하거나 國書를 품고 외국에 간 사신으로서 임기응변하는 외교적 재량이 없어 능히 專對할 줄 모른다면, 시 3백 편을 외고 많이 배웠다고 할지라도 세상을 밝히고 바로잡을 수 있는 역량과 융통성이 없어, 문학을 하는 본래의 목적을 달성할 수 없다는 취지에서 그와 같은 孔子의 말씀이 있게 된 것이다. 이는 시를 제대로 알게 되면 정치 · 외교 등의 문제에 직면하여 그때 그때 일을 처리하는 최선의 능력을 발휘할 만큼 시의 용도가 인간사의 다방면에 미치지 않는 곳이 없다는 뜻을 밝힌 것으로, 『詩經』詩를 배우고 외는 궁극 목적이 어디에 있는가를 함축성 있게 제시한 대목이라고 하겠으며, 문학의 궁극 목적이 문학 그 자체를 잘하는 데에만 국한되는 것이 아님을 밝힌 교훈이라 하겠다.

程子는 위의 孔子의 말씀에 대하여 다음과 같이 논하였다.

> 窮經, 將以致用也, 世之誦詩者, 果能從政而專對乎. 然則其所學者, 章句之末耳, 學者之大患也.
>
> 經의 뜻을 끝까지 밝히는 것은 장차 經世致用을 위한 것이거늘, 세상에서 시를 외는 자들이 과연 능히 政事에 종사할 줄 알고 전대할 줄 알겠는가? 그렇지 못하다면, 배우는 것이 章句의 末藝를 익히는 것일 따름이니, (이 바로) 배우는 자들에게 있어서 크게 근심할 만한 일이다.[8]

여기서의 程子의 말씀은 대체로 다음과 같이 이해될 수 있다. 『詩經』과 같은 聖經 구절에 담긴 뜻을 끝까지 이해하고 밝히는 것은, 장차 세상을 다스리거나 바로잡는 데 있어서 그때 그때 실무에 접하여 그 실용적인 쓰임을 지극히 하자는 것이다. 『詩經』詩를 외고 잘 배워 익히는 것도, 혹은 정사를 맡겨줄 경우에 능히 정치적 역량을 발휘할 수 있도록 하자는 것이며,

7 『論語』, 「子路」篇, '誦詩'章 참조.
8 위의 책, 「子路」篇, '誦詩'章에 대한 集註 참조.

혹은 國書를 품고 외국에 사신으로 가게 될 경우에 임기응변하는 외교적 재량을 발휘하여 그때 그때 능히 스스로 알아서 답변할 줄 아는 능력 곧 '專對'할 수 있는 능력을 갖출 수 있도록 하자는 것이다. 그와 같이 어떤 경우에든 세상을 밝히고 바로잡을 수 있는 '經世致用'의 역량과 융통성을 갖추기 위하여 聖經 공부를 하는 것인데, 당시의 학자들이 그와 같은 역량과 융통성을 갖추지 못하는 것으로 보자면, 그것은 학자들이 대체로 聖經 공부를 한다면서도 章句의 末藝를 익히는 데 매달리기 때문이었다. 따라서 그런 학술 태도와 학문적 자세야말로 당시의 학자들에게 있어서 마땅히 고쳐져야 할 큰 병통이라 아니할 수 없었다. 程子는, 孔子의 말씀에 대한 위의 註釋에서 그와 같은 뜻을 밝히고자 한 것이다.

栗谷의 「文武策」에도 위의 程子의 말씀과 같은 맥락에서 이해될 수 있는 구절이 있다. 율곡은 「文武策」에서, 문예의 잔재주에 빠져드는 浮薄한 학풍의 실상을 다음과 같이 지적하였다.

聖賢之訓, 載在六經, 六經者, 入道之門也, 豈期以此爲干祿之具耶. 道之顯者, 謂之文, 文者, 貫道之器也, 豈期以此爲雕蟲篆刻之巧耶. 拘儒瞽生, 尋摘章句之間, 而無涵泳意味之實, 小技末流, 爭奇繡繪之間, 而無英華發外之實, 已失國家右文之本意矣.

聖賢의 가르침은 六經에 실려 있으니, 六經이라는 것은 道에 들어가는 門이거늘, 어찌 이것으로써 祿을 구하는 도구를 삼기를 바라야만 하겠습니까? 道가 나타난 것을 文이라 하니, 文은 道를 꿰는 그릇(貫道之器)이거늘, 어찌 이것으로써 자잘한 문예의 벌레 먹듯이 아로새기고 다듬는 기교로 삼기를 바라야만 하겠습니까? 얽매인 선비 · 소견 없는 書生(拘儒瞽生)은 글구에서 따낼 것이나 찾고 그 글구의 의미에 마음을 잠기게 하는 실속이 없으며, 잔재주꾼 · 말단의 무리(小技末流)들은 글구를 수놓아 꾸미는 데서 기이함을 다투고 꽃다운 아름다움을 밖으로 피워내는 실속이 없어, 이미 국가에서 文을 숭상해 온 本意를 잃어 버린 이들입니다.[9]

栗谷은 위의 글에서, 당시의 얽매인 선비들이 六經의 글마저도 녹을 구하기 위한 도구로 삼아 記誦之習을 일삼거나, 詞章之學에서마저도 글구를 아로새기고 수놓는 자잘한 문예의 기교에 빠져들어 건전한 詞章之學을 하지 못하는, 세속의 浮薄한 학풍을 개탄하였다. 그 말씀 가운데에는 당시의 문학이 이미 나약한 데 흐른 것을 지적하는 뜻이 담겨 있다고 하겠다.

근래에 선비다운 인물로 추앙 받는 萬海 韓龍雲 또한 「文藝小言」에서, '문학'을 한갓 좁은 의미의 '문예'로 보거나 심지어 '예술'로만 본 당시의 서구지향적 문학관을 비판하였다.[10] 그리고 시집 『님의 沈默』의 〈'사랑'을 사랑하여요〉에서는 "만일 좋은 文章만을 사랑한다면, 왜 내가 꽃을 노래하지 않고 버들을 讚美하여요."[11]라고 노래하여, '눈요기' 감으로서의 좋은 문장만이 시나 문학이 되는 것이 아니라는 뜻에서 겉꾸밈보다 실속 있는 내용을 중시하는 시와 문학을 지향하고자 하였다.

이와 같이 孔子의 시대로부터 역대의 뜻있는 선비와 학자들은, '문학' 또는 '文章之學' 그 자체를 학문의 궁극 목표로 삼아 그에 몰두하거나 열중하는 것이 '君子로서의 선비공부(君子儒)' 곧 세상을 밝힐 수 있는 '진정한 의미에서의 선비공부(儒者之學)'에 도움되지 못하는 것을 경계해 왔다. 그리고 '문학' 또는 '文章之學'을 하더라도 문예에 치우치는 浮華無實한 학풍에서 벗어나지 못하는 것을 경계해 왔다.

그와 같은 관점에서 우리는, 문학 또는 문학 연구를 하되 더 높은 데에 이상을 둘 필요가 있다. 따라서 필자는 본고에서, 한문학 연구 장르 범위 확대의 필요성을 강조하게 된 것이다. 왜냐하면, 한문학 연구가 장차 문예에 치우친 작품이나 작가에 대한 연구의 울타리에서 벗어나고 그런 작품이나 작가만을 연구 대상으로 삼는 학풍의 구덩이에서 벗어나 文·史·哲

9 李珥, 『栗谷全書』, 拾遺 卷之六, 雜著, 「文武策」 참조.

10 韓龍雲, 『韓龍雲全集』1, 新丘文化社, 1973, 192~196쪽 참조.

11 韓龍雲, 『님의 沈默』, 匯東書館, 1926, 137~138쪽 참조.

을 아우르는 다양한 장르의 문장과 작가들을 두루 연구 대상으로 삼을 때, 그리고 폭넓은 문학 연구를 통해 높고 깊은 사상을 터득하되 그 사상을 또한 실천적 학문으로 발전시킬 때, 한문학 연구자들의 입지가 한층 더 넓혀질 수 있을 것이며, 한문학 연구가 학계와 사회 그리고 세상을 위해 기여하는 바가 클 것으로 생각되기 때문이다.

중국 梁代에 유협劉勰의 『文心雕龍』에서는 騷·詩·樂府·賦·頌·贊·史傳·論·說·策·檄·表·奏·書·記 등 34류의 문체(장르)를 거론하였으며, 蕭統의 『文選』에서는 賦·詩·騷·詔·表·策·檄·辭·序·箴·銘·墓誌·行狀 등 39류의 문체를 거론하였다. 그리고 明代 徐師曾의 『文體明辯』에서는 歌·謠·詩·辭·策·論·說·原 등 127류의 문체를 거론하였으며, 淸代 요내姚鼐의 『古文辭類纂』에서는 論辨類·序跋類·奏議類·書說類·贈序類·詔令類·傳狀類·碑誌類·雜記類·箴銘類·頌贊類·辭賦類·哀祭類 등으로써 문체를 크게 13류로 분류하고 그것을 또 작게 90여 류로 분류하였다.

우리 조선시대에도 徐居正 등 23인의 찬집관이 편찬한 『東文選』에서는 辭·賦·五言古詩·七言古詩·五言律詩·七言律詩·五言絶句·七言絶句·文·書·記·序·說·論·傳·跋·辨·原 등 54류의 문체를 수록하였으며, 李睟光의 『芝峰類說』에서는 산문에 속하는 문체로 箴·銘·頌·贊·表·箋·書·疏·記·傳·策·論 등 41류를 열거하고, 시에 속하는 문체로 三言·四言·五言·六言·七言·聯句·絶句·律詩·排律·古詩·長短句·歌詞·樂府 등 13류를 열거하여, 모두 54류의 문체를 거론하였다.

동양 역대의 典籍에서 확인되는 그 수많은 문체(장르)를 여기서 일일이 거론하지는 않겠으나, 혹은 서로 유사한 것이 있어도 대체로 각각 성격을 달리하는 그 많은 문체가 문장을 짓는 데 모두 필요한 문체였기에, 또한 어느것 하나라도 문학을 연구하는 데 불필요한 문체는 결코 없었다고 하겠다.

그러므로 역대 한문학의 여러 장르 중 비록 문학성이 적은 것처럼 보이는 몇몇 장르들, 예를 들어 論·策·原·表·疏 등의 장르에서도 우리는 얼마든지 높은 사상성과 문학성을 찾을 수 있고, 아울러 그와 같은 문장을 지은 작가의 사상과 문예 또는 선비정신을 찾아서 문학 연구를 행할 수 있을 것으로 생각된다.

『古文眞寶』에 수록된 歐陽脩의 「縱囚論」 같은 작품은, 논문류의 장르이기는 하나, 390인의 사형수들을 풀어 준 唐 太宗의 의도나 심정을 너무나도 잘 헤아려 설파했으며, 법과 형벌을 쓰는 도리를 지극히 논하였는데, 간결하고도 타당하며 완곡하면서도 분명한 표현과 빈틈없는 논리로 감동을 주는 그런 작품들을 마땅히 숙독하여, 작품 전체의 구조적 짜임새는 물론 높은 사상성과 문예성 전반에 대하여 면밀히 분석하고 고찰하는 일이 필요할 것으로 보인다. 같은 논문류의 장르로서, 앞에서 거론한 栗谷의 「文策」·「文武策」과 같은 문장의 '策'이라는 장르도 그 예외는 아닐 것이며, 『古文眞寶』에 수록된 韓退之의 「原道」와 같은 문장의 '原'이라는 장르도 그 예외가 아닐 것이다.

『古文眞寶』에 수록된 諸葛孔明의 「出師表」·「後出師表」를 눈물 없이는 읽을 수 없을 것이다. 슬픔을 억제하며 지어 올린 表文에 나타난 진실된 선비의 그와 같은 衷情의 표출에서 찾을 수 있는 선비정신과 간결하면서도 알찬 문장 표현에서의 문학성 등을 통해, 문학도로서 탐구해야 할 바가 적지 않을 것이다. 그와 같은 문장에서 우리는 높은 문예성을 추구할 수도 있으며, 나아가 작가의 선비정신을 탐구할 수 있고, 아울러 인격 수양과 실천적 삶을 위해 많은 것을 배울 수 있다. 조선시대 退溪 선생의 수차례에 걸친 「辭職疏」에서, 벼슬을 사양하는 것만이 최선은 아니라고 할지라도, 벼슬 자리에 대한 그 완곡한 사양과 감동을 줄 만한 그 진실된 표현을 통해, 우리는 또한 문학적 역량은 물론 벼슬길에 나아가고 벼슬길에서 물러나는 '출처'의 문제에 직면하였을 때의 선비적 삶의 자세에 대하여 많은 것을 생각할 수 있다.

이와 같은 관점에서 필자는, 한문학 연구 장르 범위 확대의 필요성을 거듭 강조하지 않을 수 없다. 종래의 한문학 연구에서도 대체로 큰 성과를 거두었다고 하겠다. 각 시대의 작가·작품에 대한 연구에서 사상성과 문예성의 탐구를 통해 적지 않은 성과를 거두었으며, 각 시대의 비평가에 대한 문예 이론 및 비평의식의 탐구를 통해 또한 적지 않은 성과를 거두었다. 그러나 그동안의 한문학 연구가 문예성의 추구에 다소 집착해 온 감이 없지 않다. 따라서 한문학 연구는, 장차 연구 장르 범위를 다양한 장르로 확대해 나갈 필요가 있을 것이며, 각 시대의 작가·작품 또는 비평가의 문학론 등에 대한 고찰에 있어서도 사상성과 문예성의 탐구를 모두 중시하되, 중국과 한국 그리고 한국 내에서의 사상적·문예적 상호 영향 관계와 상관관계 등에 대해서도 관심을 기울이고, 통시적·공시적 관점에서의 고찰에도 힘써야 할 것이다. 그리고 사상성을 고찰하는 데 있어서는 특히 선비정신의 탐구에 주력할 필요가 있을 것이다.

3. 자료 해석의 정확성

한문학 연구에서 문구의 번역을 정확하게 하지 못하거나 문구의 행간에 담긴 뜻을 제대로 이해하지 못하여 고전 자료의 해석에 정확성을 기하지 못하는 것이, 종종 문학사 또는 문학사상사에 대한 이해를 그르치게 하고 역대의 문학 작가·작품 또는 문학론 등에 대한 해석을 빗나가게 함으로써, 한문학 연구를 자꾸 뒷걸음질치게 하거나 제자리걸음을 하게 하는 것을 볼 수 있다. 따라서 필자는 한문학 연구의 바람직한 방향을 찾기 위해 '자료 해석의 정확성'을 강조하지 않을 수 없으며, 이제 필자가 그동안 몇몇 논문을 통해서 기존 한문학 연구에서의 오류를 바로잡고자 한 고전 자료에 대한 필자 나름의 해석을 토대로 하여 한문학 연구에서 자료 해석의 정확성이 어째서 중요한가를 논의하고자 한다.

중국 宋初에 「太極圖說」을 지은 성리학의 원조라고 할 周濂溪(周敦頤)는, 「文辭」라는 글에서 다음과 같이 말하였다.

> 文所以載道也. 輪轅飾而人弗庸, 徒飾也, 況虛車乎. 文辭, 藝也, 道德, 實也, 篤其實而藝者書之, 美則愛, 愛則傳焉. 賢者, 得以學而致之, 是爲敎. 故曰, 言之無文, 行之不遠. 然, 不賢者, 雖父兄臨之, 師保勉之, 不學也, 强之, 不從也. 不知務道德, 而第以文辭爲能者, 藝焉而已, 噫, 弊也久矣.
>
> 글은 道를 싣자는 것이다. 수레가 꾸며져도 사람이 쓰지 않는다면 한갓 꾸밈에 불과한 것이니, 하물며 빈 수레이겠는가? 文辭는 藝요 道德은 實이니, 그 실하고도 예스러운 것을 돈독히 하는 자가 쓰게 됨에 아름답게 되면 사랑받게 되고 사랑받게 되면 전해지는 것이다. 賢者는 얻어서 배워 道에 이르러가게 되니, 이것이 바로 '敎'가 되는 것이다. 그러므로 이르기를, 말(言)이란 글(文)이 없이는 가는데 멀리 가지 못한다고 한 것이다. 그러나 어질지 못한 자는 비록 父兄이 임해 주고 師保(스승)가 힘써 주더라도 배우지 않으며, 억지로 시키려 해도 따르지 않는다. 도덕에 힘쓸 줄을 모르고서 다만 文辭로써 能事를 삼는 자는 藝에 그칠 따름이니, 슬프도다. 폐단이 오래 되었도다.[12]

위의 글 「文辭」는 이른바 본격적인 '文以載道論'으로 일컬어지는 문학론이다. 周濂溪는 위의 글에서 문장과 도덕의 관계를 밝혀 "글은 道를 싣자는 것이다(文所以載道也)"라고 문장의 개념을 규정하고 나서, 문장을 이루는 두가지 요소로 '도덕'과 '文辭'를 들고, 그것을 함께 고려하여 '실하고도 예스러운 것을 돈독히 하는 자가 쓰는 것'이 문장이 진정으로 아름다울 수 있는 조건임을 밝혔다. 그리고 글 짓는 사람으로서는, 특히 도덕에 힘쓸 줄을 알아서 예로만 흐르지 않아야 할 것을 경계하였다. 그렇다고 문

12 周敦頤, 『周子全書』 卷十, 進呈本, 『通書』 四, 「文辭」 참조.

예를 부정한 것은 아니다. 실하고도 예스러운 것을 모두 돈독히 해야 한다고 하여, 도덕과 '文辭' 곧 '문예'를 本末의 관계로 輕重을 두어 파악하고 그 '근본'에 해당하는 '도덕'에 힘쓸 것을 강조하기는 하였으되, 그 '末'에 해당하는 '문예'를 결코 도외시하지는 않았다. 그리고 아무리 좋은 말이라도 글이 없이는 행해지는데 멀리 행해질 수 없다(言之無文, 行之不遠)[13]는 『春秋左傳』의 문구를 인용한 것으로 보더라도, 문장은 물론이요 문장을 꾸미는 요소로서의 문예의 필요성을 인정한 것이라 하겠다.

선비(儒者)들은 전통적으로 근본을 중시하고 겉꾸밈보다는 본질을 숭상해 왔다. 그러나 '文質彬彬'을 추구하여 근본과 겉꾸밈이 모두 조화 있게 빛나는 것을 귀하게 여겼다.[14] 따라서 위의 「文辭」라는 글에서 문장에 담기는 도덕을 중요시하면서도 문예의 필요성을 인정한 것은, 그와 같은 선비정신의 관점에서 이해되어야 할 것이다.

그런데도 근래에 중국의 학자 郭紹虞 교수는 『中國文學批評史』에서, 위와 같은 도학가의 載道的 문학관은 문학을 道學의 附庸으로 삼은 것으로, 文이 도학을 위한 도구(工具)에 불과한 것으로 보았다고 함으로써,[15] 그 載道的 문학관을 보인 이론가들이 문학을 인정하지 않았으며 그릇된 문학관을 지녔던 것이라고 보는 듯이 논의하였다. 그러나 그와 같은 논법은, 적어도 周濂溪가 문장을 이루는 도덕과 文辭의 관계를 다만 本末의 관계로 본 것일 뿐 문학 또는 문예를 부정하고자 하지 않았다는 점을 분명히 밝혀 두지 못한 것이어서, 한문학 연구자들에게 큰 오해를 불러일으키게 한 것이다. '本末'을 논할 때 '修齊治平'의 '治國'·'平天下'보다는 '修身'·'齊家'가 근본에 해당되고, 그중에서도 '修身'이 특히 '근본(本)'에 해당된다. 그러나 '末'이라고 하여 '治國'·'平天下'를 부정하거나 도외시하자는 것

13 『春秋左傳』, '襄公', 「二十五年」條 참조.
14 『論語』, 「雍也」篇, '文質'章 참조.
15 郭紹虞, 『中國文學批評史』, 4~5쪽 참조.

이 아닌 것처럼, '도덕'이 근본이라고 한다고 하여 문장 곧 '文辭'와 '文辭의 藝(文藝)'를 부정하거나 도외시하는 것은 아니다. 그와 같은 논법은 郭紹虞 교수의 『中國文學批評史』를 그대로 번역하면서 다소 첨삭을 가한 저술이라고 할 초창기 중국문학자 車相轅 교수의 『中國古典文學評論史』로 전해져서, 周濂溪의 이론에 '美則愛'라는 구절이 있어서 조금은 문예를 인정하는 듯도 하지만 결국 그렇지 않다는 논의와 '文學無用論'을 제기한 것이라는 논의로 이어지고,[16] 마침내 한동안 중국문학 또는 국문학 연구자들에게 도학가들의 문학론이 문장 또는 문예를 부정한 이론인 것처럼 보게 하는 큰 오해를 불러일으키는 빌미를 제공하게 되었던 것이다.

程子는, 『伊川先生語錄』에 기록된 제자와의 문답을 통해서 소위 '作文害道說'이라고 근래에 오해되고 있는 다음과 같은 문학론을 제기하였다.

> 問作文害道否. 曰, 害也. 凡爲文, 不專意則不工, 若專意則志局於此, 又安能與天地同其大也. 書曰玩物喪志, 爲文亦玩物也.
>
> 글 짓는 것이 道에 害가 되는지 그렇지 않은지를 여쭈었더니, 말씀하시기를, "害가 된다. 무릇 글을 짓되 뜻을 오로지하지 않으면 글이 공교롭지 못할 것이며, 만약 뜻을 오로지하게 되면 (선비의) 뜻이 그러한(글을 공교롭게 지으려는) 데 국한될 것이니, 또 어찌 능히 천지와 더불어 그 크기를 함께할 수 있겠는가? 『書經』에 '玩物喪志'라 하였으니, 글 짓는 일 또한 '玩物'이니라." 하셨다.[17]

程子는 위의 이론에서, 학자로서 詞章之文만을 일삼는다거나 글을 짓는다고 하면서 章句의 공교로움에만 힘쓰거나 하는 태도를 배격하였다. 위에서와 같은 질문을 하는 제자가 틀림없이 문예(글재주)의 공교로움만을 추구하려는 제자였을 것이므로, 그 사람에 따라서 가르침을 베푸는 '因人施教'의 차원에서 일단 그 제자의 학문적인 자세를 바로잡아 주기 위하여

16 車相轅, 『中國古典文學評論史』, 14쪽과 276쪽 참조.

17 程頤, 앞의 책, 같은 곳 참조.

글 짓는 것이 道에 害가 된다는 말씀부터 전제하였기에, 근래의 학자들에게 소위 '作文害道說'이라고 오해되기도 하는 말씀을 하였으나, 程子의 위의 말씀은 전적으로 문예의 필요성을 배격하자는 뜻에서 나온 것은 아니다. 다시 말해서 글을 짓는 일이 道에 害가 된다고 한 程子의 대답은, 정말로 그렇게 생각하여 글 짓는 일 자체를 해로운 일로 규정하고자 한 것은 아니니, 글을 짓는 일이 모두 道에 해가 된다고 생각했다면 程子 자신도 글을 지을 수 없었을 것이다.

'참된 선비' 곧 '君子' 본래의 뜻은 무엇이었겠는가? '선비'의 뜻은 의리 도덕을 밝혀 세상을 밝은 세상으로 만들자는 데 있었다. 『書經』에 "玩人喪德, 玩物喪志.(사람을 가지고 희롱거리를 삼으면 선비의 德을 잃게 되고, 기물을 가지고 희롱거리를 삼으면 선비 본래의 참뜻을 잃게 된다.)"[18]라고 하였는데, 선비가 문예의 공교로움에만 빠져든다거나 세상에 큰 도움이 되지 못하는 일에 식음을 전폐하다시피 몰두하다 보면 군자다운 선비의 길(道)을 행해 나가는 데 지장이 있을 것이기 때문에 『書經』 구절에 그런 말씀이 있게 되었던 것이며, 程子의 말씀은 제자에게 학문의 참된 방향을 제시하기 위하여 『書經』에서 그런 뜻을 취한 것이다.

따라서 위의 程子 말씀은, 글 짓는 일이 진정으로 道에 害가 된다는 뜻에서 나온 것은 아니며, 또한 문장(文)과 道가 하나가 되어서는 안되고 둘로 나뉘어져야 하는 것이라는 뜻을 나타내고자 한 것은 결코 아니라고 하겠다. 程子는, 『論語』·『孟子』와 같은 聖賢之書의 문장과 같이 문장과 道가 하나를 이룰 수 있도록 하자면 글재주(문예)에만 매달리기보다는 本末을 알아 먼저 도덕의 추구와 실천에 힘쓰는 것이 선비의 급선무이며 그런 학문적 자세를 갖추는 데서 저절로 좋은 문장도 지을 수 있는 것이라는 취지에서 그와 같은 가르침을 내리게 되었던 것이다.

18 『書經』 卷之七, 「周書」, '旅獒' 참조.

그런데도 郭紹虞 교수는, 『伊川先生語錄』에 기록된 위의 말씀을 놓고 程子가 '文'과 '道'를 둘로 본 것이며 문장을 배우는 것이 道에 害가 된다고 한 것이라고 논의하고, 문장 짓는 일을 '완물상지玩物喪志'라고 한 것은 '도학가적 편견'이라고 논의하였다.[19] 그리하여 車相轅 교수는 다시 위의 程子 말씀에 나타난 이론을 '文學有害論'의 극단이라고까지 논의하게 되었다.[20] 문장을 논할 때 위의 程子 말씀에서와 같은 관점에서 문학론을 제기한 이론들이 중국은 물론 우리 조선시대의 학자들에게서 끊임없이 있어 왔는데, 그와 같은 초기 연구자들의 논의로 인하여 중국문학과 국문학 연구에서의 도학가들의 문학론에 대한 오해는 한동안 극심하게 이어질 수밖에 없었다.

또한 『伊川先生語錄』에 기록된 말씀에서 程子는 '儒者之學'을 학문의 궁극 목표로 삼아야 한다고 하였는데,[21] 그렇다고 해서 程子가 '文章之學'이나 '訓詁之學'을 학문의 영역으로 인정하지 않은 것은 아니다. 또한 그것들이 儒者로서 취할 학문이 못되는 것으로 본 것도 아니다. 儒者之學을 해 나가기 위해서 때로는 문장지학이나 훈고지학이 필요할 수도 있기 때문이었다. 따라서 문장에 능한 것도 儒者之學을 위해서 도움될 것은 당연하지만, 성현의 길을 따르고자 하는 道學(聖道之學) 곧 '義理之學'으로서의 儒者之學을 학문의 최선의 길로 삼고 나아가는 데 있어서 반드시 문장에 능해야만 할 것도 아니라는 의미에서 程子는 그와 같이 말하게 된 것이며, 문장지학을 도학의 밖으로 물리치기 위해서 그렇게 말한 것은 아니다.

그런데도 郭紹虞 교수는 程子의 말씀이 문장을 도학의 밖으로 물리친 것이라고 논의하여,[22] 그것을 도학가들이 문학을 부정한 것이라고 비판하기 위한 구실의 하나로 삼았다. 고전 자료의 행간을 잘못 읽어 그런 오해

19 郭紹虞, 앞의 책, 355쪽 참조.
20 車相轅, 「宋儒의 文學觀」, 『儒教學論叢』, 379쪽 참조.
21 註 5의 본문과 같음.
22 郭紹虞, 앞의 책, 354쪽 참조.

가 빚어진 이후로, 학계에서는 도학가의 문학론에 대한 그와 같은 그릇된 논의가 한동안 계속된 것이었다.

이와 같은 문제 곧 중국과 한국 선대의 도학가들을 중심으로 한 유학자들의 문학관을 부정적으로 논의해 온 학계의 연구 풍토를 바로잡기 위하여, 필자는 몇몇 논저에서 그 문제를 집중적으로 논의한 바 있다.[23] 필자가 그와 같은 문제를 몇차례에 걸쳐 논의하기 이전에는, 선대 유학자들의 문학관은 물론 그 유학자들마저도 문학 연구에서 대개 부정적으로 논의하는 경향이 있었다. 그리고 심지어는 선대의 유학자들이 말한 '道' 또는 '도덕'까지도 부정적으로 논의하면서, 문학과 관련하여 유학자들이 도덕을 논한 것을 문학의 발전을 저해하였거나 문학의 발전에 죄가 되는 일을 행한 것처럼 인식하여 논의해 온 경향이 있었다. 그러던 것이 지금에 와서는 학계의 분위기가 매우 달라진 것 같아서 다행스럽게 생각한다.

『史記』, 「屈原賈生列傳」에 다음과 같은 구절이 있다.

> 屈平既嫉之, 雖放流, 睠顧楚國, 繫心懷王, 不忘欲反.
>
> 屈平(屈原의 이름)이 이미 미움 받게 되자, 비록 추방되어 유배 당했으나 초나라를 사랑스럽게 돌아보며 회왕에게 마음을 매어 둔 채 왕을 돌이키고자 함을 잊지 않았다.[24]

한문에서 어조사 '之'字는 자동사 뒤에서나 타동사 뒤에서나 어디서든 두루 쓰일 수 있는 어조사였을 뿐 그 어떤 경우에도 목적어로서의 지시대명사로 쓰인 예가 없다. 그런데도 종래에 한문학 연구자나 한문 학습자들은, 동사의 뒤에서 쓰인 어조사 '之'字를 목적어로서의 지시대명사로 파악하여

---

23 鄭堯一, 「文以載道論의 理解」, 『韓國漢文學研究』 第6輯(韓國漢文學研究會, 1982), 「古典批評用語의 概念 規定」, 『韓國漢文學研究』 第7輯(韓國漢文學研究會, 1984) 및 『漢文學批評論』(仁荷大 出版部, 1990; 集文堂, 1994) 등 참조.

24 司馬遷, 『史記』 卷八十四, 「屈原賈生列傳」 참조.

'그를' · '그들을' 또는 '그것을' 이라고 풀이하며 자료를 잘못 읽어 왔다.

따라서 위의 「屈原列傳」에 있는 문장의 첫 구절을 필자와 같이 풀이하지 않고, 어조사 '之' 字를 목적어로서의 지시대명사로 잘못 파악하여 그 앞의 글자를 굳이 목적어를 취할 수 있는 타동사로만 풀이하려는 데서 "屈原이 이미 그들을 미워하게 되자"로 풀이하게 된다면, 작가 연구에서 어처구니없는 결과가 빚어지기 마련이다. 屈原이 남을 미워하여 질투 · 질시나 일삼는 자였다면, 그런 분이 어떻게 위대한 시인일 수 있었겠으며, 물에 빠져 죽은 것을 세상이 후세에까지 어찌 그렇게도 슬퍼할 수 있었겠는가? 屈原이 남에게서 참소 · 참언 등으로 모함 받고 미움 받아서 귀양 간 분이거늘, 남을 미워하다가 귀양 간 분이겠는가? 『史記』의 「屈原賈生列傳」에서 司馬遷이 높이 평가하고 「離騷經序」에서 朱子가 높이 평가한 屈原이 上官大夫 등을 미워했다니, 주객을 전도시키는 해석이 되지 않을 수 없다. 臺灣 등 중국에서 나온 『史記』의 板本에서 중국 학자들이 그 문구의 '之' 字에 밑줄을 그어 그 '之' 字에 해당하는 사람들은 누구인가 註釋을 달면서, '그들을 미워하게 되자' 라고 풀이할 때의 '그들' 이 '上官大夫' 등을 의미하는 것으로 해석하였다. 위의 문구에서 '嫉之' 의 '之' 字는 '피동사' 로서의 '자동사' 에 해당되는 '嫉' 字의 뒤에 쓰인 어조사인데, 그와 같은 오류를 범하는 것이다.

고전 자료의 모든 문장에서 어떤 경우에도 목적어로서의 지시대명사로 파악해서는 안되는 어조사 '之' 字들을 그와 같이 잘못 해석하는 데서 빚어지는 크고 작은 오류가 적지 않다. 필자는 그와 같은 오류를 바로잡거나 예방하자는 취지에서 최근에 다시 한 편의 논문을 발표한 바 있다.[25]

그 밖에도 그동안의 한문학 연구에서 우리 고전 자료들을 잘못 읽어 빗나간 연구를 행한 사례가 또한 적지 않다.

25 鄭堯一, 「語助辭 '之' 字를 目的語로서의 代名詞로 볼 수 없는 理由」, 『漢文教育研究』 第17號, 韓國漢文教育學會, 2001.

고려 후기에 李奎報는, 그의 文集에 수록된 글 「答全履之論文書」에서 다음과 같이 말하였다.

足下以爲世之紛紛效東坡而未至者, 已不足道也, 雖詩鳴如某某輩數四君者, 皆未免效東坡, 非特盜其語, 兼攘取其意, 以自爲工, 獨吾子不襲蹈古人, 其造語皆出新意, 足以驚人耳目, 非今世人比, 以此見褒抗僕於九霄之上, 玆非過當之譽耶.

足下께서 생각하시기를, "세상에서 紛紛하게도 東坡를 본받는다고 하면서 이르러 가지 못하는 자들은 이미 족히 말할 것도 없고, 비록 시로써 이름을 떨치는 이를테면 某某輩 같은 몇몇 사람들이 모두 東坡를 본받기는 하되(본받는다면서) 다만 그 말을 도둑질할 뿐 아니라 아울러 그 뜻을 훔쳐다 쓰면서 스스로를 공교롭게 여기는(잘한다고 생각하는) 것을 면하지 못하는데, 유독 당신은 古人을 도습蹈襲하지 않고 그 말을 지어냄에 모두 새로운 뜻(新意)을 지어내서 족히 남의 이목을 놀라게 하니, 요즘 세상의 사람들과 견줄 바가 아니니다." 하시어, 이로써 칭찬하여 나를 九天(九霄)의 위로 치켜 올리시니, 이는 지나친 예찬이 아니겠습니까?

위와 같이 말하고 나서 李奎報는 다시 같은 글의 뒷부분에서 다음과 같이 말하였다.

孟子不及孔子, 荀揚不及孟子, 然孔子之後, 無大類孔子者, 而獨孟子效之而庶幾矣, 孟子之後, 無類孟子者, 而荀揚近之, 故後世或稱孔孟, 或稱軻雄荀孟者, 以效之而庶幾故也. 向之數四輩, 雖不得大類東坡, 亦效之而庶幾者也, 焉知後世不與東坡同稱, 而吾子何拒之甚耶.

孟子는 孔子에 미치지 못하고 荀子와 揚子(漢 · 揚雄)는 孟子에 미치지 못하였습니다. 그러나 孔子의 뒤에 孔子와 크게 같은 자가 없었으되 유독 孟子가 본받아서 거의 가까웠으며, 孟子의 뒤에 孟子와 같은 자가 없었으되 荀子와 揚子가 가까웠으니, 그러므로 후세에 혹은 孔 · 孟이라 일컫고 혹은 軻 · 雄(孟子와 揚子)이니 荀 · 孟이니 일컫는 것은 (각기 孔 · 孟을) 본받아서 거의 가까웠던 까닭입니다. 앞서 말한 몇몇 사람들이 비록 東坡와 크게 같을 수는 없으나, 또한 본받아서 거의 가까워진 자들이니, 어찌 후세에 東坡와 더불어 함께 일컬어지지 않을 줄을 아시기에, 당신께서는 어쩌면 그리도 거절하시기를 심하게 하십니까?[26]

위의 글에서도 볼 수 있듯이, 李奎報는 마땅히 본받아야 할 前代의 탁월한 시인들의 詩體를 본받는 것을 감히 바라기는 할지언정 도달하기 어려운 소중한 일로 여겼다. 그런데도 근래의 한문학 연구자 간에는 위에 인용한 자료의 문구를 잘못 읽어 李奎報를 '본받지 않은 자' 또는 '본받지 않으려 한 자' 이기 때문에 훌륭한 시인이 될 수 있었던 것처럼 오해하여 논의한 경우가 있다. 그러나 李奎報는 古人의 體를 본받는 일을 성취하기 어려운 至上의 과제로 삼아 작시론적 영역에서 시인이 필수적으로 취해야 할 學詩 방법 중 하나의 大綱으로 인식하고 있었다는 것이, 위에 인용한 앞뒤의 문구로써도 저절로 증명된다.

李奎報의 위와 같은 작시론적 견해는, 古人의 體를 잘 본받는 것이 古人의 경지에 가까운 탁월한 시적 경지에 도달하기 위해서도 갖추어야 할 기본적인 시적 자세라는 것을 천명한 것이다. 李奎報는, 예를 들면 陶淵明·李太白·杜甫·蘇東坡와 같은 위대한 시인들을 잘 본받음으로써, 孔·孟이니 荀·孟이니 軻·雄이니 하고 일컬어지듯이 탁월한 옛 시인들과 함께 일컬어질 수 있도록 그 옛 시인들을 제대로 본받기를 희망했던 것이다. 그것은 그의 문집 곳곳에서 그 참된 옛 시인들을 추앙하고 예찬한 것으로써도 확인될 수 있다.

그런데도 아직까지의 연구에서는 李奎報가 古人을 '본받지 않은 자'라고 연구한 경우가 있는데, 그것은 위에 인용한 글 앞 단락의 앞부분에 있는 '未免' 이하를 해석한 대개의 연구자들이 그 '未免'의 목적어가 '以自爲工'까지 이어졌는데도 '效東坡'까지인 것으로 잘못 파악하여 "이를테면

26 李奎報, 『東國李相國全集』 卷第二十六, 「答全履之論文書」 参조.

某某輩 같은 몇몇 사람들이 모두 東坡를 본받기를 면하지 못하였으며 말만 훔칠 뿐 아니라 뜻까지 훔쳐다가 스스로 공교롭다 한다"고 풀이하는 등 끊어서 해석하지 않을 곳을 잘못 끊어 해석함으로써, 본받는 일 자체를 좋지 못한 것처럼 오해하였기 때문이다. 그런데 그와 같은 해석상의 오류는 어느 특정 연구자의 잘못으로만 지목하기 어려울 만큼 여러 연구자에게서 발견되는데, 민족문화추진회에서 간행한 『東國李相國集』의 번역본에서부터 그런 자료 번역의 잘못이 눈에 띄는 것으로 볼 때, 그 구절이 무척 오해하기 쉬운 문구라고 하겠다.

그리고 연구자 간에는 심지어 확실한 근거도 없이 위의 앞 단락에 있는 '雖詩鳴如某某輩數四君者'라는 구절에 해당하는 대표적인 시인으로 하필이면 李仁老를 지목하여, 李仁老는 李奎報와 달리 蘇東坡를 '본받는 자'라서 나빴던 것처럼 오해하기도 하였다. 李奎報는 물론 李仁老와 그 어떤 시인이라도 蘇東坡를 본받고 싶지 않은 시인이 없었을 것임에도, 그와 같이 그릇된 논의를 개진하고는 하였다. 그와 같이 연구한다면, 윗 글 곧 李奎報의 답서 중 앞 단락의 앞부분에서 李奎報가 되받아 거론하는 全履之의 말을 놓고 생각할 때, 全履之가 蘇東坡는 본받을 가치도 없는 존재라고 말한 것처럼 들리기 쉬우며, 또한 그것이 全履之가 李奎報에게 東坡를 본받으려고는 하되 제대로 본받지 못하는 시인들을 비판하여 예를 든 내용인데, 全履之가 본받는 일 자체를 좋지 못한 것으로 비판한 것처럼 들리기 쉽다. 자료 해석의 정확성을 기하지 못하거나 지나친 추측으로 자료를 오해하는 그와 같은 연구 태도는, 우리 문학사의 중요한 작가요 문학 이론가였다고 할 李仁老와 李奎報를 크게 오해하게 하는 것이며, 또한 李仁老나 李奎報 등 그 어떤 분의 문학관 연구를 위해서도 결코 도움되지 못하는 결과를 빚어내고야 말 것이다.

李奎報에 관한 자료만 하더라도 '用事'·'點化'·'換骨奪胎'·'蹈襲도습'·'剽竊' 등의 한시비평 용어의 개념을 정확하게 파악하지 못하는 데서

'詩九不宜體'를 논한 「論詩中微旨略言」과 같은 비평문을 잘못 해석하여 그 '詩九不宜體'가 각각 무엇을 의미하며 무엇을 경계하고자 한 평어인가를 잘못 해석하는 문제 등 자료 해석에서의 오해가 적지 않았는데, 필자가 李奎報의 문학사상을 논하면서 바로잡은 바 있다.[27]

비록 한문학 연구 자료는 아니라고 하더라도 국문시가와 관련된 한문 기록의 자료에 대하여 『高麗史』·『樂學軌範』 등에 기록된 '詞俚不載'를 趙潤濟·梁柱東 등 초창기의 국문학자들이 "歌詞가 비리鄙俚해서 싣지 않는다"로 잘못 해석한 것을 보게 되며, 국문학 연구에서는 그 때문에 한동안 鮮初의 유학자들이 소중한 우리 문학 유산을 '속되고 더러운' 것으로 여겨 典籍에 싣지 않고 없애 버린 것처럼 논의하기도 하였다. "歌詞가 俚語(우리말, 우리 풍속의 말)라서 싣지 않는다"로 풀이하여 해석해야 할 것을 잘못 해석한 경우이다. 필자는, 조선시대 유학자들을 부정적으로 인식하게 한 그와 같은 연구가 자칫 식민사관에 수렴될 위험성이 있는 것으로 보고, 그 문제를 학위 논문과 『漢文學批評論』의 第一部에서 논의하여 바로잡은 바 있다.

조선 전기 徐居正의 『東人詩話』에는, 다음과 같이 시작되는 비평문이 있다.

> 詩者, 小技. 然, 或有關於世敎, 君子宜有取之.
>
> 詩라는 것은 작은 솜씨이다. 그러나 혹은 世敎와 관련이 있어, 君子가 마땅히 취할 것이 있다.[28]

위의 자료에서 "詩者, 小技."라고 하여 시를 '작은 솜씨'라고 한 것을,

27 鄭堯一, 「李奎報의 文學思想」, 『震檀學報』 第八十三號, 震檀學會, 1997 및 『漢文學의 硏究와 解釋』, 一潮閣, 2000 참조.
28 徐居正, 『東人詩話』 卷下 참조.

연구자에 따라서는 그것이 문학을 정치적 도구로 생각하여 문인으로서의 긍지를 상실한 데서 나온 전례 없는 표현이라고 논하거나, 문학의 功用性만을 인정한 데서 나온 것으로 중국 문인들의 功利的 문학관보다도 한층 과격한 표현이라고 논한 경우가 있다. 그러나 徐居正이 그렇게 말한 것은, 徐居正 개인의 독자적인 문학관에서 나온 표현이 아니다. 漢代의 채옹蔡邕이 이미 '書畵辭賦'를 '才之小者'라고 한 바 있으며, 唐代 杜甫의 詩 〈이화양유소부貽華陽柳少府〉에서 "文章一小技"라고 한 바 있다. 그와 같은 표현은, 유학자 등 옛 선비들로부터 끊임없이 이어져 내려온 전통적 사상에서 말미암은 것이었다. 문장 또는 시나 書畵·辭賦를 '小技'라고 일컫거나 '才之小者'라고 일컬은 것은, 그것들이 세상을 밝히는 도덕에 있어서 큰 영향력이 없는 작은 것으로 여겨지기 때문이었다. 그것을 모르고 논의하자니, 고전 자료의 해석에서 그와 같은 오류가 빚어지는 것이다. 그리고 유학자들의 문학관을 '功利的 문학관'이라고 한 것 또한 잘못이다. 儒家에서 '도덕'보다 '功業'을 높게 여기지 않고, 또 '功業'보다 '문장'을 높게 여기지 않은 것은, 오랜 역사적 체험을 통해 형성된 사상이었다. 그리고 儒家에서는, '이익(利)'은 '義理'와 견주어 상대적으로 말할 때에나 거론하는 일은 있어도 그것을 아예 입에 담지도 않았기 때문에, 儒家의 문학관을 '功利的 문학관'이라고 논의하는 것 자체가 애시당초 잘못된 것이다.

고전 자료의 해석에서 정확성이 요구되는 것은 모든 자료의 해석에 있어서 마찬가지이다. 필자는 여기서 다만 필자 나름의 몇가지 경험적 사례를 토대로 하여 이 문제를 논의하였다. 다른 연구자들 또한 이 문제의 중요성에 대하여 공감하는 바 있을 것으로 기대한다.

4. 선비정신 연구의 중요성

필자는 위에서, 한문학 연구에서 시야를 넓혀 다양한 장르의 자료들을 문학적 관점에서 연구한다면 문학 연구가 한층 의미 있고 내용적으로 풍요해질 것이라는 점과, 연구 자료의 해석에 정확성을 기할 필요가 있다는 점을 강조하였다. 그런데 그것들 못지않게 중요한 것이 작가와 작품에 관한 선비정신의 연구라고 하겠다. 그 '선비정신'은, '현실인식' 또는 '역사의식'으로 일컬어지는 말과도 크게 다를 바 없겠으나, 그런 말로써만 설명될 수도 없는 전통적으로 깊은 뜻이 담긴 말이다. 그러나 그와 같은 문제들의 중요성을 인식하여 문학 연구를 하는 것보다도 더욱 중요한 것은, 문학 연구의 학술적 성과로서 터득되는 연구자의 사상이 실생활에서의 실천적 삶을 통하여 아름다운 삶으로 승화될 수 있도록 해야 한다는 것이다. 그와 같은 학문적 자세를 견지해야겠다는 의미에서, 우리는 또한 거듭 '선비정신 연구의 중요성'을 강조하지 않을 수 없는 것이다.

문학 연구에서는 작품 연구 이상으로 작가 연구가 중요하다고 생각된다. '문학'도 '삶'의 일부분이기에, 그리고 '문학'은 '말'과 다름없는 것이어서 그런 '문학'을 창작한 사람의 실천적 '삶'으로 평가될 수 있는 '행실'과는 별개의 것이기에, '문학'보다는 작가의 '삶' 그 자체가 더욱 중요할 것으로 여겨진다.

『論語』, 「衛靈公」篇의 孔子의 말씀에 "君子, 不以言擧人, 不以人廢言.(君子는 말로써 사람을 천거하지 않으며, 사람으로서 말을 버리지는 않느니라.)"[29]라는 구절이 있다. 여기서 우리는, 어떤 사람의 말만 들어 보고 그 사람을 천거하거나 인정하지 않으며, 사람이 나쁘다고 해서 그 사람됨을 가지고서 그 사람의 좋은 말까지도 버리지는 않는 것이, 君子로서 취해야 할 자세라는 교훈을 얻을 수 있다. 이 孔子의 말씀과 관련하여 생각하자면, 좋은 말과 좋은 글이 중요한 것이 아니고 사람됨이 중요하다고 하겠다. 그리고 德을 닦아 나가는 데 도움될 말이나 글을, 그 말을 하거나 글을 지은 자의 사

29 『論語』, 「衛靈公」篇, '言擧'章 참조.

람됨이 그르다고 하여 버릴 것이 아니라, 말이나 글의 좋은 점은 좋은 대로 인정해 주는 것이 문학 연구에 있어서 또한 필요한 방법이라고 하겠다.

秦始皇을 사주使嗾하여 분서갱유하게 한 張本人이며 갖은 사나운 짓을 다했다는 奸臣 이사李斯의 「上秦皇逐客書」라는 名文을 보고 그 문장의 아름다움을 감탄할 줄도 알아야겠으나, 그 작품만을 논하고 그 작자를 돌아보지 않을 수는 없는 일이다. 또한 가까운 예를 들 경우, 우리 민족이 고통받던 일제시대 親日派의 문학에 대해서도 생각할 점이 없지 않다고 하겠다. 그에 비하자면, 「出師表」를 지은 諸葛孔明의 忠節은 그 「出師表」와 같은 문장이 없었더라도 萬古에 빛나리라는 의미에서, 좋은 말이나 글이 소중한 것이 아니라 德行이 소중한 것이라는 점을 알게 된다.

朱子의 글 「讀唐志」가 수록된 『朱子大全』이나 『朱子語類』 등에서, 朱子는 역대의 훌륭한 선비 韓退之 · 歐陽脩 · 蘇東坡 등을 다소 부정적으로 논평한 바 있다. 우리는 그런 구절들과 관련하여, 한때 벼슬을 구하기 위하여 아첨한 적이 없지 않다거나 혹은 문장 잘하는 것을 자랑스럽게 여긴 점이 없지 않다거나 하는 문제 등, 朱子가 어째서 그런 훌륭한 인물들을 다소 부정적으로 논의하기도 하였는지, 至高至純을 추구해 온 선대 유학자들의 선비정신이 무엇인가를 거듭 유념할 필요가 있을 것이다.

程子의 『伊川先生語錄』에 杜甫의 〈曲江〉이라는 시 一節을 놓고 '閑言(한가한 말)' 이라고 평한 구절이 있다.

> 穿花蛺蝶深深見, 點水蜻蜓款款飛.
> 꽃을 뚫고 드는 나비 깊숙이 보이고, 물에 닿는 잠자리 느리게 난다.[30]

程子가 杜甫의 이와 같은 시구를 논평하여 '閑言' 이라고 했다고 해서, 우리가 결코 杜甫를 선비정신에 투철하지 못했던 시인으로 볼 수는 없을

30 杜甫, 〈曲江〉 二首 : 仇兆鰲 輯註, 『杜詩詳註』 卷之六 참조.

것이다. 杜甫는 宋代 張戒의 『歲寒堂詩話』에서 '思無邪'한 시인으로 陶淵明과 함께 높이 평가되었으며, 조선 후기 茶山 丁若鏞 선생의 「寄淵兒」에서는 시로써 '孔子'와 같은 분이라는 의미에서 '詩聖'으로 일컬어지기도 하였다. 그러나 程子의 그 '閑言'이라는 말이 杜甫의 일체의 시적 자세를 평한 말은 아니라고 할지라도, 그저 玩物이나 하는 정도에 그친 그 시구를, 至高至純의 선비정신을 추구하는 程子로서는 그와 같이 논평하지 않을 수 없었던 것이다.

이와 같은 관점에서 필자 또한, 李奎報의 문학사상을 논하면서 종래의 한문학 연구에서와는 다소 다른 관점을 취하여, 李奎報의 선비정신에 대하여 어느 정도 부정적인 측면을 논의하기도 하였다.[31] 李奎報가 문학적으로 가장 높이 평가 받는 시인·작가 중의 한 인물이기는 해도, 필자는 작품보다 작가를 중요시해야 한다는 관점에서 그와 같이 논의하지 않을 수 없었던 것이다.

그리고 필자는 선비정신에 관한 端初를 마련하자는 취지에서 선비정신의 개념 및 내력과 그에 관한 문학론 등을 전반적으로 논의하기도 하였는데,[32] '선비정신'의 대강을 일목요연하게 제시해 주는 구절이 『禮記』, 「儒行」篇의 다음과 같은 공자의 말씀 바로 그것이다.

> 儒有忠信以爲甲冑, 禮義以爲干櫓, 戴仁而行, 抱義而處, 雖有暴政, 不更其所, 其自立, 有如此者.
>
> 선비(儒)는 忠信으로써 갑옷과 투구를 삼으며, 禮義로써 방패를 삼으며, 仁을 머리에 이고 다니며, 義를 안고 처하여, 비록 暴政이 있더라도 그 處所를 고치지 않으니, 그 스스로 섬(自立)이 이와 같은 점이 있습니다.[33]

31 鄭堯一, 「李奎報의 文學思想」, 『漢文學의 研究와 解釋』, 一潮閣, 2000 수록.
32 鄭堯一, 「선비精神과 선비精神의 文學論」, 『省谷論叢』 三十輯, 省谷學術文化財團, 1999 및 위의 책 수록.
33 『禮記』 卷第四十一, 「儒行」篇 참조.

이는 魯 哀公이 '선비의 행실(儒行)'을 물은 데 대하여 孔子가 대답한 말씀 중의 한 구절이다. 여기서 우리는, '선비(儒)'가 진실된 마음과 미더움(忠信)으로써 자기 몸을 단단히 무장하며, 禮義로써 세상을 살아 나가고 모든 사람을 대하는 도구를 삼으며, 항상 仁을 행할 것을 목표로 삼으며, 마음속으로는 이익을 꾀하지 않고 언제나 義를 추구해 나갈 것을 생각해서, 비록 위세와 무력을 가해 오고 폭정을 행해 온다고 하더라도 지조를 굽혀 마음을 옮기지 않는, 만인이 우러러보는 우뚝한 존재로 살아가고자 하는 사람이라는 것을 알 수 있다.

위의 孔子 말씀으로도 '선비정신'의 대강을 족히 파악할 수 있으며, 그와 같은 삶의 자세를 견지해 나가면서 '中庸'의 道에서 벗어나지 않고자 하는 것이 바로 '선비정신'이라고 하겠는데, 그 구체적인 내용에 대해서는 위에서 밝힌 대로 선비정신에 관한 필자의 논문[34]에서 이미 논의한 바 있다.

5. 결론

필자는, 한문학 연구에서 장차 시야를 한층 더 넓혀 다양한 장르의 자료들을 문학적 관점에서 연구할 때 우리의 한문학 연구가 더욱 의미 있고 내용적으로 풍요해질 것이며 우리 시대 문학 연구자들의 立地와 세상을 보는 시야가 한층 더 넓혀질 것이라는 점을 논의하되, 孔子·程子·栗谷·萬海 등 역대의 선비들로 이어지며 인식된 동양 전래의 '문학'의 개념과 관련지어 논의하였다.

그리고 연구 자료의 해석에 더욱 정확성을 기할 필요가 있다는 점을, 기존 한문학 연구에서의 오류를 바로잡고자 한 필자의 경험을 근거로 하여

34 註 32와 같음.

그중 몇가지 사례를 들어 논의하였다.

그리고 또한, 흔히 '역사의식' 또는 '현실인식'으로 일컬어질 수도 있겠으나 그런 말로는 다 설명될 수 없는, 동양 전통의 '선비정신' 곧 문학 작가와 작품에 관한 '선비정신'의 연구가 다른 문제들 못지않게 중요하다는 것을 논의하였다. 한편 더 나아가서 그와 같은 문제들의 중요성을 인식하여 문학 연구를 하는 것보다도 더욱 중요한 것이, 문학 연구의 학술적 성과로서 터득되는 우리 연구자들의 사상이 실생활에서의 실천적 삶을 통하여 아름다운 삶으로 승화될 수 있도록 해야 할 것이라는 희망적 의사를 피력하기도 하였다.

'문학'도 '삶'의 일부분이기에, 그리고 '문학'은 '말'과 다름없는 것이어서 그런 '문학'을 창작한 사람의 실천적 '삶'으로 평가될 수 있는 '행실'과는 별개의 것이기에, 문학 작품의 창작이나 문학 연구와 같은 '문학'보다는, 특히 작가의 '삶' 그리고 우리 연구자들의 실천적인 '삶의 자세'가 무엇보다도 중요할 것으로 여겨진다. 본고는, 필자가 그와 같은 관점에서 앞서의 다른 사항들을 아울러 논의하면서 '한문학 연구의 방향'을 주제넘게 제시한 것이다.

그러나 필자는, 본고에서 주장한 바와 같은 그 몇가지 사항들을 아직까지 제대로 행하지 못하고 있으며, 그중에서도 특히 선비정신의 추구에 관한 적극적인 연구 자세와 그 실천적인 삶의 자세가 부족한 것을 부끄럽게 여긴다. 따라서 필자는, 그런 문제점들을 스스로 반성하자는 차원에서 위와 같이 논의하게 된 것이다.

文學 本質論類 用語로서의 '意'와 '氣'의 槪念

1. 서론

본고는, 漢詩批評 등 역대의 고전비평에서 흔히 거론된 문학(또는 詩) 본질론류 용어[1] '意'와 '氣'의 개념 및 그 용어들과 관련된 본질론류 · 작법류 · 평어류 용어들의 개념을 논의하고자 하는 것이다. 그리하여 역대에 詩 · 文을 짓는 작자들이 작품의 창작 과정에서 한층 더 높고 깊은 '뜻(意)'을 나타내기 위하여 '意'와 '氣'를 단련鍛鍊하는 '연탁鍊琢의 工'을 얼마나 중요시하였는가를 아울러 이해하도록 함으로써, 漢詩 등 고전문학 작품과 한시비평 등 고전 비평문에 대한 바른 이해를 돕고 또 그에 관한 연구를 하는 데 一助하고자 하는 것이다.

'意'와 '氣'는 한시비평을 포함하는 고전비평에서 가장 중요시되는 문학 본질론류 용어이다. 왜냐하면, 문학 작품은 결국 '뜻(意)'을 나타내 전

1 필자는 일찍이 「漢詩批評 用語의 分類」라는 논문을 통해 한시비평 용어들을 분류하면서 '意'와 '氣'를 '詩論類 用語' 중에서도 '本質論類 用語'로 분류한 바 있다. 『漢文學批評論』, 인하대학교 출판부, 1990; 집문당 1994, 197쪽 참조.

달하기 위한 것이라고 하겠는데, 작자가 문학 작품에서 나타내려는 '뜻(意)'을 독자에게 어떤 '느낌'으로 전달되도록 표출하여 감동을 주는가 하는 '설득력'으로서의 '힘 · 기운'에 해당되는 말이 '氣'로서, 그 '氣'가 마침내 작품에 나타나는 '뜻(意)'을 좌우하는 것이기 때문이다. 말하자면 '意'와 '氣'는, 각각 문학의 본질에 해당되는 요소로서, 문학의 본질 가운데서도 특히 중요시되는 요소라고 하겠다. 그러므로 그들 용어의 글자와 합성되어 활용되는 말이든 아니든 간에, 그들 용어와 관련된 용어는 수없이 많고 또 한시비평 등 고전비평 자료의 곳곳에서 얼마든지 발견된다. 따라서 그 용어들의 개념 및 그 용어들과 관련된 비평 용어의 개념을 알지 못하고서는 '詩話集' 등 고전비평서의 내용을 이해하거나 읽어내기 어렵다.

'意'와 '氣'가 고전의 한시비평문에서 평어류 용어로 쓰인 경우의 예를 들자면, '광막충융지기廣漠冲融之氣' · '원대기상遠大氣象' · '조진지기躁進之氣' · '기상서한氣象舒閑' · '기상광활氣象廣闊' · '언원이의심言遠而意深' · '어의웅심語意雄深' · '의태노건기절意態老健奇絶' 등이 그것이다. '意'와 '氣'는, 역대의 한시비평문 등 고전비평의 문학 原論 또는 창작론으로서의 '詩論' 등에서 흔히 핵심 주제를 이끄는 용어가 되어 왔으며, 위에 예를 든 바와 같이 평어류 용어로도 흔히 쓰여 왔다. 다른 비평 용어들에 대해서도 마찬가지이겠으나, 그만큼 중요한 비평 용어임에도 불구하고 학계에서는 용어의 개념 논의 등 그 용어들에 관한 논의가 거의 없었으며,[2] 그 용어들과 관련된 문학(시) 본질론류 · 작법류 · 평어류 용어들의 개념 논의는 全無한 실정이다. 그것은, 용어의 개념 규정을 포함하여 그 용어들에 관한 논의 자체가 쉬운 것 같으면서도 쉽지 않았을 것이기 때문이다. 필자가 보기로는, 그동안 학계의 연구에서 '意'와 '氣'의 개념 등 '意 ·

2 이 문제에 관하여 참고할 만한 논문을 들자면 다음과 같다.
沈浩澤, 「文學論에 나타난 氣의 類型 體系 試攷」, 『국어국문학』 제87호, 국어국문학회, 1982.
金興圭, 「李奎報의 氣 · 意論」, 『東洋學 國際學術會議 論文集』, 成均館大 大東文化硏究院, 1993 등.

氣'에 관한 연구로서 다소 참고할 만한 것이 없지 않았으나, 속 시원한 해결점을 제시한 연구는 아직 없었다고 하겠다. 따라서 필자는 이에 관한 논의의 필요성을 더욱 실감하지 않을 수 없었다.

필자는 본고에서, 유교 經書와 諸子書를 비롯해 동양 역대의 文集 그리고 詩話集 등의 비평서를 중심으로 하여 찾을 수 있는 古典에 나타나는 자료들을 논리적 근거로 활용하여 '意'와 '氣'의 개념 및 그 용어들과 관련된 용어의 개념에 대하여 논의하되 필자 나름의 견해를 곁들이고, 그리하여 중국 唐 나라 白樂天의 『金針格』에서 논의된 바 '煉句'·'煉字'·'煉意'·'煉格'이나 고려 후기 崔滋의 「補閑集序」에서 '琢句'·'鍊意'·'琢字'·'鍊對' 등의 '탁련사격琢鍊四格'으로 일컬어진 용어들과 관련지어 역대에 詩文을 짓는 시인·문장가나 비평가들이 '意'와 '氣'를 단련하는 '鍊意'·'鍊氣'의 과정을 얼마나 중요시했는가를 아울러 논의하게 될 것이다. 필자는, 이와 같은 연구를 통하여 적어도 역대의 시인 또는 문장가와 비평가들이 문학의 본질적 요소인 '意'와 '氣'를 어떻게 인식했으며 또 그 '意'와 '氣'를 단련시키기 위해서는 어떤 노력을 기울여야 한다고 생각했는가를 이해할 수 있는 기초가 마련될 것으로 기대한다.

2. '意'와 '氣'의 개념

1) '意'의 개념

시인·문장가·비평가 등 역대의 학자들은, 詩·文에서는 작품이 나타내는 '뜻'이 중요하며 작품이 어떤 느낌으로 감동을 주어 설득력을 지니게 하는가 하는 점에서 그 뜻을 잘 나타내도록 좌우하는 '氣'가 또한 중요하다는 것을 대개 공통적으로 인식해 왔다. 그런 관점에서 필자는 여기서 먼저, 작품에 나타나는 '뜻' 곧 '意'에 관한 고전 자료들을 살펴보면서 '意'

의 개념 및 '意'와 관련된 용어들의 개념을 논의하고 아울러 그 '意'를 단련하는 '鍊琢의 工'에 대하여 논의하고자 한다.

중국 宋代 유반劉攽의 『中山詩話』에 다음과 같은 구절이 있다.

> 詩以意爲主, 文詞次之, 或意深義高, 雖文詞平易, 自是奇作.
>
> 시는 뜻(意)을 위주로 하고, 文詞는 그에 다음가는 문제이니, 혹은 생각(意)이 깊고 의미가 고상하면, 비록 文詞가 평이하더라도 절로 기발한 작품이 되는 것이다.[3]

그리고 또한 宋代 張表臣의 『산호구시화珊瑚鉤詩話』에 다음과 같은 구절이 있다.

> 詩以意爲主, 又須篇中鍊句, 句中鍊字, 乃得工耳.
>
> 시는 뜻을 위주로 하니, 또 모름지기 작품 가운데 구절을 단련하고(鍊句), 구절 가운데 글자를 단련하면(鍊字), 마침내 공교로울(아름다울) 수 있을 따름이다.[4]

중국 詩話集에서의 이와 같은 기록들은 모두, 시 작품이 좋은 뜻을 나타내는 것을 위주로 하는 것임을 밝힌 것이다. 따라서 우리는, 위의 첫째 인용문에 담긴 의미로써 우선 겉으로 나타나는 글구절이나 '詞語' 곧 작품을 이루는 말들은 작품에 나타나는 '뜻(意)'보다 덜 중요한 것임을 알 수 있다. 그리고 위의 둘째 인용문에 담긴 의미로써 작자가 시 작품에서 좋은 뜻을 나타내기 위해서는 한 작품 가운데에서도 구절마다 詩句를 단련해야 하고 또한 시구마다 글자들을 단련해야 한다는 것을 알 수 있다. 그와 같이 끊임없이 단련하는 데서 마침내 좋은 뜻을 나타내는 아름다운 작품을

3 劉攽, 『中山詩話』 참조. 중국 시화집의 자료에 대해서는 편의상 주로 『百種詩話類編』(藝文印書館, 1974)을 참고하였음.

4 張表臣, 『珊瑚鉤詩話』 卷一 참조.

지어낼 수 있는 것이다.

위의 인용문과 같이, 詩·文을 짓는 작자들은 작품에서 좋은 뜻을 나타내는 것을 지상의 목표로 삼지 않으면 안된다는 취지를 밝힌 비평문이, 역대의 고전에서 흔히 발견된다. 그리고 훌륭한 한시 작품을 창작해내기 위해서는 '鍊句'·'鍊字'를 하는 일 곧 시구와 그 시구를 이루는 글자들을 각고의 노력으로 단련하는 과정이 매우 중요하며, 그리하여 마침내 작품에 나타나는 뜻을 단련하고(鍊意) 또한 작품의 전체 됨됨이로서의 品格을 단련하는(鍊格) 과정이 더욱 중요하다는 취지를 밝힌 비평문이, 또한 고전에서 흔히 발견된다. 그런데 작품이 좋은 뜻을 나타낼 수 있도록 작자 스스로가 단련하는 솜씨 곧 '鍊琢의 工'이 하루 아침에 이루어질 수 있는 것은 아니다. 淸代 黃士龍의 『野鴻詩的』에 의하면, 韓退之·柳宗元의 문장(韓柳之文)이나 陶淵明·杜甫의 시(陶杜之詩)는 鍊琢하지 않은 구절이 없었다(無句不琢)고 하며, 그만큼 '鍊琢의 工'을 가하여 좋은 뜻을 나타내려면 능히 '氣'를 단련할 수 있어야 한다고 하였다.[5] 그런데 '氣'를 단련하는 것은, 聖賢의 道를 배울 수 있는 훌륭한 스승을 만나 좋은 가르침을 받고 좋은 벗들을 사귀며 聖賢之書 등 古今의 좋은 책들을 구하여 깊이 탐독하고 名山大川을 널리 유람하는 등 평소에 끊임없이 수양을 하며 성실히 학문을 쌓아 나가지 않으면 쉽게 이루어질 수 없는 일이다.

한국의 고전 자료에서도 漢詩 등 문학 작품에서 '意'와 '氣'가 중요하다는 이론들이 흔히 발견된다. 고려 후기 李奎報와 崔滋의 이론이 그 좋은 예가 된다고 하겠는데, 다음의 인용문은 李奎報의 「論詩中微旨略言」의 일부이다.

> 夫詩以意爲主, 設意尤難, 綴辭次之. 意亦以氣爲主, 由氣之優劣, 乃有深淺耳. 然氣本乎天, 不可學得, 故氣之劣者, 以雕文爲工, 未嘗以意爲先也, 盖雕鏤其文,

5 淸·黃士龍, 『野鴻詩的』 참조.

丹青其句, 信麗矣, 然中無含蓄深厚之意, 則初若可翫, 至再嚼則味已窮矣.

무릇 시는 뜻(意)을 위주로 하니, 뜻을 베푸는 것이 가장 어렵고 말(辭語)을 엮어 나가는 것은 다음가는 일이다. 뜻(意)은 또한 氣를 위주로 하니, 氣의 우열에 따라 곧 (뜻의) 깊고 얕음이 있을 따름이다. 그러나 氣는 하늘에서 근본하는 (타고나는) 것이니, 배워서 얻을 수는 없는지라, 그러므로 氣가 모자라는 사람은 文句를 아로새기는 것으로써 공교로움(잘하는 일)을 삼아 일찍이 뜻으로써 급선무를 삼은 적이 없다. 대개 그 글을 아로새기고 그 구절에 丹靑을 가하면 진실로 곱기는 할 것이다. 그러나 그 가운데 함축된 깊고 두터운 뜻이 없으면 처음에는 마치 볼 만한 듯하지만, 거듭 씹어 보는 데 이르게 되면 맛이 이미 떨어지고 만다.[6]

李奎報는 위에서, 시를 짓는 데에는 좋은 '뜻(意)'을 나타내는 것이 가장 중요한 일이며 또 어려운 일임을 밝혔다. 그리고 시의 '뜻'을 좌우하는 것이 '氣'인데 '氣'는 천부적인 것으로서 배운다고 쉽게 얻을 수 있는 것은 아니라는 뜻에서 '氣天賦論'을 제기하였으며, '氣'가 모자라는 사람은 결코 '함축된 깊고 두터운 뜻(含蓄深厚之意)'을 나타내기 어렵다는 논리를 제기하였다. 필자는, 李奎報가 위의 글에서 반드시 '氣天賦論'을 철칙으로 제시하고자 한 것만은 아니라는 의미에서 위의 논리를 글자 그대로 수긍하지만은 않으며, 후천적으로도 얼마든지 '氣'를 기를 수 있다는 의미에서의 '養氣論'을 긍정적으로 인정하고자 하는 견해를 지니고 있음을 미리 밝혀 둔다. 그리고 이 문제에 관해서는 다시 뒤에서 좀더 논의하기로 한다. 따라서 여기서는 일단, 위와 같이 한국에도 중국의 이론들과 같은 관점의 이론들이 있었음을 밝혀 두는 정도에 그친다.

다음의 인용문은 崔滋의 『補閑集』에 있는 한 구절이다.

詩文以氣爲主. 氣發於性, 意憑於氣, 言出於情, 情卽意也.

6 李奎報, 『東國李相國集』 卷第二十二, 「論詩中微旨略言」 참조.

詩文은 氣를 위주로 한다. 氣는 性에서 發하고 意는 氣에 의지하며 말은 情에서 나오니, 情이 곧 意이다.[7]

앞서 李奎報의 글에서 "시는 뜻(意)을 위주로 한다."고 하고 나서 다시 "뜻은 氣를 위주로 한다."고 한 데 비하여, 위의 崔滋의 글에서는 "詩文은 氣를 위주로 한다."고 하였다. 이 문제를 가지고서 연구자 간에는 李奎報를 '主意論者'이며 또한 '主氣論者'라고 하고, 崔滋를 '主氣論者'라고 하기도 한다. 그런데 그 모두 틀린 말은 아니라고 하겠으나, 또한 모두 부질없는 말일 수도 있다고 하겠다. 고전비평가마다 누구든 '意'와 '氣'에 대하여 일일이 논리를 펴지 않았을 따름이지, 만약 그에 관한 논리를 폈을 경우에는 누구든 詩·文에서 '뜻(意)'이 중요하고 그 '뜻'을 좌우하는 것이 '氣'라는 논리를 펴지 않을 비평가가 어디 있었겠는가? 그리고 최자의 이론이 이규보의 이론과 조금 다르게 보이는 점은, '意'로부터 말하지 않고 곧바로 '氣'를 말한 것일 뿐이다.

위에서 중국과 한국의 몇몇 고전 자료로써 살펴본 바와 같이, 옛 시대의 참된 시인이나 문장가 그리고 비평가 또는 문학 이론가들은, 누구나 詩·文에서 '뜻(意)'이 중요하며 그 '뜻'을 좌우하는 것이 '氣'라는 관점에서, 글을 짓는 작자가 '意'와 '氣'를 단련하여 마침내 詩·文에서 좋은 뜻을 나타낼 수 있도록 '鍊意'·'鍊氣'를 하는 등 끊임없이 노력하지 않으면 안 된다는 것을 인식해 왔다.

그러면 중국과 한국 등 동양 옛 시대의 학자들이 일컬어 온 詩·文에 나타나는 '意'와 '氣'란 무엇인가, 그 개념에 대하여 논의해 보기로 한다.

『大學』, 「經一章」의 '誠意'를 말한 구절에 대한 朱子의 註에 "意者, 心之所發也.(意는 마음에서 우러나는 것이다.)"라고 하였으며,[8] 『論語』, 「述而」篇

7 崔滋, 『補閑集』 卷中 참조.
8 『大學』, '經' 一章 및 그에 대한 朱子의 註 참조.

의 孔子의 말씀 "志於道.(道에 뜻을 둔다.)"라는 구절에 대한 朱子의 註에 "志者, 心之所之之謂.(志는 마음이 가는 바를 이르는 말이다.)"라고 하였다.[9] 이 朱子의 註釋 두 구절을 놓고 생각할 때, '意'는 사람의 마음으로부터 언제든 발로될 수 있도록 평소 마음속에 간직된 생각 곧 겉으로 드러나지 않은 '心中之隱念(마음속에 숨겨진 생각)'이라고 할 수 있으며, '志'는 '마음이 가는 바' 곧 사람의 '마음속에 숨겨진 뜻(意)'이 언행을 통하여 어떤 대상을 향해 '겉으로 드러난 뜻'이라고 할 수 있다. 그 두 글자는, 뜻을 엄격히 구별하자면 서로 表裏 관계가 되는 말이라고 하겠으나, 또 서로 거의 같은 의미를 지닌 것으로 통용될 수도 있는 말이라고 하겠다.

그렇다면, 우리가 문학 작품을 놓고 생각할 때, '意'의 개념을 어떻게 규정할 수 있겠는가? 일단은 '意'가 '意志' 또는 '생각'이라는 말로 설명될 수 있을 것이니, 문학 작품에서의 '意'는 글을 짓는 작자가 작품을 통해서 나타내려고 마음속에 품는 '생각'이며 동시에 작품을 통해서 나타내는 '뜻(생각)'이라고 할 수 있다.

『孟子』, 「萬章」章에는 다음과 같은 구절이 있다.

> 說詩者, 不以文害辭, 不以辭害志, 以意逆志, 是爲得之.
>
> 시를 말하려는(설명하려는) 자가 겉으로 나타난 글로써 말을 해쳐서는 안되고, 말로써 글쓴이의 뜻(志)을 해쳐서는 안되며, 자기 마음속의 뜻(意)으로써 글쓴이의 본뜻(志)을 거슬러 미루어 보아야 그것이 바로 터득하는 것이 된다.[10]

'以意逆志'의 중요성을 밝힌 위의 말씀 중 '文'은 시에 표현된 '글자' 또는 '글자 그대로의 말'을 의미하고, '辭'는 '말' 또는 '말하려 한 내용'을 의미한다. 이 孟子의 말씀에서는, 작자가 시를 통하여 나타내려고 한 '뜻'

9 『論語』, 「述而」篇, '志道'章 및 그에 대한 朱子의 註 참조.
10 『孟子』, 「萬章」章(上), '盛德'章 참조.

을 '志'라는 말로 설명하였는데, 그것을 우리는 '시 작품을 통하여 작자가 나타내려고 한 뜻' 곧 필자가 여기서 논의하려고 하는 '意'라는 말과 일단 동일시하여 파악해도 될 것으로 보인다. 어쨌든 孟子의 말씀은, 시를 설명하거나 이해하려는 자가 행간에 담긴 '작자의 뜻'을 놓치지 않고 '자기 마음속의 뜻'으로써 깊이 헤아릴 줄 알아야 진정으로 그 시를 제대로 설명하거나 이해할 수 있을 것이라는 교훈을 준다. 여기서 우리는, 위 孟子의 말씀 중에 역대의 학자 또는 비평가들이 흔히 말한 '言外之意' 곧 겉으로 표현된 말로써만 파악할 수 없는 함축된 '말 밖의 뜻'을 중요시하지 않을 수 없다는 교훈이 담겨 있음을 은연중 깨닫게 되며, 또한 그 '言外之意'로써 한층 더 시 작품의 묘미를 느낄 수 있다는 것을 알게 된다.

그러므로 문학 본질로서의 '意' 곧 문학 '본질론류 용어'로서의 '意'라는 말은, '시 작품을 통하여 작자가 나타내려고 한 뜻'을 의미하는 용어이며, 동시에 시 작품의 작자가 문자의 표현으로써 나타낸 뜻만이 아니라 '행간에 담긴 뜻' 곧 말로써 다 드러내지 않은 '말 밖의 뜻'으로서의 '言外之意'를 포함하는 뜻까지를 의미하는 용어라고 하겠다.

『論語』, 「衛靈公」篇의 孔子의 말씀에 "辭, 達而已矣.(말은 잘 전달되도록 해야 할 따름이니라.)"라는 구절이 있다. 그리고 그에 대한 朱子의 註에 "辭, 取達意而止, 不以富麗爲工.〔말은 뜻을 전달하는 것(達意)을 취하는 데 그치고, 富麗함으로써 공교로움(잘하는 일)을 삼지 않아야 한다.〕"이라는 구절이 있다.[11] 여기서의 '辭'라는 말은, 외교관이 使臣 나가서 '專對하는 말'을 의미한다. 사신은 흔히 다른 나라나 다른 곳에 '使命'을 띠고 가게 되는데, 그때 전하는 '國書'가 '命'이다. 한편, 사신은 그 '國書'만을 전하는 데서 그치는 것이 아니라 그 곳에 체류하는 동안 각종 행사를 통해서나 주어지는 기회에 따라 이쪽의 意思를 그쪽에 제대로 전달되도록 하지 않으면 안

11 『論語』, 「衛靈公」篇, '辭達'章 및 그에 대한 朱子의 註 참조.

되는데, 그때 '스스로 알아서 재량껏 하는 말' 곧 '專對하는 말'이 '辭'이다. 그런 경우에 '專對하는 말' 곧 '辭'는 뜻이 제대로 통할 수 있도록 하여 자기네의 의사가 그쪽에 분명히 전달될 수 있도록 해야 하는 것이라는 뜻에서 위와 같은 孔子의 말씀이 있게 되었던 것이다. 따라서 朱子는 그에 관한 註釋에서, '辭'는 '達意'를 취하는 데 그쳐야 하며 부섬富贍하고 화려함으로써 공교로움을 삼지 않아야 할 것이라고 하였다. 여기서 우리는 또한, 시 또는 문장을 짓는 작자가 참된 뜻을 잘 나타내 전달할 수 있도록 하는 것을 至上의 목표로 삼아야 한다는 교훈을 얻을 수 있다. 그런 의미에서 위의 인용문들에 쓰인 '辭'라는 말은, 후대에 종종 '文辭(글로써 하는 말 곧 글 또는 문장)'의 '辭'를 의미하는 말로도 쓰이게 되었는데, 『退陶先生言行通錄』에 수록된 조선 중기 退溪의 말씀에 있는 다음과 같은 구절이 바로 그 한 예가 된다고 하겠다.

> 辭, 達意而已. 然學者, 不可不解文章, 若不解文章, 雖粗知文字, 未能達意於言辭.
>
> 말은 생각을 분명히 전하자는 것일 뿐이다. 그러나 학자로서 문장을 알지 못해서는 안될 것이니, 만약 문장을 알지 못한다면, 비록 文字를 다소 안다 해도 능히 말로써 생각을 잘 나타내 전할 수 없을 것이다.[12]

退溪의 말씀 중에 있는 위의 '辭'라는 말은, 글 짓는 이가 '글로써 나타내는 말'을 의미한다. 그리고 '達意'라는 말은, 글 짓는 이가 글을 통해 나타내려고 하는 '뜻을 잘 전달될 수 있도록 표현해내는 것'을 의미한다. 淸代 趙執信의 『談龍錄』에도 "始學爲詩, 期於達意.(처음 시 짓는 방법을 배우는 데에는 '達意'를 목표로 해야 한다.)"[13]라는 구절이 있다. 孔子의 말씀 "辭,

12 李滉, 『退陶先生言行通錄』 卷之五, 「雜記」 참조.

13 趙執信, 『談龍錄』 참조.

達而已矣.(말은 잘 전달되도록 해야 할 따름이니라.)"[14]에 연원을 둔 '辭'라는 말은, 원래 외교관이 사신 나가서 '專對하는 말'을 뜻하는 것이었으나, 후대로 내려오면서 점차 일반적인 '言辭' 또는 '글을 지으면서 하는 말'이나 '글' 곧 '문장'을 의미하는 '文辭'를 뜻하는 말로도 쓰이게 되었다. 그리고 孔子의 말씀에 朱子의 註釋에서 '達意'를 취해야 할 따름이라는 뜻을 밝히면서 사용한 그 '達意'라는 말은, 시나 문장을 지을 때 '뜻을 잘 전달될 수 있도록 표현해내는 것'을 의미한다는 관점에서 점차 문학 이론가 또는 고전비평가들에 의해 흔히 '意'에 관한 '작법류 용어' 또는 '작법평어류 용어'로 쓰이게 되었다.

'意'가 '詩 · 文의 창작을 통해 작자가 작품에 나타내는 뜻'을 의미하는 말이며, 동시에 詩 · 文을 짓는 작자가 문자의 표현으로써 나타내는 뜻만이 아니라 겉으로 드러나지 않는 함축된 뜻으로써 은연중 알 수 있게 하는 작품 구절의 '행간에 담기는 뜻' 곧 말로써 다 드러내지 않은 '말 밖의 뜻'으로서의 '言外之意'까지를 포함하는 뜻을 의미하는 말이라는 것을 필자가 앞에서 이미 밝혔다. 그런데 그 '意'라는 말은, 역대의 한시비평 등 고전비평에서 흔히 문학의 '본질론류 용어'로서의 '意格' · '意境'과 같은 말로 활용되기도 하였으며, '작법류 용어'로서의 '立意' · '設意' · '寄意' · '達意' · '刻意' · '鍊意' · '用意'와 같은 말로 활용되기도 하였다. 그리고 '평어류 용어' 중 '작법평어류 용어'로서의 '(創出)新意' · '語陳而意新' · '景中含意' · '言外之意'와 같은 말로 활용되기도 하고, 또한 '평어류 용어' 중 '品格評語類 용어' 가운데서도 '본질적 평어류 용어'인 동시에 '詩品評語類 용어'로서의 '言遠而意深' · '語意雄深' · '意態老健奇絶' · '含蓄深厚之意' · '含蓄不露之意'와 같은 말로 활용되기도 하였다.[15]

---

14 註 11과 같음.

15 鄭堯一, 「漢詩批評 用語의 分類」, 『漢文學批評論』, 인하대학교 출판부, 1990; 집문당 1994, 195~205쪽 참조.

위에서 열거한 바 '意'라는 말을 사용한 '비평 용어'들의 뜻이 다소 낯설게 여겨질 수도 있을 것이므로, 필자가 여기서 그 몇몇 용어들에 대하여 간단한 설명을 가할 필요가 있다.

'본질론류 용어'로서의 '意格'은, '사람 됨됨이'로서의 '인격'을 말하듯이, 작품 전체의 됨됨이를 말하되 '뜻(意)을 위주로 하는 관점에서의 작품의 됨됨이'를 의미하는 말이다. 그리고 '意境'은, '시 또는 시구에 나타나는 뜻의 境地나 境界'를 의미하는 말이다.

'작법류 용어'로서의 '立意'는, '시 또는 시구에서 작자가 나타내려는 뜻을 세워 확정하는 것'을 의미하는 말이다. '設意'는, '시 또는 시구에서 작자가 나타내려는 뜻을 효과적으로 작품 전체 또는 어느 위치에 설정하기 위하여 뜻을 구상하는 것'을 의미하는 말이다. '寄意'는, '시 작품의 어떤 부분 또는 어떤 구절에 작자가 나타내려는 뜻을 그에 의지하듯 부치는 것'을 의미하는 말이다. '刻意'는, '시 또는 시구 내에서 작자가 나타내려는 뜻을 刻苦의 노력을 기울이면서 정성스럽게 조각하듯 새기고 다듬어 다스리는 것'을 의미하는 말이다. 그리고 '鍊意'는, '쇠붙이를 불에 달구어 식히고 두드리며 연마하여 그릇을 만들어내듯 시 또는 시구에서 작자가 나타내려는 뜻을 한동안 정성스럽게 鍊琢의 工을 가하여 단련해내는 것'을 의미하는 말이다. 그런데 그것은, 평소의 깊고 높은 학문과 수양을 바탕으로 하지 않는 사람으로서는 (그 뜻을) 갑자기 높고 깊은 참된 뜻으로써 이루어내기란 쉽지 않은 것이다. '用意'는, '시 또는 시구에서 작자가 의도적으로 어떤 뜻(생각)을 부리어 쓰는 것'을 의미하는 말인데, 경우에 따라서는 어떤 생각을 나타내기 위해 성현의 말씀에 나타난 뜻이나 역사적인 사실 등의 故事에 담긴 뜻을 쓰는 것도 그에 해당된다고 할 것이다.

'평어류 용어' 중 '작법평어류 용어'로서의 '(創出)新意'는, '新'字가 동사로 풀이될 말이 아니라서 '뜻을 새롭게 한다'라고 풀이될 말이 아니며, '새로운(참신한) 뜻(을 처음으로 지어냈다)'이라고 풀이될 수 있는 말이기 때문에, '본질론류 용어' 또는 '작법류 용어'는 될 수 없고 '평어류 용어'가 될 수밖에 없는 말이다. '用事(故事를 인용한다)'라는 말이 '작법류 용어'인데 비하여 '新意'가 '평어류 용어'로서의 '작법평어류 용어'라는 것을, 필자는 일찍이 다른 논문에서 논의한 바 있다.[16] '語陳而意新'은, '시에서 쓰인 말(詞語)이 이미 前人에 의해 쓰인 말이라서 진부하기는 해도 그 뜻이 새로운(참신한) 것(경우)'을 두고 일컬어 온 '작법평어류 용어'이다. 그리고 '景中含意'는, '시 또는 시구에서 작자가 단순히 景物을 읊는 데 그친 것이 아니라 그 가운데 남다른 어떤 뜻을 함축하도록 표현해낸 것'을 의미하는 말이다. '言外之意'는, 앞에서 간단히 설명한 바 있으며 또한 그 문제에 관해서만은 좀더 상세하게 논의할 필요가 있으므로, 여기서는 구체적인 뜻풀이를 생략한다.

'意'가 '品格評語類 용어' 중에서도 '본질적 평어류 용어' 및 '詩品評語類 용어'로 쓰인 경우에 '言遠而意深'·'語意雄深'·'意態老健奇絶'·'含蓄深厚之意'·'含蓄不露之意' 등의 평어들이 있다. '言遠而意深'은, '시에서 쓰인 말이 원대함을 보여 주기에, 따라서 그 뜻이 깊은 것(경우)'을 일컬어 온 평어이다. '語意雄深'은, '시에서 쓰인 말의 뜻이 웅대하거나 웅장한 맛을 느끼게 하면서도 깊은 것'을 일컬어 온 평어이다. '意態老健奇絶'은, '시 작품에서 어떤 모습을 띠고 나타난 뜻이 노숙하거나 노련하면서도 건실하고 또한 기이하게도 빼어난 것'을 일컬어 온 평어이다. 그리고 '含蓄深厚之意'는, '시 작품에서 겉으로 드러나지 않은 채 독자가 은연중 느끼게 할 수 있도록 함축된 깊은 생각과 두터운 인정 또는 덕망을 보여 주는 뜻'을 의미하는 평어이다. '含蓄不露之意'는, '시나 시구에서 함축된 채 가벼이 노출되지 않는 뜻'을 의미하는 평어이다.

필자가 '言外之意'에 대해서만은 위에서 상세히 논의하지 않고 그 문제

16 鄭堯一,「漢詩批評 用語의 槪念 規定」,『漢文學의 硏究와 解釋』 一潮閣, 2000 참조.

를 별도로 논의하려고 남겨 두었는데, 그것은 역대 시론가의 '言外之意' 에 관한 이론들을 잠깐 구체적으로 살펴봄으로써 '意' 의 개념 논의에 적잖은 도움을 받을 수 있을 것으로 여겨지기 때문이었다.

宋初에 歐陽脩는 『六一詩話』에서 친구 梅堯臣의 말을 다음과 같이 인용하였다.

> 聖兪嘗語余曰, 詩家雖率意, 造意亦難, 若意新語工, 得前人所未道者, 斯爲善也, 必能狀難寫之景, 如在目前, 含不盡之意, 見於言外, 然後爲至.
>
> 梅聖兪가 일찍이 나에게 말해 이르기를, 시인이 비록 뜻(意)을 거느려 나가야 한다고는 하나, 뜻을 지어내기가 또한 어려우니, 이를테면 뜻이 새롭고 말이 공교로워 前人이 미처 말하지 않은 것을 얻는다면 그 바로 좋은 것이 되겠으나, 반드시 능히 그려내기 어려운 情景을 형상화하되 마치 目前에 있는 듯이 하고 말로 다하지 못한 뜻을 함축해내서(含不盡之意) 말 밖(言外)에 나타낼 수 있게 된 뒤에라야 지극한 것이 된다고 하였다.[17]

明代 王世禎의 『예원치언藝苑巵言』에도 그와 비슷한 말을 梅堯臣의 말로 기록한 바 있다.

> 梅聖兪曰, 思之工者, 寫難狀之景, 如在目前, 含不盡之意, 見於言外.
>
> 매성유가 이르기를, 생각이 공교로운 자는 형상화하기 어려운 情景을 그려내되 마치 目前에 있는 듯이 하고, 말로 다하지 못한 뜻을 함축해내서(含不盡之意) 그 뜻을 말 밖(言外)에 나타낸다고 하였다.[18]

위에서 제시한 바 歐陽脩와 王世禎의 두 詩話集에 인용된 '梅聖兪의 말' 에 담긴 뜻은 대체로 다음과 같다. 시인은 작품에서 좋은 뜻을 나타내는 것을 위주로 하는데, 뜻을 지어내어(造意) '남이 미처 표현해내지 못한

17 歐陽脩, 『六一詩話』 참조.

18 王世禎, 『藝苑巵言』 卷一 참조.

참신한 뜻(新意)'을 창출해낸다는 것은 참으로 쉽지 않은 일이며 또한 훌륭한 일이다. 그러나 한편, 그려내고 형상화하기 어려운 情景을 마치 目前에 놓고 보는 듯이 그려내고 형상화하는 것, 그리하여 말로 다하지 못한 뜻을 함축해내서 말 밖(言外)에 나타낼 수 있는 것 또한 지극한 표현법이라 하지 않을 수 없다. 위의 두 詩話集에서 앞뒤에 인용된 바 梅聖兪의 말이 다소 다르기는 해도 그와 같이 설명될 수 있을 것이다.

또한 매성유의 그와 같은 詩觀과 軌를 같이할 수 있는 논리를 보여 주는 다소 다른 표현의 이론들이 있었는데, 그 중국과 한국의 이론들까지도 검토함으로써 흔히 고전비평 자료에서 찾아볼 수 있는 평어 '含蓄不露之意'·'言外之意'·'言有盡而意無窮'과 같은 말의 진정한 의미를 더욱 구체적으로 이해할 수 있을 것이며, 또 '意'의 개념 이해에 한층 충실해질 수 있을 것이다.

元代 楊載의 『詩法家數』에 다음과 같은 구절이 있다.

> 語貴含蓄, 言有盡而意無窮者, 天下之至言也.
>
> 시의 말은 함축된 것을 귀하게 여기니, '말은 다함이 있어도 뜻이 무궁한 것'이야말로 '天下의 지극한 말'이라고 하겠다.[19]

고려 후기 益齋 李齊賢의 『櫟翁稗說륵옹패설』[20]에는 다음과 같은 구절이 있다.

---

19 楊載, 『詩法家數』 참조.

20 『櫟翁稗說륵옹패설』의 音을 '역옹패설'로 또는 '낙옹비설'로 잘못 읽기도 하는데, '櫟'의 音을 '력'으로 읽는 것은 『春秋左傳』 등에 나오는 중국의 땅이름을 읽던 습관에서 말미암은 경우라고 하겠으며, '櫟'의 音을 '락(낙)'으로 '稗'의 音을 '비'로 읽는 것은 「櫟翁稗說序륵옹패설서」에서의 益齋의 말씀에 "櫟之從樂, 聲也.('櫟'이 '樂'을 따르는 것은 소리이다.)"라고 하고 "稗之從卑, 亦聲也.('稗'가 '卑'를 따르는 것 또한 소리이다.)"라고 한 것 등을 같은 音으로 읽으라는 뜻으로 오해하여 잘못 읽는 경우라고 하겠다. 益齋 선생이 말하고자 한 바 '남이 베어가지 않는' 꾸불꾸불한 '상수리나무'로서의 '櫟'은, 『詩經』, 國風 중 '秦風'의 「晨風」에서 쓰인 글자로서, 音을 '륵'으로 읽어야 한다.

古人之詩, 目前寫景, 意在言外, 言可盡而味不盡, 若陶彭澤, 採菊東籬下, 悠然見南山, 陳簡齋, 開門知有雨, 老樹半身濕之類, 是也. 予獨愛池塘生春草, 以爲有不傳之妙.

옛 사람의 시는, 눈앞에서 경치를 묘사하였으면서도 뜻이 '말 밖(言外)'에 있으니, 말은 다할 수 있으나 意味는 다하지 않는다. 이를테면 陶淵明의 "동쪽 울밑에서 국화를 따다가, 물끄러미 南山을 바라본다."라고 한 것과, 陳與義의 "문을 열고 보니 비가 온 줄 알겠네. 늙은 나무가 몸이 반쯤 젖었구나."라고 한 것들이 바로 그것이다. 나는 유독 "연못에 봄풀이 돋았다."라는 구절을 사랑하여, 전할 수 없는 妙味가 있다고 생각한다.[21]

위의 두 인용문의 취지는 거의 같은 것이라고 할 수 있다. 위에서 인용한 바 益齋의 『櫟翁稗說』 구절에서 陶淵明·陳與義의 시구와 "池塘生春草."라는 謝靈雲의 시구 등을 높이 평가하여 칭송한 관점은, 그 앞에 인용한 중국 楊載의 『詩法家數』 구절에서 '말은 다함이 있어도 뜻은 무궁한' 시구를 '天下之至言'이라고 일컬은 관점과 일치하는 것이다. 그렇다면 위의 시론가 또는 비평가들은 어째서 그와 같은 시들을 높이 평가하였겠는가? '含蓄不露之意' 또는 '言外之意'라는 말로 설명되는, 깊은 '뜻(意)'을 귀하게 여긴 까닭이다.

시에서 '함축된 채 가벼이 노출되지 않는 깊은 뜻(含蓄不露之意)'을 나타낼 수 있다는 것은, 눈앞에 있는 경치를 묘사하더라도 '뜻이 말 밖에 있는(意在言外)' 시를 지을 수 있다는 것과 詩法에 있어서 상통하는 점이 있다.

「櫟翁稗說序」에서의 益齋의 말씀 중 '從'字는 '그로부터 나온 것'이라는 의미에서의 '따른다'는 뜻의 글자이다. 그러므로 그 序文에서의 益齋 선생의 말씀의 뜻은 '櫟'과 '稗'의 音이 '樂'과 '卑'의 音에서 나왔으므로 서로 닮아 유사한 점이 있으며 또한 그 뜻에 있어서도 서로 무관한 것은 아니라는 의미를 나타내고자 한 것일 따름이다. 아무리 益齋 선생이라고 하더라도 보편화되어 통용되는 漢字의 音들을 마음대로 바꿀 수는 없었을 것이니, 간혹 어떤 글자의 音을 그 序文에서의 논리와 비슷한 취지에서 설명한 文句들을 관심을 가지고 찾을 경우에 『論語』와 같은 經書의 集註 등 고전의 기록을 통해서 종종 확인할 수 있다.

21 李齊賢, 『櫟翁稗說』 後集一 참조.

그리고 또한, '말은 다함이 있어도 뜻이 무궁한(言可盡而意無窮)' 시구를 지어내는 詩法과도 상통하는 것이다. 그런 의미에서 위에서와 같이 元 · 楊載는 '天下之至言'을 말하게 된 것이며, 益齋는 '不傳之妙'를 말하게 된 것이다. '말은 다함이 있어도 뜻이 무궁한' 함축된 뜻을 지닌 시구가 '天下之至言'으로서의 시구이며, 말로 형용하여 전하려고 해도 이루 다 형용할 수 없는 지극히 묘한 '뜻'을 함축하고 있는 시구가 '不傳之妙'를 보여주는 시구이다. 그 '天下之至言'으로서의 '不傳之妙'를 보여 주는 시구야 말로 길이 사랑받고 전해질 수 있는 것이다.

益齋가 陶淵明의 시구 "採菊東籬下, 悠然見南山."이라 한 것과 陳與義의 시구 "開門知有雨, 老樹半身濕."이라 한 것을 예찬하고 또 謝靈雲의 시구 "池塘生春草."를 특히 사랑하게 된 까닭은, '말 밖의 뜻(言外之意)'이 있고 '말은 다했어도 의미는 다하지 않는(言有盡而意無窮)' 무궁한 뜻이 담겨 있기 때문이었을 것이다. 그리고 아마도 자연스런 표현 가운데 우주 자연의 이치와 인생의 참된 이치를 느끼게 하는 여유를 보여 주기 때문이었을 것이다.

『論語』, 「先進」篇, '言志'章에서의 "亦各言其志."라는 孔子의 말씀에 대하여 제자 曾點은 '욕기浴沂(기수에서 몸을 씻는 것)'의 뜻(意志)을 말하여 대답한 바 있다. 그 曾點의 대답은, '無欲之意(욕심 없는 마음과 그 뜻)'을 은연중 스스로 '言外'에서 나타낸 것으로, 말을 다하지 않은 가운데 '말 밖'에서 天理의 流行을 따르고자 하는 '참뜻'을 보인 것이다. 그러기에 후대에 程子로부터 '聖人之志'와 다를 것 없는 '堯 · 舜 임금의 氣象'이라는 평을 듣게 되었고, 또한 朱子로부터 결코 '남과 짝할 수 없는 빼어난 기상' 곧 '불모不侔의 기상氣象'이라는 평을 듣게 되었던 것이다.[22] 그러므로 앞의 인용문에서 益齋가 陶淵明 · 陳與義 · 謝靈雲의 시구에 나타난 '言外之意'

22 『論語』, 「先進」篇, '言志'章 및 그에 대한 程子와 朱子의 註 참조.

를 예찬하여 높이 평가한 것 또한 자연스런 '天理의 流行'을 따르고자 하는 '無欲之意'를 터득한 曾點의 대답에 대하여 孔子가 그 '뜻'을 허여(인정)해 주고 후대의 程子 · 朱子가 예찬한 것과 같은 관점에서 나온 것이라고 하겠다.

어찌 반드시 한때의 심각한 사색으로써만 우주 자연의 이치와 인생의 참된 이치를 능히 터득할 수 있겠는가? 옛 시인 · 문장가나 비평가들은 그런 의미에서 자연스러우면서도 '言外之意'를 보여 주는 '뜻'이 깊은 시나 시구를 높이 평가해 왔을 것이다. 그것이 바로, '鍊琢의 工'을 중요시하는 관점, 곧 수양과 학문을 바탕으로 하여 끊임없이 단련하는 데서 가능한 '鍊意' · '鍊氣'를 중요시하는 관점이라 하겠으며, '무부착흔無斧鑿痕(도끼나 끌로 찍은 흔적이 없는 것)' 또는 '천의무봉天衣無縫(하늘옷처럼 꿰맨 흔적이 없음)'의 경지를 높게 여기고 귀하게 여긴 비평의식이라 할 것이다.

唐代 白樂天의 『金針格』에 다음과 같은 구절이 있다.

> 煉句不如煉字, 煉字不如煉意, 煉意不如煉格.
>
> 句를 단련하는 것은 글자를 단련하는 것만 못하고, 글자(字)를 단련하는 것은 뜻(意)을 단련하는 것만 못하고, 뜻을 단련하는 것은 格을 단련하는 것만 못하다.[23]

그리고 고려 후기 崔滋의 「補閑集序」에 '琢字' · '鍊對'를 중요시하여 귀하게 여기되 그보다는 '琢句' · '鍊意'를 더욱 귀하게 여긴다는 논리를 제시한 다음과 같은 구절이 있다.

> 詩家有琢鍊四格, 所取者, 琢句鍊意而已.
>
> 시인에게는 '탁련사격'이라는 것이 있으나, 취하는 바는 '琢句'와 '鍊意'일

---

23 白樂天, 『金針格』 참조.

따름이다.[24]

위의 두 인용문의 취지는 거의 같다고 하겠다. 다만 白樂天의 이론에서는 '煉格'을 포함시켜 함께 말하고 崔滋의 이론에서는 '鍊對'를 포함시켜 함께 말한 것이 다를 뿐이다. 그러나 두 비평가의 비평 기준이 근본적으로 다른 것은 아니라고 하겠다. 白樂天은 '煉句'보다 '煉字'를 중요시하고 崔滋는 '琢字'보다 '琢句'를 중요시하였는데, 白樂天이 '글자를 단련하는 것'을 더욱 중요시한 까닭은, 한 글자 한 글자를 정성들여 단련하는 데서 한 시구의 탁월한 鍊琢이 정성되게 이루어질 수 있는 것이기 때문이었다. 그리고 崔滋가 '시구를 단련하는 것'을 더욱 중요시한 까닭은, 훌륭한 시인이라야 한 글자 한 글자를 정성되게 단련하여 한 시구의 전체적인 鍊琢이 정성되게 이루어질 수 있도록 하는 것이며, 글자(字)를 제대로 단련하지 못하고서 서툴게 사용하다 보면 한 시구 전체의 정성스런 鍊琢이 불가능한 것이기 때문이었다. '鍊琢'이라는 말과 혼동되기 쉬운 '彫琢'이라는 말이 있는데, '연탁'은 긍정적인 좋은 의미의 말이며 '조탁'은 부정적인 의미의 말이다.[25] 다시 말하자면 최자는, 大家가 아닌 경우에는 흔히 글자를 '연탁'하지 못하고 '조탁'하는 수준에 그쳐 '琢字'를 제대로 하지 못하는 것을 우려해서 그와 같은 논리를 펴게 되었던 것이다.

최자는, '시구의 鍊琢(琢句)'을 중요시함으로써 마침내 시구와 시 작품 전체에 나타나는 '뜻'이 훌륭해지도록 字句와 작품의 '뜻'을 '鍊意'해내는 것을 귀한 일로 여겼다. 그에 비해 白樂天은, '시구의 단련(煉句)'에 앞

24 崔滋, 『補閑集』, 「補閑集序」 참조.

25 앞에서도 잠깐 설명한 바 있거니와, '연탁'은 쇠를 달구어 두드리고 담금질하여 또 달구고 두드림으로써 연장을 만들어내며 '절차탁마切磋琢磨'하는 자세로 玉을 쪼고 갈아서 휘황찬란한 玉을 가공해내듯이 시를 짓는 데 각고의 노력을 기울이는 정성된 자세를 의미하는 말이다. 그런데 반해 '조탁'은, 그저 단순히 木石이나 金玉을 아로새기고 쪼듯이 시구를 짓는 데 각고의 노력을 기울여 '연탁의 工'을 가하는 일이 없이, 다만 잔재주만을 부리는 것을 의미하는 말이다. 필자의 논문 「漢詩批評 用語의 概念 規定」 참조. 註 16과 같음.

서 '글자의 단련(煉字)'에 정성들여야 함을 말하였으며, 그리하여 마침내 시구나 시 작품 전체의 '뜻의 단련(煉意)'을 꾀함으로써 '시 작품의 전체적인 짜임 및 됨됨이의 단련' 곧 '시격의 단련(煉格)'을 정성스럽게 해내는 것을 귀한 일로 여겼다. 그러므로 두 비평가가 시에 나타내는 '뜻의 단련(鍊意)'에 의해서 마침내 참된 시 작품을 이루어내야 한다는 논리를 폈다는 점에서는, 兩者의 경우가 결국 마찬가지라고 하겠다.

위의 이론들을 제기한 白樂天·崔滋 두 비평가의 관점과 필자 나름의 해석을 종합하여 변증법적으로 온전한 이해에 이를 수 있게 하는 비평 자료들이 있으니, 예를 들자면 다음과 같은 비평문들이 바로 그것이다.

宋代 완열阮閱의 『시화총구詩話叢龜』에 다음과 같은 구절이 있다.

> 杜甫精於鍛鍊, 使一字生神.
>
> 杜甫는 단련에 정성스러워 한 글자(字)로 하여금 신묘함을 자아냈다.[26]

그리고 고려 후기 李仁老의 『破閑集』에 다음과 같은 구절들이 있다.

> 琢句之法, 唯少陵獨盡其妙. ~ 古之人, 雖有逸材, 不敢妄下手, 必加鍊琢之工然後, 足以垂光, 虹蜺輝映千古.
>
> 시구를 鍊琢하는 법은, 오직 杜少陵(杜甫)이 유독 그 묘함을 다했다. ~ (杜甫 같은) 옛 사람이 비록 빼어난 재주가 있었으나 감히 망령되게 손을 놀리지 않았으니, 반드시 鍊琢의 工을 가했으며 그런 뒤에야 족히 빛을 드리워 무지개가 千古에 찬란히 비치게 할 수 있었다.[27]

그리고 또한 앞에서도 잠깐 거론하였듯이, 清代 黃士龍의 『野鴻詩的』에 다음과 같은 구절이 있다.

---

26 阮閱, 『詩話叢龜』 卷二十四 참조.

27 李仁老, 『破閑集』 卷上 참조.

韓柳之文, 陶杜之詩, 無句不琢, 卻無纖毫斧鑿痕者, 能鍊氣也, 氣鍊則句自鍊矣, 雕句者有跡, 鍊氣者無形.

韓退之 · 柳宗元의 文과 陶淵明 · 杜甫의 詩는 鍊琢하지 않은 구절이 없으나, 도리어 털끝만큼도 도끼로 찍고 끌로 찍은 흔적이 없는 것은 능히 氣를 단련한 까닭이니, 氣가 단련되면 구절(句)은 절로 단련되니, 구절을 아로새기는 자(雕句者)는 흔적이 있기 마련이요, 氣를 단련하는 자(鍊氣者)는 자취가 없기 마련이다.[28]

그러면 이제 우리는 위의 세가지 자료들을 통해서 무엇을 알 수 있겠는가? 白樂天이 앞서의 인용문에서 '煉句' 보다는 '煉字' 를 중요시하였는데, 杜甫와 같은 大家는 글자를 단련하는 데 정성스러웠기 때문에 한 글자 한 글자를 '煉字' 하는 데에서 신묘함을 자아낼 수 있었으며, 그리하여 위에서 李仁老가 예찬했듯이 '시구를 鍊琢하는 법(琢句之法)' 에 있어서 유독 그 묘함을 다할 수 있었던 것이다. 白樂天이 '煉字' 를 '煉句' 보다 어려운 일로 여겼듯이, 杜甫는 각고의 노력을 기울이는 정성된 시적 자세에 의해 '글자를 단련하는 데(煉字)' 에 능할 수 있었기 때문에 마침내 '煉句' 에 능할 수 있었고, '煉意' 에 능할 수 있었으며, '煉格' 에 능할 수 있었던 것이다. 그리하여 '털끝만큼도 도끼로 찍고 끌로 찍은 흔적이 없는(섬호무부착흔纖毫無斧鑿痕)' 시적 경지에 이를 수 있었으며, 또한 마침내 '스스로 지어낸 시' 로 하여금 '自然' 또는 '宇宙 天體' 의 기운(氣)을 움직이게 함으로써 드리울 수 있는 찬란한 '무지개(虹蜺)' 가 되게 하고 또한 그 '무지개' 가 千古에 지워지지 않을 수 있도록 하였던 것이다.

그것은 바로, 시구를 아로새기는 '조구雕句' 의 수준과는 너무나도 거리가 먼 것으로, 끊임없는 '鍊琢의 工' 을 가한 결과라고 하겠으며, '煉字' 에 의한 '煉句' 와 또 그 모든 단련의 과정에서 필수적일 수밖에 없는 '煉意'

28 註 5와 같음.

를 잘하고 그리하여 마침내 전체의 '詩格'을 단련하는 '煉格'에 능함으로써 이루어낸 참된 시적 경지라고 하겠다. 그런데 그 모든 과정은 결국 '鍊氣'에 의해서만이 진정으로 가능한 것이다. 위의 몇몇 인용문들은 바로 그와 같은 취지에서 詩評을 행한 것이라고 하겠다.

뒤에서 다시 논의하게 될 것이지만, 문학 작품에서의 '氣' 또한, 필자가 바로 위에서 설명한 바 '自然 또는 宇宙 天體를 움직이는 氣'와 크게 다를 것이 없다. 杜甫의 시에서와 같이, 千古에 지워지지 않는 찬란한 무지개를 드리워 독자로 하여금 아름답게 여기게 하고 또한 감동과 찬탄을 불러일으키게 할 수 있는 것이, 곧 시에서 그에 나타나는 '뜻'을 좌우하는 '氣'라고 하겠다.

詩·文에서는 '뜻(意)'이 중요한데, 결국 작품에 나타나는 '뜻'을 좌우하는 것은 '氣'라는 논리의 당위성이, 앞에서 예를 든 몇몇 비평 자료들과 필자의 논의로써 이미 어느 정도는 밝혀진 셈이다. 하지만 본고의 논의를 점층적으로 확대해 나가기 위해서도, 필자는 이제 '氣'의 개념 문제를 포함하여 '氣'에 관한 더욱 구체적이고도 본격적인 논의를 전개하지 않을 수 없다.

2) '氣'의 개념

필자가 앞의 '서론' 부분에서 언급했듯이, '意'와 '氣'의 개념 논의는 물론 그 용어들과 관련된 제반 문제에 대한 논의가 학계에서 거의 행해지지 않았다. 따라서 이제 여기서, '意'와 함께 문학 본질로서도 특히 중요시되는 요소라고 할, '氣'의 개념에 대한 본격적인 논의가 필요할 것으로 생각된다. 그리고 '氣'에 관련된 '본질론류 용어'·'일반론류 용어'와 '體製(詩體)類 용어' 중 '作風類 용어', '작법류 용어'와 '평어류 용어' 중 '작법평어류 용어' 그리고 또 '평어류 용어' 중에서도 '品格評語類 용어' 중 '본질적 평어류 용어'·'詩品評語類 용어'·'作風評語類 용어'·'일반평어류 용어' 등 몇몇 용어들에 대하여 간단한 논의가 필요할 것으로 생각된다.

필자가 이미 다른 논문을 통해서 소략하게나마 '氣'의 개념에 대하여 논의한 바 있는데, 필자는 '氣'의 개념을 詩·文에서 (작자가 나타내려고 하는) 뜻(意)을 나타내 잘 전달하게 함으로써 감동을 줄 수 있는 '설득력'으로서의 '힘·기운'이라고 규정하였다.[29] 다시 말하자면 '氣'는, 본고의 '서론' 부분에서도 잠깐 논의했듯이, 詩·文에서 작자가 나타내려는 뜻(意)을 독자에게 어떤 '느낌(모습)'으로 전달되도록 표출하여 감동을 주는가 하는 '설득력'으로서의 '힘·기운'을 의미하는 말이라고 하겠다. 한편 필자는, 본고의 조금 앞부분에서 '意의 개념'을 논의하던 끝에 설명하여, 문학 작품에서의 '氣' 또한 '自然 또는 宇宙 天體를 움직이는 氣'와 크게 다를 것이 없다고 하면서, 杜甫의 시에서와 같이 千古에 지워지지 않는 찬란한 무지개를 드리워 독자로 하여금 아름답게 여기게 하고 또한 감동과 찬탄을 불러일으키게 할 수 있는 것이, 곧 시에 나타나는 '뜻'을 좌우하는 '氣'라 할 수 있다고 하였다.

필자가 학회에서(1996년 秋) 「李奎報의 文學思想」에 대하여 발표할 기회를 가질 수 있었는데, 그때 발표 내용에 한두 마디 곁들여 위와 같은 관점에서 처음으로 '氣'의 개념 논의를 할 수 있었다. 그때 '질의·토론' 과정에서 그 발표 내용 전반에 대한 質疑 중에 "崔滋가 『補閑集』에서 '氣'는 '호매장일豪邁壯逸'이라고 해 놓았다."고 하면서 '氣'의 개념을 '豪邁壯逸'이라고 규정하고는 필자의 견해를 다시 물어 修正을 요하는 질문이 있었다. 그에 대한 필자의 답변은, '豪邁壯逸' 또는 '豪逸'이라든가 '준장峻壯'이라든가 하는 것은 '氣'의 개념이 될 수 없으며, 그것들은 시에 나타나는 '氣'의 구체적인 한 경우(사례)일 뿐이므로, 崔滋가 (그런 뜻에서) '氣'의

29 鄭堯一, 「李奎報의 文學思想」, 『震檀學報』(第八十三號, 震檀學會, 1997) 및 『漢文學의 硏究와 解釋』에 수록된 같은 논문 참조.

개념을 '豪逸'이라고 한 것은 아니라는 뜻의 답변을 한 바 있다.[30]

崔滋가 『補閑集』에서 "文以豪邁壯逸爲氣.(글은 '호매장일'한 것으로써 '氣'를 삼는다.)"[31]라고 한 바 있기는 하지만, 그것은 글 짓는 사람이 글을 지을 때 가능하면 '호매장일'과 같은 '氣'를 나타내 보여 줄 수 있도록 해야 할 것이라는 의미에서 한 말일 뿐, '호매장일'한 것 그 자체가 결코 '氣'의 개념이 될 수는 없는 것이다. 崔滋가 말한 '호매장일'은, 예를 들자면 문장에 나타나는 '氣'가 가능한 한 그런 '느낌'으로 전달될 수 있도록 하는 것이 바람직하며 원래 눈으로는 보이지 않는 것이지만 마치 눈에 보이는 듯이 그런 '형태(모습)'로 전달될 수 있도록 하는 것이 바람직하다는 의미에서 최자가 말한 바 '詩·文에 나타나는 氣의 구체적인 한 경우(사례)'일 따름이기에, 필자가 그와 같이 답했던 것이다. '豪邁壯逸' 또는 '豪逸'은 '雄渾'·'沈着'·'豪放'·'飄逸' 등의 용어들과 함께 각각 '詩品評語類 용어'들의 한 사례일 따름이다.

이제 필자는, 그와 같은 필자의 견해를 뒷받침할 만한 고전 자료들을 열거하면서 그때 그때 자료에 대한 해석과 아울러 필자 나름의 견해를 곁들임으로써, '氣'의 개념 및 그와 관련된 몇몇 비평 용어들의 개념 등 '氣'에 관한 전반적인 문제에 대하여 개략적인 논의를 진행하고자 한다.

『管子』, 「樞言」篇에 "有氣則生, 無氣則死, 生者以其氣.(氣가 있으면 살고, 氣가 없으면 죽으니, '生'이라는 것은 그 氣로써 하는 것이다.)"[32]라는 구절이 있다. 그리고 『莊子』, 「知北遊」篇에 "人之生, 氣之聚也, 聚則爲生, 散則爲死.(사람의 '生'은 氣가 모여서 이루어지는 것이니, 모이면 '生'이 되고 흩어지면 '死'가 된다.)"[33]라는 구절이 있다. 그리고 또 『荀子』, 「王制」篇에는 "水火

30 앞의 『震檀學報』 第八十三號, '討論' 부분, 367쪽 申用浩 교수의 질문 및 372쪽 필자의 답변 참조.

31 崔滋, 『補閑集』 卷下 참조.

32 『管子』, 「樞言」篇 참조.

33 『莊子』, 「知北遊」篇 참조.

有氣而無生, 草木有生而無知, 禽獸有知而無義. 人有氣, 有生, 有知, 亦且有義, 故最爲天下貴也.(물과 불은 氣가 있으나 生이 없고, 草木은 生이 있으나 지각이 없고, 禽獸는 지각이 있어도 道義가 없는데, 사람은 氣가 있고 生이 있고 지각이 있고 또한 도의까지 있으니, 그러므로 天下에서 가장 귀한 존재가 되는 것이다.)"[34]라는 구절이 있다.

위의 자료들은 모두 '性理之說'이 있기 훨씬 전의 옛 기록들로서, 그 가운데에는 논리적으로 공통점이 있으면서도 차이점이 있다. 그 공통점은, 살아 있는 생명체 곧 '생물'에는 반드시 '氣'가 있다는 논리라고 할 것이다. 그리고 그 차이점은 대강 몇가지 문제로 정리될 수 있을 것이다.

『管子』의 이론에서는 '氣의 有無'에 따라 '생사'가 구별된다는 뜻을 말한 데 비하여, 『莊子』의 이론에서는 그 '생사'의 구별됨을 '氣의 聚散'으로써 말하였다. 그런데 『荀子』의 이론에서는, '생물'에는 물론 '氣'가 있는데, '물과 불' 같은 '무생물'에도 '氣'가 있다는 뜻을 말하였으며, 인간은 도의를 알기 때문에 가장 귀한 존재가 될 수 있다는 논리를 천명하였다. 그것이 위의 세 고전 자료에서 보이는 논리의 큰 차이점이라고 하겠다. 여기서 우리는 다만, 특히 『荀子』의 경우에서는 인간이 도의를 아는 존재라는 것과 함께 '물과 불' 같은 '무생물'에도 '氣'가 있다는 것을 밝혔다는 점에서 논리의 구체적이고도 발전적인 면모를 찾을 수 있으며, 그 '氣'에 관한 논리가 뒷 시대 性理學者들의 이론 곧 '氣'는 천지간에 충만한 것이라는 이론으로 발전될 수 있는 가능성을 보인 것이기에 주목하지 않을 수 없다.

朱子의 편지글 「答黃道夫」(一)에는 다음과 같은 구절이 있다.

> 天地之間, 有理有氣. 理也者, 形而上之道也, 生物之本也, 氣也者, 形而下之器也, 生物之具也. 是以人物之生, 必禀此理, 然後有性, 必禀此氣, 然後有形. 其性

34 『荀子』, 「王制」篇 참조.

其形, 雖不外乎一身, 然其道器之間, 分際甚明, 不可亂也.

천지간에는 '理'가 있고 '氣'가 있다. '理'라는 것은 '形而上의 道'이니, 만물을 살리는 근본이요, '氣'라는 것은 '形而下의 그릇(器)'이니, 만물을 살리는 도구이다. 그리하여 人物(사람)[35]이 생겨남에는 반드시 이 '理'를 품부받기(타고나기) 마련이니, 그런 뒤에라야 '性'이 있는 법이요, 반드시 이 '氣'를 품부받기 마련이니, 그런 뒤에라야 '形(형체)'가 있는 법이다. 그 '性'과 '形'이 비록 한 몸(一身)에서 벗어나는 것은 아니지만, 그러나 그 '道'와 '器' 사이의 나뉨이 심히 분명하여, 서로 혼란될 수 없는 것이다.[36]

그리고 朱子의 편지글 「答黃道夫」(二)에 다음과 같은 구절이 있다.

充滿乎天地之間, 莫非氣, 而吾所得以爲形骸者, 皆此氣耳.

천지간에 충만한 것이 '氣'가 아닌 것이 없으니, 내가 얻어서 몸뚱이(형해形骸)를 삼는 바가 모두 이 '氣'일 따름이다.[37]

위의 두 편지글에 나타난 朱子의 이론을 참고하자면, '氣'는 '形而上之道'로서의 '萬物을 살리는 근본(生物之本)'이라고 할 '理'와 함께 천지간 어디에나 있는 것이며 천지간에 가득 찬 것이어서, 그 '氣'가 아닌 것이 없다. 사람이 얻어서 '몸(形骸)'을 삼는 것이 모두 '氣'이니, 사람이 태어날 때에 '氣'를 품부받은(타고난) 연후라야 형체가 있을 수 있는 것이다. 그러기에 '形而下之器'로서의 '그릇(器)'이라고 할 '氣'는 '만물을 살리는 도구(生物之具)'가 되는 것이다. '氣'는 '만물을 살리는 도구(具)'이기에 문학 작품에서 훌륭한 참된 것으로 발현될 경우, 그 문학 작품으로 하여금 오래

35 '人物'이란, '動物'·'植物(치물: 선 채로 살아 있는 것)'이라는 말과 견주어 '物'이 일종의 '接尾辭'처럼 쓰인 글자임을 알 수 있는 바와 같이 '人'으로서의 '物'을 의미하기에, 결국 '人'과 크게 다를 것이 없는 말이다.

36 『朱子大全』卷之五十八, 書, 「答黃道夫」(一) 참조.

37 위의 책, 「答黃道夫」(二) 참조.

도록 힘찬 생명력을 지닐 수 있게 하는 것이다.

필자는 위의 朱子의 이론에 힘입어서, 문학에 있어서의 '氣'는 시인 · 문장가가 지닌 '精神' 또는 '意志'가 형체를 갖추어 겉으로 나타나는 것을 의미하는 말이라고 일단 그 개념을 규정할 수 있다. 그러면서도 문학에 있어서의 '氣'는 文字 표현을 통해 독자로 하여금 눈에 보이는 듯 느낄 수 있는 것이지만, 눈에 보이는 듯하면서도 실제로는 물체처럼 보이지 않는 것일 뿐 아니라 역대의 비평가들이 귀하게 여긴 바 '말 밖의 뜻(言外之意)'을 은연중 보여 주는 것인 경우에는 그 깊은 뜻을 능히 헤아려 터득할 만한 재량이 없는 사람으로서는 '쉽게 알 수 없는 뜻(意)'처럼 더욱 알아보기 힘든 것이라고 하겠다.

필자는, 詩話集 등 고전비평서의 비평문에서 자주 거론되고 또 중요한 비평 기준이 되어 온 문학(시)의 '본질론류 용어'로서의 '氣'가 天體의 運行 등 宇宙 自然의 이치와 관련하여 논의되는 '氣' 그리고 인간의 生死의 문제 등 삶의 이치와 관련하여 '性理之書' 등에서 '性' 또는 '理'와 함께 논의되는 '氣'와 근본적으로 크게 다를 것이 없다고 생각한다. 왜냐하면, 천지간의 만물로 하여금 형체를 띠게 하고 그 만물을 변화시키거나 움직일 수 있게 하는 것이 '氣'로서, 우주 자연의 이치와 인간의 生死의 이치가 근본적으로 다를 리 없기 때문이다. 그리고 사람이 선천적으로 타고나서 후천적으로 길러 가는 중에 마침내 시인 · 문장가에 의해 창작되는 문학 작품 등에 발현되어 나타나는 것이 '氣'이기 때문이다.

그러므로 사람이 타고나는 '氣'는, 천체의 운행 등 우주 자연의 이치를 논할 때의 '氣'와 결코 무관한 것일 수 없다. 인간의 '生死'와 같은 자연의 이치는 '天道'에 관한 것이며, 인간의 도리 곧 삶의 이치는 '人道'에 해당되는 것이면서 동시에 '天道'에 통하는 것이라고 하겠다. 따라서 인간의 '生死'의 문제나 삶의 이치와 관련하여 거론되는 '氣', 그리고 '氣天賦論'으로 논의되기도 하는, 문학 작품의 창작에 의해 작가로부터 발현되는

'氣'가, 그 모두 우주 자연의 이치를 논할 때의 '氣'와 무관한 것일 수 없다. 또한 그런 의미에서, 문학 작품의 창작으로써 발현되는 '氣'가, '生死'의 문제나 인간의 도리 등 삶의 이치를 말할 때 '性理之書' 등에서 거론되는 '氣'와도 무관한 것일 수 없다. 그것은, 천지간 만물 사이에 天理의 流行이 아닌 것이 없고, '氣'로써 행해지는 天理의 流行을 거슬러서 제대로 이루어질 수 있는 것이 없기 때문이다.

결국 천지간에 하나의 '氣'가 있을 따름이니, '聖賢之道'를 논하든 '理氣'를 논하든 또는 '文學'을 논하든 천지간의 그 무엇을 대상으로 하여 논하든 간에 그 '氣'가 '하나의 氣'가 되는 것은 마찬가지이다. 그런데 그것이 시인 · 문장가로부터 작품에 발현되어 나타날 때에는, 다양한 '느낌' 또는 '눈에 보이는 듯 보이지 않는 다양한 모습(형태)'으로 나타남으로써 독자에게 '감동'을 받게 하거나 다양한 '느낌'을 받게 하며 '뜻(意)'을 전달한다.

문학론 및 시론 등 역대의 고전비평에서 문학의 선천적인 '氣'를 말하면서 '氣天賦論'을 제기한 비평가들이 있다. 그런데 그 '氣天賦論'에 있는 '天賦'라는 말 자체에 이미 '天'이라는 말이 들어 있으니, 그것은 곧 문학에서의 '氣'가 천체의 운행 등 우주 자연의 이치를 논할 때 말하는 '氣'와 다를 것이 없음을 알 수 있게 하는 증거가 될 만하다. 하늘이 맺어 주는 父子 관계와 같은 '인륜'을 일컬어 '天倫'이라고 하는 말 자체에 이미 '天'이라는 말이 들어 있는 것으로써도 그런 이치의 설명은 가능할 것이다.

'氣'는, 근본적으로 사람이 타고나는 것이며 또한 '기르기'에 따라서는 달라질 수도 있는 것이라는 의미에서, 역대의 고전비평에서는 '氣天賦論'과 '養氣論'이 아울러 제기되었는데, 兩者 중 그 어느 한쪽에만 얽매인 채 그것을 고집하면서 다른 쪽을 부정하지는 않는 관점이 요구된다는 의미에서, 그 모두 타당성이 있는 논리로 받아들여져야 할 것이라고 생각된다. 그런데 그중 '氣天賦論'에 의하자면, 사람이 타고나는 '氣'는 '하늘이 주는 것'인 동시에 '하늘로부터 받는 것'이라는 점을 알 수 있으며, 또한 '힘써 억지로 한다고 해서 바라는 대로 이룰 수는 없는 것' 그리고 '배운다고 해서 바라는 대로 얻을 수는 없는 것'이라는 점을 알 수 있다. 그러나 '養氣論'에 의하자면, '氣'는 '길러서 이룰 수 있는 것'이기에 끊임없이 갈고 닦으며 단련함으로써 '浩然之氣'를 기르고 '志氣'를 기르는 등 능히 기르고 넓힐 수 있는 것이라는 점을 알 수 있다.

이제 여기서 '氣天賦論'과 '養氣論'의 몇몇 실례들을 검토할 필요가 있을 것으로 보인다.

중국의 魏·文帝 조비曹丕는 「典論論文」에서 다음과 같이 말하였다.

> 文以氣爲主. 氣之淸濁有體, 不可力强而致, 譬諸音樂, 曲度雖均, 節奏同檢, 至於引氣不齊, 巧拙有素, 雖在父兄, 不能移子弟.
>
> 文은 氣를 위주로 한다. 氣의 淸濁에는 體가 있어서 힘써 억지로 한다고 해서 이룰 수 있는 것은 아니니, 음악에 비유하자면 曲度가 비록 고르고 節奏가 함께 살펴 갖춰지더라도 氣를 이끌어 표현함이 한결같지 않은 데 이르러서는 공교롭고 졸렬함이 바탕이 있는지라, 비록 父兄에게 있는 것이라도 능히 子弟에게 옮겨질 수 없는 것이다.[38]

위의 이론은 문장과 '氣'의 관계를 논한 '文氣說'이다. 그 '文氣說'을 통해 "氣의 淸濁에는 體가 있어서 힘써 억지로 한다고 해서 이룰 수 있는 것은 아니다", "氣는 비록 부형에게 있는 것이라도 능히 子弟에게 옮겨질 수 없는 것이다"라는 등의 논리로 '氣天賦論'이 제기되었는데, 그것이 뒷날 역대의 보편적인 논리가 되었다고 해도 과언이 아니다. 그러나 그 '先天的인 氣'에 대한 이론은, 한편으로는 수긍할 수 있는 것이면서도, 그중 '힘써 억지로 한다고 해서 이룰 수 있는 것은 아니다', '부자 간에도 능히 옮겨질

38 曹丕, 「典論論文」, 『文選』 卷第五十二 참조.

수 없는 것이다'라는 등의 논리는, 그에 얽매인 채 고집되어야만 할 논리는 아니라고 생각된다.

고려시대에 李奎報도 위의 曹丕의 이론과 유사한 관점의 이론을 제기하여 "氣本乎天, 不可學得.('氣'는 하늘에서 근본하는 것이니, 배워서 얻을 수는 없는 것이다.)"이라고 하였다는 것을, 필자가 이미 본고의 앞부분에서 '意의 개념'을 논의하면서 소개한 바 있다.[39] 그 또한 '氣天賦論'을 제기한 것이라고 하겠는데, 그중 '氣本乎天'이라는 말은 수긍할 수 있으나, '不可學得'이라는 말의 논리는 魏·文帝 曹丕의 이론에서의 두가지 논리 곧 '氣'는 '억지로 이룰 수 있는 것은 아니다', '부자간에도 능히 옮겨질 수 없는 것이다'라는 논리와 마찬가지로 결코 고집되어야 할 논리는 아니라고 생각된다. 왜냐하면, 孟子의 경우와 같이, 먼 날 먼 곳에서 '私淑'을 통해서도 '聖人之道'를 배워 孔子의 氣象으로 옮겨갈 수 있는 것이며, 끊임없는 학문을 통해 '浩然之氣'를 기를 수 있는 것이기 때문이다.

역대에 그런 관점에서 '養氣論'을 제기한 학자들이 많다.

『孟子』, 「공손추公孫丑」章에, 제자 公孫丑가 "敢問, 夫子, 惡乎長.〔감히 여쭙사오니, 선생님께서는 어떤 데에 特長(장점)이 있으십니까?〕"이라고 물은 데 대하여, 孟子가 "我善養吾浩然之氣.(나는 내 '浩然之氣'를 잘 기르노라.)"라고 대답한 말씀이 있다.[40] 원래 사람이 타고나는 '氣'가 사람마다 다소 차이나는 것은 어쩔 수 없는 일이겠으나, 義와 道를 짝한(配義與道) '浩然之氣'를 잘 기를 수 있다고 한, 그 말씀의 문맥으로 보더라도 '氣'는 갈고 닦는 학문과 수양을 통하여 얼마든지 '호연한 기상'으로 길러질 수 있는 것임을 알 수 있다.

宋代에 蘇轍이 「上樞密韓太尉書」에서 "氣可以養而致.('氣'는 노력함으로

---

39 註 6 참조.

40 『孟子』, 「公孫丑」章(上), '養氣'章 참조.

써 길러서 이룰 수 있는 것이다.)"[41]라고 하였는데, 이와 같이 '養氣論'을 제기한 학자들이 적지 않았기에, 우리 고전에서도 '養氣論'을 흔히 찾아볼 수 있다.

조선 전기 徐居正의 「桂亭集序」에 "大閣之詩, 氣象豪富, 草野之詩, 神氣清淡, 禪道之詩, 神枯氣乏, 古之善觀詩者, 類於是乎分焉.(大閣의 시는 기상이 豪放·豊富하고, 草野人의 시는 정신과 기운이 맑고 담백하며, 선도禪道를 닦는 이의 시는 정신이 메마르고 기운이 모자라니, 옛날에 시를 잘 보는 사람은 類를 그렇게 나누었다.)"[42]이라고 한 것을 보더라도, 환경이나 삶의 방식에 따라서 타고난 '氣象'도 바뀔 수 있고 다른 모습으로 길러질 수 있는 것임을 알 수 있다. 또한 조선 전기 南孝溫의 『秋江冷話』에 "作文之術, 先廣氣, 作字之法, 先正心.(글 짓는 요령은 먼저 氣를 넓혀야 하고, 글씨 쓰는 법은 먼저 마음을 바로잡아야 한다.)"[43]이라고 하였는데, 이로써도 '氣를 넓히는 것(廣氣)'은 가능한 일이며 마땅히 해야 할 일임을 알 수 있다. 조선 중기에 栗谷은 『聖學輯要』의 「養氣」章에서, 孟子·程子·朱子 등 聖賢의 말씀을 예로 들면서 氣를 기르는 문제에 관하여 논한 바 있다.[44]

그러므로 '氣天賦論'을 제기한 曹丕의 이론이나 李奎報의 이론 또한, 억지로 배우려 하더라도 얻을 수는 없는 천부적인 '氣'를 강조한 것이기는 하나, '氣'가 도지히 바꿀 수 없는 것이며 기를 수 없는 것이라는 관점에서 나온 이론은 아닐 것으로 보인다. 그런 이론을 제기하였다고 해서 孟子의 '浩然之氣'說도 몰랐겠는가?

필자는 이제, '氣天賦論'의 타당성을 일면 인정하기는 해도 그 이론을 고지식하게 文面의 표현대로만은 따르기 어려운 점이 있다는 전제 아래 '養氣論' 혹는 '養氣說'을 전적으로 긍정하는 관점에서 '氣'에 관한 논의

41 蘇轍, 『欒城集』 卷二十二, 「上樞密韓太尉書」 또는 『古文眞寶』 卷之九, 「上樞密韓太尉書」 참조.
42 徐居正, 『四佳文集』 卷之六, 「桂亭集序」 참조.
43 南孝溫, 『秋江冷話』 참조. 『秋江集』 및 『大東野乘』 수록.
44 李珥, 『栗谷全書』, 『聖學輯要』, '養氣'章 참조.

를 계속하고자 한다.

그렇다면, 시인 · 문장가 등 문학에 종사하는 자들을 포함하여, '氣'를 기르고자 하는 사람이 어떻게 하면 '氣'를 잘 기를 수 있겠는가?

고려 중기 林椿의 글 「上李學士書」에 다음과 같은 구절이 있다.

> 養其氣者, 非周覽名山大川, 求天下之奇聞壯觀, 則亦無以自廣胸中之志矣.
>
> (좋은 문장을 짓기 위해) '氣'를 기르는 자가, 명산대천을 두루 유람하여 천하의 기이한 견문과 壯觀을 구하지(찾지) 않으면, 또한 흉중의 '뜻(志)'을 스스로 넓힐 길이 없다.[45]

그리고 또한 중국 淸代 하세기何世璂의 『연등기문然鐙紀聞』에 다음과 같은 구절이 있다.

> 爲詩, 須要多讀書以養其氣, 多歷名山大川以擴其眼界, 宜多親名師益友以充其識見.
>
> 시를 짓는 데에는 모름지기, 독서를 많이 하여 '氣'를 기르고, 명산대천을 많이 다녀 안목(眼界)을 넓히고, 의당宜當 이름 있는 스승과 유익한 벗을 많이 만나 식견을 채워 나가는 것을 필요로 한다.[46]

필자는 본고의 앞부분에서 '意의 槪念'을 논하면서, '氣를 단련하는' 문제 곧 '鍊氣'의 문제와 관련하여, 이미 위의 林椿 · 何世璂의 이론에 나타난 '養氣論'과 같은 관점의 견해를 피력한 바 있다. 그리하여 '氣'를 단련하고 또 참되게 길러 나가자면, 성현의 道를 배울 수 있는 훌륭한 스승을 만나 좋은 가르침을 받고, 좋은 벗들을 사귀며, '聖賢之書'와 같은 고금의 좋은 책들을 널리 구하여 깊이 탐독하고, 名山大川을 널리 유람하는 등, 성

45 林椿, 『西河集』 卷四, 「上李學士書」 참조.
46 何世璂, 『然鐙紀聞』 참조.

실한 학문적 자세가 끊임없이 요구된다는 뜻을 밝혔다.

위의 林椿의 글에 '胸中之志'를 넓힌다는 말이 있는데, 그 말에서의 '志'는 '意志' 또는 '志氣'라고 할 때의 '志'와 같은 의미의 말이다. 예를 들자면 그것은, 애국지사의 '意志'와 같은 것이며, '군자가 길러 나가고 성인이 지니는 것'이라는 '志氣'의 '志'와 같은 것이다.[47] 한편 위의 何世璂의 글에서는 작시자가 지녀야 할 자세를 밝히면서, 작시자로서의 세가지 요건 중 독서를 많이 하여 '氣'를 기른다는 한가지 요건에서만 '氣'를 기르는 방법을 말하였는데, 오직 독서를 많이 하는 것만이 '氣'를 기르는 방법이 된다는 의미에서 그렇게 말한 것은 결코 아닐 것이다. 겉으로 나타나는 글구만을 가지고서 문맥의 뜻을 그르치는 일이 없이, 그 다른 두가지 요건 곧 名山大川을 많이 다녀 안목(眼界)을 넓히는 것과 이름 있는 스승과 유익한 벗을 많이 만나 식견을 채우는 것이 모두 '氣'를 넓히는 방법이 된다는 취지에서 그와 같이 말한 것임을, 그 글을 읽는 이가 간과해서는 안될 것이다.

그렇다면 '氣를 기르는 것(養氣)'은 무엇을 위하여 하는 것이겠는가?

『論語』, 「季氏」篇의 孔子의 말씀에 군자가 지니는 '三戒(삼가고 조심해야 할 세가지)'를 말한 구절이 있는데, 그에 대한 註釋에서 范氏(범조우范祖禹)가 이르기를 "聖人同於人者, 血氣也, 異於人者, 志氣也.(聖人이 남과 같은 점은 '血氣'이며, 남과 다른 점은 '志氣'이다.)"라 하고 나서 "君子養其志氣.(君子는 '志氣'를 기른다.)"라 하였는데,[48] '사람의 마음에 의해 主張되고 작용하는 것(主於心者)'이 '志氣'인 데 반해, '形體에 의해 主張되고 작용하는 것(主於形體者)'은 '血氣'이다.[49] 말하자면 참된 선비 등 道를 배우는 자와 좋은 詩·文을 지으려는 자는, '군자가 기르며 성인이 지닌다'는 그 '志

47 『論語』, 「季氏」篇, '三戒'章의 集註, 范氏曰 참조.
48 위와 같음.
49 『朱子大全』, 「性理」篇 참조.

氣'를 길러 지닐 수 있도록 하기 위하여 '氣'를 기르는 것이다. 그리고 또한 『孟子』의 말씀과 같이, 富貴 · 貧賤 · 威武에도 마음이 넘치거나 흔들리거나 굽히지 않으며 마침내 '聖人之道'를 터득하여 행할 만한 '浩然之氣'를 길러 지닐 수 있도록 하기 위하여 '氣'를 기르는 것이다. 그리하여 立身行道함으로써 세상을 밝히고 마침내 萬古에 추앙 받는 인류의 스승이 되기 위하여 '氣'를 기르는 것이다. 그런 가운데 '立德 · 立功 · 立言(삼불후三不朽)'의 경지에 이르게 되고, 그중에서도 마침내 가장 높은 '立德'의 경지에 이를 수 있으며, 적어도 후세에 '말다운 말' · '글다운 글'을 세우고 남김으로써 '입언수후立言垂後'하는 경지에 이를 수 있는 것이다. 따라서 '立言垂後'라는 말의 뜻에는 물론 詩 · 文 등의 좋은 문장을 짓는 것이 포함되는 것이다.

결국 문학에 있어서의 '氣'란, 감동을 줄 수 있는 '설득력' 있는 좋은 문장을 지어, 높고 깊은 '뜻(意)'을 잘 나타내 전달하기 위한 '氣'라고 할 수 있다. 필자는 본고의 앞부분에서 '意의 개념'을 논의하면서 '氣'의 개념을 이미 대강 서술한 바 있는데, 여기서 다시 그 개념을 정의하자면, '氣'는 작자가 문학 작품에서 나타내는 '뜻(意)'을 독자에게 어떤 '느낌(모습)'으로 전달되도록 표출하여 감동을 주는가 하는 '설득력'으로서의 '힘 · 기운'에 해당되는 말이라고 하겠다. 따라서 그것은, 작품에 나타나는 '뜻'을 좌우하는 '힘 · 기운'으로 작용하며, 다양한 '느낌' 혹은 실제로 눈에 보이지는 않으면서도 마치 보이는 듯한 다양한 '모습'으로 독자에게 전달된다.

그러면 이제, 문학에 있어서의 '氣'와 관련된 몇몇 비평 용어들의 개념에 대하여 논의해 보기로 한다.

'氣'와 함께 문학의 '본질론류 용어'로 쓰이며 거의 같은 개념을 지닌 '氣象'이라는 말이 있는데, 그것은 '堯舜之氣象' 그리고 '聖人之氣'라는 말이 있는 것으로 보더라도 '氣'와 거의 같은 개념의 말임이 틀림없으며,

'氣'를 말하되 다만 어떤 형상을 띠고 나타나는가 하는 관점에서 그 형상을 의식하여 일컫는 비평 용어이다. 그러기에 '雄渾한 氣象'이니 '豪放한 氣象'이니 하는 말이 있어 왔다.

문학의 '일반론류 용어'에 '詞氣'라는 말이 있는데, 그것은 시 작품 등에서 쓰이는 말(詞語)에 나타나는 기운 곧 '말기운'을 의미하는 용어이다.

'體製(詩體)類 용어' 중 '作風類 용어'에 '陶體'·'太白體'·'少陵體'·'東坡體' 등의 용어가 있다. '작풍류 용어'도 시대별·인물별·작법별로 나뉠 수 있는데, 위에 예를 든 용어들은 陶淵明·李太白·杜甫·蘇東坡와 같은 시인의 작법 곧 '詩法'에 의해 일컬어진 것으로, 그 시인의 개성적 특징을 나타내 주는 '스타일'과 같은 의미에서 쓰여 온 용어들이다.

'작법류 용어'에 '養氣'라는 말이 있다. 그것은, 詩·文을 짓는 작자가 언제나 좋은 작품을 지을 수 있도록 하기 위하여 평소 학문과 수양을 통해 끊임없이 '氣'를 기르는 것을 의미하는 말이다. 그리고 또한 '鍊氣'라는 말이 있다. 그것은, 본고의 앞부분에서 '意의 개념'을 논의하면서 이미 밝혔듯이, 좋은 작품을 지을 수 있도록 평소에 학문과 수양을 바탕으로 하여 '氣'를 단련하는 것 또는 어떤 작품을 지을 때 그 작품에서 높고 깊은 참된 뜻(意)을 나타내기 위하여 '氣'를 단련하는 것을 의미하는 말이다. 그리고 또 '用氣'라는 말이 있다. 그것은, 어떤 시인의 시가 흔히 같거나 거의 비슷한 品格을 드러내는 경향이 있기는 해도 항상 같은 품격을 보여 주는 것만은 아니며 또 같은 품격을 보여 주어야만 한다는 이치(까닭)도 없기 때문에, 그때 그때 시인이 시에 나타내고자 하는 뜻에 따라 '웅혼雄渾'·'충담沖淡'·'침착沈着'·'호방豪放'·'표일飄逸' 등의 어떤 '느낌'을 주어 설득력을 지니게 하고 감동을 줄 것인가 하는 것을 목표로 삼는 바 그런 '느낌'이 잘 전달되도록 '氣를 부리어 쓰는 것'을 의미하는 용어이다.

'평어류 용어' 중 '작법평어류 용어'에 '語氣奇健不群'이라는 말이 있다. 그것은, 詩語 등의 '말기운이 新奇하고도 健實하여', 群鷄一鶴의 경우처럼 범상한 사람들의 시 또는 시구와는 비교될 수 없을 만큼 '빼어난 것'을 의미하는 평어이다. 그리고 또 '작법평어류 용어'에 '맹호거림세猛虎踞林勢'·'단봉함주세丹鳳銜珠勢' 등의 용어가 있다. 전자는 '맹호가 수풀에 걸터앉은 형세'로 짓는 작법 또는 글에 나타나는 그와 같은 형세를 의미하는 평어이다. 그리고 후자는 '새 중의 우두머리(羽蟲之長)'로 일컬어지는 太平盛代의 '聖君' 또는 '聖君之治'를 상징하는 상상의 새 곧 머리와 날개가 '붉은 鳳凰이 구슬을 머금은 형세'로 짓는 작법 또는 글에 나타나는 그와 같은 형세를 의미하는 평어이다.

'평어류 용어'로서의 '품격평어류 용어' 중에서도 '본질적 평어류 용어'에 해당되는 말에 '기상불모氣象不侔' 또는 그 주술 관계를 바꾸어 쓴 '不侔氣象'이라는 말이 있다. 그 용어들은 '짝할 수 없는 빼어난 기상'이라는 뜻을 의미하는 평어들이다. 또 그런 용어에 해당되는 '遠大氣象(원대한 기상)'이라는 말이 있다. 그리고 또 그런 용어에 해당되는 '氣象舒閑(기상이 느긋하고 한가롭다)'이라는 말이 있으며, '氣象廣豁(기상이 활짝 펼쳐 열린 듯 넓다)'이라는 말이 있다. 또한 그 '본질적 평어류 용어'에 '광막충융지기曠漠沖融之氣'라는 말이 있다. 그것은, '아득하여 원대하며 넓고 깊은 기상'이라는 의미의 평어이다. 그리고 그 '본질적 평어류 용어'에 '불우감가지기상不遇轗軻之氣象'이라는 말이 있다. 그것은, '수레가 삐걱거리며 나아가기 힘들 듯 때를 못 만나 뜻을 이루지 못하는 기상'이라는 의미의 평어이다. 그리고 또 '조진지기躁進之氣'라는 말이 있다. 그것은 '조급하게 나아가는 기상'이라는 의미의 평어이다.

'평어류 용어'로서의 '품격평어류 용어' 중에서도 '시품평어류 용어'에 '雄渾'·'沈着'·'豪放'·'飄逸'·'豪壯'·'平淡'·'寒枯' 등의 용어가 있다. 이들 '시품평어류 용어'의 뜻은, 그 어휘의 의미가 나타내는 뜻과 동일하니, 예를 들면 '飄逸'은 '하늘 높이 벗이나 나부끼듯 빼어나다'는 의미의 '詩品'을 뜻하는 용어이다.

이와 같이 '氣'와 관련된 비평 용어들은, 그 용어가 '氣'라는 말을 곁들여 사용한 경우는 물론 반드시 곁들여 사용하지 않은 경우의 말이라고 하더라도, 그 모두가 역대의 고전비평에서 작품이 독자에게 어떤 '느낌' 또는 '모습(형상)'으로 '뜻'을 전달하여 감동을 주는가 하는 의미에서의 '설득력'으로서의 '힘 · 기운'이라고 할 '氣'를 의식하거나 비평 기준으로 삼아 사용되어 온 용어들이라고 하겠다.

3. 결론

필자는 본고에서, 유교 經書와 동양 역대의 文集 그리고 詩話集 등의 비평서를 중심으로 하여 찾을 수 있는 고전에 나타나는 자료들을 논리적 근거로 활용하면서 '意'와 '氣'의 개념 그리고 그 용어와 관련된 용어들의 개념에 대하여 논의하였다. 그것은, 이와 같은 연구를 통하여 역대의 시인 또는 문장가와 비평가들이 문학(시)의 본질적 요소로서도 특히 중요시되는 용어 곧 문학 '본질론류 용어'로서의 '意'와 '氣'를 어떻게 인식했으며 또 그 '意'와 '氣'를 단련시키기 위하여 어떤 노력을 기울여 왔던가를 이해할 수 있기 때문이었다.

필자는 이제, 앞에서 밝힌 '意' · '氣'와 관련된 수많은 비평 용어들의 개념을 여기서 다시 일일이 정리하여 제시하지는 않더라도, 그 중요한 기본 용어 '意'와 '氣'의 개념을 간략하게 정리하여 제시하고자 한다.

'意'는, 詩 · 文의 창작을 통해 작자가 작품에 나타내는 뜻을 의미하는 말이며, 동시에 詩 · 文을 짓는 작자가 文字의 표현으로써 나타내는 뜻만이 아니라 겉으로 드러나지 않는 함축된 뜻으로써 은연중 알 수 있게 하는 작품 구절의 '행간에 담기는 뜻' 곧 말로써 다 드러내지 않은 '말 밖의 뜻'으로서의 '言外之意'까지를 의미하는 말이다. 그런데 그 '意'라는 말은, 역대의 한시비평 등 고전비평에서 흔히 문학의 '본질론류 용어'로서의

'意格'·'意境'과 같은 말로 활용되기도 하였으며, '작법류 용어'로서의 '立意'·'設意'·'寄意'·'達意'·'刻意'·'鍊意'·'用意'와 같은 말로 활용되기도 하였다. 그리고 '평어류 용어' 중 '작법평어류 용어'로서의 '(創出)新意'·'語陳而意新'·'景中含意'·'言外之意'와 같은 말로 활용되기도 하고, '평어류 용어' 중 '品格評語類 용어' 가운데서도 '본질적 평어류 용어'인 동시에 '詩品評語類 용어'로서의 '言遠而意深'·'語意雄深'·'意態老健奇絶'·'含蓄深厚之意'·'含蓄不露之意'와 같은 말로 활용되기도 하였다.

'氣'는, 작자가 문학 작품에서 나타내는 '뜻'을 독자에게 어떤 '느낌(모습)'으로 전달되도록 표출하여 감동을 주는가 하는 '설득력'으로서의 '힘·기운'을 의미하는 말이다. 따라서 그것은 작품에 나타나는 '뜻'을 좌우하는 '힘·기운'으로 작용하게 되며, 다양한 '느낌' 혹은 실제로 눈에 보이지는 않으면서도 마치 보이는 듯한 다양한 '모습'으로 독자에게 전달되는 것이다.

천지간에는 하나의 '氣'가 있을 따름이다. 따라서 문학에 있어서의 '氣'는, 천체의 운행 등 우주 자연의 이치와 관련하여 논의되는 '氣' 그리고 인간의 生死의 문제 등 삶의 이치와 관련하여 '性理之書' 등에서 '性' 또는 '理'와 함께 논의되는 '氣'와 근본적으로 크게 다를 것이 없다. 왜냐하면, 우주 자연의 이치와 인간의 生死의 이치가 근본적으로 다를 리 없기 때문이며, 사람이 선천적으로 타고나서 후천적으로 길러 가는 중에 마침내 시인·문장가에 의해 창작되는 문학 작품 등에 발현되어 나타나는 것이 바로 문학에 있어서의 '氣'이기 때문이다.

문학에 있어서의 '氣'는, 군자가 길러 나가고 성인이 지니는 것이라는 '志氣'의 '氣'와 같은 것이며, 또한 '浩然之氣'의 '氣'와 같은 것이다. 그것은 작품에 나타나는 '뜻'을 좌우하며, 작품을 통해 다양한 '느낌' 또는 '형태'로 발현된다. 그런데 '氣'를 단련하고 또 참되게 길러 나가자면, 어떤 노력이 필요하겠는가? '養氣'를 위해서는 성현의 道를 배울 만한 훌륭한 스승을 만나 좋은 가르침을 받고, 좋은 벗들을 사귀며, '聖賢之書'와 같은 古今의 좋은 책들을 널리 구하여 깊이 탐독하고, 名山大川을 널리 유람하는 등 성실한 학문적 자세와 수양이 끊임없이 요구된다고 할 것이다.

문학 작품에 있어서의 '氣'와 관련된 고전비평 용어에는 '氣象'·'養氣'·'鍊氣'·'用氣'·'氣象舒閑'·'曠漠沖融之氣'·'雄渾'·'沖淡'·'沈着'·'豪放'·'飄逸' 등 수많은 용어가 있었는데, 필자는 위에서 그 용어들의 개념을 적잖이 밝혔다.

옛 시인·문장가들은, 문학 작품에서 높고 깊은 '뜻(意)'을 나타내기 위하여 학문에 정성된 자세로 임하였으며, 실제로 작품을 창작하는 과정에서도 끊임없이 단련하여 '鍊字'·'鍊句'·'鍊意'·'鍊對'를 하는 등 각고의 노력으로 '鍊琢의 工'을 기울였다. 그런데 그 '鍊琢의 工'은 모두, '氣'를 단련하는 '鍊氣'가 바탕이 되어야 하는 것이었다. 폭넓은 학문과 수양 그리고 창작 과정에서의 그와 같은 '鍊琢의 工'에 의하여 陶淵明·杜甫나 韓退之·柳宗元 등의 훌륭하고 또 위대한 역대 시인·문장가들의 빼어난 詩·文의 창작이 가능했던 것이다.

天機의 槪念과 天機論의 意義

1. 서론

본고는, '天機'의 개념을 밝히고 '天機'라는 말의 의미가 사상 이론 또는 문학 이론 등으로 활용됨으로써 행해진 '天機論'의 의의를 논의하고자 하는 것이다. '天機'의 기본 개념이 제대로 이해되면, 시대와 무관하게 또는 일정한 시대적 의미를 띠고서 행해진 '天機論'의 의의도 제대로 파악될 수 있을 것이다.

종래의 연구에서는 '천기'의 개념과 '천기론'의 의의에 관하여 연구자마다 그 나름의 훌륭한 연구 성과를 보여 주었으며,[1] 비록 '천기'나 '천기론'이라는 명칭을 사용하지는 않았으나 그와 관련된 내용의 다른 논저에

1 張源哲, 「조선후기 문학사상의 전개와 천기론」, 한국학대학원 석사학위 논문, 1982.
鄭然峰, 「張維 시문학 연구-莊子的 天機論을 중심으로」, 고려대학교 박사학위 논문, 1989.
金惠淑, 「韓國 漢詩論에 있어서 天機에 대한 고찰」(1), 『韓國漢詩研究』 2, 한국한시학회, 1994.
金惠淑, 「韓國 漢詩論에 있어서 天機에 대한 고찰」(2), 『韓國漢詩研究』 3, 한국한시학회, 1995.
이승수, 「17세기 말 천기론의 형성과 인식의 기반」, 『韓國漢文學研究』 제18집, 한국한문학회, 1995.

서도 연구자들이 적지 않은 연구 성과를 보여 주었다.[2] 그럼에도 필자가 생각하기로는 '천기'의 개념과 '천기론'에 관하여 좀더 구체적인 논의가 행해져야 할 것으로 보인다.

그동안 '天機論'을 '性情論'과 무관하지 않은 것으로 논의한 연구가 있었는데,[3] 그 타당성을 인정하지 않을 수 없다. '天機'의 개념을 비밀스런 자연의 '生命機作' 또는 '비밀스런 자연의 인간 내재화로서의 靈性·靈能' 등의 의미로 파악하고, 조선 후기 '천기론'의 의의를 '유교 문화에서의 한계 상황을 돌파하고자 발동된 민족 본유적 미학 사유 내지 문화 심리의 更新 형태로서의 위상'과 관련하여 파악해야 한다는 견해를 보인 연구가 있었는데,[4] 일면 그 타당성이 인정되며 시사 받는 점이 적지 않다. 그러나 다만, 그 연구에서 '천기'의 개념 논의로써 제시된 의미 가운데 '生命機作'이라는 말에 관해서는 좀더 논의가 필요할 것으로 보이며, 또한 '천기론'과 '성정론'이 뿌리가 다르다거나 그 사이에는 서로 대치되는 국면이 있다는 견해를 제시한 점에 관해서도 그 까닭을 전혀 이해할 수 없는 것은 아니나 좀더 재고할 필요성을 느낀다.

'天機'는 '하늘의 機密'이며 천체의 운행을 가능하게 하는 '천체 자연의 樞機'이다. '천체의 운행(天行)'과 더불어 만물이 생성하고 소멸하는 등의 자연의 이치가 '하늘 뜻' 곧 '天命' 또는 '天意'에 의해 행해진다고 할 때,

---

任侑炅, 「18세기 천기론의 특징」, 『韓國漢文學研究』 제19집, 한국한문학회, 1996.
진영미, 「天機의 概念과 特性」, 『韓國詩歌研究』 제5집, 한국시가학회, 1999.
李東歡, 「朝鮮後期 '天機論'의 概念 및 美學理念과 그 文藝·理想史的 聯關」, 『韓國漢文學研究』 제28집, 한국한문학회, 2001.

2 김윤조, 「樗村 李廷燮의 생애와 문학」, 『韓國漢文學研究』 제14집, 한국한문학회, 1991.
윤재민, 「홍세태의 문학사상」, 『한국문학사상사』, 계명문학사, 1991.
박무영, 「정약용 시문학의 연구」, 이화여자대학교 박사학위 논문, 1992.
정우봉, 「김창협 시론의 비평사적 의의」, 『어문논집』 31집, 고려대학교 국어국문학과, 1992.
진재교, 「耳溪 洪良浩의 文學論」, 『古典文學研究』 제15집, 1999 등.

3 金惠淑, 위의 (2) 논문.

4 이동환, 위의 논문.

그 '天行'의 道와 이치를 '天道'와 '天理'라는 말로 표현하게 되었으며, '天行'을 가능하게 하여 '天行'을 짜 나가는 '돌쩌귀'나 '틀'로서의 '天之樞機'를 '天機'라는 말로 표현하게 되었다. 따라서 '天機'라는 말은, 의미가 다소 확장되어 '천기'의 작동과 더불어 나타나는 '天意'를 의미하는 말로 이해되며, '천기'에 의해 행해지는 '자연의 이치'로서의 '天理'를 의미하는 말로 이해되기도 한다. 그리고 그런 '天理와 天命 또는 天意의 幾微를 알아차릴 만한 역사의식이나 현실인식'을 의미하는 말로 이해되기도 한다.

본고는, 이와 같은 개략적인 '천기'의 개념 논의를 바탕으로 '천기'와 '천기론'에 관하여 논의함으로써 연구자들로 하여금 이 분야의 과제에 더욱 깊은 관심을 기울이도록 하고자 하는 것이다.

2. '天機'의 개념과 '天機論'의 의의

1) '天機'의 개념

고전 시대의 詩나 詩歌를 논한 시론 또는 시가론 등의 문학 이론에서, "시는 天機이다."라고 하거나 "시는 天機에서 절로 우러난 것" 또는 "시는 天機의 流動"이라고 하거나 "시는 天機에 깊은 자가 능히 할 수 있다."는 등의 논의가 행해졌다. 그리고 『高麗史』와 같은 역사책에서는 "天機를 漏洩하여 멀리 流配시켰다."는 의미의 말을 기록하기도 하였으며,[5] 〈春香傳〉에서는 '이도령'이 남원 가는 길에 '춘향'의 편지를 가지고서 한양으로 급히 가던 '급주急走' 아이를 만나 "이놈, 만일 천기天機를 누설漏泄하여서는 성명性命을 보전치 못하리라."라고 당부하는 말에 '天機'라는 말이

5 『高麗史節要』 卷之三十四, '恭讓王 庚午 2년' 참조.
6 〈춘향전〉 참조.

쓰이기도 하였다.[6] '天機'라는 말은 이와 같이 우리 고전에서도 종종 사용되었다.

시론 또는 문학 이론에서 '천기'가 자연의 묘사와 관련하여 이론이 전개된 까닭에 연구자들은 '천기'가 '꽃이 피고 새가 우는 자연을 노래하는 것'을 뜻하는 말로 오해하기도 하며, 혹은 '다스림'과 관련하여 이론이 전개되기도 한 까닭에 '국가의 기밀'이나 '王命' 그 자체인 것처럼 오해하기도 한다. 그러나 이제 '천기'를 그와 같이 이해하는 것이 크게 잘못된 것은 아니라고 하더라도, 그 개념에 대한 구체적인 논의가 필요할 것으로 여겨진다.

꽃 피고 새 우는 것만이 '천기'가 아니라, 인간사 등의 세상사가 모두 '천기'이며 '천기'에 의한 것이다. 봄이 되어 꽃이 피고 새가 울거나 가을이 되어 단풍이 들고 단풍잎이 시드는 것 모두가 '천기'이다. 배고픈 갓난애가 젖을 달라고 우는 것이 '천기'이며, 생이별을 하는 이산가족이 안타까워 슬퍼하고 이산가족의 상봉 끝에 헤어지기 아쉬워하며 서러워하고 울부짖는 것 모두가 '천기'이다. 춘향이가 수절하는 것도 자연의 이치로 설명될 '천기'이며, 가렴주구에 신음하는 백성들은 없지 않은가를 살펴보라거나 백성들이 부모형제를 부양하며 天命대로 평화롭게 살고 있는가를 살펴보라고 하는 뜻이 또한, 자연의 이치로 설명될 '천기'이다. 인간사도 자연의 일부이기에, 인간사를 포함하는 세상사의 작위적이지 않은 자연스런 모습을 보여 주는 것이 모두 '천기'이다. 그러나 사실은 그 모두를 '천기'라는 말로 표현하기보다는 '천기의 발로'나 '천기의 발동' 또는 '천기에서 우러난 것'이라는 말로 표현해야 할 것인데, 그 말을 편하게 줄여서 쓰려다 보니 흔히 '천기'라는 말로만 표현하기도 했던 것이다.

『莊子』, '內篇'의 「大宗師」篇에 "其耆欲深者, 其天機淺."이라는 구절이 있다. "(그) 기욕이 깊은 자(욕심이 많은 자)는, 천기가 얕다."라고 풀이될 말이다. "욕심이 많은 자는, 역사의식이나 현실인식이 깊지 못하여, '천기'를 알아볼 만한 안목이 좁다."라는 의미에서 '천기가 얕다.'는 말이 쓰인 것이다.

그리고 『莊子』, '外篇'의 「天運」篇에 "天機不張, 而五官皆備."라는 구절이 있다. "천기가 제대로 베풀어지지 않았어도, 五官은 모두 갖추어져 있다."라고 풀이될 말이다. 천기가 제대로 베풀어지지 않아서 세상 물정을 모르고 사람 노릇을 제대로 할 수 없는 답답한 사람에게도, 우리 몸의 다섯 가지 감각을 느끼게 하는 五官은 모두 갖추어져 있는 법이라는 의미에서, 그 '천기'라는 말이 쓰인 것이다. 우리 몸에 갖추어진 '五官'이 제 구실을 하여, 제대로 듣고 볼 줄 알며, 제 맛을 알고, 냄새를 맡을 줄 알고, 해야 할 말과 바른 생각을 참된 마음으로써 할 줄 안다면, 진정으로 '천기'를 깨달아 행할 수 있는 聖人君子가 될 것이다. 『孟子』, 「盡心」章上에서의 말씀에 "惟聖人然後, 可以踐形."[7]이라고 하여, "오직 성인이 된 연후에, (이목구비 등) 형체의 구실을 제대로 실천할 수 있다."고 하였는데, 이 문제를 그 말씀의 의미로써 좀더 잘 이해할 수 있을 듯하다. 『周易』의 「繫辭」上傳에서의 "言行, 君子之樞機.〔인행은 군자의 추기(돌쩌귀와 기틀)이다.〕"[8]라는 구절이 또한, 언행의 방향에 따라서 군자의 모든 행위가 펼쳐지고 삶의 태도가 결정되며 그로부터 군자의 삶에서의 모든 문제가 생겨나므로, 군자는 언행을 삼가야 한다는 교훈으로써 '樞機'의 의미를 이해하는 데 도움을 받을 수 있다.

위와 같은 자료들을 참고하더라도, 종래의 연구 가운데 '천기'를 '자연의 生命機作의 내재화로서의 인간의 창조 역량'이라고 설명한 연구[9]는, 사뭇 설득력을 지니는 것으로 보인다. 그러나 다만, '천기'를 '生命機作'이라고 설명할 경우에는 다소 문제가 생길 듯하다. 天體의 運行과 우주 만물

7 『孟子』, 「盡心」章上, '踐形'章 참조.
8 『周易』, 「繫辭」上傳 참조.
9 이동환, 위의 논문, 123쪽 참조.

의 생성 · 소멸이나 세상사와 인간사의 변화를 주관하는 주체의 軸과 같다는 점에서, '生命'이라는 말과 '機'라는 글자를 쓴 것이 긍정적으로 이해되기는 한다. 그러나 '천기'는, '天道'나 '天理'가 행해질 수 있도록 작동하기 위한 눈에 보이지 않는 天體의 '돌쩌귀'나 '틀' 곧 '樞機'라고 할 수 있겠다 하였는데, 이를 그런 연구에서 보여 준 것처럼 '作'이라는 말로 설명할 경우에는 '天行'으로서의 작동이 가능해지도록 하는 '틀'을 이미 '작동'이라는 의미로 설명하는 것이 되겠으므로, 그에는 다소 맞지 않는 점이 있을 것이다. '作'이라는 말에는 이미, '작동(동작)' 또는 '作爲'와 같은 의미를 나타내는 뜻이 담겨 있기 때문이다. 그리고 고전의 '천기론'에서 '천기'라는 말이 쓰인 데에는, '천기의 발로' 또는 '천기의 발동'이라는 의미를 다만 이해하기 쉽도록 말을 줄여서 표현하고자 한 점이 있기 때문이다.

『中庸』의 제1장에 "天命之謂性."[10]이라는 구절이 있다. 그리고 "誠者, 天之道也, 誠之者, 人之道也."[11]라는 구절이 있다. "하늘이 命한 것(天命)을 일러 '性'이라고 한다."는 뜻의 구절이며, "정성스러움(원래가 정성스러운 것)은 '하늘의 도(天道)'이며, ('천도'를 본받아 매사를) 정성스럽게 하는 것은 '사람의 도리(人道)'이다."라는 뜻의 구절이다. 사람이 '仁義禮知'를 행할 수 있는 착한 본성(善性)을 타고나도록 한 것이, '하늘 뜻'으로서의 '天命'이며 '天意'이다. 그리고 그와 같은 도리가 '天道'이며 '天理'이다. 그런데 '天道'나 '天理'가 행해지도록 하며 '天命'이나 '天意'가 세상사와 인간사에서 자연스럽게 행해지고 펼쳐지도록 하는 '天體의 樞機' 곧 '베'가 짜이는 '베틀'의 '틀'과 같은 것이 바로 '天機'이다. 그리하여 그 '천기'를 '天命'이나 '天意' 또는 '天道'나 '天理'와 거의 같은 개념의 말로 사용해도 의미상 크게 어긋날 것이 없기 때문에, 그런 말로도 종종 사용하게 된 것일 따름이다. '천기'는, 때로는 세상의 물정에 밝아 '자연의 이치를

10 『中庸』 第一章 참조.

11 위의 책, 第二十章 참조.

터득한 경우'를 일컫는 말로도 쓰이게 되었으며, 혹은 '천기의 발로'나 '천기의 발동'을 일컫는 말로도 의미가 다소 확장되어 쓰이게 되었다. 또한 때로는, '천기'가 거의 그와 같은 개념의 말로 받아들여질 수 있는 '天命'·'天意'·'天道'·'天理'의 의미로도 쓰이게 되었으며, 그 '天命'·'天意'나 '天道'·'天理'가 제대로 행해지도록 그 임무를 대행하는 자의 '뜻'을 일컫는, '王命'이나 '王意'를 뜻하는 말로도 의미가 확장되어 쓰이게 되었다.

하늘은 사람에게 '仁義禮知'를 행할 수 있는 '착한 본성(善性)'을 타고나게 했으며, 동시에 그 '본성(性)'이 활용되는 희노애락의 '감정(情)'을 옳게 쓰도록 하였다. 사람이 타고난 본성을 참되게 발휘하여 매사를 정성스럽게 행함으로써 '人道'를 지극히 한다면, 마침내 '天道'에 짝할 수 있게 될 것이며, 그런 삶의 자세는 '天命'을 따르는 것이 되고 '天理'에 부합하는 것이 될 것이다. 그럴 경우, 시를 짓더라도 '바른 성정(性情之正)'이 노래되도록 할 것이며, '천기'에서 자연스럽게 우러나는 시를 짓게 될 것이다. 그런 관점에서 보자면, '천기론'과 '성정론'은 결코 무관한 이론들이 아니었음을 알 수 있을 것이며, 때에 따라서는 그 두가지 명칭의 이론이 같은 맥락의 문장에서 동시에 전개될 수 있었음을 알 수 있을 것이다.

2) '天機論'의 의의

'天機'라는 말은, 역사의 기록이나 한시 작품 등에서도 자주 쓰였다. 조선 전기 花潭 徐敬德의 〈天機〉라는 시 작품의 일부를 소개하자면 다음과 같다.

> 伐柯卽不遠, 天機豈我違. 人人皆日用, 渴飮寒則衣.
>
> 도끼 자루를 베는 방법이 곧 멀지 않으니, 천기가 어찌 나를 어길 수 있으리

오! 사람마다 모두 나날이 쓰는 것이니, 목마르면 물을 마시고 추우면 옷을 입는다네.[12]

위의 시구에서는, 『中庸』의 제13장에서도 인용된 바 『詩經』, '빈풍豳風', 「伐柯」章의 "伐柯伐柯, 其則不遠.(도끼 자루를 벰이여, 도끼 자루를 벰이여. 그 법칙이 멀지 않다.)"[13]이라고 한 구절의 의미로부터 뜻을 취하여 작자 자신의 생각을 나타냈다. 도끼 자루를 베는 사람이 어떻게 생긴 나뭇가지를 취하여 도끼 자루를 삼을 것인가를, 자기 손에 쥔 도끼 자루로써 알아볼 수 있다는 의미와 같이, 자기 자신의 몸과 그 삶의 주변에서 느낄 수 있는 '천기'가 참되게 살고자 하는 작자 자신의 뜻과 어긋날 리가 없다는 의미로써 작자 자신의 삶의 자세를 재확인하였으며, '천기'의 의미가 사람마다 나날이 살아가며 목이 마르면 물을 마시고 날이 추우면 자연스럽게 그에 따라 옷을 지어 입는 것과 다를 바 없는 것임을 밝혔다. 여기서 쓰인 '천기'라는 말은, 시구 뒷부분에서 '천기의 발로에 대응하는 삶의 모습'을 의미하는 말로써 그리고 동시에 그런 삶의 모습 자체가 '천기의 발로'가 되는 것임을 의미하는 말로써, 그 본래의 의미를 짐작할 수 있도록 표현되어 있다. 따라서 위의 한시에서도 '천기'의 개념을 터득할 수 있게 하는 '천기론'이 개진되었다고 하겠다.

역사와 철학의 기록 등에서도 또한 '천기'와 관련된 이론들을 찾아볼 수 있다. 그러나 이제 여기서는, 시론 등 문학 이론에서의 '천기론'적 자료들을 대상으로 하여 '천기론'의 의의를 논의하기로 한다.

조선 시대에는, 특히 조선 중기에서 후기에 걸쳐 시론 등의 문학 이론에서 '천기론'이 한때의 유행처럼 적잖이 제기되었다.

谿谷 張維는 「石洲集序」에서 다음과 같이 논하였다.

12 徐敬德, 『花潭集』 卷之一, 〈天機〉 참조.
13 『詩經』, '豳風', 「伐柯」章 참조.

詩, 天機也. 鳴於聲, 華於色澤, 淸濁雅俗, 出乎自然, 聲與色, 可爲也, 天機之妙, 不可爲也.

시는 天機이다. 소리로 울리고 빛깔과 광택으로 빛을 내는데, 淸濁과 雅俗이 자연에서 우러나니, 소리와 빛깔은 가히 행할 수 있으나, 천기의 오묘함은 행하기 어렵다.[14]

위의 이론에서 "시는 '天機'이다."라고 한 것은, 시가 '천기'로부터 자연스럽게 우러나야 하는 것임을 밝힌 말이다. 그런 의미가 그 뒷부분의 설명에 잘 나타나 있다. 그런데 그보다도 뒷부분에서는 다시, '聲色'의 겉꾸밈은 뜻에 따라 쉽게 이룰 수 있는 것이지만 '천기'의 발로에 의한 시적 표현의 오묘한 의미는 아무나 쉽게 이룰 수 있는 것이 아니라는 말로써, 시를 짓는 이가 자연스런 '천기'의 발로에 의한 참된 시를 지을 수 있도록 하기 위해서는 어떻게 노력해야 할 것인가를 암시하고 있는 것이다. 위의 이론은 곧, 참된 詩風의 조성과 회복을 기대하는 뜻을 표명한 '천기론'이라고 하겠다.

西浦 金萬重은 『西浦漫筆』에서 다음과 같이 논하였다.

今我國詩文, 捨其言而學他國之言, 設令十分相似, 只是鸚鵡之人言, 而閭巷間樵童汲婦咿啞而相和者, 雖曰鄙俚, 若論眞贋, 則固不可與學士大夫所謂詩賦者同日而論, 況此三別曲者, 有天機之自發而無夷俗之鄙俚. 自古左海眞文章, 只此三篇.

지금 우리 나라의 詩文에 있어서는 자기네 언어를 버리고서 남의 나라 언어를 배우고 있으니, 가령 매우 흡사하게 표현한다 하더라도 다만 이는 '앵무새 노릇하는 사람들의 말'일 뿐이다. 그러나 시골 여항간의 나무꾼이나 물 긷는 아낙네들이 '에에, 아아' 하고 자연스레 소리 내어 서로 唱和하는 것이 비록 '비리하다(촌스럽다)'고 말할는지 모르겠으나, 만약 참되고 거짓된 것을 따진다면 실로 사대부들의 이른바 詩·賦라고 하는 것과는 더불어 같은 자리에서 견주어 논

14 張維, 『谿谷集』 卷之六, 「石洲集序」 참조.

할 수조차 없는 것이다. 하물며 (鄭松江의) 이 세 편의 別曲은 '天機'에서 절로 우러난 것으로서, 야만(夷俗)의 비리함이 없음에랴. 예로부터 우리 나라의 참된 문장은, 다만 이 세 편이라 하겠다.[15]

위의 이론에서는, 우리 사대부들의 '詩·賦'를 논의하면서, 남의 것을 억지로 흉내내려는 자연스럽지 못한 표현의 '앵무새 노릇하는 사람들의 말'과 같다고 하여, 그것을 '앵무지인언鸚鵡之人言'이라는 語句로써 비유하였다. 그에 반해 '여항간 초동급부'들의 '에에, 아아' 하고 자연스럽게 소리 내어 서로 唱和하는 노래야말로 오히려 진솔한 노래라는 것을 아울러 논의하고 나서, 松江 鄭澈의 〈관동별곡〉, 〈사미인곡〉, 〈속미인곡〉의 세 작품은 '天機'에서 저절로 우러난 것으로, 오랑캐 풍속의 비리함을 전혀 느끼게 하지 않는 참된 문장으로서의 좋은 노래라는 뜻을 표명하였다.

위의 이론은, '초동급부'들의 노래에 대하여 '천기'에서 우러나는 노래라고 직접 말하지는 않았으나, 다분히 그런 뜻을 나타낸 이론이라고 하겠다. 왜냐하면, '초동급부'들이 마음에서 우러나는 대로 삶의 애환을 자연스럽게 노래하는 경우가 많았을 것임을 느끼게 해주기 때문이다. 말하자면 물 긷는 아낙네들은, 흔히 시집살이의 어려움을 노래하거나 소견 없고 철없는 남편에 대한 원망을 노래하기도 하였을 것이며, 한편으로는 그래도 참고 살다 보면 시부모를 모시는 도리나 남편을 섬기는 情을 가족들이 언젠가는 알아주게 될 날이 있을 것이라는 뜻의 체념적이면서도 어찌 보면 달관적인 삶의 자세가 담긴 노래를 부를 수도 있었을 것이기 때문이다. 그런 의미를 나타낸 이론이 바로 위와 같은 '천기론'이라고 하겠다.

農巖 金昌協은 『農巖集』 '雜識(잡지)'의 「外篇」에서 다음과 같이 논하였다.

15 金萬重, 『西浦漫筆』下 참조.

詩者, 性情之發而天機之動也. 唐人詩, 有得於此, 故無論初盛中晩, 大抵皆近自然. 今不知此, 而專欲摸象聲色, 黽勉氣格, 以追踵古人, 則其聲音面貌, 雖或髣髴, 而神情興會, 都不相似, 此明人之失也.

시는 性情의 발로이며 天機의 발동이다. 唐人들의 시는 이런 점을 터득하였다. 그러므로 初唐 · 盛唐 · 中唐 · 晩唐을 막론하고 대개 자연스러움에 가까웠다. 지금 이런 것을 알지 못하고서, 오로지 聲色을 그려내고 氣格에 힘쓰면서 古人들을 따르고자 하니, 그 聲音과 면모는 비록 비슷해진다 해도 神情과 興會는 도무지 같아지지 않으니, 이것이 明人들에게 있어서의 잘못이다.[16]

위의 이론에서는, '性情之發'이라는 말과 '天機之動'이라는 말을 아울러 사용하면서 시론을 전개하였다. 위의 이론은, 참된 성정에서 우러나는 시 작품이야말로 좋은 시이며, '천기'가 자연스럽게 발동하는 데서 이루어지는 시 작품이야말로 좋은 시라는 논리로부터 출발하였다. 그리하여 위의 이론에서는, 당 나라 시인들의 경우가 시대를 막론하고서 '천기'에 의한 자연스런 표출의 경지를 터득한 경우라고 하였다. 그런데 비해 뒷 시대로 내려오면서는 차츰 겉꾸밈을 일삼는 형식적인 표현에 기울게 되어, 결코 古人들의 詩法의 경지를 따르기 어렵게 되었으며, 특히 명 나라의 시인들에 이르러서는 그런 폐단이 심해졌다는 뜻을 나타냈다.

위의 이론에서는 '성정론'과 '천기론'이 동시에 제기되었다. 자연스럽고도 바른 성정을 노래하는 시가 '천기'의 발동에 의한 시라는 의미의 관점에서 보더라도, 위와 같은 이론을 통하여 '천기론'과 '성정론'이 결코 무관한 이론들이 아니었음을 더욱 확인할 수 있는 것이다.

耳溪 洪良浩는 「風謠續選序」에서 다음과 같이 논하였다.

盖列國之風, 皆出於村謳巷謠, 敍其情志, 發於天機, 於以見四方之俗, 審治亂之本. 孔子曰, 詩可以觀, 此之謂也. 降至後世, 詩體屢變, 人工勝而天機淺, 失其自

16 金昌協, 『農巖集』 卷之三十四, '雜識', 「外篇」 참조.

然之眞.

대개 列國의 '國風'들은 모두가, 촌마을의 '謳歌'와 여항간의 '歌謠'에서 나온 것으로, (그) 감정과 의지를 서술한 것이며 '천기'에서 우러난 것이니, 그로써 사방의 풍속을 볼 수 있고 治亂의 근본을 살필 수 있었다. 공자께서 말씀하시기를, 시로써 풍속의 淳厚함을 살펴볼 수 있다고 한 것은, 이를 두고 이른 말씀이다. 후세로 내려오면서 '詩體'가 자주 변하여 '人工'이 勝하고 '천기'가 얕아져서, 그 자연스런 참맛을 잃게 되었다.[17]

위의 이론에서는, 『詩經』詩의 列國의 국풍들이 대개 '天機'에서 우러난 노래들이었음을 말하고, 그 옛날의 『詩經』 시대에는 그런 시들을 통하여 치세와 난세에서의 다스림의 근본을 각각 알아볼 수 있었다고 하였다. 그리고 그것이 바로 『論語』, 「陽貨」篇에서의 '詩可以觀'[18]이라는 공자의 말씀에 담긴 뜻임을 밝혔다. 또한 후세에는 시의 體가 자주 변하면서 인위적으로 공교로움을 추구하는 詩風이 勝하고 '천기'를 터득한 의식이 얕은 데서 나온 시들이 지어지게 됨으로써 시 작품들이 마침내 자연스런 참맛을 잃게 되었다는 뜻을 표명하였다. 위의 이론에서 '천기가 얕다'는 뜻으로 쓴 '天機淺'이라는 말은, '천기를 터득하지 못하여 사물을 보는 안목이 얕은 것'을 뜻한 말이다.

이와 같이 특히 조선 중기로부터 후기에 이르는 시대의 시론 등 문학 이론에서 뜻있는 선비들에 의해 흔히 제기된 '천기론'은, 각각 그 시대로 내려오면서 점차 겉꾸밈만을 더욱 일삼거나 형식에만 얽매이게 된 詩風을 바로잡아 '천기'에서 자연스럽게 우러나는 참된 시를 짓는 詩風을 조성하고자 하는 뜻의 건전한 詩意識을 보여 주었다.

17 洪良浩, 「風謠續選序」, 『耳溪集』 卷之十 참조.
18 『論語』, 「陽貨」篇, '學詩'章 참조.

3. 결론

『莊子』로부터 발견되는 '天機'라는 말은, 그 시대에 이미 '깊은 역사의식이나 현실인식' 등의 '천기를 알아볼 만한 안목'을 뜻하는 말로 쓰이기도 하였으며, 그런 안목이나 의식이 모자라는 사람에게도 기본적으로 베풀어지게 되는 '하늘의 뜻이 구현되는 모습'과 같은 의미가 담긴 말로 쓰이기도 하였다. 『孟子』에서는 그것이, '천기'라는 말로 직접 표현되지는 않았어도, 이목구비 등 사람의 형체가 제 구실을 참되게 실천할 수 있을 만큼 타고난 본성이나 감정과 관련하여 그 올바른 실천의 경지에 이른 聖人君子가 터득하는 이치의 근거를 의미하기도 하였다.

우리 『高麗史』의 기록이나 花潭 徐敬德의 시 그리고 〈춘향전〉 등에서 그 '天機'라는 말이 쓰였듯이, 중국과 한국의 철학서 또는 역사서와 시문집 등에서 '천기'라는 말과 '천기론'은 끊임없이 사용되고 제기되었는데, 본고에서는 그런 사례를 일일이 다 거론하지 않았다.

위에서 논의해 온 바와 같이, 본고는 '천기'의 개념과 '천기론'의 의의를 밝히고자 한 것이다.

다시 말하자면, '천기'는 천체의 운행 곧 '天行'을 가능하게 하는 '천체의 눈에 보이지 않는 樞機'이다. '천기'는, 그것이 작동되어 천체가 운행함으로써 '天道'나 '天理'가 행해지도록 하며 '天命'이나 '天意'가 세상사와 인간사에서 자연스럽게 행해지고 펼쳐지도록 하는, '天體의 樞機' 곧 '베틀'의 '틀'과 같은 것이다. 그런데 '천기'는, 때로는 세상의 물정에 밝아 '자연의 이치를 참되게 터득하는 경우'를 일컫는 말로도 쓰였으며, 깊은 역사의식이나 현실인식으로써 그 '천기를 알아보는 안목'을 일컫는 말로도 쓰였다. 그리고 혹은 '천기의 발로'나 '천기의 발동'을 일컫는 말로도 의미가 다소 확장되어 쓰였다.

하늘은 사람에게 '인의예지'를 행할 수 있는 '착한 본성'을 타고나게 했으며, 동시에 그 '본성'이 활용되는 희노애락의 '감정'을 옳게 쓰도록 하였다. 사람이 타고난 본성을 참되게 발휘하여 매사를 정성스럽게 행함으로써 '人道'를 지극히 한다면, 마침내 '天道'에 짝할 수 있게 될 것이며, 그런 삶의 자세는 '天命'을 따르는 것이 되고 '天理'에 부합하는 것이 될 것이다. 그럴 경우, 시를 짓더라도 '바른 성정'이 노래되도록 할 것이며, '천기'에서 자연스럽게 우러나는 시를 짓게 될 것이다. 따라서 문학 이론으로서의 '천기론'은, '성정론'과도 결코 무관한 이론이 아니었으며, '성정론'과 같은 맥락의 문장에서 동시에 전개되기도 한 이론이다.

'천기'에 대한 깨달음과 '천기'로부터 우러나는 자연스런 표현을 중시한 '천기론'은 중국과 한국 역대의 고전에서 역사의 기록이나 문학 작품과 문학 이론 등을 통하여 끊임없이 제기되었으며, 특히 한국에서는 조선 중기로부터 후기에 이르는 시대의 시론에서 겉꾸밈을 일삼는 작위적인 作詩 태도를 벗어나 자연의 있는 그대로 모습에 대한 깊은 통찰력에 의한 묘사와 함께 세상사와 인간사의 자연스런 표출에 바탕을 두는 참된 詩風을 조성하기 위하여 각각 시대적 의미를 띠고 활발하게 전개되었다.

-2부-

漢文學의 理論과 硏究의 實際

退溪의 「陶山十二曲跋」과 栗谷의 「精言妙選序」에 나타난 詩歌觀

—「毛詩序」·「詩集傳序」 등 역대 儒家의 文學論과 관련하여—

1. 서론

본고는 조선 중기의 대표적인 유학자 退溪 李滉 先生의 글 「도산십이곡발陶山十二曲跋」과 栗谷 李珥 先生의 글 「정언묘선서精言妙選序」에 나타난 詩歌觀을 고찰하고자 하는 것이다.[1]

退溪의 「陶山十二曲跋」과 栗谷의 「精言妙選序」는 두 글 모두 철저한 유학자의 시가관을 잘 드러낸 시가론적인 글로서, 중국 古代의 「毛詩序」와 그로부터 宋代 朱子의 「詩集傳序」로 이어진, 『詩經』에 대한 대표적인 두 편의 序文을 중심으로 하는 동양 儒家의 전통적인 시가관을 가장 잘 계승한 우리 나라의 주목되는 시가론들이라고 할 수 있다.

1 「陶山十二曲跋」(『退溪全書』, 『退溪先生文集』 卷之四十三 수록)은 退溪 李滉 선생이 65세(1565년)에 時調 〈陶山十二曲〉을 짓고 나서 그 창작 동기를 밝힌 글이며, 「精言妙選序」(『栗谷全書』 卷之十三 수록)는 栗谷 李珥 선생이 38세(1573년)에 『詩經』詩 이후 古代의 시로부터 宋代 程明道(程顥 : 程子의 兄) 선생의 시에 이르기까지 중국 역대의 漢詩 중 알차고도 본받을 만한 시들을 '五言古詩'·'七言古詩'·'五言律詩'·'七言律詩'·'五言絶句'·'七言絶句' 등 여섯 詩體別로 가려 뽑아 詩選集 『精言妙選』을 편찬하고 나서 그 편찬 동기를 밝힌 글이다.

따라서 본고는, 이와 같은 退溪와 栗谷의 시가론을 고찰함으로써 두 유학자의 시가관을 구체적으로 이해하고, 중국 古代로부터 계승된 儒家의 전통적인 문학관 또는 시가관이 퇴계와 율곡 같은 조선시대의 철저한 유학자들에게 어떻게 계승되었는가, 곧 儒家 시가론의 典範이 되어 왔다고 할 수 있는 「毛詩序」와 「詩集傳序」에 나타난 시가관 그리고 그 밖의 역대 儒家의 몇몇 중요한 문학론에 나타난 문학관 또는 시가관과 「陶山十二曲跋」·「精言妙選序」에 나타난 퇴계·율곡의 시가관 사이의 영향 관계는 어떠한가를 규명하는 것을 연구 목적으로 한다.

필자는 본고에서 퇴계의 「陶山十二曲跋」과 율곡의 「精言妙選序」에 나타난 시가관을 구체적으로 이해하기 위하여, 퇴계의 다른 시가론 「서어보가후書漁父歌後」 그리고 율곡의 「精言妙選序」에 수반된 「精言妙選總敍」의 「元字集序」·「亨字集序」·「利字集序」·「貞字集序」·「仁字集序」·「義字集序」·「禮字集序」와 같은 시가론들을 함께 살펴보는 등 퇴계와 율곡의 시가론을 전반적으로 고찰하게 될 것이며, 또한 전통적으로 儒家에서 시가론의 典範이 되어 왔다고 할 수 있는 「毛詩序」·「詩集傳序」에 나타난 시가관과 그 밖의 역대 儒家의 몇몇 문학론에 나타난 문학관 또는 시가관을 퇴계·율곡의 시가관과 비교 논의함으로써 역대 儒家의 문학관 또는 시가관이 퇴계·율곡과 같은 조선시대의 철저한 유학자들에게 어떻게 계승되었는가, 그 영향 관계를 아울러 고찰하게 될 것이다.

따라서 본고의 논의를 위해서는 『詩經』에 대한 두 序文과 『禮記』·『論語』 등 유교 經書의 기록에 나타난 문학론 그리고 程子·朱子 등 역대 유학자들의 문학론이 참고 자료가 될 것이다.

퇴계의 「陶山十二曲跋」 그리고 율곡의 「精言妙選序」와 관련된 기왕의 연구 논저도 적지 않다.[2] 그러나 본고는 퇴계·율곡의 그와 같은 시가론에

---

2 退溪의 「陶山十二曲跋」 그리고 栗谷의 「精言妙選序」와 관련된 몇몇 중요한 연구 논저를 예로 들면 다음과 같다.

나타난 시가관을 고찰하되 중국의 「毛詩序」·「詩集傳序」에 나타난 시가관이나 그 밖의 역대 儒家의 몇몇 문학론에 나타난 문학관 또는 시가관을 退溪·栗谷의 시가관과 비교하여 논의함으로써 그 영향 관계를 아울러 고찰하고자 하는 것이므로, 퇴계의 「陶山十二曲跋」이나 율곡의 「精言妙選序」와 관련된 학계의 연구 성과를 필요에 따라 참고하기는 하되 주로 필자 나름의 독자적인 관점에서 논의를 진행하게 될 것이다.

金慶漢, 「陶山十二曲에 對한 硏究」, 『陶南 趙潤濟 博士 華甲記念 論文集』, 新雅社, 1964.
徐首生, 「退溪는 文學을 어떻게 보았나」, 『文學思想』 25, 文學思想社, 1974.
徐元燮, 「退溪의 陶山十二曲 硏究」, 『退溪學硏究』 2, 慶尙北道, 1974.
李家源, 「退溪 先生의 文學」, 『退溪學報』 10, 退溪學硏究院, 1976.
趙東一, 「李滉」, 『韓國文學思想史試論』, 知識産業社, 1978.
林熒澤, 「國文詩의 傳統과 陶山十二曲」, 『退溪學報』 19, 退溪學硏究院, 1978.
李源周, 「退溪 先生의 文學觀」, 『韓國學論集』 第8輯, 啓明大 韓國學硏究所, 1981.
정인승, 「陶山十二曲에 담긴 退溪 先生의 낙천주의」, 『나라사랑』 48, 외솔회, 1983.
金周漢, 「退溪와 南冥의 文學觀 小攷」, 『民族文化論叢』 5, 嶺南大 民族文化硏究所, 1984.
金周漢, 「李退溪의 文學觀」, 『退溪學報』 61, 退溪學硏究院, 1989.
崔載南, 「'六歌'의 受容과 傳承에 대한 고찰」, 『冠嶽語文硏究』 第12輯, 서울大 國文科, 1987.
金智勇, 「退溪의 文學觀과 茶山의 文學論 比較硏究」, 『退溪學硏究』 第2輯, 檀國大 退溪學硏究所, 1988.
曺圭益, 「退溪의 詩歌觀 小攷」, 『退溪學硏究』 第2輯, 檀國大 退溪學硏究所, 1988.
李廷卓, 「退溪文學 硏究」, 『安東文化』 9, 安東大 安東文化硏究所, 1988.
李敏弘, 「士林派의 鄕樂에 대한 見解」, 『碧史 李佑成 敎授 定年退職 記念論叢』上, 창작과 비평사, 1990.
鄭堯一, 「退溪의 文學論」, 『退溪學硏究』 第4輯, 檀國大 退溪學硏究所, 1990.
趙東一, 「李珥」, 『韓國文學思想試論』, 知識産業社, 1978.
金昞國, 「高山九曲歌 硏究 - '精言妙選'과 관련하여-」, 성균관대 박사학위 논문, 1991.
金昞國, 「'精言妙選'과 栗谷의 選詩觀」, 『陶南學報』 13집, 陶南學會, 1992.
金昞國, 「'精言妙選'의 文獻的 檢討와 栗谷의 詩觀」, 『書誌學報』 15號, 韓國書誌學會, 1995.
金豊起, 「'精言妙選'에 나타난 栗谷의 審美理想」, 『語文論集』 30집, 고려대, 1991.
李然世, 「栗谷의 風格論에 대한 硏究」, 『인하어문연구』 1집, 인하대 국어국문학과, 1994.
崔承洵, 「栗谷의 文學觀」, 『栗谷思想硏究』 1집, 栗谷學會, 1994.

2. 「도산십이곡발」과 「정언묘선서」에 나타난 시가관

1) 퇴계의 「도산십이곡발」에 나타난 시가관

退溪의 「陶山十二曲跋」에 나타난 시가관을 살펴보기 위해서 먼저 「陶山十二曲跋」의 原文과 그에 대한 필자의 번역문을 제시하기로 한다.

「陶山十二曲跋」(原文)

右陶山十二曲者, 陶山老人之所作也. 老人之作此, 何爲也哉. 吾東方歌曲, 大抵多淫哇不足言, 如翰林別曲之類, 出於文人之口, 而矜豪放蕩, 兼以褻慢戲狎, 尤非君子所宜尙, 惟近世有李鼈六歌者, 世所盛傳, 猶爲彼善於此, 亦惜乎其有玩世不恭之意, 而少溫柔敦厚之實也. 老人素不解音律, 而猶知厭聞世俗之樂, 閑居養疾之餘, 凡有感於情性者, 每發於詩, 然今之詩, 異於古之詩, 可詠而不可歌也, 如欲歌之, 必綴以俚俗之語, 蓋國俗音節所不得不然也, 故嘗略倣李歌而作, 爲陶山六曲者二焉, 其一言志, 其二言學, 欲使兒輩朝夕習而歌之, 憑几而聽之, 亦令兒輩自歌而自舞蹈之, 庶幾可以蕩滌鄙吝, 感發融通, 而歌者與聽者, 不能無交有益焉. 顧自以蹤跡頗乖, 若此等閑事, 或因以惹起鬧端未可知也, 又未信其可以入腔調諧音節與未也, 姑寫一件, 藏之篋笥, 時取玩以自省, 又以待他日覽者之去取云爾. 嘉靖四十四年歲乙丑暮春旣望, 山老書.(『退溪全書』, 『退溪先生文集』 卷之四十三)

「도산십이곡발」(번역문)

위의 〈陶山十二曲〉은 陶山老人이 지은 것이다. 노인이 이를 지은 것은 무엇을 위해서인가? 우리 동방의 가곡은 대체로 음란하고 시끄러워 족히 말할 것이 못된다. 이를테면 〈翰林別曲〉과 같은 類는 文人의 입에서 나왔으나, 호걸스러

3 益齋 李齊賢의 후손으로, 死六臣의 한 사람인 朴彭年의 외손자라서 世祖 때 司馬試에 합격했으나 科擧에 응시할 자격을 박탈당하였다.

움을 자랑하여 방탕하며, 아울러 외설되고 거만하며 희롱하고 친압한 것으로, 더욱이 군자로서 마땅히 숭상할 바가 아니다. 오직 근세에 이별李鼈[3]의 〈六歌〉라는 것이 세상에 널리 전해지는데, 오히려 그것이 이것(〈翰林別曲〉)보다 좋다고는 하나 또한 세상을 놀리는 불공스런 뜻이 있고 온유돈후한 실속이 적은 것이 애석하도다. 노인이 본디 음률을 알지 못하나, 오히려 세속의 음악을 듣기 싫어할 줄은 알아서, 한가히 지내며 병을 고치는 여가에 무릇 性情에 감동되는 것이 있으면 매양 시로 표현해내고는 한다. 그러나 오늘날의 시는 옛날의 시와는 달라서 가히 읊을 수는 있어도 노래할 수는 없다. 만약 노래할 수 있도록 하자면 반드시 時俗의 말(俚語 : 우리말)로 엮어야 하니, 대개 나라 풍속의 음절이 그렇지 않을 수 없는 것이다. 그러므로 일찍이 李氏의 노래를 대략 모방해 지어서 〈陶山六曲〉을 만든 것이 둘이니, 그 하나는 뜻을 말한 것이요, 다른 하나는 학문을 말한 것으로, 아이들로 하여금 아침저녁으로 익혀 노래하게 하고 의자에 기대어 듣게 하며, 또한 아이들로 하여금 스스로 노래하며 스스로 춤추고 뛰게 하고자 함이거늘, 행여 비루하고 인색한 마음을 씻어내어 감발되고 (맺힌 마음을) 녹여 통하게 한다면, 노래하는 자와 듣는 자가 서로 유익함이 없지 않을 것이다. 돌아보건대, 스스로 생각하기로는 자취가 자못 어긋난지라, 이 같은 한가한 일로 인해서 혹시 말썽을 일으키지나 않을는지 알 수 없으며, 또 그것이 노래 곡조에 들 수 있는지 음절에 맞을는지 아닌지도 알 수 없이서, 짐짓 한 벌을 베껴서 상자에 넣어 두고 때때로 내어 보고 스스로를 살피기도 하며, 또 뒷날 보는 이가 버리고 취함을 기다리노라 이를 따름이다. 嘉靖(明 · 世宗 때의 年號) 44년(1565년 : 退溪 선생 65세 때) 乙丑年 저문 봄(3월) 열엿샛날, 陶山老人은 쓰노라.

위의 「陶山十二曲跋」에는 〈陶山十二曲〉의 창작 동기가 나타나 있다. 위의 글에서 退溪가 우리 동방의 歌曲은 대체로 음란하고 시끄러워 족히 말할 것이 못된다고 하여, 그 당시에는 달리 좋은 노래가 없었던 것처럼 말한 것으로 보자면, 麗末 · 鮮初의 時調라고 알려진 노래들이 정말로 알려진 작자들에 의하여 실제 창작된 노래들이었는지 다소 의문삼지 않을 수 없게 하고, 따라서 〈丹心歌〉나 死六臣 등의 時調가 또한 그 생애에 비추어 後

人들이 지은 것이 아닌가 의문삼지 않을 수 없게 하는 점이 있으며, 우리 동방의 가곡으로 〈翰林別曲〉과 李鼈의 〈六歌〉만을 예로 든 것을 보자면, 그와 같은 의문과 함께 혹시 퇴계 시대에 이르러서야 '時調'의 詩歌 장르가 이루어진 것이 아닌가 하는 추측을 더욱 가능하게 한다. 그리고 위의 글로 미루어, 왕조가 바뀌었어도 한동안 宗廟 祭禮之樂 등에 음란한 고려 俗謠들이 그대로 연주되고 행해졌던 것을 짐작할 만하다.

위의 글에서 退溪는 이별李鼈의 〈六歌〉를 '완세불공지의玩世不恭之意'가 있고 '온유돈후溫柔敦厚'한 실속이 적은 것이 애석하다고 논평하였는데, 그것이 한편으로는 충분히 수긍할 만한 논평이라 생각된다. 그러면서도 한편으로는 李鼈의 〈六歌〉가 사육신이 화를 당한 이후에 작자 자신의 처지와 세상을 보는 비분강개한 젊은 혈기에서 나온 까닭에 그와 같은 평을 듣게 되었던 것으로 이해될 수도 있을 것이다.

위의 글로써 알 수 있듯이, 퇴계는 시가에 있어서 '溫柔敦厚'한 실속을 중히 여겼다. 그와 같은 시가관은, 뒤에서 좀더 자세히 논의하게 될 것이지만, 『禮記』의 「經解」篇에 있는 孔子 말씀 "入其國, 其教可知也, 其爲人也, 溫柔敦厚, 詩教也.(그 나라에 들어가 보면 그 교화된 정도를 가히 알 만하니, 그 사람됨이 溫柔敦厚한 것은 시로써 교화된 까닭이다.)"[4]라는 구절에 담긴 가르침에 연원을 둔 것이다. '溫柔敦厚'는 '성품이 따뜻하고 부드러우며 人情이 두텁고 두텁다'는 뜻으로 풀이된다. 퇴계의 그와 같은 시가관은 溫柔한 '성품'과 敦厚한 '人情'을 지닌 사람이 시가를 짓는 데서 그 시가가 溫柔敦厚한 실속을 지니게 되어, 그 시가를 듣고 노래 부르며 즐기는 사람으로 하여금 또한 溫柔敦厚한 '성품과 人情'을 지닐 수 있게 한다는 뜻을 보여 주는 것이다.

위의 글로써 퇴계의 당시에는 漢詩가 이미 歌唱性을 상실하였음을 알

4 『禮記』 卷第二十六, 「經解」篇 참조.

수 있다. 『詩經』詩 이래로 계승되던 한시의 가창성이 상실된 것이 퇴계 당시에는 이미 어제 오늘의 일이 아닐 것이다. 중국에서도 고대로부터 근세에 이르기까지 시대가 흐름에 따라 漢詩가 樂府詩에서나 그 명맥을 유지하는 등 차츰 가창성을 상실하게 되었을 것이므로, 이제 여기서 漢詩가 어느 시대에 이르러 가창성을 상실하게 되었는가를 논의한다는 것은 그리 쉽지 않은 일일 것이다. 어쨌든 退溪가 위의 글에서 이르기를, "今之詩, 異於古之詩, 可詠而不可歌也, 如欲歌之, 必綴以俚俗之語.(지금의 시는 옛날의 시와는 달라서 가히 읊을 수는 있어도 노래할 수는 없다. 만약 노래할 수 있도록 하자면 반드시 時俗의 말로 엮어야 한다.)"라고 한 것으로 보자면, 특히 우리나라 사람들에게는 漢詩로써 노래한다는 것이 쉽지 않거나 불편한 일이었을 것으로 짐작되며, 따라서 퇴계도 자기 자신은 물론 배우는 아이들로 하여금 생활 가운데서 우러나는 情緖를 자연스럽게 노래하도록 하는 데에는 時調·歌辭 등 '우리말' 노래 곧 '俚語'로 된 노래가 적합하다는 것을 절감하게 되었던 것으로 보인다.

그러므로 종래의 국문학 또는 국문시가 연구자들이 흔히 조선 후기의 西浦 金萬重만이 국문시가에 대한 애착을 보였던 것처럼 논의하거나 조선시대의 유학자들이 漢詩나 좋아하고 국문시가를 폄시하여 배격했던 것처럼 논의하는 것은, 위험스럽고 지나친 일이 아닐 수 없다는 것을 위의 글로써도 충분히 이해할 수 있을 것이다. 우리 나라 사람들에게는 우리말 노래가 자연스럽고도 편하다는 것은, 제 정신을 가졌던 학자와 선비라면 선대의 학자와 선비들이 모두 충분히 인지하고 있었기에, 退溪·栗谷·松江 등 많은 학자와 선비가 현전하는 수천 首의 時調와 수많은 歌辭를 짓게 되었던 것이며, 또한 우리 나라 사람들에게는 우리말 노래가 적합하다는 생각을 나타낸 문학론이 沈守慶의 『遣閑雜錄』, 退溪의 「陶山十二曲跋」, 象村 申欽의 『象村集』, 西浦 金萬重의 『西浦漫筆』, 玄默子 洪萬宗의 『旬五志』 등에 표명될 수 있었던 것이다.

위의 글에서 퇴계는 〈翰林別曲〉에 대해서 혹평을 가하고 李鼈의 〈六歌〉에 대해서도 善評을 하지 않았다. 그것은 그 노래들이 국문시가라는 이유에서는 결코 아니었다. 그 모든 것이 작품의 내용을 도덕적인 측면에서 평한 결과일 따름이다. 그것은 바로 위의 글에서 退溪가 시가의 溫柔敦厚한 실속을 중히 여긴 사실과 무관하지 않다. 李鼈의 〈六歌〉에 대하여 세상을 놀리는(완롱玩弄하는) 불공스런 뜻(意)이 있고 溫柔敦厚한 실속이 적다고 한 데 대한 문제는 위에서도 논의했거니와 〈翰林別曲〉에 대해서 이르기를, "如翰林別曲之類, 出於文人之口, 而矜豪放蕩, 兼以褻慢戱狎, 尤非君子所宜尙.(이를테면 〈翰林別曲〉과 같은 類는 문인의 입에서 나왔으나, 호걸스러움을 자랑하여 방탕하며, 아울러 외설되고 거만하며 희롱하고 친압한 것으로, 더욱이 군자로서 마땅히 숭상할 바가 아니다.)" 이라고 한 것으로 볼 때, 퇴계의 관점으로써는 고려 속요俗謠들 이래의 몇몇 음란한 노래들은 물론이요 〈翰林別曲〉과 같은 노래도 도덕적인 측면에서 차마 용납하기 어려운 것이었음이 틀림없다. 〈翰林別曲〉의 작자들이 한때의 지식인임을 자처하는 자들이었는데도 노래 가운데 그와 같이 호걸스러움을 자랑하여 방탕하며 아울러 외설되고 거만하며 희롱하고 친압하는 태도를 보인 것이, 참된 유학자의 선비정신으로써는 도저히 용납하기 어려웠을 것으로 보인다.[5]

시 또는 시가는 모두 작자 또는 노래하는 사람의 性情을 노래하거나 그 性情에서 우러나는 것이다. 그러므로 시나 시가는 性情의 바른 데서 나와

5 국내에서 중등학교 『국어』 또는 『고전』 교과서 편찬자들이 좋은 내용의 많은 노래를 제쳐놓고 흔히 〈翰林別曲〉과 같은 노래를 책 속에 수록하여 가르치게 하는 것은, 현대문학 작품 중 친일파의 문학 작품들을 책 속에 수록하여 무비판적으로 열심히 가르치는 것과 함께 하나의 큰 문제점이 아닐 수 없다. 그리고 〈翰林別曲〉의 작자를 흔히 '한림제유翰林諸儒'라고 가르치는 것 또한 타당하지 않은 일이다. 그 작자들이 비록 대개 翰林學士 출신들이었다고 하더라도, 작품을 통해서 호걸스러움을 자랑하여 방탕하며 아울러 외설되고 거만하며 희롱하고 친압하는 태도를 보인 것이 진정한 유학자 또는 참된 선비(儒)의 자세가 아니었다는 점에서, 그들을 '翰林諸儒'라고 하여 '儒'라고 일컫는 것은, 유학자들의 선비정신에 비추어 볼 때 들어맞지 않는 일이기 때문이다.

서 독자나 청자에게 감동을 줌으로써 그 性情을 바른 데로 나아가게 하고 바른 性情을 지니게 하자는 것이다. 그리하여 독자 또는 청자나 가창자로서의 우리 마음 가운데 비루하고 인색한 마음을 씻어내고 우리 마음을 感發 融通하게 하려는 데 그 목적이 있는 것이다. 그와 같은 시가관이 위의 「陶山十二曲跋」에 잘 나타나 있다.

退溪가 위의 「陶山十二曲跋」 뒷부분에서 "顧自以蹤跡頗乖, 若此等閑事, 或因以惹起鬧端未可知也, 又未信其可以入腔調諧音節與未也, 姑寫一件, 藏之篋笥, 時取玩以自省, 又以待他日覽者之去取云爾.(돌아보건대, 스스로 생각하기로는 자취가 자못 어긋난지라, 이 같은 한가한 일로 해서 혹시 말썽을 일으키지나 않을는지 알 수 없으며, 또 그것이 노래 곡조에 들 수 있는지 음절에 맞을는지 아닌지도 알 수 없어서, 짐짓 한 벌을 베껴서 상자에 넣어 두고 때때로 내어 보고 스스로를 살피기도 하며, 또 뒷날 보는 이가 버리고 취함을 기다리노라 이를 따름이다.)"라고 하였는데, 그 글구절 가운데에는 특히 노래를 짓는 작자로서의 신중한 태도와 선비로서의 겸양지덕謙讓之德이 나타나 있다. 그 중에 특히 자기 자신의 자취가 자못 어긋났기에 그 같은 한가한 일로 인해서 혹시 말썽을 일으키지나 않을는지 알 수 없다고 한 것은, 아마도 어려운 때에 벼슬을 사양하고 귀향하여 아이들을 모아서 가르치거나 한가히 노래나 지어서 아이들에게 부르게 하는 것이 스스로 생각하기에 가장 바람직한 참된 선비의 자세가 된다고는 여기지 않았던 데서 나온 말이겠으나, 퇴계의 그와 같은 말 또한 謙辭가 아닐 수 없다. 비록 적극적인 자세로 벼슬길에 임하여 현실을 바로잡는 데 참여하지는 못한다고 하더라도, 후학들을 가르치면서 말다운 말 글다운 글을 남겨 입언수후立言垂後하는 것도 세상을 바로잡고 밝은 來世를 기약하고자 하는 선비 본래의 뜻에 결코 어긋나는 일은 아니기 때문이다. 그리고 스스로 짓는 노래가 곡조에 들고 음절에 맞을는지 알 수 없다고 한 것 또한, 퇴계와 같은 참된 선비들이 노래 한篇을 짓는 데서도 얼마나 신중한 자세를 지니고 겸손한 마음을 잃지 않았던가를 생각하게 하는 대목이다.

퇴계의 「서어보가후書漁父歌後」[6]를 통해서도 위의 「陶山十二曲跋」과 軌를 같이하는 퇴계의 시가관을 살펴볼 수 있으니, 그 일부를 인용하자면 다음과 같다.

> 此詞與霜花店諸曲, 混載其中, 然人之聽之於彼則手舞足蹈, 於此則倦而思睡者, 何哉. 非其人, 固不知其音, 又焉知其樂乎.
>
> 이 歌詞(〈漁父歌〉의 가사)와 〈霜花店〉 등 여러 曲이 그 가운데 뒤섞여 실려 있다. 그러나 사람들이 저 노래(〈霜花店〉)를 들으면 손으로 춤추고 발로 뛰는데, 이 노래를 들으면 권태로워하면서 졸음을 느끼는 것은 무슨 까닭인가? 그만한 사람이 아니면 진실로 그 音을 알지 못하니, 또 어찌 그 樂을 알 수 있겠는가?[7]

위의 글은 退溪가 〈霜花店〉 등 몇몇 俗樂(우리 樂歌)이 그 歌詞의 내용이 외설되거나 음란하여 참된 음악이 되지 못하는 데 반해, 박준朴浚이 새로 편찬한 歌集에 수록된 〈어보가漁父歌〉가 歌詞 내용이 그 다른 俗樂의 노래들보다 훨씬 좋다는 것을 말하고자 한 것이다. 퇴계는 위에서 세속의 사람들이 흔히 〈霜花店〉 등의 노래 듣기를 좋아하고 〈漁父歌〉와 같은 노래 듣

6 「書漁父歌後」를 '서어보가후'로 읽어야 하는 까닭은, '보父'가 어떤 특징이나 습관 또는 취향趣向이 있는 사람이라든가 그런 노인을 일컫는 '미칭美稱'으로서의 접미사처럼 쓰여 온 말이기 때문이다. 周 나라의 시조인 文王의 祖父 '태왕大王'을 '고공단보古公亶父'라고 하고, 시인이나 문장가들이 孔子의 시호諡號 '文宣王'을 지칭하는 이름으로 '문선왕 노인'이라는 의미에서 '선보宣父'라는 명칭을 쓰거나 공자의 字를 지칭하는 이름으로 '중니 노인'이라는 의미에서 '니보尼父'라는 명칭을 쓴 것이 그런 까닭에서였다. 따라서 屈原의 〈어보사漁父辭〉를 '어부사'로 읽는 것은 잘못이며, 조선 후기 尹善道의 〈어보사시사漁父四時詞〉를 '어부사시사'로 읽는 것도 잘못이다. 그리고 유안劉安의 『회남자淮南子』 책에서의 '새옹지마塞翁之馬' 관련 故事를 기록한 글에서 노인의 '말(馬)'에 관한 사건들의 이야기와 그 노인의 아들에 관한 이야기가 미처 기록되기도 전에 쓰인 語句를 읽으면서 '기보왈其父曰'이라고 읽어야 할 것을 '기부왈'이라고 읽는 것 또한 잘못이다. 그 '其父曰'이라는 구절의 앞쪽에 노인의 '아들'에 관한 이야기가 아직 나오지 않았는데도 '그 아버지가 말하기를'이라는 말이 첫머리에 갑자기 나오는 것처럼 읽게 된다면, 문맥으로 보더라도 이치에 맞지 않을 것이기 때문이다.

7 李滉, 『退溪全書』, 『退溪先生文集』 卷之四十三, 「서어보가후書漁父歌後」 참조.

기를 권태롭게 여기는 것을 개탄하고 있다. 그와 같은 세속 사람들의 음악에 대한 그릇된 인식은, 그만한 사람(도리를 아는 사람. 군자)이 아니면 음악을 제대로 알 수 없다는, 퇴계 평소의 시가관과는 배치되는 것이었다.

위의 글을 통해서 우리는 당시의 음악적 현실을 염려하고 음악의 바람직한 방향을 제시하고자 한 퇴계의 시가관을 살펴볼 수 있는데, 오직 군자라야 진정으로 능히 음악을 알 수 있다는 퇴계의 그와 같은 시가관은, 뒤에서 좀더 구체적으로 논의하겠으나, 풍속이 바로잡혀야 음악이 바로잡히고 음악이 바로잡혀야 풍속이 바로잡히며 정치와 음악이 불가분의 관계가 있다는, 『禮記』의 「樂記」에 기록된 儒家의 전통적인 시가관을 철저히 계승한 것이라고 하겠다.

2) 율곡의 「정언묘선서」에 나타난 시가관

여기서는 또한 栗谷의 「精言妙選序」에 나타난 시가관을 살펴보기 위해서 먼저 「精言妙選序」의 原文과 그에 대한 필자의 번역문을 제시하기로 한다.

「精言妙選序」(原文)

人聲之精者爲言, 詩之於言, 又其精者也. 詩本性情, 非矯僞而成, 聲音高下, 出於自然, 三百篇, 曲盡人情, 旁通物理, 優柔忠厚, 要歸於正, 此詩之本源也. 世代漸降, 風氣漸淆, 其發爲詩者, 未能悉本於性情之正, 或假文飾, 務說人目者, 多矣. 余數年抱病居閑, 處獨殿屎之隙, 時搜古詩, 備得衆體, 患詩源久塞, 末流多岐, 學者, 睢盱眩亂, 莫尋其路, 乃敢採其最精而可法者, 集爲八篇, 加以圈點, 名曰精言妙選, 以沖淡者爲首, 使知源流之所自, 以次漸降至於美麗, 則詩之絡脈, 殆近於失眞矣, 乃以明道韻語終焉, 俾不流於矯僞, 去取之間, 有意存焉. 詩雖非學者能事, 亦所以吟詠性情, 宣暢淸和, 以滌胸中之滓穢, 則亦存省之一助, 豈爲雕繪繡藻, 移情蕩心而設哉. 覽此集者, 其念在玆. (『栗谷全書』 卷之十三)

「정언묘선서」(번역문)

사람의 소리 중에서 精한(알찬) 것이 말이며, 시는 말에 있어서 또 그 精한 것이다. 시는 性情에 바탕을 두는 것이므로 거짓이 없어야 이루어지며, 聲音의 높고 낮음은 자연에서 나오는 것이다. 『詩經』 3백 篇은 人情을 곡진하게 나타내고 사물의 이치에 널리 통하였으며, 優柔忠厚하여 요체가 바른 데로 돌아갔으니, 이는 시의 근원이다. 세대가 점차 내려오면서 風氣가 점점 어지러워져서 그 發하여 시가 된 것이 능히 다 性情의 바른 데에 바탕을 두지 못한 채 혹은 文飾을 빌려서 남의 눈을 기쁘게 하는 데 힘쓴 것이 많다. 내가 몇 년 동안 병을 지닌 채 한가하게 지내면서 홀로 처하여 신음하던 틈에 때때로 古詩들을 찾아내서 여러 體를 갖추어 얻었거늘, 시의 근원이 오래도록 막혀서 末流에 가서는 갈래가 많아졌기에 배우는 자들이 눈을 휘둥그레 뜨고 정신이 헷갈려서 그 길을 찾지 못하게 될까 근심한 바이니, 마침내 감히 가장 알차면서도 본받을 만한 것들을 가려내어 8篇의 책을 모아 만들어 圈點을 찍어서 이름하기를 『精言妙選』이라 하고, 沖淡한 것으로 으뜸을 삼아 (배우는 자로) 하여금 源流가 비롯된 바를 알게 하였는데, 점차 내려오면서 美麗한 것에 이르는 데까지 차례를 매긴다면 시의 맥락에 있어서 참된 것을 잃게 됨에 거의 가까울 것이므로, 마침내 程明道(程顥 : 程子의 兄)의 시로써 끝을 맺었으니, (가려낸 시로) 하여금 거짓된 것에 흐르지 않도록 하였음은 버리고 취한 가운데 뜻이 남아 있을 것이다. 시가 비록 학자의 능사는 아니지만, 이 또한 性情을 읊으며 청화한 마음에 통하고 사무치게 하여 흉중의 더러운 찌꺼기를 씻어냄은 또한 存心省察에 한가지 도움이 되는 것이니, 어찌 아로새기고 그려내고 수놓고 꾸미고 하여 방탕한 마음에 情을 옮겨서 지을 것이겠는가? 이 詩集을 보는 이는 그 생각이 여기에 있어야 할 것이다.

위의 「精言妙選序」에는 『精言妙選』의 편찬 동기가 나타나 있다. 栗谷은 중국 역대의 漢詩 중 가장 알차면서도 본받을 만한 것을 가려내서 8篇의 책을 편찬하였는데, 그것이 바로 『精言妙選』이며, 책의 편찬 의도는 또한 역대의 漢詩 중 오묘한 것을 가려 뽑았다는 그 책의 이름 가운데 대강 나타나 있다. 율곡은 후대의 학자들로 하여금 性情의 바른 데에 바탕을 두고 창작된 참된 시들을 그보다 참되지 못한 다른 시들과 구별하여 본받을 수 있도록 하기 위해서 『精言妙選』을 편찬한 것이다.

위의 글을 통해서도 알 수 있듯이, 사람의 소리 가운데 알찬 것이 말이며, 시는 말 가운데서도 더욱 알찬 것이다. 그런데 시는 性情에 근본을 두고서 지어지는 것으로, 거짓됨이 없어야 참된 시가 될 수 있다. 그러므로 역대의 참된 시는 '性情의 바른 데(바른 性情)'에 바탕을 두고 지어져서 人情을 曲盡하게 나타낼 수 있었으며, 그 시의 작자가 '사물의 이치(物理)'에 널리 통할 수 있었기 때문에, 그 시를 읽고 노래하는 사람으로 하여금 두터운 人情을 지니게 하고 또한 사물의 이치에 널리 통할 수 있게 한다. 그와 같은 참된 시들의 본보기가 된 것이 『詩經』詩 3백 篇이다.

따라서 율곡은, 人情을 曲盡하게 나타내고 사물의 이치에 널리 통함으로써 여유 있는 깊은 생각과 부드러운 성품을 드러내고 진실된 마음과 두터운 人情을 보여 주어 그 '優柔忠厚'한 시의 요체가 바른 道에 돌아간, 『詩經』詩 3백 篇을 '시의 根源(詩之本源)'이라고 하였다. 그러나 후대로 내려오면서 인심이 순후醇厚하지 못하고 따라서 세상 사람들과 시인들의 風氣가 점점 어지러워져서, 시인들이 시를 지어 표현해낸 것 또한 능히 모두 다 '性情의 바른 데'에 바탕을 두지는 못하였으므로, 그 후대의 시들 가운데에는 간혹 겉꾸밈을 일삼아 남의 눈을 기쁘게 하는 데 힘쓴 것이 많았다. 율곡은, 그런 시들이 후대의 학자들로 하여금 어떤 시가 참된 시가 되는지, 정신을 헷갈리게 하고 갈피를 잡을 수 없게 함으로써, 장차 참된 시의 방향을 그르쳐서 후대의 시로 하여금 거짓된 방향으로 흐르게 하지나 않을까 우려하여, 『詩經』詩 이후의 역대 참된 시들을 詩體別로 가려 뽑아 『精言妙選』을 편찬하게 되었던 것이다. 말하자면 栗谷이 『精言妙選』을 편찬한 것은 바로 참된 시의 방향을 제시하기 위한 것이었다.

율곡은 위의 글에서 시가 학자의 능사는 아니라고 하였다. 그것은 杜甫가 〈이화양유소부貽華陽柳少府〉라는 시에서 "文章一小技, 於道未爲尊.(문장은 하나의 작은 솜씨이니, 道에 있어서 높은 것이 되지 못하네.)"이라고 하고, 徐居正이 『東人詩話』에서 "詩者, 小技.(시는 작은 솜씨이다.)"라고 한 것, 그리고 退溪가 편지글 「여정자정탁與鄭子精琢」에서 시를 '末技'라고 하고, 茶山이 편지글 「示兩兒」에서 "詩非要務.(시가 요긴한 일은 아니니다.)"라고 한 것 등과 같은 맥락에서 파악될 수 있는, 동양의 전통적인 詩觀을 드러낸 것이다.[8] 율곡의 그와 같은 말은 결국, '動天地感鬼神'할 수 있는 내용을 담은 '經天緯地'의 문장이라고 할 『詩經』詩와는 달리, 후대의 시들이 대개 세상을 바로잡는 經綸의 道에 견줄 때 道에 있어서 높은 것이 되지 못한다는 뜻에서 나온 것이다.

참된 시는 『詩經』詩처럼 원래 性情의 바른 데서 우러나서 읽고 노래하고 듣는 자로 하여금 性情을 바른 데로 이끈다. 그러기에 율곡은 위의 글에서 "詩本性情.(시는 性情에 바탕을 둔다.)"이라고 하였다. 그와 같은 詩觀은 예로부터 儒家의 전통적인 詩觀이 되어 왔다. 뒤에서 좀더 구체적으로 논의하겠으나 『論語』, 「述而」篇의 註에서 朱子가 "詩以理情性.(시로써 性情을 다스린다.)"[9]이라고 한 것이 그와 같은 시가관을 나타낸 이론의 본보기가 되었다고 하겠다. 그러므로 시에서는 작자나 독자가 모두 性情을 도야하는 것을 목표로 해야 한다. 다시 말해서 시는 心性을 기르는 것, 곧 인격을 도야하는 데 필요한 것이다. 그것이 바로 朱子와 栗谷을 포함하는 역대 철저한 유학자들의 전통적인 시가관이었다.

위의 글에서 율곡이 시를 논하여 "詩雖非學者能事, 亦所以吟詠性情, 宣暢淸和, 以滌胸中之滓穢, 則亦存省之一助, 豈爲雕繪繡藻, 移情蕩心而設哉.(시가 비록 학자의 能事는 아니지만, 이 또한 性情을 읊으며 청화한 마음에 통하고 사무치게 하여 흉중의 더러운 찌꺼기를 씻어냄은 또한 存心省察에 한가지 도움

8 仇兆鰲 輯註, 『杜詩詳註』 卷之十五와 『東人詩話』 卷下 그리고 『退溪先生文集內集』 卷之三十五 및 『與猶堂全書』 第一集, 第二十一卷 등 참조.

9 『論語』, 「述而」篇, '雅言'章의 朱子 註 참조.

이 되는 것이니, 어찌 아로새기고 그려내고 수놓고 꾸미고 하여 방탕한 마음에 情을 옮겨서 지을 것이겠는가?)"라고 한 말 또한 그와 같은 詩意識에 기초한 것이다. 앞에서 살펴본 바 退溪의 「陶山十二曲跋」에서 "凡有感於情性者, 每發於詩.(무릇 性情에 감동된 것이 있으면, 매양 시로 표현해낸다.)"라고 하고 "蕩滌鄙吝, 感發融通.〔비루한 마음을 씻어내어 감발되고 (맺힌 마음을) 녹여 통하게 한다.〕"이라고 한 것과 율곡의 이론이 모두, 그와 같은 儒家의 전통적인 시가관을 계승한 것이라는 점에서 軌를 같이 하는 이론들이라고 하겠다.

율곡이 위의 글에서 "文飾(겉꾸밈)을 빌려서 남의 이목을 기쁘게 하는 데 힘쓰는 시는 참된 시가 될 수 없으니, 시란 아로새기고 그리고 수놓고 꾸며서 방탕한 마음에 情을 옮겨서 지을 것이 아니다."라는 뜻을 나타낸 것은, 뒤에서 좀더 구체적으로 논의할 것이지만, 程子가 『伊川先生語錄』의 기록에서 남의 이목을 즐겁게 하려고만 하는 俳優와 같은 태도를 배격한 것과 같은 관점에서 이해될 수 있는, 儒家의 전통적인 詩觀 또는 시가관을 계승한 것이라고 하겠다.

율곡은 또한 『精言妙選』 8冊을 편찬하면서 위의 글 「精言妙選序」와 함께 「정언묘선총서精言妙選總敍」[10]를 지었다. 그런데 活字本 『栗谷全書』가 간행되던 1749년 무렵에는 이미 『精言妙選』 8冊 가운데 『元字集』·『亨字集』·『利字集』·『貞字集』·『仁字集』·『義字集』·『禮字集』 등 7冊만 전해지고 맨 뒤의 책 『智字集』이 결본으로 전해지지 않다가, 오늘날에는 다시 앞의 5冊만 전해지고 뒤의 『義字集』·『禮字集』 2冊은 전해지지 않게 되었는데, 『栗谷全書』 가운데 '拾遺'에 수록된 그 「精言妙選總敍」라는 글에는 원래 전해지던 7冊에 대하여 구체적인 撰集 意圖를 冊別로 기록한 序文들이 전해지고 있다.[11] 그것은 『栗谷全書』가 간행되던 시기에 「精言妙選總

10 『栗谷全書』, '拾遺' 卷之四, '雜著' 수록.

11 『精言妙選』에는 「精言妙選總敍」가 冊마다 그 책의 앞부분에 각각 별도의 글 이름 「元字集序」·「亨字集序」·「利字集序」 등으로 일곱 단락의 글들이 따로 나뉘어져서 기록되어 있다.

敍」를 이루는 序文의 일부가 이미 없어진 탓으로 여겨진다. 그 「精言妙選總敍」의 현전하는 일곱 단락을, 각각 번역문을 곁들여 제시하자면 다음과 같다.

「精言妙選總敍」(原文과 번역문)

元字集曰, 此集所選, 主於沖澹蕭散, 不事繪飾, 自然之中, 深有妙趣, 古調古意, 知者鮮矣. 唐宋以下諸作, 品格或不逮古, 間有近體, 而皆無雕琢之巧, 自中聲律, 故竝選焉. 讀此集, 則味其淡泊, 樂其希音, 而三百之遺意, 端不外此矣.

『元字集』에 이른다. 이 책에 뽑은 것은 '충담소산沖澹蕭散'한 것을 위주로 하였다. 꾸미는 것을 일삼지 않고 자연스런 가운데 깊게도 오묘한 취미가 있으니, 그 古調 古意를 아는 이가 적도다. 唐·宋 이하의 작품들은 詩의 品格이 혹은 古詩에 미치지 못하나, 간혹 近體에 있어서 조탁雕琢의 기교가 없으면서도 스스로 聲律에 맞는 것이 있는지라, 그러므로 아울러 뽑았다. 이 책을 읽으면, 그 담박淡泊함을 맛볼 수 있고 그 聲音이 드문 것을 즐길 수 있으니, 『詩經』 3백 篇의 끼친 뜻(三百之遺意)이 바로 이에서 벗어나지 않을 것이다.

亨字集曰, 此集所選, 主於閒美淸適, 從容自得, 出於寓興, 非思索可到. 讀此集, 則心平氣和, 如乘小車, 隨意行于花蹊草徑, 而勢利芬華, 視之邈矣.

『亨字集』에 이른다. 이 책에 뽑은 것은 '한미청적閒美淸適'한 것을 위주로 하였다. 조용한 가운데 절로 터득된 것으로, 興에 부친 데서 나왔으니, 사색한다고 해서 이를 수 있는 것은 아니다. 이 책을 읽으면, 心氣가 화평해져서 마치 작은 수레를 타고서 마음 내키는 대로 꽃과 풀이 난 좁은 길을 가는 것과 같아서, 권세와 이익의 무성하고 화려함은 보더라도 아득히 보일 것이다.

利字集曰, 此集所選, 主於淸新灑落, 蟬蛻風露, 似不出於煙火食之口. 讀此集, 則可以一洗腸胃葷血, 而塊瑩骨爽, 人間臭腐, 不足以累吾靈臺矣.

『利字集』에 이른다. 이 책에 뽑은 것은 '청신쇄락淸新灑落'한 것을 위주로 하였다. 매미가 바람과 이슬 속에서 허물을 벗으니, 마치 속세 사람의 입에서 나오지 않은 것 같다. 이 책을 읽으면, 한번에 위장의 냄새 나는 혈기를 씻을 수 있어서, 살덩이가 맑아지고 뼈가 상쾌해져서 인간 세상의 썩는 냄새가 족히 내 마음을 더럽힐 수 없을 것이다.

貞字集曰, 此集所選, 主於用意精深, 句語鍛鍊, 格度嚴整, 間有造妙之論, 非常情所可企及者. 讀此集, 則可以探微見隱, 而意思自不淺近矣.
『貞字集』에 이른다. 이 책에 뽑은 것은 '用意精深' 한 것을 위주로 하였다. 句語가 鍛鍊되어 있으며 格度가 엄밀하고도 整然하니, 간혹 현묘玄妙한 데 나아갔다는 議論이 있겠으나, 범상한 詩情으로는 가히 바라서 미칠 수 있는 경지가 아니다. 이 책을 읽으면, 隱微한 뜻을 찾아 볼 수 있어서 뜻과 생각(意思)이 절로 淺近해지지 않을 것이다.

仁字集曰, 此集所選, 主於情深意遠, 卽景卽事, 寫出襟懷, 怨而不悖, 哀而不傷. 讀此集, 則未嘗不穆爾長思, 悽然興歎, 求獲古人之心, 而自無怨懟淫放之失矣.
『仁字集』에 이른다. 이 책에 뽑은 것은 '情深意遠' 한 것을 위주로 하였다. 景物에 나아가고 事物에 나아감에 흉금을 쏟아냈으니, 원망하면서도 도리에 어긋나지 않고(원이불패怨而不悖) 슬퍼하면서도 마음을 상하게 하지 않는(애이불상哀而不傷) 것이다. 이 책을 읽으면, 심원하게도 길이 생각하지 않을 수 없으니, 서글픈 탄식을 일으켜 옛사람의 마음을 구해 얻어서, 절로 원한을 품고 원망하거나 음란함과 방탕함을 일삼는 결점이 없어질 것이다.

義字集曰, 此集所選, 主於格詞淸健, 筆力遒勁, 而無急迫之意, 有凝遠之味. 讀此集, 則氣聳神揚, 而懶夫可以有立志, 鄙夫興雅趣矣.
『義字集』에 이른다. 이 책에 뽑은 것은 '格詞淸健' 한 것을 위주로 하였다. 筆力이 굳세면서도 급박한 뜻이 없고, 심원한 맛이 있다. 이 책을 읽으면, 기운이 솟고 정신이 發揚되어 게으름뱅이도 가히 뜻을 세울 수 있게 하고, 비루한 자도 고아한 정취를 일으킬 수 있게 할 것이다.

禮字集曰, 此集所選, 主於精工妙麗, 雖有雕繪之飾, 而不至於淫豔. 讀此集, 則情濃意秀, 瘦瘠者, 可以增肌, 枯槁者, 可以發華矣.
『禮字集』에 이른다. 이 책에 뽑은 것은 '정공묘려精工妙麗' 한 것을 위주로 하였다. 비록 아로새기고 그려낸 꾸밈은 있으나, 그 꾸밈이 넘치고 요염한 데에는 이르지 않았다. 이 책을 읽으면, 情이 두텁고 뜻이 빼어나서 여윈 자도 가히 살을 불릴 수 있게 하고, 메마른 자도 가히 꽃을 피워낼 수 있게 할 것이다.

(지집결智集缺 ; 『지자집智字集』은 없음)

위에 번역한 「精言妙選總敍」의 내용 중 「元字集序」로부터 「禮字集序」에 이르기까지 일곱 단락의 글에서는 각각 '沖澹蕭散' · '閒美淸適' · '淸新灑落' · '用意精深' · '情深意遠' · '格詞淸健' · '精工妙麗'와 같은 品格들을 중히 여겼다. 그와 같은 품격들이 나타내는 뜻(의미)은 위의 일곱 단락의 글에 나타난 뜻을 통해서도 어느 정도는 파악될 수 있을 것으로 생각되는데, 그 품격 간의 우열이나 그 7篇의 책에 선집된 詩篇들의 작품 수준이 반드시 위에 열거한 품격이나 책의 순서대로만 정해질 것은 아니라고 하더라도, 栗谷은 『精言妙選』에 수록한 시들을 대체로 위에 열거한 품격이나 책의 순서대로 선호하고 중요시했던 것이 아닌가 짐작된다. 위의 품격 용어들이 그리 이해하기 어려운 것은 아니므로, 다만 '충담沖澹'의 의미를 설명하자면, '沖澹'은 '어진 사람처럼 생각이 깊으면서도 맑고 깨끗하다'는 뜻이다.

위의 「元字集序」에는, 뜻이 깊고 조탁雕琢의 꾸밈이 없는 자연스런 시들을 중히 여기는 시의식이 반영되어 있다. 그와 같은 시들은, 아울러 담박한 맛을 느끼게 하고, 近體詩라고는 해도 촉급하지 않은 聲音을 들려주는 가운데 聲律에도 들어맞는 것들이다. 栗谷은 이와 같은 특징을 지닌 시들을 '사무사思無邪' 곧 '생각함에 사벽邪辟함이 없다'는 『詩經』詩 3백 篇이 끼친 뜻에도 부합된다는 관점에서 높이 평가한 것으로 보인다. 이와 같은 시관은, 뒤에서 다시 논의할 것이지만, 『論語』의 「爲政」篇에 나타난 바 『詩經』詩를 한마디 말로 評斷하여 '思無邪'하다고 한[12] 孔子의 시관과 부합되

12 『論語』, 「爲政」篇, '無邪'章 참조.

는 것이다.

「亨字集序」에는, 조용한 가운데 道를 터득하여 詩想을 興에 부친 것이 억지로 사색한다고 해서 이를 수 있는 경지도 아니며, 따라서 心氣를 화평하게 하고 권세와 이익을 멀리하게 한다고 하여, 그 '閒美淸適'의 품격을 중히 여기는 시의식이 반영되어 있다.

「利字集序」에는, '淸新灑落'하여 독자의 정신과 영혼을 맑게 하는, 탈속脫俗의 시적 경지를 중히 여기는 시의식이 반영되어 있다.

「貞字集序」에는, '用意精深'하며 句語가 단련되고 格度가 엄정한 시들을 중히 여기는 시의식이 반영되어 있다. 작자의 뜻을 쓴 것이 알차고도 깊으며, 句語가 단련되고 표현이 원숙하여 치졸하지 않으며, 시의 전체적인 품격과 법도가 엄밀하고도 정연한 시들이 또한 은미한 뜻을 담고 있어서, 독자의 뜻과 생각을 천근淺近하게 하지 않는다는 점에서 중시한 것으로 생각된다.

「仁字集序」에는, 작자의 情이 깊고 생각이 원대한 것을 중히 여기는 시의식이 반영되어 있다. 사물을 노래함에 작자의 속마음을 다 쏟아내서, 원망하는 뜻을 나타내되 도리에 어긋나지 않고(怨而不悖), 슬퍼하는 뜻을 나타내되 마음을 상하는 데 이르지 않는(哀而不傷), 작자의 심원한 뜻을 중히 여긴 것으로 생각된다. 이와 같은 시관은, 뒤에서 다시 논의할 것이지만, 『論語』의 「팔일八佾」篇에 나타난 바 『詩經』詩를 논평하여 "關雎, 樂而不淫, 哀而不傷.('關雎'章에 나타난 뜻은, 즐거워하면서도 넘치지 않고, 슬퍼하면서도 마음을 상하게 하지는 않는 것이다.)"[13]이라고 한 孔子의 시관과 부합되는 것이다.

「義字集序」에는, 시의 품격과 詞語가 맑고 굳센 것을 중히 여기며, 따라서 굳센 필력으로써 급박하지 않은 뜻을 나타내어 심원한 맛을 느끼게 하

13 『論語』, 「八佾」篇, '關雎'章 참조.

고 사람의 氣象과 정신을 북돋우어 주는 시를 중히 여기는 시의식이 반영되어 있다. 그와 같은 시들이 '게으름뱅이(나부懶夫)'로 하여금 굳센 뜻을 세울 수 있게 하고 '비루한(속 좁은 쩨쩨한) 자(비부鄙夫)'로 하여금 고아한 정취를 일으킬 수 있게 한다는 것은, 『孟子』의 「萬章」章에 나타난 뜻[14]을 취하여 그 詩選集의 시들을 논평한 것이다.

「禮字集序」에는, '精工妙麗'한 품격 곧 '알차고 공교롭고 오묘하고 고운' 품격의 시를 위주로 하되 지나치게 꾸며서 요염한 데 흐르지 않은 것을 중히 여기는 시의식이 반영되어 있다. 그와 같은 품격을 지닌 시들은 메마른 人情도 두터운 人情으로 꽃피우게 할 만한 시들이라고 생각하여 높이 평한 것으로 보인다.

위의 글 「精言妙選總敍」 全篇에 나타난 이와 같은 시가관은, 性情의 바른 데 바탕을 두고 지어져서 두터운 人情을 곡진하게 드러낸 거짓 없는 자연스런 시를 귀하게 여기고, 겉꾸밈을 일삼아 남의 이목을 즐겁게 하는 데 힘쓴 시를 배격하는 논리를 제시한, 「精言妙選序」에 나타난 시가관과 결국 일치하는 것이라고 하겠다.

이와 같이 앞에서 논한 退溪의 「陶山十二曲跋」과 함께 栗谷의 「精言妙選序」 등 역대 철저한 유학자들의 문학론에 나타난 시가관을 이해하는 데에는, 性情의 바른 데에 바탕을 두고서 두터운 人情을 드러내어 인륜의 道를 밝힐 수 있는 詩歌를 아름답게 여기고, 아울러 근본을 중시하여 지나친 겉꾸밈을 배격하고자 한, 유학자들의 전통적인 선비정신을 이해함이 중요하다는 것을 인식할 필요가 있다.

---

14 『孟子』, 「萬章」章下, '大成'章에는 "聞伯夷之風者, 頑夫廉, 懦夫有立志.(伯夷의 氣風을 듣는 자는 완악한 사내가 청렴해지며, 겁쟁이 사내가 굳센 뜻을 세우게 된다.)"라고 하고, "聞柳下惠之風者, 鄙夫寬, 薄夫敦.〔柳下惠의 氣風을 듣는 자는 비루한(속 좁은 쩨쩨한) 사내가 너그러워지며, 야박한 사내가 인정이 두터워진다.)"라고 하여, '頑夫완부'와 '懦夫나부(겁쟁이)' 그리고 '鄙夫'와 '薄夫'를 썼는데, 그에 비해 위의 栗谷의 글에서는 '懦夫(겁쟁이)' 대신 '懶夫나부(게으름뱅이)'를 쓰고 나서 '鄙夫'를 쓴 것이 다소 차이가 날 뿐, 그 대강의 논리는 매한가지라는 것을 알 수 있다.

3. 역대 유가의 문학론이 「도산십이곡발」과 「정언묘선서」에 끼친 영향

1) 「모시서」의 이론

여기서는 역대 儒家의 문학론 중 대표적인 문학론의 하나로서 조선시대 退溪의 「陶山十二曲跋」과 栗谷의 「精言妙選序」에 많은 영향을 끼친 「毛詩序」에 나타난 시가관을 살펴보고, 그 「毛詩序」의 이론이 퇴계의 「陶山十二曲跋」과 율곡의 「精言妙選序」에 어떠한 영향을 끼치고 어떻게 계승되었는가를 아울러 살펴보고자 한다.

오늘날 전해지는 『詩經』詩는 儒家에서 春秋戰國 시대 孔子의 제자 子夏로부터 전수되어 戰國 末~秦~漢 初의 荀子 · 毛亨 · 毛萇을 거쳐서 전수된 古文 『詩經』詩인데, 毛亨과 그의 제자 毛萇이 연구하고 해석한 현전하는 그 『詩經』詩를 '毛詩'라고도 한다. 따라서 「毛詩序」는 子夏가 지었다고 하는 「詩經大序」의 뜻을 이어받아 毛萇이 지은 것으로 판단되는데, 儒家에서 전통적으로 계승된 시가관을 이해하기 위해서는 『詩經』詩에 대한 古代의 해석부터 중요시해야 할 것이므로, 여기서는 그 『詩經』詩를 해석한 고대의 문학론 「毛詩序」에 나타난 시가관을 살펴보기 위해서 먼저 「毛詩序」의 原文과 그에 대한 필자의 번역문을 제시하기로 한다.

「毛詩序」(原文)

關雎, 后妃之德也, 風之始也, 所以風天下而正夫婦也. 故用之鄕人焉, 用之邦國焉. 風, 風也, 教也, 風以動之, 教以化之.

詩者, 志之所之也, 在心爲志, 發言爲詩. 情動於中而形於言, 言之不足, 故嗟嘆之, 嗟嘆之不足, 故永歌之, 永歌之不足, 不知手之舞之, 足之蹈之也.

情發於聲, 聲成文, 謂之音. 治世之音, 安以樂, 其政和, 亂世之音, 怨以怒, 其政乖, 亡國之音, 哀以思, 其民困. 故正得失, 動天地, 感鬼神, 莫近於詩, 先王以是經夫婦, 成孝敬, 厚人倫, 美教化, 移風俗.

故詩有六義焉, 一曰風, 二曰賦, 三曰比, 四曰興, 五曰雅, 六曰頌. 上以風化下, 下以風刺上, 主文而譎諫, 言之者, 無罪, 聞之者, 足以戒, 故曰風. 至於王道衰, 禮義廢, 政教失, 國異政, 家殊俗, 而變風變雅, 作矣. 國史, 明乎得失之迹, 傷人倫之廢, 哀刑政之苛, 吟詠情性, 以風其上, 達於事變而懷其舊俗者也. 故變風, 發乎情, 止乎禮義, 發乎情, 民之性也, 止乎禮義, 先王之澤也. 是以一國之事, 繫一人之本, 謂之風, 言天下之事, 形四方之風, 謂之雅. 雅者, 正也, 言王政之所由廢興也. 政有小大, 故有小雅焉, 有大雅焉. 頌者, 美盛德之形容, 以其成功告於神明者也. 是謂四始, 詩之至也.

然則關雎麟趾之化, 王者之風, 故繫之周公, 南, 言化自北而南也. 鵲巢騶虞之德, 諸侯之風也, 先王之所以敎, 故繫之召公. 周南召南, 正始之道, 王化之基. 是以關雎樂得淑女, 以配君子, 愛(憂)在進賢, 不淫其色, 哀窈窕, 思賢才, 而無傷善之心焉, 是關雎之義也.

「모시서」(번역문)

「관저關雎」(詩經의 首篇이며 國風, '周南'篇의 首篇)는 后妃의 德을 노래한 것이니, '風(國風)'의 시작이요, 天下를 바람 불 듯 교화시켜 夫婦의 도리를 바로잡자는 것이다. 그러므로 鄕黨人(고을 사람들)에게 쓰이고 邦國(天子國과 諸侯國)에 쓰인다. '風'은 '바람'이라는 말이요 '가르침(敎)'이라는 말이니, 바람이 불 듯 불어서 감동시키고, 가르쳐서 感化해 나간다는 뜻이다.

'詩'는 뜻(志)이 가는 바이니, 마음에 있을 때에는 뜻이 되고 말로 표현되면 시가 된다. '情'이 마음속에서 움직여서 말로 나타나니, 말로는 부족한지라 그러므로 차탄하고, 차탄해도 부족한지라 그러므로 길게 노래하며, 길게 노래해도 부족한지라 나도 모르게 손으로는 춤추고 발로는 뛰게 된다.

'情'이 '聲(말소리)'으로 나타나니, '聲'이 '文(文采: 音響節奏를 갖추어서 아름답게 빛남)'을 이루는 것을 일러 '音'이라고 한다. 치세(잘 다스려지는 세상)의 音은 편안하면서도 즐거워하는 것이니 그 정치가 회평한 까닭이요, 난세(잘 못 다스려져서 어지러운 세상)의 音은 원망하면서도 노여워하는 것이니 그 정치가 어그러진 까닭이며, 亡國의 音은 애처로우면서도 생각에 잠기게 하니 그 백성이 곤궁한 까닭이다. 그러므로 得失(정치의 잘잘못)을 바로잡고 天地를 감동시키고 귀신을 감동시키는 데에 詩보다 가까운 것이 없으니, 先王(先聖王 : 堯·舜·禹·湯·文·武와 같이 仁義의 정치로 王天下한 君王)이 이로써 夫婦의 도리를 바로잡고, 효도하고 공경하는 마음을 이루어 주며, 인륜을 두텁게 하고, 교화를 아름답게 해 나가며, 풍속을 (美風良俗으로) 옮겨갔다.

그러므로 시에는 六義(여섯가지 이치)가 있으니, 그 하나는 '風'이요, 하나는 '賦'요, 하나는 '比'요, 하나는 '興'이요, 하나는 '雅'요, 하나는 '頌'이다. 윗사람(君王)이 風으로써 아랫사람(백성)을 교화해 나가고, 아랫사람은 風으로써 윗사람을 풍자해 나가되, 文(文辭 : 글)을 위주로 하여 넌지시 간하니, 말하는 사람은 죄가 없고 듣는 사람은 족히 警戒가 되니, 그러므로 이르기를 '風'이라고 한다. 王道가 쇠함에 이르러 禮義가 못쓰게 되고 政教(政令 등 교화의 기강)가 상실되어, 나라(國 : 큰 나라. 天子國과 公·侯 등의 諸侯國)마다 政事를 달리하고 집안(家 : 작은 나라. 卿·大夫 등의 집안)마다 풍속을 달리하게 되자, 變風(風이 변질된 것)과 變雅(雅가 변질된 것)가 지어지게(생기게) 되었다. 國史(王室의 史官 : 시의 채집과 제작을 주관하던 사람)가 得失의 자취에 밝아 인륜이 무너진 것을 가슴 아파하고 刑政(法·刑罰과 政令)이 가혹한 것을 슬퍼하여, 性情을 읊어 그 윗사람을 諷諫(風)하니, 事變(政事와 풍속의 변화)에 밝아 그 옛 풍속을 그리워한 것이다. 그러므로 變風은 情에서 나와 예의에 그쳤으니, 情에서 나온 것은 백성들의 性이요, 예의에 그친 것은 先王의 덕택(덕택의 자취)이다. 그러므로 한 나라의 일(治國)이 한 사람의 근본(修身)에 달린 것을 일러 '風'이라 하고, 天下의 일을 말하고 四方의 풍속을 형용한 것을 일러 '雅'라고 한다. '雅'는 '바르다'는 뜻이니, 王政(王天下하는 정치)이 폐하고 흥하게 된 까닭을 말한 것이다. 政事가 작고 큼이 있으니, 그러므로 '小雅'가 있고 '大雅'가 있게 된 것이다. '頌'은 盛德의 形容(나타난 모습)을 찬미하여 그 성공한 것으로써 神明께 고한 것이다. 이를 일러 '四始(文王의 시로써 시작되는 風·大雅·小雅·頌의 첫머리 시 「關雎」·「文王」·「鹿鳴」·「淸廟」)'라고 하니, 이는 시의 (이치에 있어서의) 지극함이다.

그러한즉 「關雎」와 「麟趾」(『詩經』, 國風, '周南'篇의 最後篇으로서 「關雎」의 呼應篇)의 교화는 王者(王天下者)의 風이니, 그러므로 周公과 관련된다. 南('周

南'·'召南'의 '南')은 교화가 북으로부터 남에 미치는 것을 말한 것이다.「鵲巢」(『詩經』, 國風, '召南'篇의 首篇)와「騶虞」('召南'篇의 最後篇으로서「鵲巢」의 呼應篇)의 德은 諸侯의 風이요, 先王(周 文王·武王)이 교화한 바이니, 그러므로 召公과 관련된다. '周南'과 '召南'은 그 시작을 바로잡는 道요, 王者(王天下者)의 교화의 기틀이니, 그러므로「關雎」는 淑女(어질고 얌전한 여자)를 얻어서 군자의 짝이 되게 하는 것을 즐거워하고, 사랑함(근심함)이 어진이를 나아가게 하는 데 있어 (그) 美色으로 넘치게 하지 않으며, '아리땁고 고움(요조窈窕)'을 애틋해 하고 어진 才量을 사모하되 선한 마음을 상하게 함이 없으니, 이는「關雎」에 나타난 (시의) 이치이다.

위의「毛詩序」가 退溪·栗谷의 시가관에 끼친 영향을 논하기에 앞서, 먼저「毛詩序」의 내용과 그에 담긴 뜻을 해석해 보기로 한다.

『詩經』詩는 기원 전 2,000년 경부터 기원 전 700~800년 경 사이의 1,200~1,300년간의 작품들이라고 한다. 그러나 사실은, 대체로 殷末~周初로부터 그 후 2,700~2,800년 전 周·平王 때 周 나라가 東遷하던 무렵과 그 이후 얼마 동안에 이르기까지 뒤 쪽의 약 600년간에 지어진 시들이라는 것, 곧 대개 지금으로부터 3,100~3,200년 전에서 2,500~2,600년 전에 이르기까지 지어진 시들이라는 설이 타당성이 있는 것으로 보인다. 그러므로 孔子가 산시刪詩한 이후에 다시는 '詩'가 없었다는 것을 알 수 있다. 다시 말해서, 오늘날 전해지는『詩經』詩와 같은 시를 채집하여 民風을 살피고 시로써 정치하던, 시의 採詩之風이 周 나라가 東遷한 이후로는 차츰 없어졌다는 것을 알 수 있다.

『詩經』은 '初經'이라고 일컬을 만큼 六經之首가 된다.『詩經』詩는, 비록 사물을 노래한 것이라고 하더라도 단순히 사물을 노래하는 것을 보여 주는 데 그친 것이 아니다. 孔子 이전의『詩經』詩 시대에는 그중 각국의 민요와 같은 시들을 채집하여 시로써 政事를 행하는 제도가 있었으니, 治國·平天下가 그 採詩의 궁극 목적이었다.

『詩經』詩에는 '作詩者'와 '說詩者(採詩者)'와 '正詩者'가 있었는데, 孔子는 그 전해지는 시들을 정리하여 바로잡은 '正詩者'이다. 『詩經』詩가 '經'이 되는 까닭이 바로 聖人의 손을 거쳐서 이루어졌다는 점에 있다.

『詩經』詩는 夫婦의 도리를 노래한 「關雎」章으로부터 시작되는데, 따라서 그 「關雎」章은 『詩經』의 首篇이요, '風(國風)'의 시작이다. 『周易』이 「乾」·「坤」卦로부터 시작되듯이, 『詩經』詩도 인륜의 시작이라고 할 부부의 도리를 노래한 「關雎」章으로부터 시작된다. 위의 「毛詩序」 첫 단락에서 그 「關雎」章의 시를 설명하여 "所以風天下而正夫婦也.(天下를 바람 불듯 교화시켜 부부의 도리를 바로잡자는 것이다.)"라고 하였듯이, 『詩經』詩는 인륜의 道를 밝히고 바로잡자는 뜻에서 참된 시를 모아 정리한 것이므로, 대개 그 모두가 인륜의 道를 밝혀 천하를 바로잡고자 하는 바 정치를 위한 시였으며, 비록 낭만적인 시라고 하더라도 民風을 살려 風敎의 효과를 거두기 위한 것이었다. 따라서 위의 「毛詩序」 첫 단락에 "風以動之, 敎以化之.(바람이 불 듯 불어서 감동시키고, 가르쳐서 感化해 나간다.)"라고 하여 '風敎'라는 말이 쓰이게 된 것이다.

『詩經』詩는 그것이 그대로 정치와 풍속을 반영한 것이므로, 그 '시'로써 치세의 音과 난세의 音을 거울삼아 정치와 풍속을 바로잡을 수 있었던 것이다. 그와 같은 뜻을 나타낸 위의 「毛詩序」 셋째 단락의 내용은, 子夏가 지었다고 하는 「詩經大序」에 들어있는 내용이며, 『禮記』의 「樂記」篇에도 기록되어 있다.[15] "정치의 득실을 바로잡고 천지를 감동시키고 귀신을 감동시키는 데에 詩(『詩經』詩와 같은 시)보다 가까운 것이 없으니, 선왕(先聖王)이 그로써 부부의 도리를 바로잡고, 효도하고 공경하는 마음을 이루어 주었으며, 인륜을 두텁게 하고, 교화를 아름답게 해 나갔으며, 풍속을 (美風良俗으로) 옮겨갔다."는 말이, 바로 정치와 풍속을 반영하는 '시'를 거울삼

15 『禮記』 卷第十九, 「樂記」篇 참조.

아서 또한 정치와 풍속을 바로잡을 수 있었던 사실을 증거해 주는 것이다.

『詩經』詩에는 '六義(여섯가지 이치)'가 있으니, 그중 '風'·'雅'·'頌'이 '三經'이 되고, '賦'·'比'·'興'이 '三緯'가 된다. '風'·'雅'·'頌'은, 作詩上에 시가 산출된 배경 또는 시의 제작 의도나 목적에 의해서 구별되는, 『詩經』詩를 구성하고 있는 類型上의 장르 명칭이라고 할 것이다. '賦'·'比'·'興'은, 노래하는 방법에 의해서 구별되는 시의 일정한 법칙이라고 하겠는데, '賦'는 사실을 그대로 노래하여 엮어 나간 것이며, '比'는 이것과 저것을 비교하고 비유한 것이며, '興'은 點化[16]하는 말을 먼저 들어 사물을 노래하고 그런 뒤에 자신의 말을 일으켜서 인간사를 비유한 것이다.

위의 「毛詩序」에서 '六義'를 열거하면서 '風'·'雅'·'頌'을 먼저 차례대로 들어 말하지 않고 '風' 뒤에 '賦'·'比'·'興'을 말하고 나서야 비로소 그 뒤에 '雅'·'頌'을 말한 것은, '風'이 노래되는 '賦'·'比'·'興'의 법칙이 '雅'·'頌'에 있어서도 마찬가지라는 점을 나타내려는 뜻에서였을 것으로 짐작된다.

위의 「毛詩序」 첫머리에서 "風, 風也, 教也, 風以動之, 教以化之.〔'風'은 '바람'이라는 말이요 '가르침(教)'이라는 말이니, 바람이 불 듯 불어서 감동시키고, 가르쳐서 감화해 나간다는 뜻이다.〕"라고 하였다. 그런데 여기서 쓰인 '風'이라는 뜻과 같은 뜻의 '風'을 쓴 말에 13 列國의 '國風'이라든가 '王風'이니 '民風'이니 '風俗'이니 하는 말이 있다. 여기서 우리는 '王風'이 仁政을 베풀어 王道政治를 구현함으로써 나타날 수 있는 '君王의 영향력'을 의미하는 말이며, '民風' 또는 '風俗'은 그 君王의 영향력이 각 나라와 백성들에게 미친 정도, 곧 '王風'에 의해서 天下의 백성들이 교화된 정도에 따라 나타나는 현상을 두고 일컫는 말이었음을 알 수 있다. 따라서 '國

16 '點化'의 개념은, 원래 前人의 시구에 나타난 뜻의 어느 지점으로부터 그 뜻을 발전적으로 변화시키는 것을 의미하는, 作法類의 한시비평 용어이다. 그 구체적인 개념에 대해서는, 정요일·박성규·이연세, 『고전비평 용어 연구』, 태학사, 1998 참조하기 바람.

風'은, '王風'에 의해 그 나라의 백성들이 교화된 정도에 따라 나타나는 현상 곧 各國의 '民風' 또는 '風俗'을 반영한 노래를 일컫는 명칭이었음을 알 수 있다. 그러기에 위의 「毛詩序」에서 "上以風化下, 下以風刺上, 主文而譎諫, 言之者, 無罪, 聞之者, 足以戒, 故曰風.〔윗사람(君王)이 風으로써 아랫사람(백성)을 교화해 나가고, 아랫사람은 風으로써 윗사람을 풍자해 나가되, 文(文辭 : 글)을 위주로 하여 넌지시 간하니, 말하는 사람은 죄가 없고 듣는 사람은 족히 경계가 되니, 그러므로 이르기를 '風'이라고 한다.〕"이라고 하여, '風'이 윗사람이 교화해 나가고 아랫사람이 풍자해 나가는 데서 이루어지는 것임을 밝혔다.

위의 「毛詩序」 넷째 단락의 하단에서 밝힌 대로, '風'은 한 나라의 일 곧 나라를 다스리는 문제(治國)가 한 사람의 근본(修身)에 달린 것을 이르는 말이며, '雅'는 天下의 일을 말하고 四方의 풍속을 형용하는 것을 이르는 말이며, '頌'은 盛德의 形容(나타난 모습)을 찬미하여 그 성공한 것으로써 神明께 고하는 것을 이르는 말이다. '雅'에 민간의 樂歌도 간혹 포함되어 있기는 하지만, '雅'와 '頌'은 대개 宗廟 제례지악祭禮之樂으로 사용된 노래이다. 그런데 '風'에는 '正風'과 '變風'이 있고 '雅'에는 '正雅(大雅)'와 '變雅(小雅)'가 있게 되었다. 위의 「毛詩序」에서 "至於王道衰, 禮義廢, 政教失, 國異政, 家殊俗, 而變風變雅, 作矣.(王道가 쇠함에 이르러 禮義가 못쓰게 되고 政教가 상실되어, 나라마다 政事를 달리하고 집안마다 풍속을 달리하게 되자, 變風과 變雅가 지어지게 되었다.)"라고 한 바와 같이, "治曰正, 亂曰變."이라는 의미에서 치세에 나온 것은 '正風'·'正雅'가 되고, 난세에 나온 것은 '變風'·'變雅'가 되었던 것이다. 그것이 바로 정치의 득실이 음악을 통해서 나타나고 음악은 또한 시대와 정치를 반영하게 된다는 증거이다.

위의 「毛詩序」 끝 단락의 내용으로써, '周南'·'召南'이 天子 皇室의 시이며 諸侯國들이 표준삼은 시라는 것을 알 수 있다. 그리고 위 단락의 내용으로써, 王室의 史官이 곧 시의 채집과 제작을 주관한 사람인 '國史'가 득실의 자취에 밝아 인륜이 무너진 것을 가슴 아파하고 刑政이 가혹한 것을 슬퍼하여, 性情을 읊어 그 윗사람을 풍간한 것, 政事와 풍속의 변화 등 事變에 밝아 옛 풍속을 그리워한 것이 곧 '變風'·'變雅'가 되었음을 알 수 있다. 그리고 또한 같은 단락의 "言之者, 無罪, 聞之者, 足以戒."라는 구절을 통해서 '風' 같은 시를 '지은 사람' 곧 그 시의 내용을 '말한 사람'은 죄가 없고 '듣는 사람'은 족히 경계를 삼을 만하였다는 사실을 알 수 있다. 『詩經』詩는, 거의 대부분이 사회시라고 할 만큼 정치 현실과 풍속을 자연스럽게 반영한 것이다. 곧 시로써 찬미하고 풍자하며 선을 권장하고 악을 징계하여, '美刺勸懲之義'를 宣揚할 수 있었던 것이다.

위의 「毛詩序」 끝 부분에는 『詩經』詩를 評斷한 『論語』, 「八佾」篇의 孔子의 말씀 "關雎, 樂而不淫, 哀而不傷.(『詩經』詩의 「關雎」章에 나타난 뜻은, 즐거워하면서도 넘치지 않고, 슬퍼하면서도 마음을 상하게 하지는 않는 것이다.)"이라고 한 뜻(意義)이 드러나 있다.

그러면 이제 위에서 검토한 「毛詩序」의 내용을 바탕으로 하여 「毛詩序」의 이론이 退溪의 「陶山十二曲跋」과 栗谷의 「精言玅選序」에 끼친 영향을 검증해 보고자 한다.

퇴계의 「陶山十二曲跋」과 율곡의 「精言玅選序」에 나타난 시가관이 반드시 「毛詩序」나 뒤에서 논의하게 될 「詩集傳序」의 이론에서만 영향을 받은 것이라고는 할 수 없다. 퇴계·율곡 등 철저한 유학자들의 시가관은 孔子를 비롯한 儒家의 모든 학자와 선비들의 참된 문학관 또는 시가관으로부터 영향을 받았을 것이기 때문이다. 그러므로 여기서는 퇴계의 「陶山十二曲跋」과 율곡의 「精言玅選序」에 있어서 孔子로부터 계승된 儒家의 문학사상이 특히 많이 나타난 문학론 중의 하나인 「毛詩序」에 의한 영향 관계가 중요시된다는 점에서, 그 「毛詩序」의 영향을 주목하고자 하는 것일 따름이다. 필자의 이와 같은 관점은 뒤에서 논의하게 될 「詩集傳序」에 관해서도 마찬가지이다.

위의 「毛詩序」 둘째 단락에 "詩는 뜻(志)이 가는 바이니, 마음에 있을 때에는 뜻이 되고 말로 표현되면 시가 된다. '情'이 마음속에서 움직여서 말로 나타나니, 말로는 부족한지라 그러므로 차탄하고, 차탄해도 부족한지라 그러므로 길게 노래하며, 길게 노래해도 부족한지라 나도 모르게 손으로는 춤추고 발로는 뛰게 된다."고 하였다. 이는, 시가 마음속의 '뜻' 곧 '意志'가 사물을 접하여 표현되는 바라는 의미를 나타낸 것이다. 그리고 마음속의 뜻 곧 의지가 사물을 접하여 나타날 때에는 바로 '감정(情)'을 통해서 나타나는데, 그 감정이 마음속에서 움직여져서 '말'로 형용되며, 말로 형용되는 것만으로는 부족하기 때문에 자연스러운 가운데 차탄하거나 길게 노래하거나 혹은 나도 모르게 손으로 춤추고 발로 뛰는 지경에 이르게 됨을, 시의 典範이라고 할 『詩經』詩가 모두 다 보여 주고 있다는 의미를 나타낸 것이다. 그러므로 우리는 이제 「毛詩序」에 나타난 이와 같은 의미가 「陶山十二曲跋」이나 「精言妙選序」 등에 상당 부분 그대로 계승된 점을 우선 중요시하지 않을 수 없다.

또한 위의 「毛詩序」 셋째 단락에 "'情'이 '聲(말소리)'으로 나타나니, '聲'이 '文(문채文采)'을 이루는 것을 일러 '音'이라고 한다."고 하였다. 이는, 마음속의 '뜻(意志)'이 '말소리(聲)'를 통해서 나타나되 그 말소리가 音響節奏를 갖추어서 '文采'를 이룸으로써 아름답게 표현될 때라야 비로소 진정한 '音'이 될 수 있다는 의미를 나타낸 것이다. 여기서 우리는, 그 '音'이 한층 더 音響節奏를 갖추어서 '文采'를 이루는 것이 '樂'이며, 그 '音'과 '樂'을 아우른 개념의 말이 '音樂'임을, 위의 「毛詩序」에 나타난 논리로써도 미루어 짐작할 수 있다. 그리고 또한 위의 「毛詩序」의 같은 단락에는, 치세나 난세 등 시대에 따라 음악이 다르게 나타나므로, 그 시대 정치의 득실(잘잘못)을 거울삼아 정치를 바로잡고 天地와 귀신을 감동시키는 데 '시(『詩經』詩와 같은 시)'보다 절실한 것이 없어서, 先聖王들이 그 '시'로써 인륜의 道를 바로잡고 백성들을 아름답게 교화해 나가고 풍속을 (美風良俗으로) 옮겨갔다는 뜻이 나타나 있다. 따라서 우리는 「毛詩序」의 그와 같은 이론을 통해서, 참된 詩歌 또는 참된 음악이 정치의 득실을 바로잡고 그 시가나 음악을 향유하는 백성들로 하여금 두터운 인정을 지니게 함으로써 인륜의 道와 풍속을 바로잡을 수 있게 한다는 의미를 터득할 수 있다. 그러므로 이제 「毛詩序」에 나타난 그와 같은 의미가 「陶山十二曲跋」이나 「精言妙選序」 등에 상당 부분 그대로 계승된 점을 또한 중요시하지 않을 수 없다.

위의 「毛詩序」 넷째 단락에는, 王道가 쇠하여 예의가 못쓰게 되고 政敎가 상실됨으로써 국가마다 정치와 풍속을 달리하게 되어 '變風'과 '變雅'가 지어지게 되었는데, 우선 '變風'을 놓고 생각하자면, 비록 '變風'이라고 하더라도 그것은 타고난 '性'대로 살아가고자 하는 백성들의 '情'에서 우러난 것인데, 백성들의 性情을 읊은 그 '變風'의 作詩者가 보여 준 작시 태도가 예의에 그친(벗어나지 않은) 것은 바로 先聖王이 王道政治를 구현한 덕택 곧 仁政을 베푼 덕택이라는 의미가 나타나 있다. 그것은 孔子가 『詩經』詩 作詩者의 공명정대한 자세를 평단하여 '思無邪'하다고 한 교훈이나 시가에 있어서의 '溫柔敦厚'한 실속을 중히 여긴 교훈, 그리고 『詩經』의 「關雎」章을 논평하여 "樂而不淫, 哀而不傷."이라고 한 교훈과 관계되는 것으로, 이제 「毛詩序」에 나타난 그와 같은 의미가 「陶山十二曲跋」이나 「精言妙選序」 등에 상당 부분 그대로 계승된 점을 또한 중요시하지 않을 수 없다. 그와 같은 시가관이 위의 「毛詩序」 끝 단락에 '不淫其色'·'無傷善之心' 등의 말로도 표현되어, '그 美色으로 넘치지 않는다'·'선한 마음을 상하게 함이 없다'는 의미로 나타난 것도, 「陶山十二曲跋」이나 「精言妙選序」 등에 그대로 계승된 점을 또한 중요시하지 않을 수 없다.

退溪의 「陶山十二曲跋」에서는 퇴계가 〈陶山十二曲〉을 짓게 된 동기를 밝히면서, 그 당시에 전해지던 우리 동방의 歌曲이 대체로 음란하고 시끄러워 족히 말할 것이 못된다고 하였다. 그리고 당시에 전해지던 노래의 예를 들어, 〈翰林別曲〉과 같은 類의 노래가 문인들의 입에서 나왔으면서도 기껏 호걸스러움이나 자랑하여 방탕하기 그지없으며 아울러 외설되고 거만하며 희롱하고 친압하는 내용을 보인 것으로, 군자로서 마땅히 숭상할 바가 아니라고 하였다. 따라서 퇴계는, 그 〈翰林別曲〉보다는 좋다고 할 李鼈의 〈六歌〉를 대략 모방하여 〈陶山十二曲〉을 짓기는 하되, 그 李鼈의 〈六歌〉마저 세상을 놀리는 불공스런 뜻이 있고 溫柔敦厚한 실속이 적은 것이 애석하다고 하였다. 그리고 또한 그런 類의 노래들을 포함하는 세속의 음악을 듣기 싫어할 줄은 알기 때문에, 性情에 감동되는 것이 있으면 매양 시로 표현해내고는 하지만, 歌唱할 수 없는 漢詩보다는 우리말 노래가 자연스럽게 노래하는 데에는 적합하다는 관점에서 〈陶山十二曲〉을 짓게 되었다는 뜻을 표명하였다. 그리하여 배우는 아이들로 하여금 자기도 모르게 노래하고 춤추고 뛰게 하여 그 노래를 익혀 부르게 함으로써 비루하고 인색한 마음을 씻어내어 感發될 수 있고 마음속에 맺힌 것을 녹여 통할 수 있게 하고자 한다고 하였다. 그러면서도 스스로 짓는 노래가 曲調와 음절에 들어맞을는지 염려된다고 하였다.

퇴계는 〈서어보가후書漁父歌後〉에서, 사람들이 〈霜花店〉을 들으면 손으로 춤추고 발로 뛰는데, 〈漁父歌〉와 같은 바람직한 노래를 들으면 오히려 권태로워하면서 졸음을 느끼는 것은, 시대의 풍속이 달라져서 참된 음악을 구별하여 알지 못하는 까닭임을 말하면서, 군자라야 진정으로 참된 '音'을 알 수 있으며 더 나아가서 참된 '樂'을 알 수 있다는 뜻을 밝혔다.

「陶山十二曲跋」이나 「書漁父歌後」에 나타난 퇴계의 이와 같은 시가관이 모두 「毛詩序」에서만 영향 받은 것은 아니라고 하겠으나, 「毛詩序」의 이론에서 영향 받은 바 적지 않다.

栗谷의 「精言妙選序」에서는 율곡이 『精言妙選』을 편찬하게 된 동기를 밝히면서, 시가 性情에 바탕을 두는 것으로, 거짓이 없어야 참된 시가 이루어질 수 있는 것임을 밝혔다. 그리고 人情을 곡진하게 나타내면서도 사물의 이치에 널리 통한 作詩者의 역량을 보여 줌으로써 優柔忠厚한 내용을 담은 『詩經』詩의 요체가 공명정대한 '思無邪'의 경지에 귀결되었으므로, 그 『詩經』詩가 바로 참된 시의 근원이 된다고 하였다. 그런데 시대가 흐르면서 風氣가 점점 어지러워진 후대의 시들은 性情의 바른 데에 바탕을 두지 못하고서 文飾(겉꾸밈)에 힘쓴 것이 많다고 하였다. 그런 가운데에도 그 내용이 알차면서도 본받을 만한 시들이 없지 않아, 그 참된 시들을 가려내서 8篇의 책으로 『精言妙選』을 편찬하게 되었다고 하였다. 그리고 시가 학자의 능사는 아니라는 점을 밝혔다. 하지만 시는 性情을 읊으며 청화한 마음에 통하고 사무치게 하여 흉중의 더러운 찌꺼기를 씻어내게 한다는 점에서 存心省察에 一助할 수 있는 것임을 밝혔다. 결국 시의 목적이 그러한 데 있는 것이므로, 시를 짓되 또한 아로새기고 그려내고 수놓고 꾸미고 하여 방탕한 마음에 情을 옮겨서 지을 것은 아님을 밝혔다.

율곡은 「精言妙選總敍」에서 '沖澹蕭散'·'閒美淸適'·'淸新灑落'·'用意精深'·'情深意遠'·'格詞淸健'·'精工妙麗'와 같은 品格들을 중히 여겼다. 따라서 뜻이 깊으면서도 조탁雕琢의 꾸밈이 없고 聲律에 들어맞는 자연스런 시들을 높이 평가하였으며, 조용한 가운데 道를 터득함으로써 心氣를 화평하게 하고 권세와 이익을 멀리하게 할 수 있는 시들을 높이 평가하였다. 그러기에 속세의 더러운 냄새를 떨쳐 버려서 마음을 깨끗하게 해 주는 시들을 높이 평가하였으며, 시구의 句語가 단련되고 格度가 엄정하여 그 은미한 뜻이 독자의 의사를 천근해지지 않게 하는 시들을 높이 평가하였다. 그리고 또한, 시에 나타난 감정과 의사가 심원하여 원망하면서도 도리에 어긋나지 않고(怨而不悖) 슬퍼하면서도 마음을 상하게 하지 않는(哀而不傷) 내용으로써 원망하는 마음과 음란하고 방탕한 태도를 멀리하게 할 수 있는 시들을 높이 평가하였으며, 게으른 마음을 떨쳐 버리고서 굳센 뜻을 세울 수 있게 하고 비루한 마음을 떨쳐 버리고서 고아한 정취를 일으킬 수 있게 하는 시들을 높이 평가하였다. 그리고 또한, 아로새기고 그려내는 겉꾸밈을 배격했기 때문에, 비록 꾸밈이 있더라도 그 꾸밈이 넘치거나 요염한 데 이르지는 않으며 두터운 人情과 빼어난 뜻을 보여 주는 시들을 높이 평가하였다.

그러면 이제 위에서 다시 한번 정리한 「毛詩序」의 내용과 退溪의 「陶山十二曲跋」 및 「書漁父歌後」의 내용 그리고 栗谷의 「精言妙選序」 및 「精言妙選總敍」의 내용을 비교 검토하여, 「毛詩序」에 나타난 시가관이 퇴계·율곡의 시가관에 끼친 영향을 대강 검증해 보기로 한다. 그런데 다만 여기서 세세히 대비하여 검증하지 않는 내용이 있더라도 그것은 누구든 연구자마다 좀더 관심을 기울인다면 장차 얼마든지 더욱 구체적으로 검토할 수 있을 것이기 때문에, 필자가 연구자들의 편의를 돕기 위하여 위에서 그 자료들의 원문과 번역문들을 모두 제시해 둔 것임을 밝혀 둔다. 이와 같은 필자의 의도는, 뒤에 제시하는 자료 「詩集傳序」의 내용과 그 밖의 儒家 문학론의 내용에 관해서도 마찬가지이다.

위의 「毛詩序」 둘째 단락에서는, '시'가 마음속의 '뜻'을 '말'로 나타내는 것인데, 그 마음속의 뜻이 사물을 접할 때 생기는 '감정'이 마음속에서 움직여져서 말로 형용되는 것임을 밝혔다. 그것은 다시 말해서 시가 性情을 읊는 것임을 밝힌 것이라고 하겠다. 그런데 위의 「毛詩序」 넷째 단락에서는, 『詩經』詩의 '正風'은 물론이요 '變風'이라고 하더라도 그것이 타고난 '性'대로 살아가고자 하는 백성들의 '情'에서 우러난 것임을 밝히고, 백성들의 性情을 읊은 그 '變風'의 作詩者가 보여 준 작시 태도가 禮義에 그쳐(벗어나지 않아) 바른 性情을 읊은 것임을 밝혔다. 그것은 다시 말해서 시가 性情을 읊되 性情의 바른 것을 바탕으로 해서 지어져야 참된 시가 될 수 있는 것임을 밝힌 것이라고 하겠다.

「毛詩序」에 나타난 이와 같은 시가관은, 退溪·栗谷의 시가관을 통해서도 찾아볼 수 있다. 퇴계의 「陶山十二曲跋」에서 "性情에 감동되는 것이 있으면 매양 시로 표현해내고는 한다."고 한 것이 바로 그것이며, 율곡의 「精

言妙選序」에서 "시가 비록 학자의 능사는 아니지만, 이 또한 性情을 읊으며 청화한 마음에 통하고 사무치게 하여 흉중의 더러운 찌꺼기를 씻어냄은 存心省察에 한가지 도움이 되는 것"이라고 하고, 시가 性情의 바른 데에 바탕을 두어야 할 것임을 강조한 것 등이 바로 그것이다.

위의 「毛詩序」 둘째 단락에서는, 시가 性情을 읊는 것임을 밝히면서, "情이 마음속에서 움직여서 말로 나타나니, 말로는 부족한지라 그러므로 차탄하고, 차탄해도 부족한지라 그러므로 길게 노래하며, 길게 노래해도 부족한지라 나도 모르게 손으로는 춤추고 발로는 뛰게 된다."고 하여, 차탄嗟嘆하고 永歌하면서 나도 모르게 춤추고 뛸 만큼 마음속에 쌓인 情을 마음껏 토로하게 할 수 있는 것이 곧 정서를 표현해내는 시가임을 밝혔다.

그것은 퇴계가 「陶山十二曲跋」에서, 性情에 감동되는 것이 있으면 매양 시로 표현해내는데, 배우는 아이들로 하여금 溫柔敦厚한 마음을 지닐 수 있도록 하는 노래를 지어 주어서 익혀 부르게 함으로써 자기도 모르게 노래하고 춤추고 뛰게 하여, 비루하고 인색한 마음을 씻어내어 感發될 수 있고 마음속에 맺힌 것을 녹여 통할 수 있게 한다고 한 것이나, 栗谷이 「精言妙選序」에서, 시가 性情을 읊는 것으로 청화한 마음에 통하고 사무치게 하여 흉중의 더러운 찌꺼기를 씻어냄은 存心省察에 한가지 도움이 되는 것이라고 한 것과 매우 관련 깊은 내용이라고 하겠다.

또한 위의 「毛詩序」 셋째 단락에서는, 그 시대 정치의 득실을 거울삼아 정치의 득실을 바로잡고 천지와 귀신을 감동시키는 데 '시(『詩經』詩와 같은 시)'보다 절실한 것이 없어서, 先聖王들이 그 '시'로써 부부의 도리를 바로잡고, 효도하고 공경하는 마음을 이루어 주며, 인륜을 두텁게 하고, 교화를 아름답게 해 나가며, 풍속을 (美風良俗으로) 옮겨갔다고 하였다. 그리고 넷째 단락에서는, 윗사람(君王)이 風으로써 아랫사람(백성)을 교화해 나가고, 아랫사람은 風으로써 윗사람을 풍자해 나가되, 文을 위주로 하여 넌지시 간할 수 있었다고 하였으며, 國史(王室의 史官)가 득실의 자취에 밝아 인륜이 무너진 것을 가슴 아파하고 형정이 가혹한 것을 슬퍼하여 性情을 읊어 그 윗사람을 풍간했으니, 事變에 밝아 그 옛 풍속을 그리워한 것인데, 그러므로 變風은 情에서 나와 예의에 그쳤으니 情에서 나온 것은 백성들의 性이며, 禮義에 그친 것은 선왕의 덕택이라고 하였다. 그리고 끝 단락(다섯째 단락)에서는, 『詩經』의 「關雎」章의 내용이 "사랑함(근심함)이 어진이를 나아가게 하는 데 있어 美色으로 넘치지 않으며, 그 아리땁고 고움(窈窕)을 애틋해하고 어진 才量을 사모하되 선한 마음을 상하게 함이 없다."고 하여, 예의에 벗어나지 않은 그 溫柔敦厚한 시의 내용을 '不淫其色'·'無傷善之心'이라는 말로 표현하였다.

「毛詩序」에 나타난 이와 같은 시가관을, 退溪의 「陶山十二曲跋」과 栗谷의 「精言妙選序」 등에 나타난 시가관을 통해서도 두루 살펴볼 수 있다. 퇴계가 「陶山十二曲跋」에서, 그 당시에 전해지던 우리 동방의 歌曲이 대체로 음란하고 시끄러워 족히 말할 것이 못된다고 하고, 호걸스러움을 자랑하여 방탕하며 아울러 외설되고 거만하며 희롱하고 친압하는 내용을 보인 〈翰林別曲〉을 혹평한 것이나, 李鼈의 〈六歌〉에 대해서도 세상을 놀리는 불공스런 뜻이 있고 溫柔敦厚한 실속이 적은 것을 애석하게 여긴 것, 그리고 율곡이 「精言妙選序」에서, 人情을 곡진하게 나타내고 사물의 이치에 널리 통하였으며 優柔忠厚한 내용을 담은 『詩經』詩가 作詩者의 公明正大한 마음의 소산으로서 '思無邪'의 경지에 이른 것임을 예찬한 것이나, 性情을 읊어 시를 짓되 아로새기고 그려내고 수놓고 꾸미고 하여 방탕한 마음에 情을 옮겨 지을 것은 아니라고 한 것, 「精言妙選總敍」에서, '怨而不悖'하고 '哀而不傷'한 시를 높이 평가하거나 두터운 人情을 드러내고 빼어난 뜻을 나타낸 시를 높이 평가한 것 등이, 「毛詩序」에 나타난 그와 같은 시가관과 매우 관련이 깊다고 하겠다.

退溪가 말한 '溫柔敦厚'나 栗谷이 말한 '優柔忠厚'는 모두, '따뜻하고 부드러운 성품' 또는 '여유 있는 깊은 생각과 부드러운 성품'을 말한 것이며, '두터운 人情' 또는 '진실된 마음과 두터운 人情'을 말한 것이라는 점에서 의미가 상통하는 것이다. 溫柔敦厚하고 優柔忠厚한 마음에서 우러남으로써 노래하는 자의 마음을 또한 溫柔敦厚하고 優柔忠厚하게 할 수 있으며 인륜의 道를 알 수 있게 하는 시가를 귀하게 여긴 퇴계와 율곡의 그와 같은 시가관은, 인륜이 무너진 것을 가슴 아파하고 刑政이 가혹한 것을 슬퍼하였다고 한 것이라든가, 文을 위주로 하여 넌지시 간할 수 있었다고 한 것, 그리고 情에서 나와 예의에 그쳤다고 하고, 예의에 벗어나지 않은 溫柔敦厚한 『詩經』詩의 내용을 '不淫其色'·'無傷善之心'이라는 말로 표현한 것 등으로써 파악되는 「毛詩序」에 나타난 시가관과, 시가를 짓는 자 또는 作詩者의 참된 자세를 일깨워 준 것이라는 점에서 매우 관련이 깊다고 하겠다.

또한 「毛詩序」의 셋째 단락에서는, '聲'이 '文(文采)'을 이루는 것을 '音'이라고 한다(聲成文, 謂之音.)고 하였다. 그것은 퇴계가 「陶山十二曲跋」에서, 스스로 짓는 노래가 曲調와 음절이 들어맞을는지를 염려하고, 「書漁父歌後」에서 세상 사람들이 참된 노래를 알지 못하는 것을 한탄하면서 군자라야 '音'을 알 수 있고 '樂'을 알 수 있다고 한 것이라든가, 율곡이 「精言妙選總敍」에서, 뜻이 깊으면서도 雕琢의 꾸밈이 없고 聲律에 들어맞는 자연스런 시를 높이 평가한 것 등과 일맥상통하는 시가관을 보여 준 것으로, 퇴계와 율곡의 시가관이 바로 그런 시가관에 바탕을 둔 것이라고 하겠다.

2) 「시집전서」의 이론

여기서는 앞에서 논의한 「毛詩序」와 아울러 역대 儒家의 문학론 중 또 하나의 대표적인 문학론이라고 할 宋代 朱子의 「詩集傳序」에 나타난 시가관을 살펴보고, 그 「詩集傳序」의 이론이 퇴계의 「陶山十二曲跋」과 율곡의 「精言妙選序」에 어떠한 영향을 끼치고 어떻게 계승되었는가를 아울러 살펴보고자 한다. 이는 조선시대 퇴계의 「陶山十二曲跋」과 율곡의 「精言妙選序」에 많은 영향을 끼친 「詩集傳序」의 내용을 검토함으로써 儒家의 전통적인 시가관을 좀더 구체적으로 이해할 수 있을 것으로 판단되기 때문이다. 따라서 여기서는 먼저 「詩集傳序」의 原文과 그에 대한 필자의 번역문을 제시하기로 한다.

「詩集傳序」(原文)

或有問於予曰, 詩何爲而作也.

予應之曰, 人生而靜, 天之性也, 感於物而動, 性之欲也, 夫旣有欲矣, 則不能無思, 旣有思矣, 則不能無言, 旣有言矣, 則言之所不能盡而發於咨嗟詠歎之餘者, 必有自然之音響節奏, 而不能已焉, 此詩之所以作也.

曰, 然則其所以爲敎者, 何也.

曰, 詩者, 人心之感物而形於言之餘也. 心之所感, 有邪正, 故言之所形, 有是非, 惟聖人在上, 則其所感者, 無不正, 而其言皆足以爲敎, 其或感之之雜, 而所發, 不能無可擇者, 則上之人, 必思所以自反, 而因有以勸懲之, 是亦所以爲敎也. 昔周盛時, 上自郊廟朝廷, 而下達於鄕黨閭巷, 其言, 粹然無不出於正者, 聖人固已協之聲律, 而用之鄕人, 用之邦國, 以化天下, 至於列國之詩, 則天子巡守, 亦必陳而觀之, 而行黜陟之典. 降自昭穆而後, 寖以陵夷, 至於東遷, 而遂廢不講矣. 孔子生於其時, 旣不得位, 無以行帝王勸懲黜陟之政, 於是特擧其籍而討論之, 去其重複, 正其紛亂, 而其善之不足以爲法, 惡之不足以爲戒者, 則亦刊而去之, 以從簡約, 示久遠, 使夫學者卽是而有以考其得失, 善者師之, 而惡者改焉, 是以其政雖不足行於一時, 而其敎實被於萬世, 是則詩之所以爲敎者然也.

曰, 然則國風雅頌之體, 其不同若是, 何也.

曰, 吾聞之, 凡詩之所謂風者, 多出於里巷歌謠之作, 所謂男女相與詠歌, 各言其情者也, 惟周南召南, 親被文王之化以成德, 而人皆有以得其性情之正, 故其發於言者, 樂而不過於淫, 哀而不及於傷, 是以二篇獨爲風詩之正經, 自邶而下, 則其國之治亂不同, 人之賢否亦異, 其所感而發者, 有邪正是非之不齊, 而所謂先王之風者, 於此焉變矣. 若夫雅頌之篇, 則皆成周之世, 朝廷郊廟樂歌之詞, 其語和而莊,其義寬而密, 其作者往往聖人之徒, 固所以爲萬世法程而不可易者也, 至於雅之變者, 亦皆一時賢人君子, 閔時病俗之所爲, 而聖人取之, 其忠厚惻怛之心, 陳善閉邪之意, 尤非後世能言之士所能及之, 此詩之爲經, 所以人事浹於下, 天道備於上, 而無一理之不具也.

曰, 然則其學之也, 當奈何.

曰, 本之二南以求其端, 參之列國以盡其變, 正之於雅以大其規, 和之於頌以要其止, 此學詩之大旨也. 於是乎章句以綱之, 訓詁以紀之, 諷詠以昌之, 涵濡以體之, 察之情性隱微之間, 審之言行樞機之始, 則修身及家, 平均天下之道, 其亦不待他求而得之於此矣.

問者, 唯唯而退, 予時方輯詩傳, 因悉次是語以冠其篇云. 淳熙四年丁酉冬十月戊子, 新安朱熹書.

「시집전서」(번역문)

어떤 사람이 나에게 묻기를, "시는 어째서 지어졌습니까?" 하였다.

내가 대답해서 말하기를, "사람이 나면서부터 고요한 것은 하늘이 준 性이요, 物(外物)에 느껴져서 움직이는 것은 性의 하고자 함이니, 무릇 이미 하고자 함이 있을진댄 능히 생각이 없을 수 없고, 이미 생각이 있을진댄 능히 말이 없을 수 없고, 이미 말이 있을진댄 말로 능히 다할 수 없어서 감탄하고 영탄하는 나머지에 표현되는 바가 반드시 자연스럽게 음향절주에 들어맞아서 능히 그만둘 수 없는 점이 있으니, 이것이 시가 지어지는 까닭이다." 하였다.

그가 말하기를, "그렇다면 그 교화가 되는 까닭은 무엇입니까?" 하였다.

내가 말하기를, "시는 사람의 마음이 物에 느껴져서 말로 나타난 나머지(결과)이다. 마음이 느끼는 바가 간사하고 바름(邪正)이 있는지라, 그러므로 말로 나타나는 바가 옳고 그름(是非)이 있으니, 오직 聖人이 윗자리에 계시면, 그 (아랫사람이나 백성들이) 느끼는 바가 바르지 않음이 없어서 그 말이 모두 족히 교화가 될 수 있고, 그 간혹 느끼는 것이 雜되어(다양하고 복잡하여) 표현되는 바가 능히 가릴 만한 것이 없을 수 없을진댄 윗자리에 계시는 분이 반드시 스스로 (바른 데에) 돌이킬 것을 생각하여 그로 인하여 (善을) 권장하고 (惡을) 징계할 것이 있었으니, 이 또한 교화가 되는 것이다. 옛날 周 나라가 盛하였을 때에 위로는 郊·廟와 朝廷으로부터 아래로는 鄕黨과 閭巷에 이르기까지 그 (시의) 말이 순수하고 아름다워 바른 데에서 나오지 않은 것이 없었으니, 聖人이 진실로 이미 聲律에 맞추어서 鄕黨人에게 쓰고 나라(邦國)에도 써서 천하를 교화하였으며, 列國(13 列國)의 시에 있어서도 天子가 巡守할 때에 또한 반드시 아뢰게 해서 살펴보아 출척黜陟(내쫓고 올려줌)의 법(典 : 法典)을 행하였다. 내려오면서 (周 나라 衰期의) 昭王·穆王으로부터 그 이후로 차츰 뭉개지고 없어져서 東遷함(平王 때)에 이르러서는 마침내 (시로써 교화하던 풍속이) 못쓰게 되고 익혀지지 않게 되었다. 孔子께서 그때에 나셔서 이미 지위(천자의 지위와 같은 윗자리)를 얻지 못하셔서 제왕의 勸懲·黜陟의 政事를 행하실 수 없었는지라 이에 다만 그 典籍(籍 : 詩册)을 들어(모두 찾아내어) 토론하셔서 그 중복된 것을 버리시고 그 어지러운 것을 바로잡으셨으며, 그 선한 것으로서도 족히 법이 될 수 없는 것과 악한 것으로서도 족히 警戒가 될 수 없는 것은 또한 깎아 버리셔서 簡約(簡潔·要約)함을 따르시고 久遠한 뜻을 보여 주셔서 그 배우는 자들로 하여금 이에 나아가서 그 득실을 上考할 수 있게 하여 선한 것은 본받고 악한 것은 고쳐 나갈 수 있게 하셨으니, 그러므로 그 政事가 비록 한때에는 족히 행해질 수 없었으나 그 교화가 실로 萬代에 끼쳐질 수 있으니, 이는 곧 시가 교화가 되는 까닭이 그러하다." 하였다.

그가 말하기를, "그렇다면 '國風'·'雅'·'頌'의 體가 (그) 같지 않음이 이와 같은 것은 무슨 까닭입니까?" 하였다.

내가 말하기를, "나는 들으니, 무릇 시(『詩經』詩)에 있어서 이른바 '風'이라는 것은 里巷의 歌謠로 지어진 데서 많이 나왔고, 이른바 남녀들이 서로 더불어 읊고 노래하여 각각 그 뜻(情)을 말한 것이니, 오직 '周南'·'召南'은, 친히 文王의 교화를 입어서 德을 이루어 사람들이 모두 그 性情의 바름(바른 性情)을 얻을 수 있었는지라, 그러므로 (그) 말로 표현된 것이 즐거워하면서도 넘칠 만큼 지나치지 않고, 슬퍼하면서도 마음을 상하는 데 이르지 않았으니, 그래서 그 두 篇이 유독 '風'詩의 본보기(正經)가 되며, '邶風'으로부터 그 이하로는 그 나라들의 잘 다스려짐과 다스려지지 못함(治亂)이 한결같지 않고, 사람들의 어짐과 어질지 못함(賢否)이 또한 달라서, (그) 느껴져서 표현된 것도 간사하고 바르고 옳고 그름(邪正·是非)에 한결같지 않음이 있으니, 이른바 先王의 '風'이 이에 와서 변하게 되었다. 이를테면 '雅'·'頌'의 詩篇은 모두 周 나라 시대(成周之世 :

武力으로 정벌하여 王天下한 까닭에 '成周'라고 일컬음)에 朝廷과 郊廟에서 쓰던 樂歌의 노래말(詞)인지라, 그 말이 和樂하면서도 엄숙하고(和而莊) 그 뜻(義:意味)이 너그럽고도 엄밀하며(寬而密), 그 작자들이 흔히(往往) 聖人에 가까운 분들(聖人之徒)인지라, 진실로 萬世의 법(法程)이 되어 바꿀 수 없는 것이요, 심지어 '雅'가 변한 것(變雅:小雅)에 있어서도 또한 모두 한때의 賢人君子들이 시대를 민망히 여기고 풍속을 가슴 아프게 여겨서 지은 것이로되 聖人(孔子)께서 취하셨으니, 그 진실되고 두텁고 측은해하는 어진 마음이 착한 마음을 펴고 간사한 마음을 막고자 한 뜻이 더욱이 후세의 말 잘하는 선비(能言之士:실천적인 工夫가 없이 글만 잘하는 선비)로서는 능히 미칠 바가 아니니, 이는 '詩(『詩經』詩)'가 經이 됨이 人事(人倫의 道)가 아래에서(백성들에게) 젖어들고 天道가 위에서(爲政者나 賢人君子들에게) 갖추어져서 한가지 이치도 구비되지 않음이 없는 까닭이다." 하였다.

그가 말하기를, "그렇다면 (그) 배우는 방법이 응당 어떠해야 합니까?" 하였다.

내가 말하기를, " '二南(周南·召南)'을 근본삼아 그 단서를 찾고 列國(列國의 시)을 참조하여 그 변한 것을 다 연구하고는 '雅'를 통해서 내 몸을 바로잡아 그 규모를 키우고, '頌'을 통해서 내 몸을 화평하게 하여 그 그칠 곳을 단단히 조여야 하나니, 이것이 시(『詩經』詩)를 배우는 큰 요령(大旨)이다. 이에 章句로써 벼리(綱)를 삼고 訓詁(章句의 解釋)로써 코(紀:그물코)를 삼아 읊고 읊조려 (내 몸과 마음을) 昌盛하게 하고 젖어들고 먹감아 (내 몸과 마음에) 체현되게 하며, 성정의 은미한 곳을 살펴보고 언행 곧 추기樞機(언행은 곧 군자의 樞機임)의 시작을 살펴본다면, 修身·齊家·平天下의 道가 그 또한 다른 데서 구하기를 기다리지 않더라도 이(『詩經』詩의 공부)에서 얻어질 것이다." 하였다.

묻는 사람이 "예, 예" 대답하고는 물러가거늘, 내가 때마침 '詩(『詩經』)'에 대한 '傳(傳注)'을 편집하다가 그로 인해 이 말을 모조리 차례를 매겨 그 책(篇:『詩經傳』)의 머리글을 삼는다고 이르노라. 淳熙(宋·孝宗 때의 年號) 4년 丁酉年 겨울 10월 戊子日, 新安 사람 朱熹는 쓰노라.

위의 「詩集傳序」가 또한 退溪·栗谷의 시가관에 끼친 영향을 논하기에 앞서, 먼저 「詩集傳序」의 내용과 그에 담긴 뜻을 해석해 보기로 한다.

「詩集傳序」는, 南宋·孝宗 때 朱子가 『詩經』에 대한 傳(傳注)을 지어 『詩

經傳』을 편집하던 중 『詩經』詩가 지어진 까닭과 『詩經』詩가 교화에 크게 도움되는 까닭 그리고 『詩經』詩의 '風'·'雅'·'頌'의 體가 다른 까닭과 『詩經』詩의 학습 방법을 묻는 이(제자)가 있어서, 그 질문과 질문에 대하여 朱子가 차근차근 가르쳐 주며 대답한 말을 朱子 스스로가 그대로 서술함으로써, 『詩經』詩의 내력과 意義를 해석하고 『詩經』詩를 학습하는 요령 등을 밝힌 글이다.

『詩經』詩에 관한 或者의 질문 네가지 사항에 대하여 朱子가 대답한 내용에 따라 위의 「詩集傳序」에 담긴 뜻을 단락별로 정리하기 전에, 먼저 글 전체를 검토할 때 이해하기 어려운 어휘나 구절의 개념과 글 전체에 담긴 뜻 가운데서 반드시 알아야 할 몇가지 중요한 사항의 의미부터 밝혀 두고자 한다.

위의 「詩集傳序」에서 朱子의 대답 중 둘째 단락에 '天子가 巡守한다'는 말이 있는데, '巡守'는 天子가 諸侯들이 지키는 땅을 돌아보면서 지키는 바 직책에 대하여 보고를 받고 民政을 살피자는 데 뜻이 있는 것이었다. 그러면서도 그것은 한편으로는 尙武精神에 의한 것이었다. 그리고 둘째 단락에 말한 周 나라 昭王·穆王 때는, 周 나라의 衰期에 해당된다. 또한 朱子의 대답 중 셋째 단락에 '里巷의 歌謠'라는 말이 있는데, 그 '歌謠'의 '歌'는 주악해 가면서 부르는 노래를 뜻한 말이며, '謠'는 주악 없이 노래만 부르는 것을 뜻한 말이다.

朱子의 대답 중 셋째 단락에 "樂而不過於淫, 哀而不及於傷.(즐거워하면서도 넘칠 만큼 지나치지 않고, 슬퍼하면서도 마음을 傷하는 데 이르지 않았다.)"이라고 하였는데, 『詩經』의 「關雎」章에는 원래 '樂而不淫'한 내용은 있어도 '哀而不傷'한 내용은 없다. 그런데도 孔子가 『論語』 구절의 말씀에서 그와 같이 "關雎, 樂而不淫, 哀而不傷.(「關雎」章에 나타난 뜻은, 즐거워하면서

17 註 13 참조.

도 넘치지 않고, 슬퍼하면서도 마음을 상하게 하지는 않는 것이다.)"[17]이라고 한 것은, 『詩經』詩의 詩精神을 전반적으로 논평한 말씀이다. 그리고 셋째 단락에 '陳善閉邪之意(착한 마음을 펴고 간사한 마음을 막고자 한 뜻)'라는 말이 있는데, 그것은 심지어 '變雅'에 이르기까지 作詩者의 엄정한 작시 태도가 '思無邪'했던 것을 말한 것으로, 孔子가 『論語』, 「爲政」篇의 말씀에서 『詩經』詩를 한마디 말로 평단하여 '思無邪'하다고 한 바[18]와 같이 作詩者의 태도가 '생각함에 간사(사특邪慝)함이 없는' 公明正大한 것이었음을 칭탄한 것이다.

또한 朱子의 대답 중 둘째 단락에 '勸懲'한다는 말이 있는데, 『詩經』詩는 원래 교화하고 찬미·풍자함으로써 '美刺勸懲之義(찬미·풍자하고 勸善·懲惡하고자 하는 意義)'를 발휘하여 인륜의 道를 바로잡고자 한 것이다. 말하자면 『論語』, 「爲政」篇의 朱子의 註에 "凡詩之言, 善者, 可以感發人之善心, 惡者, 可以懲創人之逸志, 其用, 歸於使人得其情性之正而已.〔무릇 시(『詩經』詩)의 말이 착한 것을 말한 것은 사람의 착한 마음을 느껴서 펴나게 하고, 악한 것을 말한 것은 사람의 안일한 뜻을 징계할 수 있으니, 그 쓰임이 사람들로 하여금 性情의 바름을 얻게 하는 데 귀결되었을 따름이다.〕"[19]라고 한 바와 같이, 『詩經』詩에서 착한 것을 노래한 것은 사람의 착한 마음을 감발하고(感發人之善心) 악한 것을 노래한 것은 사람의 안일한 뜻을 징계하자는(懲創人之逸志) 데 뜻이 있는 것이었다.

그러므로 중국과 한국 유학자들의 문학관 또는 시가관을 이해하는 데에는, 이와 같은 『詩經』詩의 전체적인 詩精神을 찾아서, 詩가 性情의 바른 데서 우러나 인륜의 道를 바로잡을 수 있는 시라야 참된 시가 된다는 것 그리고 시가 시대의 풍속과 정치를 반영하는 것이었으므로 시대의 풍속과 정치를 바로잡을 수 있는 시라야 참된 시가 된다는 것 등을 중시해야 하며,

---

18 註 12 참조.
19 『論語』, 「爲政」篇 '無邪'章에 대한 朱子의 註 참조.

따라서 앞의 글 「毛詩序」와 위의 글 「詩集傳序」 등에 담겨 있는 그와 같은 유학자들의 전통적인 문학관 또는 시가관과 아울러 그 선비정신을 이해하는 것이 중요하다.

위의 「詩集傳序」에서 或者의 첫째 질문 곧 『詩經』詩가 지어진 까닭을 물은 질문에 대한 朱子의 대답에 나타난 뜻은 다음과 같다. 사람이 타고난 '性'은 하늘이 준 것인데, 그 '性'이 外物에 느껴져서 움직이는 것이 다른 말로 표현하자면 '情'이라고 할 수 있는 것으로 또한 '性'의 욕구이며, '性'의 욕구인 '情'이 있으면 '생각(思)'이 없을 수 없고, 생각이 있으면 '말(言)'이 없을 수 없고, 말이 있으면 말로 다 표현할 수 없어서 말과 함께 감탄하고 영탄하는 나머지 音響節奏에 들어맞게 표현될 수밖에 없는 것이니, 그것이 바로 시가 지어지는 까닭이라는 것이다.

이와 같은 朱子의 대답에 담긴 뜻은, 시가 性情을 나타내는 것이며, 性情을 나타내는 시가 음향절주에 자연스럽게 들어맞을 수 있어야 비로소 시다운 시가 될 수 있다는 것이다. 이와 같은 뜻은 「毛詩序」의 둘째 단락으로부터 셋째 단락에 나타난 뜻과 상통하는 것이다. 「毛詩序」의 둘째 단락에서는, '嗟嘆'하고 '永歌'하는 가운데 나도 모르게 손으로는 춤추고 발로는 뛰게 된다고 하였으며, 「毛詩序」의 셋째 단락에서는 "聲成文, 謂之音.(소리가 문채를 이루는 것을 일러 '音'이라고 한다.)"이라고 하였는데, 그런 뜻이 朱子의 「詩集傳序」에서는 '감탄하고 영탄한다'는 말과 '음향절주에 들어맞는다'는 말로 바뀌어 표현된 것이다.

退溪의 「陶山十二曲跋」에서, 性情에 감동되는 것이 있으면 매양 시로 표현해내고는 하는데, 그 性情에 감동되는 것을 자연스럽게 음향절주에 들어맞도록 노래하는 데에는 우리말 노래가 적합하다는 점에서 〈陶山十二曲〉을 짓게 되었다는 뜻을 표명하고, 배우는 아이들로 하여금 자기도 모르게 노래하고 춤추고 뛰게 함으로써 비루하고 인색한 마음을 씻어내어 감발될 수 있고 마음속에 맺힌 뜻을 녹여 통할 수 있게 하고자 한다고 하면서, 퇴계 스스로 짓는 노래가 曲調와 음절에 들어맞을는지를 염려한 것, 「書漁父歌後」에서 군자라야 진정으로 聲音의 道를 알아서 참된 '音'을 알 수 있으며 나아가서 참된 '樂'을 알 수 있다는 뜻을 밝힌 것 등이, 바로 「詩集傳序」의 그와 같은 시가관을 계승한 것이라고 하겠다. 또한 栗谷의 「精言妙選序」에서, 시가 性情에 바탕을 두는 것이기에 거짓이 없어야 참된 시가 이루어질 수 있는 것임을 밝히고, 시가 性情을 읊으며 청화한 마음에 통하고 사무치게 하여 흉중의 더러운 찌꺼기를 씻어내게 한다는 점에서 存心省察에 一助할 수 있는 것임을 밝힌 것, 그리고 「精言妙選總敍」에서, 聲律에 들어맞는 자연스런 시들을 높이 평가한 것 등이, 바로 「詩集傳序」의 그와 같은 시가관을 계승한 것이라고 하겠다.

위의 「詩集傳序」에서 或者의 둘째 질문 곧 『詩經』詩가 교화가 되는 까닭을 물은 질문에 대한 朱子의 대답에 나타난 뜻은 다음과 같다. 사람의 마음이 外物에 느껴져서 말로 나타난 나머지(결과)가 시인데, 聖人君子가 윗자리에 앉아 있으면 어진 정치(仁政)가 행해져서 그 아랫사람들이나 백성들이 느끼는 바가 바르지 않음이 없어서, 그 느껴져서 표현된 郊·廟의 樂歌나 鄕黨·閭巷의 歌謠로 지어진 시의 말이 순수하고 아름다워 聲律에 맞추어 지을 때 모두 족히 교화가 될 수 있었다는 것, 그러나 사람들이 마음으로 느끼는 바가 모두 바를 수만은 없어서 그 느끼는 바가 간사하고 바름이 있었으며, 따라서 말로 나타나는 바가 옳고 그름이 있었으므로, 시로써 정치하던 爲政者들이 그 느끼는 바의 雜된 것과 표현되는 바의 옳고 그름에 있어 가릴 만한 것을 바로잡아 주기 위해서 勸善懲惡하는 뜻을 聲律에 맞추어 그 樂歌와 歌謠에 담아냈기 때문에 시가 교화의 훌륭한 도구가 될 수 있었다는 것이, 朱子의 대답에 나타난 뜻이다. 하지만 시가는 시대의 풍속과 정치를 반영하는 것이므로, 시대가 변하여 衰世가 되고 마침내 周나라가 東遷하게 되자 시로써 교화하던 풍속이 못쓰게 되었고, 따라서 衰世에 지어진 시의 내용이 선한 것으로서도 족히 法이 될 수 없는 것과 악한 것으로서도 족히 警戒가 될 수 없는 것이 있게 되었는데, 孔子가 『詩經』詩를 정리하여 바로잡은 '正詩者'로서 그 시의 중복된 것을 없애고 어지러운 것을 바로잡아 산정刪定함으로써 仁政이 행해지지 못하는 시대에도 그 『詩經』詩를 거울삼아 정치의 득실을 上考할 수 있게 하고, 그리하여 선한 것은 본받고 악한 것은 고쳐 나갈 수 있게 함으로써 교화가 萬代에 행해질 수 있도록 하였기 때문에, 『詩經』詩가 족히 교화의 훌륭한 도구가 될 수 있다는 것이, 또한 朱子의 대답에 나타난 뜻이다.

朱子의 대답에 나타난 이와 같은 뜻은, 「毛詩序」의 셋째 단락에서 음악이 시대의 풍속과 정치를 반영하는 것임을 말하여 치세의 音과 난세의 音과 亡國의 音을 논하면서, 정치의 득실을 바로잡고 動天地·感鬼神하는 데 그보다 절실한 것이 없다고 하고, 시로써 백성들이 인륜의 道를 알게 하며 풍속을 美風良俗으로 옮겨가게 할 수 있다는 점에서 『詩經』詩가 교화의 훌륭한 도구가 되는 것임을 밝힌 뜻과 상통하는 것이다.

退溪의 「陶山十二曲跋」에서는, 퇴계가 배우는 아이들로 하여금 바른 性情과 두터운 人情에서 우러난 참된 시가를 노래하게 함으로써 그들이 또한 바른 性情과 두터운 人情을 지니고 인륜의 道를 알 수 있게 하기 위해서 참된 노래를 배우게 하려고 하였으나, 우리 동방의 歌曲 중에는 방탕하며 외설되고 거만한 노래라든가 溫柔敦厚한 신속이 적은 노래 등 대체로 음란하고 시끄러운 노래들이 전해질 뿐 참된 노래가 없기 때문에, 부득이 스스로 〈陶山十二曲〉을 짓지 않을 수 없는 까닭을 밝혔다. 이는 난세의 音이나 亡國의 音을 거울삼아 바람직한 노래를 지어 부르게 하는 등 聲音의 道를 바로잡음으로써 교화의 바탕을 삼고자 한 것으로, 위에서 논한 「毛詩序」와 朱子의 「詩集傳序」에 나타난 시가관을 계승한 것이라고 하겠다.

栗谷의 「精言妙選序」에서는, 人情을 곡진하게 나타내고 사물의 이치에 널리 통하였으며 優柔忠厚한 내용을 담은 『詩經』詩가 후대의 시가에 본보기가 되는, 시의 근원임을 밝혔다. 그리고 세대가 점차 내려오면서 風氣가 점점 어지러워져서 후대에는 性情의 바른 데에 바탕을 두지 못한 채 혹은 文飾을 빌려서 남의 눈을 기쁘게 하는 데 힘쓴 시가 많은 것을 한탄하고, 따라서 가장 알차면서도 본받을 만한 후대의 시들을 가려 뽑아 詩選集『精言妙選』을 편찬하게 되었다는 뜻을 밝혔다. 그리고 「精言妙選總敍」에서는, 뜻이 깊으면서도 雕琢의 꾸밈이 없고 聲律에 들어맞는 자연스런 시와 心氣를 화평하게 하고 권세와 이익을 멀리하게 할 수 있는 시, 속세의 더러운 냄새를 떨쳐 버려서 마음을 깨끗하게 해 주는 시 등을 높이 평가하고, 지나치게 아로새기고 그려내는 꾸밈을 일삼은 시들을 배격하였다. 시가 또는 음악은 시대의 풍속과 정치를 반영하는 것으로, 『詩經』詩 이래 후대의 시에는 참된 시가 많지 못하기 때문에, 학자들의 학풍을 바로잡기 위해서도 본보기가 될 만한 참된 시들을 가려 뽑아 詩選集『精言妙選』을 편찬하지 않을 수 없었다는 뜻을 밝힌, 「精言妙選序」 등에 나타난 그와 같은 栗谷의 시가관 또한, 위에서 논한 「毛詩序」와 朱子의 「詩集傳序」에 나타난 시가관을 계승한 것이라고 하겠다.

위의 「詩集傳序」에서 或者의 셋째 질문 곧 『詩經』詩에서 '國風' · '雅' · '頌'의 體가 같지 않은 까닭을 물은 질문에 대한 朱子의 대답에 나타난 뜻은 다음과 같다.

그 질문에 대한 朱子의 대답에 나타난 뜻의 하나는, 각국의 '國風'이 里巷의 歌謠로 지어진 데서 많이 나왔는데, 그것은 백성들이 '뜻(情)'을 말한 것 곧 백성들의 '情'에서 우러난 것으로, 그중 '周南' · '召南'은 백성들이 친히 天子(周 · 文王)의 교화를 입어서 德을 이룰 수 있었기 때문에 사람들이 모두 바른 性情을 얻은 데서 나온 것이라서, 말로 표현된 것이 '樂而不過於淫(즐거워하면서도 넘칠 만큼 지나치지 않음)' · '哀而不及於傷(슬퍼하면서도 마음을 상하는 데 이르지 않음)'의 시정신 곧 '도리에 어긋나지 않고 예의에 그친' 시정신을 보여 준 '風'詩의 본보기가 될 수 있었으나, '패풍邶風' 이하 列國의 다른 '國風'들은 각국의 治亂과 각국 사람들의 賢否가 달라서 그 표현된 내용이 간사하고 바르고 옳고 그름(邪正·是非)에 한결같지 않음이 있게 되어, 仁政을 행한 王道政治의 所産이라고 할 '周南'·'召南'과 같은 시에서 볼 수 있는 先王(周·文王)의 '風'이 변질된 모습을 보인 '變風'이 생기게 되었다는 것이다.

朱子의 대답에 나타난 이와 같은 뜻은, 「毛詩序」의 셋째 단락에 백성들의 감정이 말소리로 나타나게 되었음을 말한 것이나, 朱子가 대답한 말씀에서 예를 든 '周南'·'召南'과 '邶風' 이하의 '國風'으로써 증거할 수 있듯이, 「毛詩序」의 셋째 단락에서 논한 바 편안하면서도 즐거워하는 내용의 '치세의 音'과 원망하면서도 노여워하는 내용의 '난세의 音'이나 애처로우면서도 생각에 잠기게 하는 내용의 '亡國의 音'을 말한 것과 관련이 깊은 것이다.

朱子의 대답에 나타난 이와 같은 뜻은, 退溪의 「陶山十二曲跋」·「書漁父歌後」와 栗谷의 「精言妙選序」·「精言妙選總敍」에도 계승되어 나타난다. 퇴계가 「陶山十二曲跋」에서, 당시에 전해지던 우리 東方의 歌曲이 음란하고 시끄러워 족히 말할 것이 못된다고 하고, 〈翰林別曲〉의 방탕하고 외설된 내용을 지적하거나 그보다는 낫다고 할 李鼈의 〈六歌〉가 '玩世不恭之意'가 있고 '溫柔敦厚'한 실속이 적어 다소 예의에서 벗어난 것을 애석해하면서 세속의 음악을 듣기 싫어한다는 뜻을 말한 것, 그리고 「書漁父歌後」에서, 시대와 풍속이 변하여 〈霜花店〉 같은 음란한 내용의 노래를 좋아하는 시속을 개탄한 것 등이, 모두 朱子의 그와 같은 시가관과 관련이 있는 것이다. 그리고 율곡이 〈精言妙選序〉에서, 『詩經』詩 이래 세대가 점차 내려오면서 風氣가 점점 어지러워져서 性情의 바른 데에 근본을 두지 못하고서 혹은 文飾을 빌려서 남의 눈을 기쁘게 하는 데 힘쓴 시가 많은 것을 개탄한 것, 그리고 「精言妙選總敍」에서, 雕琢의 기교가 없으면서도 聲律에 맞는 깊은 뜻을 지닌 시들이 『詩經』 3백 篇의 끼친 뜻(三百之遺意)을 참되게 계승한 것을 칭탄稱歎하거나, 원망하면서도 도리에 어긋나지 않고(怨

而不悖) 슬퍼하면서도 마음을 상하게 하지 않는(哀而不傷) 내용의 시들을 높이 평가한 것 등이, 또한 모두 朱子의 그와 같은 시가관과 관련이 있는 것이다.

그리고 또 그 셋째 질문에 대한 朱子의 대답에 나타난 뜻의 다른 하나는, 『詩經』詩 중 '雅'·'頌'의 詩篇들이 모두 周 나라 시대에 朝廷과 郊廟에서 쓰던 樂歌의 歌詞라서, 그 말이 和樂하면서도 엄숙하고(和而莊) 그 담긴 뜻(義)이 너그럽고도 엄밀하며(寬而密), 작자들이 흔히 聖人에 가까운 분들(聖人之徒)이었기에, 그 詩篇들은 진실로 萬世의 법(法程:본보기)이 되어 바꿀 수 없는 것이라는 뜻이다. 그러므로 심지어 시대가 변하여 난세에 지어진 '變雅'에 있어서도 모두 또한 한때의 賢人君子들이 '시대를 민망히 여기고 풍속을 가슴 아프게 여겨서 지은 것(閔時病俗之所爲)'인데 聖人(孔子)이 취한 것이니, 그 '진실되고 두텁고 측은해하는 어진 마음(忠厚惻怛之心)'이 '착은 마음을 펴고 간사한 마음을 막고자 한 뜻(陳善閉邪之意)'이 말재주만 부리는 후세의 '能言之士'로서는 능히 미칠 바가 아니라는 뜻이 또한 그것이다. 따라서 그것은, '正風'·'正雅(大雅)'·'頌'은 물론이요 '變風'·'變雅(小雅)'의 詩篇들도 모두 그와 같은 내용의 시들이 '正詩者'인 孔子(聖人)의 손을 거쳐서 정리되었다는 의미에서 그『詩經』詩가 각각 '體'를 달리하기는 하나 聖經이 될 수 있었다는 것, 그리고 그『詩經』詩가 爲政者나 賢人君子들로부터 일반 백성에 이르기까지 上下間의 도리를 갖추어 天道와 人道를 구비하여 보여 주지 않는 것이 없다는 의미에서 또한 聖經이 될 수 있었다는 것과 같은 뜻이다.

朱子의 대답에 나타난 이와 같은 뜻은,「毛詩序」의 넷째 단락에서 '風'·'雅'·'頌' 같은 시의 '體'에 대하여 말하면서, '國史'가 정치의 득실의 자취에 밝아 인륜이 무너진 것을 가슴 아파하고 刑政이 가혹한 것을 슬퍼하여 性情을 읊었으되 그런 시대의 '變風'에 있어서도 감정을 표현하되 예의에 그친(벗어나지 않은) 것은 선왕의 어진 정치의 덕택임을 밝힌 것과 깊은 관련이 있다.

결국 朱子의 대답에 나타난 이와 같은 뜻은, 退溪의 「陶山十二曲跋」에서, 음란하거나 방탕하고 외설된 내용의 노래들이 군자로서 숭상할 바가 못된다고 한 것이나, 두터운 人情을 지닐 수 있게 하고 인륜의 道를 알게 하는 溫柔敦厚한 내용의 노래를 지어서 배우는 아이들에게 가르쳐 주고자 고심하고, 퇴계 스스로 짓는 노래가 曲調에 맞고 음절에 맞는 좋은 노래가 될 수 있을는지를 염려한 것, 그리고 「書漁父歌後」에서, 군자라야 진정으로 聲音의 道를 알아서 참된 노래를 분별할 수 있고 또 지을 수도 있다는 뜻을 밝힌 것 등과 상통하는 시가관을 보여 준 것이라고 하겠다. 또한 栗谷의 「精言妙選序」에서, 人情을 곡진하게 나타내고 사물의 이치에 널리 통하여 優柔忠厚한 내용을 보여 준 『詩經』 3백 篇을 '시의 근원(詩之本源)'이라고 하고서, 시가 참된 性情을 읊어 存心省察에 一助를 삼고자 하는 것이니 어찌 아로새기고 그려내고 수놓고 꾸미고 하여 방탕한 마음에 情을 옮겨서 지을 것이겠는가 하는 말로써 시 짓는 자로서의 예의에 벗어나지 않는 자세를 논한 것이나, 「精言妙選總敍」에서, 지나친 雕琢의 기교를 배격하고 조용한 가운데 道를 터득한(從容自得) 시가 心氣를 화평하게 하고 권세와 이익을 멀리하게 한다는 점에서 귀하게 여기고 게으름뱅이나 비루한 자의 삶의 자세를 바로잡아 줄 수 있는 시를 높이 평가한 것과도 상통하는 시가관을 보여 준 것이라고 하겠다.

위의 「詩集傳序」에서 或者의 넷째 질문 곧 『詩經』詩의 학습 방법을 묻는 질문에 대하여 답하면서, 朱子는 먼저 『詩經』詩를 배우는 큰 요령(大旨)부터 가르쳐 주었다. 우선 '二南(周南 · 召南)'에 나타난 뜻을 잘 터득하여 그것을 근본삼아 '國風'의 단서를 찾을 수 있어야 하고, 列國의 시들을 참조하여 '變風'의 달라진 내용을 다 연구해야 하며, 그리고는 '雅'를 통해서 내 몸을 바로잡아 인격의 규모를 키울 수 있어야 하고, '頌'을 통해서 자기 몸을 화평하게 하여 예의에 그칠 줄 알도록 삶의 자세를 단단히 조일 수 있어야 한다는 것이 바로 그것이다. 그 다음으로는 『詩經』詩의 내용을 구체적으로 학습하는 방법을 가르쳐 주었다. 『詩經』詩의 '風'·'雅'·'頌' 등 詩體의 전체적인 내용에 대한 대강의 뜻을 터득하고 나서, 그 구체적인 내용을 학습하기 위해서는 '章句'에 나타난 뜻을 '벼리(綱)' 삼고 '訓詁(章句의 해석)'로써 그물의 코(紀)와 같은 '코'를 삼아 읊조리며 공부하여 내 몸과 마음에 그 뜻이 완전히 체현될 수 있도록 하며, 性情을 노래한 은미한 뜻을 살펴보고 그 시구에 나타난 '언행' 곧 군자의 삶의 자세에 있어서 돌쩌귀로서의 틀과 같은 '언행'의 시작되는 모습을 살펴봄으로써, 『詩經』詩의 학습이 修齊治平之道를 터득하는 길이 될 수 있도록 해야 한다는 것이 바로 그것이다. 이는, 『詩經』詩 3백 篇을 외고서도 사물의 이치에 널리 통하지 못하고 융통성이 없어서 政事를 맡겨 주었을 때 잘 해내지 못하며 四方에 사신 나가서 능히 專對할 줄 모른다면, 『詩經』詩를 비록 많이 배운들 무슨 소용이 있겠느냐고 한 『論語』, 「子路」篇의 孔子의 말씀이나, 그 말씀에 대한 集註의 程子 말씀에서, 聖經을 궁구하는 것이 장차 經世致用을 위한 것이라 하고, 세상에서 시를 외는 자들이 능히 정사에 종사할 줄 알고 사신 나가서 전대할 줄 알겠는가를 우려하면서, 시를 배우는 자들이 章句의 末藝에 얽매이는 것을 큰 병통이라고 한탄한 것과도[20] 뜻이 상통하는 것이다.

위의 「詩集傳序」에서 或者의 넷째 질문 곧 『詩經』詩의 학습 방법을 묻는 질문에 대하여 朱子는 먼저 『詩經』詩 배우는 큰 요령을 가르쳐 주고, 다음으로는 『詩經』詩의 내용을 구체적으로 학습하는 방법을 가르쳐 주었는데, 朱子의 그와 같은 가르침은 「毛詩序」의 넷째 단락에서 "한 나라의 일(治國)이 한 사람의 근본에 달린 것을 일러 '風'이라 하고, 天下의 일을 말하고 四方의 風俗을 형용한 것을 일러 '雅'라고 한다.", "頌은 盛德의 形

20 『論語』, 「子路」篇, '誦詩'章 및 그에 대한 集註 참조.

容을 찬미하여 그 성공한 것으로써 神明께 고한 것이다."라고 하는 등, 『詩經』詩 '風'·'雅'·'頌'의 이치와 그 개념 또는 意義를 설명하고, 「毛詩序」의 셋째 단락에서 "득실을 바로잡고 天地를 감동시키고 귀신을 감동시키는 데에 詩보다 가까운 것이 없으니, 先王이 이로써 부부의 도리를 바로잡고, 효도하고 공경하는 마음을 이루어 주며, 인륜을 두텁게 하고, 교화를 아름답게 해 나가며, 풍속을 (美風良俗으로) 옮겨갔다."라고 하여, 치세와 난세의 정치의 득실을 거울삼을 수 있게 하고 사리에 널리 통하며 두터운 人情을 지닐 수 있게 함으로써 인륜의 道를 알게 하고 풍속을 美風良俗으로 바꾸어 갈 수 있게 하며, 따라서 마침내 修齊治平之道를 알 수 있게 한다는 취지에서 『詩經』詩의 전체적인 의의와 효용성을 설명한 것과 뜻이 상통한다. 그리고 「毛詩序」의 다섯째 단락에서 "美色으로 인하여 넘치지 않는다.", "선한 마음을 상하게 함이 없다."고 하여 『詩經』, 「關雎」章의 표현이 예의에 그칠 줄 아는 데서 나온 것임을 설명한 뜻과도 관련성이 깊다.

退溪의 「陶山十二曲跋」에서는, 음란하거나 방탕하고 외설된 내용의 노래들을 배격하였으며, 두터운 人情을 지닐 수 있게 하고 인륜의 道를 알 수 있게 하는 溫柔敦厚한 내용의 노래를 귀하게 여겼다. 그리고 栗谷의 「精言妙選序」에서는, 『詩經』詩 이래 세대가 점차 내려오면서 風氣가 점점 어지러워져서 性情의 바른 데에 근본을 두지 못하고서 혹은 文飾을 빌려서 남의 눈을 기쁘게 하는 데 힘쓴 시가 많은 것을 개탄하였으며, 「精言妙選總敍」에서, 원망하면서도 도리에 어긋나지 않고(怨而不悖) 슬퍼하면서도 마음을 상하게 하지 않는(哀而不傷) 내용의 시들을 높이 평가하였다.

퇴계와 율곡의 그와 같은 시가관이, 위의 「詩集傳序」에서 『詩經』詩의 학습 방법을 가르쳐 준 朱子의 대답에 나타난 뜻과 상통하는 점이 있다. 朱子가, 『詩經』詩의 학습을 통하여 자기 몸을 바로잡아 규모를 키우고, 자기 몸을 화평하게 하여 예의에 그칠 줄 알도록 자기 자신의 몸을 단단히 조일 수 있어야 하며, 性情의 은미한 곳을 살펴보고 언행의 시작을 살펴보아 修齊治平之道를 터득할 수 있도록 해야 한다는 가르침을 내린 것이, 바로 퇴계와 율곡의 그와 같은 시가관과 뜻이 상통한다고 하겠다.

3) 그 밖의 유가 문학론

여기서는 역대 儒家의 문학관 또는 시가관을 잘 살펴볼 수 있게 하는 『禮記』·『論語』 등 유교 經書의 기록에 나타난 문학론 그리고 程子·朱子와 같은 유학자들의 문학론이 退溪의 「陶山十二曲跋」과 栗谷의 「精言妙選序」에 어떠한 영향을 끼치고 어떻게 계승되었는가를 살펴보고자 한다.

퇴계와 율곡은 물론이요 역대의 儒學者들은, 『詩經』·『禮記』·『論語』 등 유교 經書에 나타난 문학관에서 많은 영향을 받았다. 그런데 그 구체적인 영향 관계를 일일이 대조하여 논의한다는 것은 쉬운 일이 아니다. 하지만 몇몇 중요한 經書의 기록을 살펴보고 퇴계·율곡과 같은 후대의 철저한 儒學者들에게 영향을 준 문학관 또는 시가관을 검증하는 일이 필요하다.

『禮記』의 「樂記」篇에 나타난 시가관은 퇴계·율곡과 같은 儒學者들에게 특히 많은 영향을 준 것으로 판단된다. 따라서 그 『禮記』, 「樂記」篇의 기록 중 중요한 몇 단락을 예로 들자면 다음과 같다.

> 凡音者, 生人心者也. 情動於中, 故形於聲, 聲成文, 謂之音, 是故治世之音, 安以樂, 其政和, 亂世之音, 怨以怒, 其政乖, 亡國之音, 哀以思, 其民困, 聲音之道, 與政通矣.
>
> 무릇 音이라는 것은 사람의 마음에서 생겨나는 것이다. 情이 마음속에서 움직여지니, 그러므로 소리에 나타나게 된다. 소리가 文(文采)을 이루는 것(音響節奏를 갖추는 것)을 일러 音이라고 한다. 그런 까닭에 치세의 音은 편하면서 즐거우니 그 정치가 화평한 까닭이요, 난세의 音은 원망하면서 노여워하니 그 정치가 어그러진 까닭이며, 亡國의 音은 애처로우면서도 생각에 잠기게 하니 그

백성이 곤궁한 까닭이다. 이처럼 聲音의 道는 정치와 통하는 것이다.[21]

凡音者, 生於人心者也, 樂者, 通倫理者也. 是故知聲而不知音者, 禽獸是也, 知音而不知樂者, 衆庶是也, 唯君子, 爲能知樂, 是故審聲以知音, 審音以知樂, 審樂以知政, 而治道備矣. 是故不知聲者, 不可與言音, 不知音者, 不可與言樂, 知樂, 則幾於禮矣, 禮樂皆得, 謂之有德.

무릇 音이라는 것은 사람의 마음에서 생겨나는 것이요, 악樂은 윤리에 통하는 것이다. 그런 까닭에 소리(聲)를 알면서도 音을 알지 못하는 것은 禽獸가 바로 그것이요, 音을 알면서도 樂을 알지 못하는 것은 뭇 庶民이 바로 그것이며, 오직 군자라야 능히 樂을 알 수 있으니, 그런 까닭에 소리(聲)를 살펴서 音을 알게 되고 音을 살펴서 樂을 알게 되며 樂을 살펴서 정치를 알게 된다면, 다스리는 道가 갖추어지는 것이다. 그런 까닭에 소리(聲)를 알지 못하는 자와는 더불어 音을 말할 수 없으며 音을 알지 못하는 자와는 더불어 樂을 말할 수 없으니, 樂을 알게 되면 禮에 가까워지는 것이다. 禮와 樂이 모두 얻어지는 것을 일러 '德이 있다' 고 하는 것이다.[22]

樂者, 所以象德也, 禮者, 所以綴淫也. 是故先王有大事, 必有禮以哀之, 有大福, 必有禮以樂之, 哀樂之分, 皆以禮終, 樂也者, 聖人之所樂也, 而可以善民心, 其感人深, 其移風易俗, 故先王著其教焉.

악樂은 德을 본뜨는 것이요, 禮는 넘치는 것(淫)을 막는 것이다. 그런 까닭에 先王은 大事가 있으면 반드시 禮를 두어서 슬퍼했으며, 大福이 있으면 반드시 禮를 두어서 즐거워했으니, 슬퍼함과 즐거워함의 분수가 모두 禮로써 마쳐졌으니, 樂이라는 것은 聖人이 즐기던 바인지라, 그로써 백성들의 마음(民心)을 착하게 했으니, (그) 사람을 감동시킴이 깊어서 풍속을 (美風良俗으로) 바꾸었다. 그러므로 先王이 그 교화를 밝게 드러낼 수 있었다.[23]

위의 기록 외에도 『禮記』의 「樂記」篇에는 음악이나 시가에 관한 중요한

---

21 『禮記』 卷第十九, 「樂記」篇 참조.

22 위와 같음.

23 위와 같음.

기록이 무척 많다. 그 많은 기록에 나타난 시가관이 退溪·栗谷 등 후대의 儒學者들에게 많은 영향을 주었으리라는 것은 논란의 여지가 없을 것이다. 『禮記』의 「樂記」에서 인용한 위의 세 단락에 나타난 시가관으로써도 그 『禮記』의 「樂記」에 나타난 시가관이 퇴계의 「陶山十二曲跋」과 율곡의 「精言妙選序」 등 퇴계·율곡의 시가론에 끼친 영향을 족히 확인할 수 있다.

『禮記』의 「樂記」篇에서 인용한 위의 첫째 단락의 내용은, 앞에서 논의한 「毛詩序」의 셋째 단락의 내용과 거의 일치하는 것이며, 그 「毛詩序」 둘째 단락과 셋째 단락의 내용을 합친 것과 크게 다르지 않다. 그리고 앞에서 논의한 「詩集傳序」에서의 문답 중 朱子의 첫번째 대답의 내용과 관계가 깊다. 위의 첫째 단락에서는, '音'이 사람의 마음에서 생겨나는 것이며 情이 마음속에서 움직여져서 소리로 나타난다고 하였는데, 퇴계의 「陶山十二曲跋」에서 性情에 감동되는 것이 있으면 매양 시로 표현해내고는 한다고 한 것이나, 율곡의 「精言妙選序」에서 시는 性情에 바탕을 두는 것이라고 하고 性情을 읊는 것이라고 한 것 등이 「樂記」에서 인용한 위의 첫 단락 앞부분의 이론과 같은 시가관을 보여 주는 것이라고 하겠다. 그리고 위의 첫 단락에서 '治世之音'과 '亂世之音' 등을 논한 부분은 특히 「毛詩序」의 셋째 단락과 거의 일치하는 내용을 보여 준 것이라고 하겠는데, 위에서 「毛詩序」의 이론과 퇴계·율곡의 이론에 나타난 시가관의 영향 관계를 이미 논의한 바 있으므로, 여기서는 그 부분의 내용에 대해서는 다시 논의하지 않기로 한다.

『禮記』의 「樂記」篇에서 인용한 위의 둘째 단락의 내용은, 앞에서 논의한 「詩集傳序」에서의 문답 중 朱子의 두번째와 세번째 대답의 내용과도 깊은 관계가 있으며, 퇴계가 「陶山十二曲跋」에서 音律을 알지 못하는 것을 스스로 염려하거나 겸손해하고, 「書漁父歌後」에서 '그만한 사람(其人)' 곧 '군자'라야 '音'을 알 수 있고 나아가서 '樂'을 알 수 있다고 한 것과도 같은 관점의 시가관을 보여 준 것이라고 하겠다. 그리고 또한 율곡이 「精言

妙選序」에서 性情의 바른 데에 바탕을 두지 못한 채 혹은 文飾을 빌려서 남의 눈을 기쁘게 하는 데 힘쓴 시들을 배격하고 후대의 학자들이 참된 시의 길을 찾지 못하게 될까 근심한 것이나, 「精言妙選總敍」의 「元字集序」에서 꾸미는 것을 일삼지 않고 자연스런 가운데 깊고도 오묘한 취미가 있는 시들을 높이 평가하고 그 古調 古意를 아는 이가 적다고 한탄한 것과도 상통하는 시가관을 보여 준 것이라고 하겠다.

『禮記』의 「樂記」篇에서 인용한 위의 셋째 단락의 내용은, 「毛詩序」의 첫째 · 넷째 · 다섯째 단락의 내용을 정리한 것과 크게 다르지 않다. 그리고 「毛詩序」의 다섯째 단락에서 '不淫其色'과 '無傷善之心'을 말한 구절이나 「詩集傳序」에서의 문답 중 朱子의 세번째 대답에서 '樂而不過於淫'과 '哀而不及於傷'을 말한 구절과 관련이 깊다. 따라서 「毛詩序」 · 「詩集傳序」의 이론에 나타난 시가관과 退溪 · 栗谷의 시가관의 영향 관계를 앞에서 이미 논의한 바 있으므로, 여기서는 위의 셋째 단락의 내용과 퇴계 · 율곡의 시가론의 관련성을 더 이상 구체적으로 논의하는 일은 생략하기로 한다.

『禮記』, 「經解」篇의 孔子 말씀 "入其國, 其教可知也, 其爲人也, 溫柔敦厚, 詩教也.(그 나라에 들어가 보면 그 교화된 정도를 가히 알 만하니, 그 사람됨이 溫柔敦厚한 것은 시로써 교화된 까닭이다.)"[24]라는 구절에 담긴 뜻이 후대에 시나 시가를 짓는 문제와 관련하여 엄정한 교훈으로 받들어져 왔다는 것은 재론의 여지가 없다. 위에서도 논의했듯이 그것은, 퇴계가 「陶山十二曲跋」에서 그리 심하게 혹평하지는 않고 오히려 그것을 모방하여 〈陶山十二曲〉을 짓는다고 한 李鼈의 〈六歌〉에 대해서도 溫柔敦厚한 실속이 적은 것을 애석하게 여긴 것이라든가, 율곡이 「精言妙選序」에서 『詩經』詩의 내용이 優柔忠厚한 것을 예찬하고 그와 같은 전통을 잘 계승한 후대의 시들을 아름답게 여긴 것으로써도 확인할 수 있으며, 「毛詩序」와 「詩集傳序」

24 註 4와 같음.

의 내용을 통해서도 충분히 확인할 수 있다.

宋初의 유학자 주렴계周濂溪(周敦頤)는, 「文辭」라는 글에서 "文所以載道也.(글은 道를 싣는 것이다.)"라고 하고, 그 글의 끝 부분에서 "不知務道德, 而第以文辭爲能者, 藝焉而已, 噫, 弊也久矣.(도덕에 힘쓸 줄을 모르고서 다만 文辭로써 능사를 삼는 자는 藝에 그칠 따름이니, 슬프도다, 폐단이 오래되었도다.)"[25]라고 하였다. 周濂溪의 글 「文辭」는, 세상에 道를 밝히고 세상을 교화해 나가는 데 있어서 문학을 포함하는 모든 문장의 필요성과 문장에서의 문예의 필요성을 인정하면서도 세상에 道를 밝히는 데 힘쓸 줄 모르고서 지나치게 문예에만 치중하는 文風을 바로잡기 위해서 문장의 기본적인 요건으로서의 道를 논한 글이라고 생각된다. 周濂溪의 그와 같은 이론에 나타난 문학관은, 특히 위에서 논의한 栗谷의 「精言妙選序」와 「精言妙選總敍」에 나타난 시가관을 통해서 충분히 그 공통점을 검증할 수 있으며, 退溪의 경우 "工文藝, 非儒也.(문예에 공교로운 사람은 선비가 아니다.)"[26]라고 한 『退溪先生言行錄』의 「論科擧之弊」의 기록 등을 통해서 또한 그 공통점을 검증할 수 있다.

宋代에 程子는, 『伊川先生語錄』을 참고하자면, 或者가 글 짓는 문제를 물은 데 대하여 답하면서 "古之學者, 惟務養情性, 其他則不學, 今爲文者, 專務章句, 悅人耳目, 旣務悅人, 非俳優而何.(옛날의 학자들은 오직 性情을 기르는 데 힘쓰고 그 밖의 것은 배우지 않았는데, 오늘날의 글 짓는 사람들은 오로지 章句에만 힘써서 남의 이목을 즐겁게 하려고만 하니, 이미 남을 즐겁게 하는 데 힘쓴다면 俳優가 아니고 무엇이겠는가?)"[27]라고 하였다. 이는, 학자가 모름지기 性情을 기르는 데 힘써야 옛날의 학자들처럼 참된 선비가 될 수 있다는 뜻과, 글 짓는 목적이 세상에 의리를 밝히는 데 있지 않고 남의 이목을 즐겁

25 周敦頤, 『周子全書』 卷十, 進呈本 『通書』 四, 「文辭」 참조.
26 『退溪先生言行錄』 卷之五, 「論科擧之弊」 참조.
27 『二程全書』, 『伊川先生語錄』 卷十八 참조.

게 하려는 데 있다면 그것은 벌써 참된 선비로서 취할 태도가 되지 못하는 것이라는 뜻의 가르침을 주고, 세상의 글 짓는 사람들이 문예의 겉꾸밈에 지나치게 치중하는 것을 경계하자는 취지에서 나온 말씀이다. 程子의 이와 같은 문학관은 앞에서 논의한 周濂溪의 「文辭」에 나타난 문학관과 상통하는 것이며, 退溪와 栗谷의 문학론 또는 시가론을 통해서도 얼마든지 그 공통점을 검증할 수 있다. 퇴계가 性情을 기르는 데 힘쓰면서 性情에 느껴지는 것이 있으면 자연스럽게 시로 표현해내되 溫柔敦厚한 실속을 중히 여기며 방탕하고 외설된 내용의 시가를 마땅치 않게 여긴 것이라든가, 율곡이 「精言妙選序」에서 性情의 바른 데에 바탕을 두지 못한 채 文飾을 빌려서 남의 눈을 기쁘게 하는 데 힘쓴 자들의 시를 배격한 것 등이, 모두 그와 같은 문학관 또는 시가관을 드러낸 것이라고 하겠다. 그리고 그와 같은 문학관을 드러낸 문학론은, 퇴계의 언행록이나 율곡의 「文策」·「文武策」 등에 담긴 문학론의 도처에서 확인된다.

앞에서도 논의했듯이 『論語』, 「述而」篇의 註에 朱子가 "시로써 性情을 다스린다."[28]라고 한 구절이 있다. 예로부터 참된 선비들은 평소에 일체의 학문을 통하여 참된 性情을 기르는 데 힘썼으며, 따라서 『詩經』詩와 같은 참된 시를 읽고 듣고 노래하거나 또는 스스로 시를 짓고 남의 시를 감상하거나 하면서 시를 통하여 참된 性情을 기르는 데 힘썼다. 앞에서도 논의했듯이 『論語』, 「爲政」篇의 朱子 註에 "무릇 시(『詩經』詩)의 말이 착한 것을 말한 것은 사람의 착한 마음을 느껴서 펴나게 하고, 악한 것을 말한 것은 사람의 안일한 뜻을 징계할 수 있으니, 그 쓰임이 사람들로 하여금 性情의 바름을 얻게 하는 데 귀결되었을 따름이다."[29]라고 하였는데, 그 또한 『詩經』詩와 같은 참된 시가 사람의 착한 마음을 감발하고(感發人之善心) 사람의 안일한 뜻을 징계하게(懲創人之逸志) 함으로써 바른 性情을 지닐 수 있

28 註 9와 같음.
29 註 19와 같음.

게 한다는 의미에서, 『詩經』詩의 효용성을 밝히면서 동시에 학문과 學詩의 중요성이 바른 性情을 기르는 데 있음을 밝힌 것이라고 하겠다. 『論語』, 「述而」篇이나 「爲政」篇의 朱子의 註에 나타난 그와 같은 문학관이 또한 退溪의 「陶山十二曲跋」이나 栗谷의 「精言妙選序」 등에 나타난 시가관과 상통하는 것이다.

이와 같이 선대의 참된 선비들은, 학문을 해 나가되 바른 性情을 기르는 것을 목표로 하였으며, 시나 시가를 짓고 배우는 데 있어서도 참된 性情을 바탕으로 하여 두터운 人情을 드러내는 것을 바람직하게 여겼다. 그리고 참된 시나 시가를 배워 사물의 이치에 널리 통함으로써 經世致用에도 도움될 수 있기를 바랐다.[30]

4. 결론

본고는 조선 중기의 철저한 유학자 退溪 李滉 선생의 「陶山十二曲跋」과 栗谷 李珥 선생의 「精言妙選序」 등의 시가론에 나타난 시가관을 고찰한 것이다. 그런데 본고에서는 단순히 그와 같은 퇴계·율곡의 시가론만을 자료로 해서 퇴계·율곡의 시가관을 고찰하지 않고, 중국 古代의 「毛詩序」와 그로부터 宋代 朱子의 「詩集傳序」를 거쳐서 이어진 儒家의 전통적인 시가관과 그 밖의 역대 儒家의 문학론에 나타난 전통적인 문학관 또는 시가관을 아울러 살펴봄으로써 퇴계·율곡의 시가관을 보다 잘 이해하고자 하였다. 그리하여 「毛詩序」와 「詩集傳序」 그리고 그 밖의 몇몇 역대 儒家의 문학론을 아울러 고찰하면서 그와 같은 시가론 또는 문학론이 퇴계·율곡의 시가관에 끼친 영향을 함께 고찰하고자 하였다. 퇴계의 시가론에 대하여는 「陶山十二曲跋」을 중심으로 하여 「서어보가후書漁父歌後」를 아울

30 註 20 참조.

러 고찰하였고, 율곡의 시가론에 대하여는 「精言妙選序」 외에 『精言妙選』 8冊을 편찬할 때 함께 지은 「精言妙選總敍」를 아울러 고찰하였다.

「陶山十二曲跋」은 퇴계 선생이 65세(1565년)에 時調 「陶山十二曲」을 짓고 나서 그 창작 동기를 밝힌 글이며, 「精言妙選序」는 율곡 선생이 38세(1573년)에 『詩經』詩 이후 고대의 시로부터 宋代 程明道(程顥) 선생의 시에 이르기까지 중국 역대의 漢詩 중 알차고도 본받을 만한 시들을 詩體別로 가려 뽑아 詩選集 『精言妙選』을 편찬하고 나서 그 편찬 동기를 밝힌 글이다. 「精言妙選總敍」에는 『精言妙選』 중 『元字集』으로부터 『禮字集』에 이르기까지 7冊에 대한 序文만 전해지는데, 그것은 각각 冊別로 『精言妙選』의 구체적인 撰集 의도를 밝힌 것이다. 그리고 「毛詩序」는 孔子의 제자 子夏가 지었다고 하는 「詩經代序」의 뜻을 이어받아 漢初의 毛萇이 지은 글로 판단되며, 「詩集傳序」는 南宋·孝宗 때 朱子가 『詩經』에 대한 傳(傳注)을 지어 『詩經傳』을 편집하면서 지은 글이다.

退溪는 「陶山十二曲跋」에서 시가에 있어서의 '溫柔敦厚'한 실속을 중히 여겼다. 그와 같은 시가관은 『禮記』, 「經解」篇의 孔子 말씀의 가르침에 연원을 둔 것이다. 따라서 퇴계는, 한때의 지식인임을 자처하던 자들이 방탕하며 외설되고 거만하며 친압하는 내용을 보인 〈翰林別曲〉을 지은 것을 선비정신의 측면에서 차마 용납하기 어려운 것으로 비판하였다. 그리고 그보다는 낫다고 할 鮮初 李鼈의 〈六歌〉에 대해서도 '玩世不恭之意'가 있고 '溫柔敦厚'한 실속이 적은 것이 애석하다고 논평하였다. 그런데 다만 李鼈의 〈六歌〉에 대한 퇴계의 비판을 문제삼자면, 한편으로는 그 논평이 충분히 수긍할 만한 논평이라 생각되면서도, 한편으로는 死六臣이 화를 당한 이후에 그 노래가 작자 자신의 처지와 세상을 보는 비분강개한 젊은 혈기에서 나온 것인 까닭에 그와 같은 평을 듣게 되었던 것으로 이해될 수 있는 점이 없지 않다.

퇴계는 우리 나라 사람들이 생활 가운데서 우러나는 情緒를 자연스럽게 노래하는 데에는 시조·가사 등 우리말 노래 곧 '俚語'로 된 노래가 적합하다는 것을 절감했던 것으로 보인다. 그런데 우리 나라 사람들에게는 우리말 노래가 자연스럽고도 편하다는 그와 같은 시가관은, 제 정신을 가졌던 학자와 선비라면 선대의 학자와 선비들이 모두 충분히 인지하고 있었기에, 退溪·栗谷·松江 등 많은 학자와 선비가 현전하는 수천 首의 시조와 수많은 가사를 짓게 되었던 것이다. 그러기에 그와 같은 생각을 나타낸 문학론이 沈守慶의 『遣閑雜錄』, 申欽의 『象村集』, 金萬重의 『西浦漫筆』, 洪萬宗의 『旬五志』 등에도 표명되었던 것이다.

퇴계가 性情에 감동되는 것이 있으면 매양 시로 표현해내고는 한다고 한 것으로 보자면, 퇴계는 시 또는 시가가 性情을 노래하거나 性情에서 우러나는 것이므로, 性情의 바른 데서 우러나서 그 溫柔敦厚한 실속을 지닌 시 또는 시가라야 독자나 聽者에게 감동을 줌으로써 독자나 聽者가 또한 바른 性情을 지니게 할 수 있는 참된 시 또는 참된 시가가 될 수 있다고 생각한 것으로 여겨진다. 그리하여 퇴계는, 歌唱者나 聽者가 비루하고 인색한 마음을 씻어내고 感發 融通되게 함으로써 性情을 순화할 수 있도록 하자는 데 시가를 짓는 목적을 두었다. 그와 같은 시가관은, 『禮記』의 「樂記」는 물론이요 「毛詩序」와 「詩集傳序」 그리고 『伊川先生語錄』에 기록된 程子의 말씀이나 『論語』의 集註에 기록된 程子와 朱子의 주석 등에서도 찾아볼 수 있으며, 율곡의 「精言妙選序」에도 나타나는 등, 역대 유학자들의 전통적인 시가관이 되어 왔다.

퇴계의 「陶山十二曲跋」에는 특히 노래를 짓는 작자로서의 신중한 태도와 선비로서의 겸양지덕謙讓之德이 나타나 있다. 따라서 퇴계는 그 글에서 스스로 짓는 노래가 曲調에 들고 음절에 맞을는지 알 수 없다는 謙辭를 잊지 않았다. 그리고 퇴계는 「서어보가후書漁父歌後」에서, 세속 사람들이 歌詞의 내용이 외설되거나 음란한 〈霜花店〉 등의 노래 듣기를 좋아하고 〈어보가漁父歌〉와 같은 노래 듣기를 권태롭게 여기는 음악적 현실을 염려하면서 음악에 대한 時俗의 그릇된 인식을 개탄하였다. 그리고 도리를 아는 그만한 사람 곧 군자가 아니면 음악을 제대로 알 수 없다는 뜻을 표명하여, 음악의 바람직한 방향을 제시하고자 하였다.

退溪의 그와 같은 시가관은, 바른 性情을 노래하여 禮義에 어긋나지 않으며, 따라서 따뜻하고 부드러운 성품과 두터운 人情을 지니게 함으로써 인륜의 道를 알게 하는 시 또는 시가를 지을 수 있어야 한다는 뜻을 나타낸 것이다. 그것은 또한, 음악이 치세와 난세 등 그 시대의 정치와 풍속을 반영하는 것이기에, 풍속이 바로잡혀야 음악이 바로잡히고 음악이 바로잡혀야 풍속이 바로잡히며 정치와 음악이 불가분의 관계가 있다는 뜻을 나타낸 것으로, 그와 같은 시가관은 「毛詩序」와 『禮記』의 「樂記」篇 그리고 朱子의 「詩集傳序」와 그 밖의 周濂溪 · 程子 · 朱子의 이론, 栗谷의 「精言妙選序」 등의 이론에서도 찾아볼 수 있는, 역대 유학자들에 의해서 전통적으로 계승된 시가관이라고 하겠다.

栗谷은 「精言妙選序」에서 詩選集 『精言妙選』의 편찬 동기를 밝혔는데, 후대의 학자들로 하여금 性情의 바른 데에 바탕을 두고 지어진 참된 시들을, 그보다 참되지 못한 다른 시들과 구별하여 본받을 수 있도록 하기 위해서, 그 詩選集을 편찬하게 되었다고 하였다. 그런데 그 책의 편찬 의도는 그 책의 이름 가운데에도 대강 나타나 있다. 「精言妙選序」의 첫 구절로써 알 수 있듯이, 율곡이 편찬한 그 책의 이름 가운데 있는 '精言'이라는 말은 '말 가운데서도 알찬 것' 곧 '시'를 뜻하는 말이다.

율곡은 「精言妙選序」에서, 시는 性情에 근본을 두고서 지어지는 것으로, 거짓됨이 없어야 참된 시가 될 수 있다고 하였다. 따라서 참된 시는 性情의 바른 데에 바탕을 두고 지어져서 人情을 曲盡하게 나타내며, 그 시의 작자가 사물의 이치(物理)에 널리 통하여 그 시를 읽고 노래하는 사람으로 하여금 또한 사물의 이치에 널리 통할 수 있게 한다고 하고, '優柔忠厚'한 내용을 담은 『詩經』詩 3백 篇이 그와 같은 참된 시의 근원(本源)이라고 하였다. 율곡이 그 「精言妙選序」에서 말한 '優柔忠厚'는 "여유 있는 깊은 생각과 부드러운 성품을 드러내고 진실된 마음과 두터운 人情을 보여 준다"는 뜻에서 퇴계가 「陶山十二曲跋」에서 "성품이 따뜻하고 부드러우며 人情이 두텁고 두텁다"는 뜻으로 말한 '溫柔敦厚'와 의미가 상통하는 것이다.

율곡은 「精言妙選序」에서, 후대로 내려오면서 인심이 淳厚하지 못하고, 따라서 세상 사람들과 시인들의 風氣가 점점 어지러워져서, 시인들이 시를 지어 표현해낸 것 또한 능히 모두 다 性情의 바른 데에 바탕을 두지는 못하였으므로, 그 후대의 시들 가운데에는 간혹 겉꾸밈을 일삼아 남의 눈을 기쁘게 하는 데 힘쓴 것이 많은 것을 한탄하고, 시는 性情을 다스릴 수 있는 것으로 存心省察에 도움되는 것이니, 아로새기고 수놓고 하여 방탕한 마음에 情을 옮겨서 지을 것은 아니라고 하였다.

그리고 율곡은 「精言妙選總敍」에서, 시의 품격으로 '沖澹蕭散'·'閒美清適'·'清新灑落'·'用意精深'·'情深意遠'·'格詞淸健'·'精工妙麗'와 같은 品格들을 중히 여겼다. 어진 사람처럼 생각이 깊으면서도 맑고 깨끗하여 담박한 맛을 느끼게 하며, 雕琢의 꾸밈이 없이 자연스러우면서도 촉급하지 않은 聲音을 들려주는 가운데 聲律에도 들어맞는 '沖澹蕭散'한 품격의 시를 특히 높이 평가하였다. 그리고 조용한 가운데 道를 터득하여 心氣를 화평하게 하며 권세와 이익을 멀리하게 하는 시, 독자의 정신과 영혼을 맑게 하는 脫俗의 경지를 보여 주는 시, 句語가 단련되고 格度가 엄정하여 그 은미한 뜻이 독자의 의사를 천근하게 하지 않는 시, 작자의 情이 깊고 생각이 원대하며 원망하는 뜻을 나타내되 도리에 어긋나지 않고(怨而不悖) 슬퍼하는 뜻을 나타내되 마음을 상하게 하지 않는(哀而不傷) 시, 품격과 詞語가 맑고 굳세어 심원한 맛을 느끼게 하고 사람의 氣象과 정신을 북돋우어 주는 시, 알차고 공교롭고 오묘하고 고운 품격을 보여 주되 지나치게 꾸며서 요염한 데 흐르지 않는 시를 높이 평가하였다.

性情의 바른 데 바탕을 두고 지어져서 두터운 人情을 곡진하게 드러내는 거짓 없는 자연스런 시와, 심원한 뜻을 나타내어 心氣를 화평하게 하고 정신과 영혼을 북돋우어 주되 도리에 어긋나지 않으며 겉꾸밈을 일삼아 남의 이목을 즐겁게 하는 데 힘쓰지 않는 시를 귀하게 여긴 율곡의 그와 같은 시가관 또한, 『禮記』의 「樂記」와 「毛詩序」·「詩集傳序」, 그리고 周濂溪의 이론과 『伊川先生語錄』에 기록된 程子의 말씀, 『論語』의 集註에 기록된 程子와 朱子의 주석 등에서도 찾아볼 수 있으며, 퇴계의 「陶山十二曲跋」 등의 이론에서도 찾아볼 수 있는 것으로, 역대 유학자들에 의해서 전통적으로 계승된 시가관이라고 하겠다.

『禮記』의 「樂記」와 「毛詩序」·「詩集傳序」, 『伊川先生語錄』의 程子 말씀, 『論語』의 集註에 기록된 程子와 朱子의 주석 등에서 모두, 시나 시가가 性情에 바탕을 두는 것으로 바른 性情을 노래하여 性情을 다스리는 데 도움되는 것이라야 참된 시나 시가가 될 수 있다는 뜻을 밝혔는데, 그와 같은 시가관이 退溪와 栗谷의 시가론에 그대로 계승되었다. 그리고 「毛詩序」와 「詩集傳序」에서 『詩經』詩가 바른 性情을 노래하면서도 禮義에 그친 것을 '不淫其色'·'無傷善之心'·'樂而不過於淫'·'哀而不及於傷' 등의 評語로써 예찬하고, 그 『詩經』詩가 백성들로 하여금 두터운 人情을 지닐 수 있도록 하여 인륜의 道를 알게 하고 따라서 民風을 교화해 나가는 데 도움된다는 뜻을 밝혔다. 그것은, 『禮記』의 「樂記」에서 聲音의 道를 말하고 슬퍼하거나 즐거워함의 분수가 예로써 마쳐지는, 음악에 나타나는 덕을 말한 것과 상통하는 시가관을 보여 준 것이며, 퇴계와 율곡이 溫柔敦厚하고 優柔忠厚한 실속을 중히 여기면서 시와 시가의 참된 방향을 제시하고자 한 것과도 상통하는 시가관을 보여 준 것이라고 하겠다.

그와 같이 선대의 참된 선비들은 학문을 해 나가되 바른 性情을 기르는 것을 목표로 하였으며, 시나 시가를 짓고 배우는 데 있어서도 참된 性情을 바탕으로 하여 두터운 人情을 드러내는 것을 바람직하게 여겼다. 그리고 또한 참된 시나 시가를 배워 사물의 이치에 널리 통달함으로써 經世致用

에도 도움될 수 있기를 바랐다. 그와 같은 문학관 또는 시가관은, 孔子 이래 儒家에서 역대의 유학자들에 의해 끊임없이 계승된 전통적인 문학관이며 시가관이라고 하겠다.

필자는 본고에서, 退溪의 「陶山十二曲跋」과 栗谷의 「精言妙選序」를 중심으로 하여 퇴계와 율곡의 시가관을 고찰하되, 「毛詩序」·「詩集傳序」 그리고 그 밖의 역대 儒家의 문학론과의 영향 관계를 아울러 살펴보고자 하였다. 그러나 이제 그 자료들을 세세히 검토하여 더욱 치밀하게 논의하지 못한 것을 필자 스스로 반성하지 않을 수 없다. 따라서 필자는, 그와 같은 문제점을 보다 면밀하게 검토하여 한층 고답적인 관점에서 해결하는 연구가 학계에서 행해질 것을 기대한다.

大家의 詩法

1. 서론

본고는, 중국과 한국 등 동양에서 전통적으로 선비 또는 학자들이 시인으로서의 大家가 되기 위하여 어떤 삶과 학문 그리고 시적 자세를 견지하였으며 大家로서의 詩法을 터득하기 위하여 어떤 노력을 기울였는가를 논의함으로써 大家의 要件과 '탁련사격琢鍊四格'에 관련된 大家의 詩法에 대하여 고찰하고, 陶淵明·杜甫와 李齊賢·申緯 등 역대에 중국과 한국에서 大家로 일컬어져 온 몇몇 주목되는 시인들의 경우에 그 大家의 요건과 詩法이 시 창작을 통해서 어떻게 실천적으로 구현되었는가를 고찰하고자 하는 것이다.

중국과 한국 등 동양에서 역대의 참된 선비들은, 좋은 문장과 좋은 詩篇을 남김으로써 '입언수후立言垂後'하는 것보다는 실천적인 참된 삶과 학문적 자세로써 세상에 도덕을 세우고 밝히는 '立德'을 가장 높고 귀하게 여겼으며, 다음으로는 세상에 功이 될 만한 사업을 행함으로써 功을 세우는 '立功'을 높고 귀하게 여겼나. 따라시 참된 선비들은, 그와 같은 뜻을 지니고서 실천적 삶을 영위하며 문장을 짓고 시를 창작하였기에, 시인으로서도 大家가 될 수 있었던 것이다. 시를 짓는 데에는 참된 고상한 '뜻(意)'을 나타내는 것을 소중히 여겼으며, 참된 고상한 뜻을 나타내기 위해서 평소에 '意'와 '氣'를 단련鍛鍊하는 등 끊임없이 '연탁鍊琢의 工'을 기울였다.

이에 필자는 본고에서, 위에 예를 든 몇몇 탁월한 시인들이 세상에 도덕을 밝히는 등 평소에 어떤 자세로 학문과 시 작품의 창작에 임하여 작가로서의 참된 역량을 발휘할 수 있었는가, 그리고 시의 중요한 본질적 요소에 해당하는 '意'와 '氣'를 단련하는 등 '鍊琢의 工'을 얼마나 중요시하고 그 참된 고상한 뜻을 나타내는 詩法을 어떻게 실천적으로 보여 주었는가를 살펴보고자 한다.

필자의 이와 같은 논의가 장차 한문학 분야의 연구에서 漢詩의 이론 및 漢詩 작가에 관한 더욱 실질적이고도 본격적인 창작론 연구 또는 漢詩 작가의 작법 연구에 一助할 수 있기를 기대한다.

2. 大家의 要件과 詩法

필자는 여기서 우선 중국과 한국 등 동양에서 역대에 선비들로 하여금 시인으로서 大家가 될 수 있도록 하는 참된 시인의 기본 요건은 무엇이었는가를 살펴보고자 한다.

동양에서 전통적으로 참된 선비들은, 세상에 도덕을 밝히는 '義理之學'을 숭상해 왔다. 『春秋左傳』에 '삼불후三不朽(세가지 썩지 않는 것)'라는 말이 있는데, 도덕을 세우고 공을 세우고 말다운 말 글다운 글을 남김으로써 '立德'·'立功'·'立言'하는 것을 '三不朽'라고 한 것이다.[1] 그런데 참된 선비들은 그 '三不朽'의 세가지 중에서도 특히 '立德'을 가장 높고 위대한

1 『春秋左傳』, '襄公', 「二十四年」條 참조.

것으로 여겼다.

조선 중기에 栗谷은 「文策」이라는 글에서 "士之上者, 有志於道德, 其次, 志乎事業, 其次, 志乎文章, 最下者, 志乎富貴而已, 科擧之徒, 則志乎富貴者也.〔선비 중에 가장 높은 자는 도덕에 뜻을 두며, 그 다음은 사업(국가나 사회에 공이 되는 사업)에 뜻을 두고, 그 다음은 문장에 뜻을 두며, 가장 낮은 자는 부귀에 뜻을 둘 따름이니, 과거에 매달리는 무리(科擧之徒)는 부귀에 뜻을 두는 자들입니다.〕"[2]라고 하였다. 이것이 바로, 역대의 참된 선비들이 전통적으로 그 『春秋左傳』의 '三不朽'를 삶의 소중한 지침으로 삼아 왔음을 말해 주는 대목이라고 하겠다.

참된 선비들은, 비록 功을 세운다고 해도 사사로운 공은 '이익'에 해당되기 때문에 기본적으로 '功利'를 배격해 왔다. 功利를 앞세워 패도정치霸道政治의 습속이 남아 있던 齊 나라의 道가 아직 周公의 法制가 남아 있던 魯 나라의 道에 미치지 못하는 것으로 본 『論語』, 「雍也」篇의 孔子 말씀과 그 말씀에 대한 朱子의 주석을 살펴보면, 동양에서는 역대에 참된 선비들이 기본적으로 功利를 배격해 온 까닭을 알 수 있다.[3] 따라서 역대의 참된 선비들에게, 孔·孟의 경우와 같이 '立言'이 '立德'으로서도 최고의 경지가 된 경우가 아니고서야, 詩文을 잘 지음으로써 '立言'하는 것은 그다지 대단한 일로 여겨지지 않았다.

그렇다면 이제, 역대의 참된 선비들이 시를 짓되 세상에 道를 밝힐 수 있

2 李珥, 『栗谷全書』, 拾遺, 卷之六, 雜著, 「文策」 참조.

3 『論語』, 「雍也」篇, '一變'章 및 그에 대한 朱子의 註 참조. 종래에 문학 또는 문학론 연구에서 연구자들은 흔히 유교 또는 유학자들의 문학관을 논의하여 '功利主義' 문학관이라고 하였다. 그러나 『論語』, 「子罕」篇의 '罕言'章의 기록에서 "子罕言利與命與仁.(선생님께서는 이익과 命과 仁에 대해서는 드물게 말씀하셨다.)"이라고 한 것이나 『孟子』, 「梁惠王」章의 '梁惠'章 첫 구절에서 "何必曰利.(어째서 꼭 이익을 말씀하시는 것입니까?)"라고 한 孟子의 말씀으로 보더라도, 전통적으로 참된 선비들은 의리를 숭상하기에 이익을 추구하지 않았으며, 따라서 유교에서는 전통적으로 '功利'를 배격해 왔을 것임을 알 수 있다. 그러므로 유교 또는 유학자들의 문학관을 종래에 논의하듯 '功利主義' 문학관이라고 하는 것은 그릇된 논의임을 또한 알 수 있을 것이다.

도록 하기 위하여 어떤 시적 자세를 취했던가 하는 문제를 포함하여 시인으로서의 大家의 요건과 詩法에 관해 논의하기로 한다.

宋代 朱子의 「詩集傳序」에 다음과 같은 구절이 있다.

> 詩者, 人心之感物而形於言之餘也.
>
> 시는 사람의 마음이 物에 느껴져서 말로 나타난 나머지(결과)이다.[4]

> 至於雅之變者, 亦皆一時賢人君子, 閔時病俗之所爲, 而聖人取之, 其忠厚惻怛之心, 陳善閉邪之意, 尤非後世能言之士所能及之, 此詩之爲經, 所以人事浹於下, 天道備於上, 而無一理之不具也.
>
> 심지어 '雅'가 변한 것(變雅 : 小雅)에 있어서도, 또한 모두 한때의 賢人君子들이 시대를 민망히 여기고 풍속을 가슴 아프게 여겨서 지은 것이로되 聖人(孔子)께서 취하셨으니, 그 진실되고 두텁고 측은해 하는 어진 마음이 착한 마음을 펴고 간사한 마음을 막고자 한 뜻이 더욱이 후세의 '말 잘하는 선비(能言之士 : 실천적인 工夫가 없이 글만 잘하는 선비)'로서는 능히 미칠 바가 아니니, 이는 '詩(『詩經』詩)'가 經이 됨이 人事(人倫의 道)가 아래에서(백성에게) 젖어들고 天道가 위에서(爲政者나 賢人君子들에게) 갖추어져서 한가지 이치도 구비되지 않음이 없는 까닭이다.[5]

위의 「詩集傳序」에서 인용한 앞부분의 인용문에서는, 『詩經』詩가 사람의 마음이 外物에 느껴져서 말로 나타난 나머지(결과)라고 하였다. 참된 시인은, 『詩經』詩에서처럼 세상사와 사물의 모습을 작가의 도덕적 안목에 비쳐지고 느껴지는 대로 여실하게 형용하는 것을 시 창작의 기본 자세로 하였다. 그러기에 우리는, 그 뒷부분의 인용문에서 볼 수 있듯이, 『詩經』詩가 심지어 '變雅(小雅)'에 있어서도 모두 한때의 賢人君子들이 시대를 민망히 여기고 풍속을 가슴 아프게 여겨서 지은 것(閔時病俗之所爲)을 聖人

4 朱子, 「詩集傳序」 참조.
5 위와 같음.

(孔子)이 취한 것이며, 그 진실되고 두텁고 측은해 하는 어진 마음이 착한 마음을 펴고 간사한 마음을 막고자 한 뜻이 후세의 '말 잘하는 선비(能言之士)' 곧 시 작품을 요란스런 말솜씨로 아름답게 잘 짓는 선비로서는 능히 미칠 바가 아니라는 것을 알 수 있다. 여기서 우리는, 위에서 밝힌 바 『詩經』詩의 전통이 시대를 민망히 여기고 풍속을 가슴 아프게 여기는 진실되고 두터운 人情을 중히 여기는 문학관 또는 시정신으로 계승되었을 것임을 짐작할 만하다.

조선 후기에 茶山은 「文體策」에서 "天地間大文章, 莫如物態人情.(천지간의 大文章은 物態와 人情만 한 것이 없습니다.)"[6]이라고 하였다. 이는, 천지간의 위대한 문장은 사물의 모습을 있는 그대로 잘 보여 주되 두터운 人情을 드러내는 것만한 것이 없다는 뜻의 말씀이다.

위에 인용한 朱子의 「詩集傳序」와 茶山의 「文體策」에 나타난 바와 같이, 역대의 참된 시인들은 전통적으로, 세상에 道를 밝히려는 작가적 안목에 의하여 세상사와 사물의 모습을 사실대로 묘사하되 시대를 민망히 여기고 풍속을 가슴 아프게 생각하는 등 두터운 人情을 드러내는 것을 귀하게 여겼으며, 무엇보다도 그것을 시인으로서의 大家가 될 수 있는 기본 요건으로 인식하였다.

또한 역대의 참된 선비와 시인들은 전통적으로, 시 작품에서 남의 이목을 즐겁게 하려고 하는 등 부화무실한 겉꾸밈을 일삼는 것을 배격하였으며, 시 작품을 통해서도 의리 도덕을 밝히는 것을 궁극 목표로 삼았기에, 반드시 시 짓는 일을 긴절한 일로 여기거나 능사로 삼지는 않았다.

『伊川先生語錄』을 참고하자면, 宋代의 程子는 "古之學者, 惟務養情性, 其他則不學, 今爲文者, 專務章句悅人耳目, 旣務悅人, 非俳優而何.(옛날의 학자들은 오직 性情을 기르는 데 힘쓰고 그 밖의 것은 배우지 않았는데, 오늘날 글

---

6 丁若鏞, 『與猶堂全書』 第一集, 第八卷, 「文體策」 참조.

짓는 사람들은 오로지 章句에 힘써 남의 이목을 즐겁게 하려고만 하니, 이미 남을 즐겁게 하는 데 힘쓴다면 배우가 아니고 무엇이겠는가?)"[7]라고 하였다. 詩文을 짓는 목적이 세상에 義理를 밝히려는 데 있지 않고 남의 이목을 즐겁게 하려는 데 있다면, 그것은 선비로서 취할 태도가 못된다는 뜻에서 그와 같이 말한 것이다.

그리고 『退陶先生言行通錄』을 참고하자면, 조선 중기에 退溪는 "詩於學者, 最非緊切, 然遇景値興, 不可無詩矣.(시가 학자에게 있어서 가장 긴절한 일은 아니다. 그러나 경치를 만나고 興을 만나게 되면 시가 없을 수 없는 것이다.)"[8]라고 하였다. 평소에 시 짓는 데 공을 많이 들였다는 退溪의 이와 같은 말씀은, 情景과 흥취를 표현해 내는 데에 시가 절대적으로 필요한 것이라는 생각에서 나온 것이면서도 세상에 의리를 밝히는 것보다 시 잘 짓는 것을 선비 또는 학자가 궁극 목표로 삼아서는 안된다는 것을 경계하기 위한 말씀이었다고 판단된다.

또한 조선 중기에 栗谷은 「정언묘선서精言妙選序」에서 "詩雖非學者能事, 亦所以吟詠性情, 宣暢淸和, 以滌胸中之滓穢, 則亦存省之一助.(시가 비록 학자의 능사는 아니지만, 이 또한 性情을 읊으며 淸和한 마음에 사무치게 하여 흉중의 더러운 찌꺼기를 씻어내는 것은 存心省察에 한가지 도움이 되는 것이다.)"[9]라고 하였다. 이는, 시 짓는 일이 학자의 궁극 목표가 될 수 없으며 性情을 다스리고 存心省察하는 데 一助할 수 있는 것이 시이기에, 아로새기고 그려내고 수놓고 꾸미는 등의 부화무실한 작시 태도가 道를 배우는 선비 곧 학자로서 바람직하지 못한 태도라는 뜻에서 나온 말씀이다.

그리고 茶山은 「示兩兒」라는 편지글에서 "詩非要務, 然陶詠性情, 不爲無益.(시가 요긴한 일은 아니다. 그러나 性情을 기빼해 읊을 수 있으니, 무익한 것

7 程子, 『二程全書』, 『伊川先生語錄』 卷十八 참조.
8 李滉, 『退陶先生言行通錄』 卷之五 참조.
9 李珥, 『栗谷全書』 卷之十三, 「精言妙選序」 참조.

은 아니다.)"[10]라고 하였다. 이 또한, 시를 짓는 일이 인생의 궁극 목표가 될 수 없다는 생각에서 나온 말씀이다. 하지만 한편으로는, 시를 짓고 학습하는 일이 性情을 다스리는 데 필요한 일임을 밝힌 말씀이기도 하다.

이와 같이 역대의 참된 선비 또는 학자들은, 性情을 다스리는 일을 시의 중요한 효용성의 하나로 인식하되, 시를 지으면서 남의 이목을 즐겁게 하려고 하는 등의 부화무실한 겉꾸밈을 일삼는 것을 배격하였다. 시에 관한 이와 같은 의식은 역대의 선비들에게 시인으로서의 大家가 되는 데에도 필수적인 기본 요건이 되어 왔으며, 반드시 그런 정신을 견지하고 실천하는 데에서 大家가 될 수 있었음을 역대 비평서의 곳곳에서 확인할 수 있다.

『詩經』詩 3백 편을 평단하여 '사무사思無邪'라고 한 孔子의 말씀[11]이 있은 이래, 동양에서는 시인들에게 공명정대하면서도 순수한 '思無邪'의 시정신이 귀하게 여겨져 왔으며 시인으로서의 大家가 될 수 있는 기본 요건이 되었다.

宋代 張戒의 『歲寒堂詩話』에서는 "自建安七子, 六朝, 有唐及近世諸人, 思無邪者, 惟陶淵明 · 杜子美耳.(建安 七子로부터 六朝와 唐 및 近世 諸人에 이르기까지 思無邪한 시를 지은 시인은, 오직 陶淵明과 杜子美일 따름이다.)"[12]라고 하였다. 작시자의 태도가 공명정대하면서도 순수한 '思無邪'의 시정신은, 시 작품을 통해서 두디운 人情을 드러내고 사람됨과 時俗을 찬미하거나 풍자하고 권선징악함으로써 '미자권징지의美刺勸懲之義'를 나타내어 풍속을 미풍양속으로 바꾸고 세상을 바로잡아 나가는 시정신과 함께, 역대의 시인들에게 大家가 될 수 있는 또 하나의 필수적인 기본 요건이 되어 왔다.

위와 같은 기본 요건들을 충족시키기 위해서도 시인은 모름지기, 작품을 통해서 고상한 '뜻(意)'을 나타내는 것을 목표로 삼지 않을 수 없었다.

---

10 丁若鏞, 『與猶堂全書』 第一集, 第二十一卷, 「示兩兒」 참조.

11 『論語』, 「爲政」篇, '無邪'章 참조.

12 臺靜農 編, 『百種詩話類編』 下卷(藝文印書館, 1973) 참조. 본고에서 詩話集들에서의 인용문은 『百種詩話類編』에 소개된 것을 많이 참고하였음.

그런데 그 '뜻'은 '氣'에 의지하여 다양한 느낌이나 모습으로 나타나는 것이므로, 훌륭한 시인들은 평소에 갈고 닦아 '意'와 '氣'를 단련하는 등 '鍊琢의 工'을 가하는 데 끊임없는 노력을 기울여 왔다. 따라서 그것이 또한, 역대의 시인들에게 大家가 될 수 있는 필수적인 요건이 되어 왔으며, 大家로서의 중요한 詩法이 되어 왔다.

'意'는, 詩 · 文의 창작을 통해 작자가 작품에 나타내는 뜻을 의미하는 말이며, 동시에 詩 · 文을 짓는 작자가 文字의 표현으로써 나타내는 뜻만이 아니라 겉으로 드러나지 않는 함축된 뜻으로써 은연중 알 수 있게 하는, 작품 구절의 '행간에 담기는 뜻' 곧 말로써 다 드러내지 않은 '말 밖의 뜻' 곧 '言外之意'까지를 의미하는 말이다. 그리고 '氣'는, 작자가 문학 작품에서 나타내는 '뜻(意)'을 독자에게 어떤 '느낌(모습)'으로 전달되도록 표출하여 감동을 주는가 하는 '설득력'으로서의 '힘 · 기운'을 의미하는 말이다. 따라서 그것은 작품에 나타나는 '뜻'을 좌우하는 '힘 · 기운'으로 작용하게 되며, 다양한 '느낌' 혹은 실제로 눈에 보이지는 않으면서도 마치 보이는 듯한 다양한 '모습'으로 독자에게 전달되는 것이다.[13]

역대의 참된 시인들은, 평소에 '意'와 '氣'를 단련하는 '鍊琢의 工'을 기울임으로써 작품을 통해 고상한 뜻을 나타내고자 하였는데, 그 바람직한 작법을 대변해 주는 말이 곧 '탁련사격琢鍊四格'이다. 이제 여기서는 중국 唐代의 白樂天과 고려 후기의 崔滋에 의해서 제기된 '琢鍊四格'의 이론을 대강 검토함으로써, 그와 같은 이론이 중국과 한국의 시인 가운데 大家로 일컬어져 온 몇몇 시인들의 詩法에서 어떻게 실천적으로 구현되었는가를 고찰할 수 있는 바탕을 마련하고자 한다.

'琢鍊四格'은, 고려 후기의 시인이며 비평가인 崔滋가 「補閑集序」에서 일컬은 말이다. 그런데 그 '琢鍊四格'은, 같은 말의 용어를 써서 설명한 것

---

13 필자의 논문 「文學 本質論類 用語로서의 '意'와 '氣'의 槪念」, 『仁荷語文硏究』 第6號, 2003 및 이 책의 수록 논문 참조.

은 아니나, 중국 唐代의 白樂天이 『金針格』에서 일컬은 시 작법의 네가지 요건을 말한 것과 크게 다르지 않다.

唐代 白樂天의 『金針格』에는 다음과 같은 구절이 있다.

> 煉句不如煉字, 煉字不如煉意, 煉意不如煉格.
>
> 句를 단련하는 것은 글자(字)를 단련하는 것만 못하고, 글자(字)를 단련하는 것은 뜻(意)을 단련하는 것만 못하고, 뜻(意)을 단련하는 것은 격을 단련하는 것만 못하다.[14]

그리고 고려 후기 崔滋의 「補閑集序」에는, '琢字' · '鍊對'를 중요시하되 그보다는 '琢句' · '鍊意'를 더욱 귀하게 여긴다는 논리를 제시한 다음과 같은 구절이 있다.

> 剽竊刻畵, 誇耀青紅, 儒者固不爲也, 雖詩家有琢鍊四格, 所取者, 琢句鍊意而已. 今之後進, 尙聲律章句, 琢字必欲新, 故其語生, 鍊對必以類, 故其意拙, 傑傑老成之風, 由是喪矣.
>
> 표절하며 새겨 그려내고 자랑스레 빛내어 푸르고 붉게 칠하는 것은 참된 선비(儒者)가 본시 하지 않는 법이니, 비록 시인들에게 '琢鍊四格'이라는 것이 있으나 취하는 바는 琢句와 鍊意일 따름이다. 오늘날의 後進들은 聲律이나 章句만을 숭상하여 글자를 연탁하는 데에는 반드시 새롭게 하려고만 하기 때문에 그 말이 생소하고, 對句를 연탁하는 데에는 반드시 같게만 하려고 하기 때문에 그 뜻이 졸렬하니, 빼어나고 노련한 詩風이 이로 말미암아 상실되었다.[15]

위의 두 인용문의 취지는 거의 같다고 하겠다. 白樂天은, 시 작법으로서 煉句 · 煉字 · 煉意 · 煉格을 모두 중요시하되, 그중 '煉句'보다는 '煉字'를 더욱 중요시하고 '煉字'보다는 '煉意'를 더욱 중요시하였으며 또한 '煉

14 白樂天, 『金針格』 참조.
15 崔滋, 『補閑集』, 「補閑集序」 참조.

意' 보다는 '煉格' 을 더욱 중요시하였다. 그에 비해 崔滋는, 시 작법으로서 '琢字' · '鍊對' 를 중요시하기는 하되, 흔히 재주가 모자라 서툰 솜씨를 드러내고 마는 문제에 정성을 기울여 매달리기보다는 '琢句' · '鍊意' 에 더욱 정성을 기울여야 할 것임을 강조하였다. 그러나 어쨌든 두 이론가가 각각 시 작법의 네가지 요건을 제시한 취지에는, 시 창작에서 어찌하면 좋은 뜻을 나타내어 훌륭한 작품이 되게 할 수 있는가 하는 뜻에서의, 시 작법의 대강을 논했다는 점에서 상통하는 면이 있다고 하겠다. 다만, 白樂天의 이론에서는 '煉格' 을 포함시켜 말하고 崔滋의 이론에서는 '鍊對' 를 포함시켜 말한 것이 다른데, 그렇다고 두 비평가의 비평 기준이 근본적으로 달랐던 것은 아니라고 하겠다.

위의 이론들을 제기한 白樂天 · 崔滋 두 비평가의 관점에 필자 나름의 해석을 곁들여 변증법적으로 그 두 이론에 대한 온전한 이해에 이를 수 있게 하는 비평 자료들이 있다.

宋代 완열阮閱의 『시화총구詩話叢龜』에 다음과 같은 구절이 있다.

> 杜甫精於鍛鍊, 使一字生神.
>
> 杜甫는 단련에 정성스러워 한 글자로 하여금 신묘함을 자아내게 하였다.[16]

그리고 고려 후기 李仁老의 『破閑集』에 다음과 같은 구절이 있다.

> 琢句之法, 唯少陵獨盡其妙, ~古之人, 雖有逸材, 不敢妄下手, 必加鍊琢之工然後, 足以垂光, 虹蜺輝映千古.
>
> 시구를 鍊琢하는 법은 오직 杜少陵(杜甫)이 유독 그 묘함을 다했으니, ~(杜甫 같은) 古人들은 비록 빼어난 재주가 있었으나 감히 망령되게 손을 놀리지 않았으니, 반드시 연탁의 工을 가했으며 그런 뒤에야 족히 빛을 드리워 무지개가

16 阮閱, 『詩話叢龜』 卷二十四 참조.

千古에 찬란히 비치게 할 수 있었다.[17]

그리고 또한 清代 黃士龍의 『野鴻詩的』에 다음과 같은 구절이 있다.

> 韓柳之文, 陶杜之詩, 無句不琢, 卻無纖毫斧鑿痕者, 能鍊氣也, 氣鍊則句自鍊矣, 雕句者有跡, 鍊氣者無形.
>
> 韓退之 · 柳宗元의 文과 陶淵明 · 杜甫의 詩에는 연탁하지 않은 구절이 없으나, 도리어 털끝만큼도 도끼로 찍고 끌로 찍은 흔적이 없는 것은 능히 氣를 단련한 까닭이니, 氣가 단련되면 구절(句)은 절로 단련되니, 구절을 아로새기는 자(雕句者)는 흔적이 있기 마련이요, 氣를 단련하는 자(鍊氣者)는 자취가 없기 마련이다.[18]

그러면 이제 우리는 위의 세가지 자료들을 통해서 무엇을 알 수 있는가? 白樂天이 앞서의 인용문에서 '煉句'보다는 '煉字'를 중요시하였는데, 杜甫와 같은 大家는 글자를 단련하는 데에 정성스러웠기 때문에 한 글자 한 글자를 '煉字'하는 데서 작품의 신묘함을 자아낼 수 있었으며, 위에서 李仁老가 예찬했듯이, '시구를 연탁하는 법(琢句之法)'에 있어서 유독 그 묘함을 다할 수 있었던 것이다. 白樂天이 '煉字'를 '煉句'보다 어려운 일로 여겼으나, 杜甫는 각고의 노력을 기울이는 정성된 시적 자세에 의해 '글자를 단련하는 데(煉字)'에 능할 수 있었기 때문에 마침내 '煉句'에 능할 수 있었고, '煉意'에 능할 수 있었으며, 또한 '煉格'에 능할 수 있었던 것이다. 그리하여 '털끝만큼도 도끼로 찍고 끌로 찍은 흔적이 없는(섬호무부착흔纖毫無斧鑿痕)' 시적 경지에 이를 수 있었으며, 또한 마침내 '스스로 지어낸 시'로 하여금 '自然' 또는 '宇宙 天體'의 기운을 움직이게 함으로써 드리울 수 있는 찬란한 '무지개(홍예虹蜺)'가 되게 하고 그 '무지개'가 千古에

17 李仁老, 『破閑集』 卷上 참조.
18 黃士龍, 『野鴻詩的』 참조.

지워지지 않을 수 있도록 하였던 것이다.

그것은 바로, 시구를 아로새기는 '조구雕句'의 수준과는 너무나도 거리가 먼 것으로, 끊임없는 '연탁의 工'을 가한 결과라고 하겠으며, '煉字'에 의한 '煉句'와 또 그 모든 단련의 과정에서 필수적일 수밖에 없는 '煉意'를 잘 해내고, 그리하여 마침내 전체의 '詩格'을 단련하는 '煉格'에 의해 이루어낸, 참된 시적 경지라고 하겠다. 그런데 그 모든 과정은 결국 '鍊氣'에 의해서만이 진정으로 가능한 것이다. 위의 인용문들은 바로 그와 같은 취지에서 詩評을 행한 것이라고 하겠다.

문학 작품에서의 '氣'는, 위의 인용문 중 李仁老의 『破閑集』에서 거론한 杜甫의 시에서와 같이, 千古에 지워지지 않는 찬란한 무지개를 드리워 독자로 하여금 그것을 아름답게 여기게 하고 또한 감동과 찬탄을 불러일으키게 할 수도 있는 바 곧 시에 나타나는 '뜻(意)'을 좌우하여 혹은 감동을 주게 하는 바로 그것이다.

역대의 시인들은, 모든 문장을 짓는 데에서 마찬가지이겠거니와, 시를 짓는 데 '뜻(意)'을 나타내는 것을 위주로 하였다. 중국 宋代 유반劉攽의 『中山詩話』와 宋代 張表臣의 『산호구시화珊瑚鉤詩話』 그리고 고려 후기 李奎報의 「論詩中微旨略言」 등에 "詩以意爲主.〔시는 뜻(意)을 위주로 한다.〕"[19]는 말이 있다. 그와 같이 역대의 시인들은, 평소에 시 작품에서 '뜻'을 나타내는 것을 위주로 하여 '意'와 '氣'를 鍛鍊하는 등 '연탁의 工'을 가하는 데 끊임없는 노력을 기울임으로써 고상한 '뜻'을 나타내는 것을 목표로 삼되, 함축된 채 가볍게 드러나지 않는 '含蓄不露之意'로서의 '言外之意(말밖의 뜻)'를 귀하게 여겼으며, 그와 같은 함축된 '言外之意'를 나타내는 것을 또한 大家로서의 기본 요건으로 삼아 왔다.

宋初에 歐陽脩는 『六一詩話』에서, 친구 梅堯臣의 말을 다음과 같이 인용

19 劉攽, 『中山詩話』, 『百種詩話類編』 및 張表臣, 『珊瑚鉤詩話』 卷一과 李奎報, 『東國李相國集』 卷第二十二 참조.

하였다.

聖兪嘗語余曰, 詩家雖率意, 造意亦難, 若意新語工, 得前人所未道者, 斯爲善也, 必能狀難寫之景, 如在目前, 含不盡之意, 見於言外, 然後爲至.

梅聖兪가 일찍이 나에게 말해 이르기를, 시인이 비록 뜻을 거느려 나가야 한다고는 하나, 뜻을 지어내기가 또한 어려우니, 이를테면 뜻이 새롭고 말이 공교로워 前人이 미처 말하지 않은 것을 얻는다면 그 바로 좋은 것이 되겠으나, 반드시 능히 그려내기 어려운 情景을 형상화하되 마치 目前에 있는 듯이 하고 말로 다하지 못한 뜻을 함축해내서(含不盡之意) 말 밖(言外)에 나타낼 수 있게 된 뒤에라야 지극한 것이 된다고 하였다.[20]

明代 王世禎의 『예원치언藝苑巵言』에도 그와 비슷한 말을 梅堯臣의 말로써 기록한 바 있다.

梅聖兪曰, 思之工者, 寫難狀之景, 如在目前, 含不盡之意, 見於言外.

梅聖兪가 이르기를, 생각이 공교로운 자는 형상화하기 어려운 情景을 그려내되 마치 目前에 있는 듯이 하고, 말로 다하지 못한 뜻을 함축해내서(含不盡之意) (그 뜻을) 말 밖에 나타낸다고 하였다.[21]

위에서 제시한 바 歐陽脩와 王世禎의 두 詩話集에 인용된 '梅聖兪의 말'에 담긴 뜻은 대체로 다음과 같다. 시인은 작품에서 좋은 뜻을 나타내는 것을 위주로 하는데, 뜻을 지어내어(造意) 남이 미처 표현해내지 못한 참신한 뜻(新意)을 창출해낸다는 것은 참으로 쉽지 않은 일이며 또한 훌륭한 일이다. 그러나 한편, 그려내고 형상화하기 어려운 情景을 마치 目前에 놓고 보는 듯이 그려내고 형상화하는 것, 그리하여 말로 다하지 못한 뜻을 함축해내서 말 밖(言外)에 나타낼 수 있는 것 또한 지극한 표현법이라 하지

20 歐陽脩, 『六一詩話』 참조.
21 王世禎, 『藝苑巵言』 卷一 참조.

않을 수 없다. 위의 두 詩話集에서 앞뒤에 인용된 梅聖兪의 말이 다소 다르게 되어 있기는 해도, 위와 같이 설명될 수 있을 것이다.

또한 梅聖兪의 그와 같은 詩觀과 軌를 같이할 수 있는 논리를 보여 주는 다소 다른 표현의 이론들이 있었다.

元代 楊載의 『詩法家數』에 다음과 같은 구절이 있다.

> 語貴含蓄, 言有盡而意無窮者, 天下之至言也.
>
> 시의 말은 함축된 것을 귀하게 여기니, '말은 다함이 있어도 뜻이 무궁한 것' 이야말로 '天下의 지극한 말' 이라고 하겠다.[22]

고려 후기 益齋 李齊賢의 『륵옹패설櫟翁稗說』[23]에는 다음과 같은 구절이 있다.

> 古人之詩, 目前寫景, 意在言外, 言可盡而味不盡, 若陶彭澤, 採菊東籬下, 悠然見南山, 陳簡齋, 開門知有雨, 老樹半身濕之類, 是也. 予獨愛池塘生春草, 以爲有不傳之妙.
>
> 옛사람의 시는, 눈앞에서 경치를 묘사하였으면서도 뜻이 '말 밖' 에 있으니, 말은 다할 수 있었으나 의미는 다하지 않는다. 이를테면 陶淵明의 "동쪽 울밑에서 국화를 따다가, 물끄러미 南山을 바라본다." 라고 한 것과, 陳與義의 "문을 열고 보니 비가 온 줄 알겠네. 늙은 나무가 몸이 반쯤 젖었구나." 라고 한 것들이 바로 그것이다. 나는 유독 "연못에 봄풀이 돋았다." 라는 구절을 사랑하여, 전할 수 없는 묘미가 있다고 생각한다.[24]

위의 두 인용문의 취지는 거의 같다고 할 수 있다. 위에서 인용한바 益齋

---

22 楊載, 『詩法家數』 참조.

23 『륵옹패설櫟翁稗說』의 音을 '역옹패설' 로 또는 '낙옹비설' 로 잘못 읽기도 하는데, '櫟' 의 音은 '상수리나무' 라는 뜻에서의 '륵' 으로 읽어야 한다. 앞에서 밝힌 필자의 논문 「文學 本質論類 用語로서의 '意' 와 '氣' 의 概念」(앞의 책, 510쪽) 및 이 책 수록 논문의 각주 참조.

24 李齊賢, 『櫟翁稗說』 後集一 참조.

의 『륵옹패설櫟翁稗說』 구절에서 陶淵明 · 陳與義의 시구와 "池塘生春草"라는 謝靈雲의 시구 등을 높이 평가하여 칭송한 관점은, 그 앞에 인용한 중국 楊載의 『詩法家數』 구절에서 '말은 다함이 있어도 뜻이 무궁한(言可盡而意無窮)' 시구를 '天下之至言'이라고 일컬은 관점과 일치하는 것이다. 그렇다면 위의 시론가 또는 비평가들은 어째서 그와 같은 시들을 높이 평가하였겠는가? '含蓄不露之意' 또는 '言外之意'라는 말로 설명되는, 함축된 채 말로써 다 드러나지 않는 깊은 '뜻'을 귀하게 여긴 까닭이다.

시에서 '함축된 채 가벼이 노출되지 않는 깊은 뜻(含蓄不露之意)'을 나타낼 수 있다는 것은, 눈앞에 있는 경치를 묘사하더라도 그저 눈앞에 있는 경치를 보이는 대로만 묘사하는 데 그치는 것이 아니라, '(표현해내는) 뜻이 말 밖에 있는(意在言外)' 시를 지을 수 있다는 것과 詩法에 있어서 부합되거나 상통하는 점이 있다. 그리고 또한, '말은 다함이 있어도 뜻이 무궁한(言可盡而意無窮)' 시구를 지어내는 詩法과도 부합되거나 상통하는 점이 있다. 그런 의미에서 위에서와 같이 元代의 楊載는 '天下之至言'을 말하게 된 것이며, 益齋는 '不傳之妙'를 말하게 된 것이다. '말은 다함이 있어도 뜻이 무궁한' 함축된 뜻을 지닌 시구가 '天下之至言'으로서의 시구이며, 말로 형용하여 전하려고 해도 이루 다 형용할 수 없는 지극히 묘한 '뜻'을 함축하고 있는 시구가 '不傳之妙'를 보여 주는 시구이다. 그 '天下之至言'으로서의 '不傳之妙'를 보여 주는 시구야말로 길이 사랑받고 후세에 전해질 수 있는 것이다.

益齋가 陶淵明의 시구 "採菊東籬下, 悠然見南山."이라 한 것과 陳與義의 시구 "開門知有雨, 老樹半身濕."이라 한 것을 예찬하고 또 謝靈雲의 시구 "池塘生春草"를 특히 사랑하게 된 까닭은, '말 밖의 뜻(言外之意)'이 있고 '말은 다했어도 의미는 다하지 않는(言有盡而味不盡)' 무궁한 뜻이 담겨 있기 때문이었다. 그리고 아마도 자연스런 표현 가운데 우주 자연과 인생의 참된 이치를 느끼게 하는 여유를 보여 주기 때문이었을 것이다.

『論語』, 「先進」篇, '言志'章에서의 "亦各言其志."라는 孔子의 말씀에 대하여 제자 曾點은 '욕기浴沂(기수에서 몸을 씻는 것)'의 '뜻(意志)'을 말하여 대답한 바 있다. 그 曾點의 대답은, '無欲之意(욕심 없는 마음의 뜻)'를 은연중 스스로 '말 밖'에서 나타낸 것으로, 말을 다하지 않는 가운데 '말 밖'에서 天理의 流行을 따르고자 하는 '참뜻'을 보인 것이다. 그러기에 후대에 程子로부터 '聖人之志'와 다를 것 없는 '堯·舜 임금의 氣象'이라는 평을 듣게 되었고, 또한 朱子로부터 결코 '남과 짝할 수 없는 빼어난 기상' 곧 '불모不侔의 기상氣象'이라는 평을 듣게 되었던 것이다.[25] 그러므로 앞의 인용문에서 익재가 陶淵明·陳與義·謝靈雲의 시구에 나타난 '言外之意'를 예찬하여 높이 평가한 것 또한, 자연스런 '天理의 流行'을 따르고자 하는 '無欲之意'를 터득한 曾點의 대답에 대하여 孔子가 그 '뜻(志)'을 허여해 주고 후대의 程子·朱子가 예찬한 것과 '같은 관점'에서 나온 것이라고 하겠다.

어찌 반드시 한때의 심각한 사색으로써만 우주 자연의 이치와 인생의 참된 이치를 능히 터득할 수 있겠는가? 옛 시인·문장가나 비평가들은, 그런 의미에서 자연스러우면서도 '言外之意'를 보여 주는, '뜻'이 깊은 시나 시구를 높이 평가해 왔던 것이다. 그것이 바로 '연탁의 工'을 중요시하는 관점, 곧 수양과 학문을 바탕으로 하여 끊임없이 단련하는 데서 가능한 '鍊意'·'鍊氣'를 중요시하는 관점이었다고 하겠으며, '무부착흔無斧鑿痕(도끼나 끌로 찍은 흔적이 없는 것)' 또는 '천의무봉天衣無縫(하늘옷처럼 꿰맨 흔적이 없음)'의 경지를 높게 여기고 귀하게 여긴 문학관이라 할 것이다.

동양 역대의 참된 시인들, 특히 清代 黃士龍의 『野鴻詩的』에서 거론한 바 陶淵明·杜甫와 같은 시인들이 시 작품에서 고상한 '뜻(意)'을 나타냄으로써 大家가 될 수 있었던 것은, 평소에 능히 '氣'를 단련할 수 있었기

25 『論語』, 「先進」篇의 '言志'章 및 그에 대한 程子와 朱子의 註 참조.

때문인데,[26] 역대의 그 참된 시인들은 '氣'를 단련하기 위하여 어떠한 삶의 자세로 살아가고 수련했던가? 이를 알 수 있게 하는 자료로서, "我善養吾浩然之氣.(나는 나의 '호연지기'를 잘 기르노라.)"[27]라고 한 孟子의 말씀을 비롯하여 훨씬 후대의 기록에 이르기까지, '氣'를 기르는 문제를 논의한 이론 또는 비평문들이 꾸준히 있어 왔다. 그 한두 예를 들자면 다음과 같다.

고려 중기 林椿의 글「上李學士書」에 다음과 같은 구절이 있다.

> 養其氣者, 非周覽名山大川, 求天下之奇聞壯觀, 則亦無以自廣胸中之志矣.
>
> 좋은 문장을 짓기 위해 '氣'를 기르는 자가, 명산대천을 두루 유람하여 천하의 기이한 견문과 壯觀을 구하지(찾지) 않으면, 또한 흉중의 '뜻(志)'을 스스로 넓힐 길이 없다.[28]

그리고 또한 중국 淸代 하세기何世璂의『연등기문然鐙紀聞』에 다음과 같은 구절이 있다.

> 爲詩, 須要多讀書以養其氣, 多歷名山大川以擴其眼界, 宜多親名師益友以充其識見.
>
> 시를 짓는 데에는 모름지기, 독서를 많이 하여 '氣'를 기르고, 명산대천을 많이 다녀 안목(眼界)을 넓히고, 마땅히 이름 있는 스승과 유익한 벗을 많이 만나 식견을 채워 나가는 것을 필요로 한다.[29]

위의 인용문들에서 볼 수 있듯이 역대의 시인들을 포함하여 참된 선비들은, '氣'를 기르고 단련하기 위해 聖賢의 道를 배우는 등 훌륭한 스승을 만나 좋은 가르침을 받고 좋은 벗들을 사귀고자 하였으며, '聖賢之書'와

26 註 18의 본문 참조.
27『孟子』,「공손추公孫丑」章의 '養氣'章 참조.
28 林椿,『西河集』卷四,「上李學士書」참조.
29 何世璂,『然鐙紀聞』참조.

같은 古今의 좋은 책들을 널리 구하여 깊이 탐독하고 名山大川을 널리 유람하는 등, 성실한 학문적 자세를 견지하고자 하였다. 그것이 동양 역대에 시인으로서의 大家가 될 수 있도록 하는 매우 중요한 기본 요건이 되어 왔다.

필자는 이제 다음 章에서, 지금까지 '大家의 要件과 詩法'에 관해 논의한 바를 바탕으로 하여, 중국과 한국 등 동양 역대의 참된 시인들이 그 요건과 詩法을 어떻게 실천적으로 보여 주었는가를 고찰하고자 한다.

3. 大家 詩法의 실제

1) 중국의 경우

역대의 시인 중 大家로 일컬어지는 시인들이 반드시 본고에서 논의하려는 몇몇 시인에 국한되는 것은 아니다. 그러나 본고의 취지에 따라 몇몇 시인들만을 예로 들어 '大家 詩法의 실제'를 논의하자면, 앞에서도 이미 부분적으로는 자료와 함께 논의하기도 했거니와, 중국의 대표적인 참된 시인으로는 대개 陶淵明과 杜甫를 들지 않을 수 없을 것이다. 이제 여기서는 먼저 그 두 시인에 관하여 시인적 자세와 작법을 살펴보는 등 '大家 詩法의 실제'를 논의하고자 한다.

陶淵明은, 앞서 宋代 張戒의 『歲寒堂詩話』에서 인용하여 예를 든 바와 같이, 杜甫와 함께 역대의 시인 중에서도 특히 思無邪한 시정신을 보여 준 시인으로 칭송된 분이다.[30] 陶淵明은 그처럼 욕심 없고 공명정대한 순수한 마음으로 시 작품을 창작하였으며, 남의 이목을 즐겁게 하거나 겉꾸밈을 일삼는 등 부화무실한 시편들을 지어내지 않았다. 또한 앞서 淸代 黃士龍의 『野鴻詩的』에서 인용하여 예를 든 바와 같이, 韓退之 · 柳宗元의 文 그

30 註 12의 본문 참조.

리고 杜甫의 詩와 함께 높이 평가되었다. '연탁하지 않은 구절이 없으나(無句不琢), 털끝만큼도 도끼로 찍고 끌로 찍은 흔적이 없다(無纖毫斧鑿痕)'는 평이 바로 그것인데,[31] 그와 같은 경지는 '능히 氣를 단련하는 데(能鍊氣)'에서 가능했던 것이다.

도연명은 또한, 앞서 고려 후기 益齋 李齊賢의 『특옹패설櫟翁稗說』에서 인용하여 예를 든 바와 같이, '目前에서 경치를 묘사하였으면서도 뜻이 말 밖에 있어서(目前寫景, 意在言外) 말은 다할 수 있었으나 의미는 다하지 않는(言可盡而味不盡)' 詩篇 곧 '含蓄不露之意' 또는 '言外之意'를 보여 주는 詩篇들을 남긴 시인으로 칭송된 분이다.[32] 그리고 도연명은, 益齋에 의해서 그렇게 높이 평가되고, 앞서 인용한 바 元代 楊載의 『詩法家數』에서 '말은 다함이 있어도 뜻이 무궁한 것(言有盡而意無窮者)'이야말로 '천하의 지극한 말(天下之至言也)'이라고 논평되었을[33] 뿐 아니라, 자연스런 표현 가운데 '욕심 없는 마음의 뜻(無欲之意)'을 은연중 스스로 말 밖에 나타내어, 『論語』의 「先進」篇에 기록된 孔子와 제자 曾點의 문답 곧 '욕기浴沂' 故事에서와 같은 자연스러우면서도 욕심이 없는 가운데 깊은 뜻을 지닌 선비로서의 원대한 氣象 곧 '남과 짝할 수 없는 빼어난', '불모不侔의 기상氣象'을 체득해 지니고서 또한 보여 줌으로써[34] 우주 자연과 인생의 참된 이치를 느끼게 해 준 시인이다.

明代 도목都穆의 『남호시화南濠詩話』에 다음과 같은 구절이 있다.

> 飮酒其五云, 結廬在人境, 而無車馬喧. 問君何能爾, 心遠地自偏. 王荊公謂詩人以來, 無此四句.

도연명의 〈飮酒〉詩(其五)[35]에 이르기를, "집을 지어 길가에 있으니, 그래도 車

31 註 18의 본문 참조.
32 註 24의 본문 참조.
33 註 22의 본문 참조.
34 註 26의 본문 참조.
35 『陶淵明集』 卷之三 〈飮酒〉(二十首) 참조.

馬의 시끄런 소리 없다네. 그대(나)에게 묻노니 어쩌면 능히 그러한가 하거든, 마음이 (부귀와) 멀기에 땅이 절로 편벽되다 할까나." 하였다. 왕형공(王安石)은 이르기를, "詩人이 있은 이래 이 네 구절 같은 것이 없었다." 하였다.[36]

그리고 또한 明代 王世禎의 『예원치언藝苑卮言』에 다음과 같은 구절이 있다.

問君何能爾, 心遠地自偏. 此中有眞意, 欲辨已忘言. 淸悠澹永, 有自然之味.

"그대에게 묻노니 어쩌면 능히 그러한가 하거든, 마음이 멀기에 땅이 절로 편벽되다 할까나." 하였으며, "이 가운데 참뜻(眞意)이 있으니, (어느것이 참뜻인 줄) 가리고자 하나 이미 말을 잊었다네." 하였는데, 淸淡하고 悠遠하며 담박澹泊하고 永久한 것이 '자연스런 맛(自然之味)'이 있다.[37]

위의 두 인용문이 모두 한 작품을 두고 시평을 행한 것이다. 앞의 인용문에서 都穆은 욕심 없는 깨끗한 마음을 드러낸 陶淵明의 시구에 대하여 "시인이 있은 이래 이 네 구절 같은 것이 없었다."는 王安石의 말로써 논평을 대신하였다. 그리고 뒤의 인용문에서 王世禎은 또한, 욕심 없이 깨끗한 도연명의 마음이 표출된 시구를 그에 부합되는 風格 用語로써 논평하면서 '自然之味'라는 평어로 결론지었다.

위의 두 인용문에서는 모두, 누군가 물을 수도 있는 질문과 그에 대한 대답을 작자 도연명이 스스로 가설한 것을 예거했는데, 그 질문과 대답은 실제로 누가 그렇게 물을 수도 있는 것이겠으나 묻는 것도 아니었으며 그렇게 대답할는지도 모르겠으나 반드시 그렇게 대답할 것도 아니었다. 그런 대답은 '산중에서 俗人의 물음에 답한다'는 뜻을 나타낸 李太白의 시구 "笑而不答心自閑."에서의 분위기와 다소 유사하면서도 조금은 차이가 난

36 都穆, 『南濠詩話』 참조.
37 王世禎, 『藝苑卮言』 卷三 참조.

다. 어쨌든 앞의 인용문에서의 "車馬의 시끄런 소리가 없다."는 구절과 앞뒤의 인용문에서의 "마음이 멀기에 땅이 절로 편벽되다."고 한 구절에서 독자들은, 작자 도연명이 '富貴欲'과 마음이 멀었기에 누구도 찾아오거나 아는 체할 사람이 없었다는 것을 알 수 있으며, 뒤의 인용문에서의 "이 가운데 참뜻이 있으니, 가리고자 하나 이미 말을 잊었다."는 구절에서 독자들은 어디서 어떻게 지내는 것이 '참뜻'인 줄을 가리고자 하였으나 이미 말을 잊은 것이 바로 '참뜻'이었다는 의미로써 작자의 뜻을 읽을 수 있다.

독자들은 위에 인용한 도연명의 시구들 가운데에서, 자연 속에서 자연의 이치에 순응하며 욕심 없이 자연스럽게 살아가는 작자의 '無欲之意'를 작자가 말로 다 형용해 내지 않은 '言外之意'로써 읽을 수 있는 것이다. 도연명이 위에서와 같이 '言有盡而意無窮'한 '言外之意'를 통하여 '無欲之意'를 드러낸 것은, 결코 作意的인 작법에 의한 것이 아니었다. 자연의 무궁한 이치와 인생의 깊은 이치를 터득함으로써, 짝할 수 없는 '不侔의 氣象'을 체득하여 지니게 된, 大家로서의 끊임없는 '鍊氣'에 의해서만 가능한 것이었다. 그러기에 楊載의『詩法家數』에서 이른 바 '言有盡而意無窮'한 말이야말로 '天下之至言'이라는 평어[38]에 부합하는 시적 경지에 도달할 수 있었던 것이며, 위에서와 같이 "詩人以來, 無此四句."라든가 '有自然之味'라는 평을 듣게 되었던 것이다.

杜甫 또한, 앞서 宋代 張戒의『歲寒堂詩話』에서 인용하여 예를 든 바와 같이, 陶淵明과 함께 역대의 시인 중에서도 특히 思無邪한 시정신을 보여준 시인으로 칭송된 분이다.[39] 그리고 또한 앞서 清代 黃士龍의『野鴻詩的』에서 인용하여 예를 든 바와 같이, 韓退之 · 柳宗元의 文 그리고 陶淵明의 詩와 함께 '연탁하지 않은 구절이 없으나(無句不琢) 털끝만큼도 도끼로 찍고 끌로 찍은 흔적이 없는(無纖毫斧鑿痕)' 詩篇들을 남김으로써, 그것은

38 註 22의 본문 참조.
39 註 12의 본문 참조.

'능히 氣를 단련할 수 있었던(能鍊氣)' 까닭이라고 예찬된 분이다.[40]

杜甫가 그와 같이 높이 평가되고 중국과 한국에서 역대에 『詩經』詩 이래 가장 존숭되는 시인의 한 분이 될 수 있었던 것은, 평소에 시를 짓는 데 끊임없는 단련으로써 '鍊琢의 工'을 가했던 까닭이다. 앞에서도 인용했듯이, 宋代의 阮閱은 『詩話叢龜』에서 그러한 두보를 평하기를, "精於鍛鍊, 使一字生神.(단련에 정성스러워 한 글자로 하여금 신묘함을 자아내게 하였다.)"이라고 했으며,[41] 고려 후기의 李仁老는 『破閑集』에서 또한 평하기를, "琢句之法, 唯少陵獨盡其妙.(시구를 연탁하는 법은 오직 杜少陵이 유독 그 묘함을 다했다.)"라고 하고, 비록 '빼어난 재주(逸材)가 있었으나', '반드시 연탁의 工을 가했다(必加鍊琢之工)'고 하였다.[42]

두보의 시는 한국에서도 역대에 특히 존숭되었으며, 그의 詩集이 조선 전기에 王命에 의해 『杜詩諺解』라는 책으로 역해되어 애송되기까지 하였다. 그리고 많은 시인과 비평가에 의해 善評되었다.

또한 茶山은 「寄淵兒」라는 편지글에서, '『詩經』 3백 편의 시가 끼쳐 준 뜻(三百篇之遺意)'을 터득한 두보의 시를 예로 들면서 시 짓는 자세를 다음과 같이 논한 바 있다.

> 後世詩律, 當以杜工部爲孔子, 蓋其詩之所以冠冕百家者, 以得三百篇遺意也. 三百篇者, 皆忠臣孝子烈婦良友惻怛忠厚之發, 不愛君憂國, 非詩也, 不傷時憤俗, 非詩也, 非有美刺勸懲之義, 非詩也, 故志不立, 學不醇, 不聞大道, 不能有致君澤民之心者, 不能作詩.
>
> 후세의 詩律에 있어서는 마땅히 杜工部(杜甫)로써 孔子를 삼아야 하니, 대개 그의 시가 百家 시의 으뜸이 되는 까닭은 『詩經』詩 3백 편이 끼친 뜻을 터득했기 때문이다. 3백 편은 모두 忠臣 · 孝子 · 烈婦 · 良友의 측은히 여기는 어진(惻

40 註 18의 본문 참조.
41 註 16의 본문 참조.
42 註 17의 본문 참조.

怛) 마음과 진실되고도 인정이 두터운 마음에서 나온 것이니, 임금을 사랑하거나 나라를 근심하지 않는 것은 시가 아니고, 시대를 가슴 아파하거나 풍속을 분히 여기지 않는 것은 시가 아니며, 찬미하고 풍자하고 선을 권장하고 악을 징계하는 뜻(意義)이 있지 않으면 시가 아니다. 그러므로 뜻(志)이 서지 못하고 배움이 醇正하지 못하며 大道를 듣지 못하여, (임금을) 좋은 임금으로 이루어 드리고 백성들에게 혜택을 베풀고자 하는 마음(致君澤民之心)을 지닐 수 없는 자는 능히 시를 지을 수 없다.[43]

茶山이 杜甫의 시를 위와 같이 높이 평가하며 자식에게 시 짓는 법을 가르치는 논리에 적용한 까닭은, 『詩經』詩가 끼쳐 준 뜻(三百篇之遺意) 곧 思無邪한 시정신으로 두터운 人情을 드러내어 인륜의 道를 밝히고자 한 뜻을 잘 이어받아, 사람의 도리를 다하고 '閔時病俗'[44]하여 '不忘百姓之病'[45]할 줄 아는 선비정신을 보여 주었기 때문이며, 시 가운데 '美刺勸懲之義'를 나타내어 宣揚했기 때문이다.

또한 중국 宋代 司馬溫公(司馬光)의 『續詩話』에서는, 두보의 詩法을 다음과 같이 평하였다.

詩云, 牂羊墳首, 三星在罶, 言不可久. 古人爲詩, 貴于意在言外, 使人思而得之, 故言之者無罪, 聞之者足以戒也. 近世詩人, 惟杜子美最得詩人之體. 如國破山河在, 城春草木深, 感時花濺淚, 恨別鳥驚心, 山河在, 明無餘物矣, 草木深, 明無人矣. 花鳥平時可娛之物, 見之而泣, 聞之而悲, 則時可知矣. 他皆類此, 不可徧擧.

『詩經』詩에 이르기를 "암염소(장양牂羊)가 머리만 크고, 三星은 '통발(류罶)'에 떠 있네." 하였는데, 말이 길지 않아도 이해된다. 古人들이 시를 짓는 데에는 뜻이 말 밖에 있는 것(意在言外)을 귀하게 여겼으니, 사람들로 하여금 생각해서 터득하도록 하는 것이었다. 그러므로 말하는 자에게는 죄가 없었고, 듣는 자로

43 丁若鏞, 『與猶堂全書』 第一集, 第二十一卷, 「寄淵兒」 참조.
44 註 5의 본문 참조.
45 『禮記』 卷第四十一, 「儒行」篇 참조.

서는 족히 경계 삼을 만하였다. 근세의 시인 중에는 오직 杜子美가 (그와 같은) 시인다운 體를 가장 잘 터득하였다. 이를테면 "나라가 부서져서 山河만 남아 있고, 都城의 봄에는 초목이 깊구나. 시절을 감탄하니 꽃이 눈물을 뿌리고, 이별하는 것을 한스러워하니 새도 마음이 놀라는구나." 하였으니, "山河만 남아 있다." 한 것은 남은 사물이 없음을 밝혀 준 것이요, "초목이 깊다." 한 것은 사람이 없음을 밝혀 준 것이다. '花鳥'는 평시에 즐길 만한 사물이겠거늘, 보자니 눈물을 흘리고 있고(울음이 솟구치고) 듣자니 슬퍼하고 있다(슬프다)고 한즉, 시절을 가히 알 만하게 하였다. 다른 작품들도 모두 이와 같았으니, 이루 다 (두루) 거론할 수 없을 것이다.[46]

위의 인용문에서, 『詩經』詩에 이르기를 "암염소가 머리만 크고, 三星은 '통발'에 떠 있네."라고 하였는데, 말이 길지 않아도 이해된다고 한 것은, 흉년에 기근饑饉이 들어 여윈 암염소가 그 때문에 머리만 덩그렇게 크고 또한 그 때문에 미물조차 먹을 것이 없어서 통발에는 걸린 물고기도 없이 물에 三星만 비쳐 떠 있는 것을 사실 그대로 짧게 묘사한 것이지만, 시절의 모습과 백성들의 고통을 '言外之意(말 밖의 뜻)'로써 나타낸 것이 잘 이해된다는 뜻을 말한 것이다. 위에서 詩評을 행한 司馬溫公이, 古人들이 시를 짓는 데에는 생각할 여유를 갖게 하는 '함축된 채 드러나지 않는 무궁한 뜻'을 지닌 '含蓄不露之意' 곧 '言外之意'를 소중히 여겼다고 하고서, 그와 같은 詩法을 보여 준 대표적인 시인으로 杜甫를 거론하며, 〈春望〉[47]을 작품 예로 들어 논평하였다.

위에 인용한 『續詩話』 구절을 검토하자면 두보의 시는, 앞서 논의한 바 조선 후기에 茶山이 「文體策」에서 "天地間大文章, 莫如物態人情.(天地間의 大文章은 物態와 人情만한 것이 없습니다.)"[48]이라고 하여, 사물의 모습을

---

46 司馬光, 『續詩話』, 臺靜農 編, 『百種詩話類編』 上卷, 藝文印書館, 1973 참조. 위에서 인용된 『詩經』詩는 '小雅', 〈초지화苕之華〉 참조.

47 『分類杜工部詩』 卷十一, 〈春望〉 참조.

48 註 6과 같음.

있는 그대로 잘 보여 주되 두터운 人情을 드러내는 것이 위대한 문장의 기본 요건임을 밝힌 것에 그대로 부합된다. 評者의 표현대로 杜甫의 시에서는 위의 〈春望〉에서와 같이 時俗과 사물을 사실대로 반영하고 묘사하되, 시대를 민망히 여기고 풍속을 가슴 아파하는 '閔時病俗'의 시적 자세로써 함축된 '言外之意'를 보여 주며 의리를 밝힌 詩篇들이 많다는 것을 알 수 있다. 그것이 바로, 자연스런 표현으로써도 요란스레 '말 잘하는 선비(能言之士)'로서 미칠 바가 아닌,[49] '大家의 要件과 詩法'을 잘 터득한 경우라고 하겠다.

2) 한국의 경우

舊韓末의 문장가 滄江 金澤榮은, 「雜言」이라는 글에서 후세의 시를 논하여 다음과 같이 말하였다.

> 後世之詩, 不可專以正宗責之, 宋之詩, 若使東坡爲第一, 則吾韓之詩, 亦當以申紫霞爲第一. 李益齋之詩, 以工妙清俊, 萬象具備, 爲朝鮮三千年之第一大家, 是以正宗而雄者也, 申紫霞詩, 以神悟馳騁, 萬象具備, 爲吾韓五百年之第一大家, 是以變調而雄者也.
>
> 후세의 시를 오로지 正宗이라는 말로만 바랄 수는 없겠으나, 宋 나라의 시를 만약 蘇東坡로 하여금 제일이 되게 한다면, 우리 조선시대의 시는 또한 마땅히 申紫霞로써 제일을 삼아야 할 것이다. 李益齋의 시는 工妙하고 淸俊한 가운데 萬象을 갖춤으로써 조선 3천 년의 제일 大家가 되니, 그러므로 '正宗'으로서 으뜸가는 자요, 申紫霞의 시는 神悟하고 내달리는 가운데 만상을 갖춤으로써 우리 조선시대 5백 년의 제일 大家가 되니, 그러므로 '變調'로서 으뜸가는 자이다.[50]

49 註 5의 본문 참조.

50 金澤榮, 『韶濩堂文集』 定本, 卷八, 「雜言」(六) (丙辰) 참조.

위에서 滄江이 고려 후기의 시인 益齋 李齊賢을 '朝鮮三千年之第一大家'라 하고 조선 후기의 시인 紫霞 申緯를 '韓五百年之第一大家'라 한 것은, 선비다운 면모와 시인으로서의 역량 등 여러가지 측면을 고려한 논평일 것으로 생각된다. 그런데 滄江은 위에서, 우리 문학이 있은 3천 년 이래의 시를 두가지의 특징적인 관점에서 주목하여, 益齋 李齊賢과 紫霞 申緯를 大家라고 지칭한 것으로 보인다. 후세의 시에 이르러서는 반드시 正道를 보여 준 正宗(宗正)으로써만 大家를 단정하여 논평할 수는 없을 것이기 때문에, 비록 正道를 다소 변화시켜 새로운 전통을 창조했다고 하더라도 紫霞의 시가 조선 5백 년 제일의 大家임이 틀림없다는 것이다. 익재는 익재대로 자하는 자하대로 그 나름의 뚜렷한 개성이 있는 風格으로써 각각 만상을 갖추어 표현해낸 점에 있어서는 부합되기 때문에, 그 두 시인이 모두 大家가 될 수 있었다는 것이다.

'正調格'보다 '變調格'이 더 낫다고는 할 수 없겠으나, 익재는 雄渾하고도 河海와 같은 면모로써 도덕군자로서의 시적 세계를 보여 주었으며, 자하는 아리땁고 고운 아기자기한 면모로써 그리고 신기함과 거침없이 내달리는 모습으로써 시인으로서의 도덕적 순수함을 보여 주었기 때문에, 滄江은 위와 같이 논평할 수 있었던 것이다. 여기서 우리는 일단, 變調라고 해서 正調로부터 크게 벗어나는 것은 아니라는 점에서 익재와 함께 자하가 大家가 될 수 있었음을 의식할 필요가 있을 것이다.

그러면 이제, 필자가 앞에서 논의한 바 '大家의 要件과 詩法'의 관점에서 그리고 앞에서 陶淵明과 杜甫를 예로 들어 '大家 詩法의 실제'를 살펴본 관점에서, 益齋 李齊賢과 紫霞 申緯의 詩法을 고찰하고자 한다.

조선 전기에 徐居正은 『東人詩話』에서, 〈山中雪夜〉를 예로 들면서 익재의 시를 다음과 같이 평하였다.

> 益齋山中雪夜詩, 紙被生寒佛燈暗, 沙彌一夜不鳴鐘. 應嗔宿客開門早, 要看巖

前雪壓松, 能寫出山家雪夜奇趣, 讀之令人沆瀣生牙頰間. 崔拙翁嘗曰, 益老平生詩法, 盡在此詩.

익재 李齊賢의 〈山中雪夜〉 시에 "紙被(등잔의 초롱에 씌운 종이갓)에 찬 기운 일고 불등은 가물거리는데, 사미승은 온밤을 종 칠 줄 모르네. 자던 손이 일찍 문 연 것을 응당 성내리오마는, 바위 앞의 눈에 눌린 소나무를 보려는 것을." 이라고 하여, 山家(절간)의 눈 오는 밤 기이한 정취를 잘 그려냈다. 이 시를 읽으면, 읽는 사람으로 하여금 입가에 이슬이 맺히게 한다. 졸옹拙翁 최해崔瀣는 일찍이 이르기를, "익재 노인의 평생 詩法이 모두 이 시에 들어 있다" 하였다.[51]

위의 인용문에서 徐居正이 논평한 시 〈山中雪夜〉는 益齋의 대표작으로 일컬어지는 작품의 하나이다. 고려 후기에 崔瀣가 "익재의 평생 詩法이 모두 이 시에 들어 있다."라고 한 말을 덧붙이며 徐居正이 위에서 논평하기를, "이 시를 읽으면, 읽는 사람으로 하여금 입가에 이슬이 맺히게 한다." 라고 하였는데, 이는 모두 앞에서 大家의 詩法을 논의해 온 바와 같이 '욕심 없는 마음의 뜻(無欲之意)'을 '말 밖의 뜻(言外之意)'으로 표출해냄으로써 '자연스런 맛(自然之味)'을 보여 준 것이기 때문이었다. 그것은 또한 익재가 『륵옹패설櫟翁稗說』에서 "古人之詩, 目前寫景, 意在言外, 言可盡而味不盡.(옛사람의 시는 눈앞에서 경치를 묘사하였으면서도 뜻이 '말 밖'에 있으니, 말은 다할 수 있었으나 意味는 다하지 않는다.)"[52]이라고 이른 것을 자신의 시로써 실천적으로 보여 준 하나의 사례가 된다고 하겠다.

조선 중기 이수광李睟光의 『芝峯類說』에서는, 익재의 시 〈범려范蠡〉를 평하여 다음과 같이 말하였다.

益齋李齊賢詠范蠡詩曰, 論功豈啻破强吳, 最在扁舟泛五湖. 不解載將西子去, 越宮還有一姑蘇, 其意甚新.

51 徐居正, 『東人詩話』下 卷五 참조.
52 註 24의 본문 참조.

익재 이제현이 〈범려范蠡〉를 읊은 시에 이르기를, "功을 논하자면 어찌 강한 吳를 쳐부순 것뿐이리오! 조각배로 五湖에 떠 간 것이 가장 높으리. 만약 西子(西施)를 싣고 갈 줄 몰랐다면, 越 나라의 궁궐에 또 하나의 '姑蘇臺'가 생겼으리라." 하였는데, 그 뜻이 매우 새롭다.[53]

위의 인용문에서 李睟光은, 益齋의 시에 나타난 고상하고도 '참신한 뜻(新意)'을 높이 평가하였다. 익재는 〈范蠡〉 시에서, 越 나라를 건지기 위해 越王을 매혹시킬지도 모르는 西施를 배에 태우고서 五湖로 떠나간 범려의 義理를 가상히 여겼다. 李睟光은 위의 인용문 끝에서, 익재의 그와 같은 역사의식이 자연스런 표현 가운데 '新意'로써 잘 형상화되어 나타난 것을 높이 평가하였는데, 앞에서도 논의했듯이, 그와 같은 익재의 詩法은 역대의 참된 선비들이 시 작품에서 고상한 '뜻(意)'을 나타내는 것을 중히 여겼다는 점에 부합된다. 이런 類의 시적 자세는, 익재가 앞서의 인용문에서 보여 준 바와 같은 '言外之意'·'自然之味' 등과 아울러 익재를 大家로 일컬어지게 한 두드러진 요건이 된다고 하겠다.

紫霞 申緯의 주옥같은 시편들에 대하여 4천여 首의 많은 시를 모두 검토함으로써 大家로서의 자하의 詩法을 실증하기는 쉽지 않은 일이며, 반드시 그럴 필요도 없을 것이다. 자하의 시에는 '變調格'으로서의 大家임을 충분히 짐작할 수 있게 하는 작품들이 적지 않다.

紫霞의 연대 미상의 시 〈西京次鄭知常韻〉을 살펴보자면 다음과 같다.

急管催觴離思多, 된 피리와 재촉하는 술잔은 이별의 생각이 많으니,
不成沈醉不成歌. 흐뭇하게 취하지 못하고 노래도 이루지 못하네.
天生江水西流去, 天生의 江水가 서쪽으로만 흘러가니,
不爲情人東倒波. 정든 이를 위해 물결을 거꾸로 쏟지 않누나.[54]

---

53 李睟光, 『芝峯類說』 卷十三, '文章部'(六), 「東詩」 참조.
54 金澤榮 編, 『申紫霞詩集』 卷之一, 〈西京次鄭知常韻〉 참조.

위의 시 앞부분에서 紫霞는 누구나 겪을 법한 보편적인 人情 곧 이별의 情恨을 곡진하게 표현하였다. 그리고 위의 시 뒷부분은, 비록 杜詩 〈別贊上人〉에서 "百川日東流, 客去亦不息.(모든 냇물이 날마다 東으로만 흘러가니, 客이 떠나고는 또한 쉬어 가지 않네.)"[55]이라고 한 시구의 뜻으로부터 환골탈태換骨奪胎한 것이지만, 古人의 뜻을 바꾸지 않고 자기의 말을 지어냈으면서도 참으로 換骨法을 터득한 솜씨라고 할 만큼 精彩가 빛난다. 중국에서는 강물이 동쪽으로 흐르고 한국에서는 강물이 서쪽으로 흐른다. 따라서 '東'자와 '西'자를 바꾸어 쓰는 등 杜詩와는 字句를 조금 달리 표현했을 뿐이지만, 정든 사람을 머물러 둘 수 있도록 강 물결을 거꾸로 흐르게 하고 싶다는 데에 이르러서는, 杜甫의 시를 환골탈태한 紫霞의 詩法과 그 절실한 뜻의 아름다운 표현에 누구도 공감하지 않을 수 없을 것이다.

자하의 시 〈雜書〉 50首에는 당시의 정치 현실과 제도 · 풍속 · 국가 경제의 모순점 등을 바라보는 선비적 양심과 시정신이 담겨 있다.

> 驕奢豈是國家福, 교만과 사치가 어찌 국가의 복이 되리오?
> 恭儉方爲宰相基. 공손함과 검소함이 바로 재상의 근본일세.[56]

위의 시구는 〈雜書〉 50首 중 '其三十一'의 일부이다. 위의 시구에 나타난 뜻은, 『大學』 끝 章에서의 "國不以利爲利, 以義爲利也.(나라는 이익으로써 이익을 삼지 않고, 義로써 이익을 삼는다.)"라는 구절에 담긴 뜻이나 또는 『禮記』, 「儒行」篇의 "儒有不寶金玉, 而忠信以爲寶.(선비에게는, 金玉을 보배로 여기지 않고 忠信을 보배로 여기는 정신이 있다.)"라는 구절에 담긴 뜻을 본받은 것이다.[57] 자하의 시 〈雜書〉에는 이와 같은 선비적 양심으로서의 비

55 淸 · 楊倫 編, 『杜詩鏡銓』 卷六, 〈別贊上人〉 참조.
56 申緯, 『警修堂全藁』 卷之二十 〈雜書〉 참조.
57 『大學』, 「傳」, 十章 및 『禮記』 卷四十一, 「儒行」篇 참조.

판정신이 구절마다 담겨 있는데, 이로 보더라도 자하는 결코 吟風弄月하는 것을 시의 본령으로 생각하지 않고 시로써 '閔時病俗' 하는 자세를 보여준 시인임을 확인할 수 있다.

滄江은 『申紫霞詩集』의 「序」에서 자하 시의 내용이 변화무쌍하여 '千情萬狀' 이라고 하면서 다음과 같이 평하였다.

> 瑩瑩乎其悟徹也, 猋猋乎其馳突也, 能艶能野, 能幻能實, 能拙能豪, 能平能險, 千情萬狀, 隨意牢籠, 無不活動, 森在目前, 使讀者, 目眩神醉, 如萬舞之方張, 五齊之方醲, 可謂具曠世之奇才, 窮一代之極變, 而翩翩乎其衰晩之大家者矣.
>
> 그 깨달음이 옥과 같이 빛나고 그 내달림이 회오리바람과 같아서, 능히 곱기도 하고 질박하기도 하며, 능히 환상적이기도 하고 실질적이기도 하며, 능히 졸렬하기도 하고 豪放하기도 하며, 능히 평탄하기도 하고 險怪하기도 하여, 천가지 情態 만가지 형상이 뜻을 따라 얽히고 싸여 살아 움직이지 않음이 없는지라, 삼엄하게 눈 앞에 나타나 독자로 하여금 눈이 부시고 정신이 취하게 하여, 마치 만가지 춤이 바야흐로 펼쳐지고 다섯가지의 양조한 술맛이 바야흐로 무르익는 듯하니, 가히 세상에 보기 드문 신기한 재주를 갖추고서 一代의 지극한 변화를 다하여 훨훨 나는 듯, 쇠약한 뒷 세상의 '大家'라고 이를 만하도다.[58]

滄江의 평에서와 같이, 紫霞의 시를 어느 한가지 성향으로만 단정할 수는 없다. 창강은 자하의 시에 대하여 다양한 제재와 더불어 표현면에서도 기교가 뛰어났음을 지적하였다. 표현의 기교만 뛰어나다고 해서 그 시가 참되고 훌륭하다고 할 수는 없다. 창강이 평한 바 '千情萬狀'은, 기교적인 표현미보다는 내용의 충실성을 근본 바탕으로 하는 데서 가능했던 것이며, 따라서 '韓五百年之第一大家'라고 일컬어질 수 있었던 것이다.

---

58 金澤榮 編, 『申紫霞詩集』, 「序」 참조.

4. 결론

중국과 한국 등 동양에서는, 역대의 참된 선비 참된 시인들이 기본적으로 좋은 문장과 좋은 시편들을 남기는 것을 삶의 궁극 목표로 삼지 않았으며, 시 작품을 통해서도 도덕을 세우고 의리를 밝히는 데 힘썼다. 따라서 시의 창작에서는 참된 고상한 '뜻(意)'을 나타내는 것을 위주로 하였다. 그런데 시에서 참된 뜻을 나타낸다는 것은, 끊임없이 '氣'를 단련하고 '鍊琢의 工'을 기울이는 데서 가능한 일이었으며, 그와 같이 참된 뜻을 나타내기 위하여 '氣'를 단련하고 '鍊琢의 工'을 기울이는 것이야말로 시인으로서의 大家가 될 수 있는 필수적인 기본 요건이 되었다.

중국과 한국에서, 참된 선비이면서 동시에 시인으로서의 大家로 일컬어진 대표적인 분들로 대개 陶淵明 · 杜甫와 李齊賢 · 申緯를 들지 않을 수 없을 것이다. 본고에서는, 그 몇몇 大家들이 思無邪한 시정신으로써 두터운 人情을 드러내며 '閔時病俗'하는 마음과 '不忘百姓之病'의 시정신을 보여 준 것에 주목하기도 하고, 혹은 자연스런 표현 가운데 '言外之意'로써 함축된 무궁한 뜻을 나타낸 것 그리고 욕심 없는 순수한 마음의 깊은 뜻을 보여 준 것 등에 주목하기도 하였다. 그와 같은 大家로서의 면모와 詩法은 모두, 참된 선비로서 세상을 밝히고자 하는 '義理之學'에 삶의 궁극 목표를 두고서 학문과 수련을 통해 끊임없이 '氣'를 단련하는 데서만 가능한 것이었다. 그런 大家의 경지에서 시편을 지을 때 비로소 '天地間大文章' 또는 '天下之至言'이라는 평을 들을 수 있는 것이었다.

이제 위에서와 같은 필자의 미흡한 논의로써는 결코 '大家의 詩法'에 관한 논의가 제대로 행해졌다고 할 수 없을 것이므로, 이 분야의 이론 연구나 작가와 작품 연구의 바람직한 방향 제시를 위하여 학계의 더욱 충실한 논의가 있을 것을 기대해 마지 않는다.

燕巖 小說 〈兩班傳〉과
〈穢德先生傳〉에 나타난 선비精神

1. 서론

본고는, 조선 후기의 실학자이며 문장가였던 燕巖 朴趾源(1737~1805년)의 漢文小說 〈양반전兩班傳〉과 〈예덕선생전穢德先生傳〉에 나타난 선비정신을 고찰하고자 하는 것이다. 그런데 본고의 제목을 그 작품들에 나타난 선비정신을 살펴보는 것으로 정하기는 했어도, 연암 소설에서 선비정신을 찾아내는 일은, 작품의 文面에 나타난 뜻으로써 살펴볼 수 있는 선비정신은 물론이요 작자가 작품의 文面에는 드러내지 않고 작품 裏面에 암시한 뜻으로써도 파악할 수 있는 선비정신까지를 밝혀내는 데서 비로소 해결될 것이다. 그 '선비정신'을 읽을 수 있게 하는, 작품에 나타나 있거나 작품의 裏面에 암시해 놓은 뜻이란, 작자가 작품을 창작하면서 당시 우리 사회에서 회복되기를 갈망하면서도 구차스럽게 직설적으로는 표현하지 않고 독자로 하여금 진정한 선비정신의 실체가 무엇인가를 은연중 깨달을 수 있도록 한 뜻을 의미한다. 그것은, 계몽적 구호처럼 노출되어 전달되는 뜻이 아니기에, 작자에 의해 構成 · 표현법 · 암시 등의 작법으로써 작품의 묘미를 더할 수 있도록 의도되어, 작품으로 하여금 한층 더 문학적 가치를 높일 수 있게 한 뜻이다.

본고는, 연암 소설 〈兩班傳〉과 〈穢德先生傳〉의 두 작품에서 연암의 작가의식과 관련된 그와 같은 뜻을 찾아 연암 소설에서 나타내거나 암시한 선비정신인 동시에 작자 연암의 선비정신이었다고 할 '선비정신'을 밝혀내려는 의도에서 출발하는 것이기에, 학계의 기존 연구 성과를 충분히 존중하기는 하되 그 종래의 연구에서 행해진 논의 결과와는 다소 관점의 차이를 보이는 결론에 도달할 것이다. 왜냐하면, 연암의 작가의식과 관련하여 작자가 작품을 통해서 말하고자 한 뜻에는, 그동안 학계에서 일반적으로 연구되어 온 바와 같이 단순히 풍자나 해학 등의 방법에 의하여 작품 표면에 드러낸 것으로 논의되는 뜻으로써만 파악될 수는 없는, 어떤 다른 일면이 있는 것으로 판단되기 때문이다. 따라서 필자는, 연암이 당시 우리 사회에서 회복되기를 갈망한 선비정신과 더불어 연암이 견지하고자 했던 선비정신의 실체를 밝혀내는 데 본고의 목적을 두고, 작자가 두 소설 작품들을 통하여 나타내거나 암시한 선비정신의 실체를 파악하여, 종래의 연암 소설에 대한 해석의 긍정적인 측면에 연암의 선비정신과 작가의식의 一端에 관한 필자 나름의 새로운 견해를 추가함으로써, 이 작품들을 포함하는 연암 소설 전반의 연구에 一助하고자 한다.

필자가 연암 소설에 나타난 선비정신을 살펴보고자 하면서도 본고에서 오직 〈兩班傳〉과 〈穢德先生傳〉 두 편의 작품을 논의의 대상으로 삼게 된 것은, 연암 소설의 작품 수가 적지 않아서 한 편의 작은 논문으로 모든 작품에 나타난 선비정신을 논단하기가 쉽지 않기 때문이며, 또한 어느 한 편의 작품에 대한 논의만으로 연암 소설 전반에 나타난 선비정신의 대강을 살펴보기에는 다소 미흡한 점이 있을 것으로 판단되기 때문이다. 그리고 〈兩班傳〉이 선비 곧 양반들로 하여금 지극한 인륜의 道를 추구함으로써 君子之道를 행하고자 하는 선비정신을 회복할 수 있게 되기를 갈망하여 지은 것으로, 선비정신의 회복을 꾀하는 동시에 인륜의 道 전체를 말하고자 한 작품임에 비하여, 〈穢德先生傳〉은 인륜의 道의 하나에 해당되는 것이면서도 인륜의 道 전체를 통섭統攝하는 것이라고 할 '友道'를 말함으로써[1] 선비정신을 밝히고자 한 작품이라는 점에서, 그 두 작품을 아울러 고찰하는 것이 연암 소설과 연암 소설에 나타난 선비정신을 이해하는 데 상호보완적 의의를 지닐 수 있다고 판단되기 때문이다.

그동안 학계에서는 연암 소설에 대하여 많은 연구가 행해졌으며, 따라서 연암의 그 두 작품에 대해서도 참고할 만한 논저들이 적지 않다.[2] 그동안 행해진 〈兩班傳〉에 대한 연구에서는, '봉건사회 폭로', '양반제도의 타파', '사회계급 타파', '양반사회 비판', '선비의 도리를 잃은 양반에 대한 비판' 또는 '사회 변화의 표출' 등의 해석이 주류를 이루어 왔다. 그리고 〈穢德先生傳〉에 대한 연구에서는, '서민의식의 표출', '사회계층론의 부정' 또는 '중농사상의 고취', '천농사상의 배격', '영농의식의 고양' 또는

1 〈마장전馬駔傳〉의 경우도 마찬가지이겠으나, 여기서는 그중 〈穢德先生傳〉을 택하여 논의하기로 하였음.

2 〈兩班傳〉·〈穢德先生傳〉을 포함하는 연암 소설에 관한 기존 연구로 주목되는 논저들을 예로 들면 다음과 같다.

李家源, 『燕巖小說研究』, 乙酉文化社, 1965.

李家源, 「燕巖小說과 實學思想 -특히 兩班傳을 中心으로-」, 『韓國思想叢書』 II, 韓國思想研究會, 1973.

金學成, 「燕巖小說의 諷刺性」, 『文理大學報』 26, 서울대학교, 1971.

林熒澤, 「朴燕巖의 友情論과 倫理意識의 方向 -馬駔傳과 穢德先生傳의 分析-」, 『韓國漢文學研究』 I, 韓國漢文學研究會, 1976.

李東歡, 「朴趾源論」, 『韓國文學作家論』, 螢雪出版社, 1977.

金鎭英, 「兩班傳의 諷刺性考」, 『태능어문』 1, 서울여자대학교 국문과, 1981.

朴箕錫, 「燕巖의 初期 九傳에 對한 一考 -穢德先生傳을 中心으로-」, 張德順 先生 華甲紀念 『韓國古典散文研究』, 同和文化社, 1981.

朴箕錫, 『朴趾源文學研究』, 三知院, 1984.

金均泰, 「兩班傳의 主題」, 『韓國文學史의 爭點』, 集文堂, 1986.

車溶柱, 『韓國漢文小說史』, 亞細亞文化社, 1989.

車溶柱 編, 『燕巖研究』, 啓明大學校 出版部, 1984.

金明昊, 『熱河日記 研究』, 창작과 비평사, 1990.

金明昊, 『박지원 문학 연구』, 成均館大 大東文化研究院, 2001 등.

'바람직한 友道의 제시' 등의 해석이 주류를 이루어 왔다. 종래 연구에서의 그와 같은 해석도 상당 부분 논의의 타당성을 보여 준다고 하겠으며, 각각 一理 있는 견해를 제시한 것이라고 하겠다.

그런데 〈兩班傳〉을 '봉건사회 폭로'라든가 혹은 '양반제도 타파' 등에 초점을 맞추어 연구하거나 〈穢德先生傳〉을 '중농사상의 고취', '천농사상의 배격' 등에 초점을 맞추어 연구하는 데에는 다소 무리가 있다. 필자가 생각하기로는 〈兩班傳〉을 연구하자면, 작자가 작품의 표면에 드러내지는 않았으나 작품을 통해서 은연중 제시하고자 한 작가의식의 심층에 깔린 생각 곧 조선시대의 웬만한 학자와 지식인들이라면 스스로 실천하지는 못해도 누구나 줄줄이 외면서 상식적으로는 알고 있었을 선비의 본색을 되찾고 선비정신을 회복하고자 한 열망을, 작품 해석의 가장 중요한 문제점으로 파악하지 않으면 안된다. 연암은 〈兩班傳〉의 작품 표면에서 孔·孟 이래에 계승되어 온 동양 역대의 전통적인 선비의 내력과 선비정신을 구태여 새삼스럽게 강의하듯이 설명하거나 구호처럼 노출시켜 역설하지는 않았다. 그러나 연암은, 그 작품에 표현된 문장의 이면을 통해서 당시의 우리 사회에서 상실된 전통적인 선비의 본색을 되찾고 선비정신을 회복하여, 마땅히 그 선비정신이 사회의 정신적 지주 역할을 하는 모든 선비 곧 양반들에게서 실천될 수 있도록 해야 할 것임을 무언중에 암시하고 있는 것이다.

필자가 판단하기로는, 연암이 〈穢德先生傳〉을 창작하게 된 동기와 작가의식도 〈兩班傳〉의 경우와 크게 다르지 않다. 연암은 〈穢德先生傳〉에서, 겉으로 나타난 신분으로써 사람을 평가하지 않고 참된 삶의 자세로써 사람을 평가해야 할 것이라는 선비정신을 보여 주었다. 〈穢德先生傳〉의 주인공 엄항수嚴行首[3]의 경우처럼 신분의 高下와 관계없이 누구든 스스로 제

3 '行首'를 '항수'로 읽는 것은, 노역 등의 같은 일을 하는 사람들의 무리 가운데 곧 '같은 줄'에서의 '우두머리'라는 뜻에서임.

힘을 먹고 사는 '自食其力'의 정신이야말로 연암이 표방하고 갈구한 바 진정한 선비정신이었다고 할 것이다. 따라서 그와 같은 선비정신과 그 선비정신에서 비롯된 참된 友道의 의미를 파악해내는 것이 〈穢德先生傳〉 이해의 요체가 된다고 하겠다.

『孟子』에 "說詩者, 不以文害辭, 不以辭害志."라고 하여, "시를 설명하는 자가 (겉으로 나타난) 글로써 (글쓴이가 말하려고 한) 말을 해쳐서는 안되고, 말로써 (글쓴이의) 뜻을 해쳐서는 안된다."고 하였는데,[4] 바로 그와 같은 의미에서 연암이 작품과 작품 이면에 나타내려고 한 뜻을 미루어 헤아리는 것이 〈兩班傳〉이나 〈穢德先生傳〉과 같은 연암 소설 연구의 참된 요령을 터득하는 길이라고 하겠다. 필자는 이와 같은 관점에서 본고의 논의를 진행하되, 동양의 古典 곧 經書와 그 註釋 그리고 歷史書와 역대의 文集 등을 참고하여 가능한 한 작품 해석에 도움될 만한 몇몇 논거를 제시함으로써 본고에서 주장하고자 하는 작품 해석에 관한 필자의 견해를 실증하는 방법을 취하기로 한다. 필자는, 이들 연암 소설을 해석할 때 기본적으로 작품의 文面에 나타난 뜻으로써만 작품을 해석할 것이 아니라 종종 희화적인 기법으로 표현하기도 한 작품의 이면에 암시되고 은유된 작가의식을 간과해서는 안될 것이라고 생각한다. 그 소설 작품들이 보여 주고 있는 희화적인 기법이야말로, 작품의 문학적 가치와 묘미를 더해 줄 뿐 아니라 일부러 俗人으로 하여금 작자의 참뜻을 쉽게 헤아릴 수 없게 하는 소설 기법이라고 할 것이다. 문학 작품의 창작도 작가의 생애의 일부분이다. 연암은, 『論語』에 기록된 바 '피세辟世'[5] 곧 賢者가 세상을 피하되 伯夷 · 姜太公처럼 은거하여 속세를 피하거나, 피할 만한 세상도 없기에 그러지는 못하더라도 세상과 더불어 호흡을 같이하되 자기 자신의 깊은 뜻이나 본심의 일부를 쉽게 드러내지 않음으로써 속세를 피하는 방법과 같은, 辟世的인 고

4 『孟子』, 「萬章」章上, '盛德'章 참조.
5 『論語』, 「憲問」篇, '피세辟世'章 참조.

답적 언술 방법으로서의 희화적인 소설 기법을 실현하고 있는 것이다.[6]

본고에서 필자는, 연암 소설 중 〈兩班傳〉과 〈穢德先生傳〉 두 작품의 原文에 대하여 필자 나름의 번역문을 제시하고자 한다.[7] 그리고 두 작품에 대하여 각각 작품 논의의 편의를 위해 필자 나름의 판단에 따라 단락을 나누고자 한다. 또한 필자는 본고에서, 특히 작품의 희화적인 부분에 대해서는 종래의 연구에서 행해진 '사회 현실과 풍속의 폭로 · 고발 · 비판 · 풍자' 그리고 '신분과 지위를 초월한 참된 友道의 제시' 등의 논의에도 긍정적인 측면이 적지 않다고 생각하기는 하나, 두 작품의 모든 구절에 대하여 일일이 재해석을 가하지는 않고 그중 특히 필자 나름의 견해를 제시하는데 필요한 구절들을 중심으로 논의를 진행하고자 한다.

2. 작품에 나타난 선비정신

1) 〈양반전〉

—〈양반전〉의 단락 구분

① 兩班者, 士族之尊稱也. 旌善之郡, 有一兩班, 賢而好讀書, 每郡守新至, 必親造其廬而禮之. 然家貧, 歲食郡糴, 積歲至千石. 觀察使, 巡行郡邑, 閱糴糴, 大怒曰, 何物兩班, 乃乏軍興, 命囚其兩班, 郡守意哀其兩班, 貧無以爲償, 不忍囚之, 亦無可柰何, 兩班日夜泣, 計不知所出. 其妻罵曰, 生平子好讀

6 梅月堂 金時習의 〈金鰲新話〉에서 사용된 소설 기법 또한, 연암의 경우와 정확히 일치하지는 않는다고 하더라도, 우주 또는 九天을 떠도는 영혼들에 대한 위로 등의, 작자가 택한 희화적인 기법으로 작자의 생각을 직설적으로 표현하지 않음으로써, 속세에서 느끼는 허무감 등 작자의 심중의 일단을 노출시키지 않은 것이라고 하겠다.

7 〈兩班傳〉과 〈穢德先生傳〉에 대한 번역문은 필자의 저서 『漢文學의 硏究와 解釋』, 一潮閣, 2000, 294~298쪽과 300~304쪽에도 수록되어 있으며, 표현이 좀더 부드러워지도록 字句의 일부를 수정하기는 했으나 거의 같은 내용이다.

書, 無益縣官糴, 咄, 兩班兩班, 不直一錢.

양반은 士族에 대한 존칭이다. 정선이라는 고을에 한 양반이 있었으니, 얌전하면서도 글 읽기를 좋아해서 매양 군수가 새로 부임해 오면 반드시 그 집에 나아가서 예를 갖추었다. 그러나 집안이 가난해서 해마다 郡의 쌀을 먹어 여러 해가 되니 천석에 이르렀다. 관찰사가 군청(郡邑 : 군의 邑治. 곧 군청 소재지)을 순행하다가 조적糶糴의 출납 장부를 열람하고는 크게 노해서 말하기를, "어느 놈의 양반이 마침내 쌀(軍興 : 먹으면 군사의 士氣가 홍왕한다는 뜻에서 일컫는 말)을 축냈는고?" 하고는 명하여 그 양반을 가두게 하니, 군수가 생각하기로는 그 양반이 가난해서 갚을 길이 없는 것이 애처롭기 때문에 차마 가둘 수는 없으나 (상관의 명령 때문에) 또한 어쩔 도리가 없었는데, (그 소식을 들은) 양반이 밤낮으로 울어도 계책을 낼 길을 알지 못하더라. 그 아내가 욕을 퍼부으며 말하기를, "평소에 당신이 글 읽기를 좋아하더니, 고을 관청의 쌀을 갚는 데에는 아무 소용이 없으니, 에라! 양반 좋아하시더니 그 양반이 한푼 어치도 나가지 않는구려!" 하더라.

② 其里之富人, 私相議曰, 兩班雖貧, 常尊榮, 我雖富, 常卑賤, 不敢騎馬, 見兩班, 則跼蹜屛營, 匍匐拜庭, 曳鼻膝行, 我常如此其僇辱也, 今兩班, 貧不能償糴, 方大窘, 其勢誠不能保其兩班, 我且買而有之, 遂踵門而請償其糴, 兩班大喜許諾.

그 마을의 부자가 사사로이 (자기 집안 식구끼리) 의논해서 말하기를, "양반은 비록 가난하지만 항상 높고 영화로우며(尊榮 : 벼슬 없는 탓에 '尊貴'라고 쓰지 않음), 나는 비록 부자이지만 항상 지체가 낮고 천하여 감히 말을 타지도 못하고, 양반을 보면 허리를 구부리고 종종걸음 치면서 숨을 죽이며 두려워하고, 손발로 기면서 뜰에서 절하고 코를 끌면서 무릎으로 기어가니, 나는 항상 이다지도 욕되고도 욕되구나! 지금 (동네의) 양반이 가난해서 능히 관청의 쌀을 갚을 수 없는지라, 바야흐로 크게 군색해서 그 형세가 진실로 능히 그 양반을 보전할 수 없으니, 내가 장차 사서 차지하리라." 하고는 마침내 그 문에 이르러 가서 그 쌀을 (대신) 갚아 주겠다고 청하니, 양반이 크게 기꺼워하며 허락하였다.(許諾 : 두 글자의 간략한 표현으로써 자질구레한 거래 내용은 생략하였음)

③ 於是富人立輸其糴於官, 郡守大驚異之, 自往, 勞其兩班, 且問償糴狀, 兩班, 氈笠衣短衣, 伏塗謁, 稱小人, 不敢仰視, 郡守大驚, 下扶曰, 足下, 何自貶辱若是, 兩班益恐懼, 頓首俯伏曰, 惶悚, 小人非敢自辱, 已自鬻其兩班, 以償糴, 里之富人, 乃兩班也, 小人, 復安敢冒其舊號, 而自尊乎. 郡守歎曰, 君子哉, 富人也, 兩班哉, 富人也, 富而不吝, 義也, 急人之難, 仁也, 惡卑而慕尊, 智也, 此眞兩班, 雖然, 私自交易而不立券, 訟之端也, 我與汝約, 郡人而證之, 立券而信之, 郡守當自署之.

이에 부자가 관청에 그 쌀을 당장 바치니, 군수가 깜짝 놀라 이상히 여기고는 스스로 가서 그 양반을 위로하고 우선 그 쌀을 갚게 된 내막을 물었더니, 양반이 가죽 벙거지에 짧은 잠방이를 입고, 길에 엎드린 채로 뵈면서 (자신을) '소인'이라 칭하고는 감히 우러러 보지 못하니, 군수가 크게 놀라 내려와서 부축하며 말하기를, "足下(당신. 귀하)께서 어찌 스스로를 깎아내리며 욕되게 하기를 이와 같이 하신단 말입니까?" 하니, 양반이 더욱 걱정하고 두려워하면서 머리를 조아리고 굽어 엎드려 말하기를 "황송하나이다. 소인이 감히 스스로를 욕되게 하자는 것이 아니라 이미 스스로 그 양반을 팔아서 군청의 쌀을 갚았으니, 마을의 부자가 곧 양반입니다. 소인이 어찌 감히 그 옛 이름(兩班이라는 호칭)을 무릅쓰고서 제 스스로를 높인단 말입니까?" 하더라. 군수가 감탄해서 말하기를, "군자답구나, 부자여! 양반답구나, 부자여! 부자이면서 인색하지 않은 것은 의로운 일이요, 남의 어려움을 급선무로 삼는 것은 어진 일(仁)이요, 낮은 것을 싫어하고 높은 것을 좋아하는 것은 지혜로운 일(智)이니, 이야말로 참말로 양반이로다. 비록 그렇지만, 사사로이 스스로 서로 바꾸고는 兵符(券 : 증명서)를 세우지 않는 것은 訟事의 단서인지라, 내가 너와 더불어 약속하노니, 고을 사람들로써 증인이 되게 하고, 병부를 세워 믿게 하리라." 하고는 군수가 당장 스스로 서명(手決)을 하였다.

④ 於是郡守歸府, 悉召郡中之士族及農工商賈, 悉至于庭, 富人, 坐鄕所之右, 兩班, 立於公兄之下, 乃爲立券曰, 乾隆十年九月日, 右明文段, 㕔賣兩班, 爲償官穀, 其直千斛, 維厥兩班, 名謂多端, 讀書曰士, 從政爲大夫, 有德爲君子, 武階列西, 文秩叙東, 是爲兩班, 任爾所從. 絶棄鄙事, 希古尙志, 五更常起, 點硫燃脂, 目視鼻端, 會踵支尻, 東萊博議, 誦如氷瓢, 忍饑耐寒, 口不說貧, 叩齒彈腦, 細嗽嚥津, 袖刷毳冠, 拂塵生波, 盥無擦拳, 漱口無過, 長聲喚婢, 緩步曳履, 古文眞寶, 唐詩品彙, 鈔寫如荏, 一行百字, 手毋執錢, 不問米價, 暑毋跣襪, 飯毋徒髻, 食毋先羹, 歠毋流聲, 下箸毋舂, 毋餌生葱, 飮醪毋嘬鬚, 吸煙毋輔窳, 忿毋搏妻, 怒毋踢器, 毋拳毆兒女, 毋詈死奴僕, 叱牛馬, 毋辱鬻主, 病毋招巫, 祭不齋僧, 爐不煮手, 語不齒唾, 毋屠牛, 毋賭錢. 凡此百行, 有違兩班, 持此文記, 卞正于官.

이에 군수가 군청(府)으로 돌아와서 고을의 士族(兩班) 및 농삿군과 匠人과 상인(商賈 : 도붓장수와 앉은장수)들을 다 불러서 군청의 뜰에 다 이르러 오게 하고, 부자는 鄕所의 오른쪽에 앉게 하고 양반은 公兄(군수 밑 아전들)의 아래에 서게 하고, 마침내 병부를 세워(立證하여) 이르기를(작성하기를), "乾隆(淸 · 高宗의 年號) 10년(1745년) 9월 某日, 위에 밝힌 文件(文段)은 양반을 가져다 팔아서 관청의 곡식을 갚았으니, 그 값이 천섬이요, 오직 그 양반은 명칭과 이르는 말이 여러가지이니, 독서하는 사람을 '士'라 이르고, 政事에 종사하면 '大夫'라 하고, 덕이 있으면 '君子'라고 하며, 무반 계급(벼슬)은 서쪽에 늘어서고, 문반 계급은 동쪽에 늘어서니, 이것이 바로 양반이니, 네가 따르는 바에 맡거라(네가 하고 싶은 대로 하라). 얄궂은 일은 딱

끊어 버리고, 옛 어진이(聖賢)의 도를 바라보고 따라가 뜻을 고상하게 가지고, 5更(새벽 4시쯤)에 항상 일어나서 유황을 점찍어서 기름에 불붙이고, (양반의 수양법으로) 눈으로는 코끝을 바라보고, 발뒤축을 모아서 꽁무니에 괴고서, 『東萊博議』(宋 나라 철학자 呂東萊의 저술)를 외기를 얼음에 박 밀듯이 하고, 배고픔을 참고 추워도 견디면서 입으로는 (절대로) 가난하다는 말을 하지 않고, 이(齒牙)를 두드리고(36회) 腦(天鼓)를 퉁겨서 울리며(21회), 침을 가늘게 뿜어서 만든 진액을 (세번에 나누어) 삼키고, 옷소매로 융털 관을 문질러서 먼지를 쓸어 물결이 일어나게 하고, 세수하면서 주먹을 비벼대지 말고, 입을 양치질해서 입 냄새를 없애고, 길게 소리 내어 종(婢僕)을 부르고, 느릿느릿 걸으면서 신을 끌고, 『古文眞寶』와 『唐詩品彙』를 베껴쓰기를 마치 깨알같이 해서 1行에 100字나 하고, 손으로는 돈을 쥐지 말고, 쌀값을 묻지 않으며, 더워도 버선을 벗어서 맨발이 되게 하지 말고, 밥을 먹으면서 맨상투로 먹지 말고, 식사를 할 때 국을 먼저 먹지 말고, (음식을) 마실 때 물 흐르는 소리를 내지 말고, 젓가락을 내려놓아 맞추면서 절구 찧는 소리를 내지 말고, (냄새 나지 않도록) 날파를 먹지 말고, 막걸리를 마시면서 수염을 빨지 말고, 담배를 빨면서 움푹 보조개가 생기게 하지 말고, 성난다고 아내를 손으로 치지 말고, 성난다고 그릇을 발로 차지 말고, 아녀자를 주먹으로 치지 말고, 노복한테 욕하기를 '죽어라' 하고 욕하지 말고, 소나 말을 꾸짖으면서 판 주인을 욕하지 말고, 병들었을 때 무당을 불러 굿하지 말고, 제사 지낼 때 중을 불러 齋 지내지 말고, 화롯불에 손을 굽지 않고, 말할 때 이빨에서 침 튀기게 하지 않으며, 소를 도살屠殺하지 말고, 돈 賭博을 하지 마라. 무릇 이 온갖 행실이 양반의 법도에 어긋남이 있으면, 이 문서 기록을 가져다가 관청에 와서 고쳐 가라." 하더라.

⑤ 城主旌善郡守押, 座首別監證署, 於是通引搨印錯落, 聲中嚴鼓. 斗縱參横, 戶長讀旣畢, 富人, 悵然久之曰, 兩班, 只此而已耶, 吾聞兩班如神仙,

嗇如是, 太乾沒, 願改爲可利.

城主 旌善 군수는 手決을 눌러 찍고, 座首와 別監은 증거로 署名을 하니, 이에 通引이 印章을 탕탕 쳐서 어지럽게 찍으니, 소리 가운데 엄한 북소리가 있더라. (밤이 깊어) 북두성은 세로 놓이고 삼태성이 가로 놓이니, 戶長이 읽기를 이미 마치자, 부자가 기막힌 듯이 오래 있다가 말하기를 "양반이 단지 이것일 따름인가? 내가 듣기로는 양반이 마치 신선과 같다고 하는데, 정녕 이와 같다면 심히 메마르기 짝이 없도다. 원컨대 고쳐서 가히 이익되게 하소서." 하였다.

⑥ 於是乃更作券曰, 維天生民, 其民維四, 四民之中, 最貴者士, 稱以兩班, 利莫大矣, 不耕不商, 粗涉文史, 大決文科, 小成進士, 文科紅牌, 不過二尺, 百物備具, 維錢之橐, 進士三十, 乃筮初仕, 猶爲名蔭, 善事雄南, 耳白傘風, 腹皤鈴諾, 室珥冶妓, 庭穀鳴鶴, 窮士居鄕, 猶能武斷, 先耕隣牛, 借耘里氓, 孰敢慢我, 灰灌汝鼻, 暈髻汰鬢, 無敢怨咨. 富人, 中其券, 而吐舌曰, 已之, 已之, 孟浪哉, 將使我爲盜耶, 掉頭而去, 終身不復言兩班之事.

이에 마침내 다시 兵符(文書)를 작성하여 이르기를, "오직 하늘이 백성을 내실 때에 그 백성이 오직 넷이라. 네가지 백성 가운데 가장 귀한 것이 士로되 일컫기를 '양반'이라 하니, 이익이 보다 큰 것이 없도다. 농사도 짓지 않고 장사도 하지 않으며, 文과 史를 대충(거칠게) 섭렵하면, 크게 맺어지면 文科요 작게 이루어지면 進士라. 文科의 홍패紅牌는 두 자도 안되지만 온갖 물건이 다 갖추어지니, 오직 돈 전대나 다름없다. 서른에 진사가 되어 마침내 첫 벼슬을 점치게 되면, 오히려 (조상 덕으로) 蔭職에 이름이 오를 수 있어, 남쪽 雄州 巨邑에서 일을 잘 처리하면, 日傘 그늘에 귀가 희어지고, 배가 늘어진 채 방울 소리로 불러도 '예' 하고 대답한다네. 방안에는 곱게 단장한 기생의 귀고리가 떨어져 있고, 뜰에는 우는 학이 곡식을 쪼고, 가난한 선비가 시골에 거처함에 오히려 능히 武斷을 행할 수 있어서, 이웃

집 소로 먼저 밭을 갈고 마을 백성을 빌려 김을 매니, 누가 감히 나를 업신여기리오? 네 코에 재를 붓고 어지럽게 상투 돌리고 수염을 뽑아도, 감히 원망하고 원망할 자 없도다." 하더라. 부자가 그 문서를 맞춰 보더니, 혀를 날름대며 말하기를, "그만둘지어다. 그만둘지어다. 맹랑하구나! 장차 나로 하여금 도적이 되라는 말인가?" 하고는 고개를 저으며 가더니, 몸을 마치도록(終身토록) 다시는 양반에 관한 일을 입에 담지도 않더라.

—〈양반전〉의 작품 논의

연암이 〈兩班傳〉의 작품 文面에서 모두 말하지는 않았어도 이 작품을 창작함으로써 밝히고자 한 뜻은, '선비의 본색'을 되찾게 되고 '선비정신'이 회복되어 그 선비정신이 당시의 우리 사회에서 선비의 삶을 통하여 구현되어야 한다는 것이었다. 작자 연암은, 선비들이 원래의 선비란 무엇이며 선비의 본색은 어떤 것인가를 돌이켜 생각하기를 바라면서, 참된 선비가 견지해야 할 선비정신을 회복하는 일이야말로 당면한 시대의 급선무라는 것을 통감하였다. 그리고 또한 그것을 모든 선비들이 공감하여 그 문제의 해결에 적극 동참하자는 뜻에서 이 작품을 창작하게 된 것이다. 그런데 선비의 본색과 선비정신에 대해서는 작품을 통해 구차스럽게 설명하지 않았다. 그것은, 배운 사람 곧 당시의 웬만한 학자와 지식인들이라면 孔·孟 이래에 계승되어 온 동양 역대의 전통적인 선비의 내력과 선비정신을 古典의 글 구절로써도 누구나 줄줄이 외고 있었을 것이며, 또 돌이켜 생각하면 쉽게 알 수 있는 것이기 때문이었다.

〈兩班傳〉에서, 누적된 양반사회의 병폐와 현실 또는 풍속을 폭로하거나 비판하고 풍자하자는 것이, 작자 연암의 본심의 전부이며 창작 의도였겠는가? 그 사회의 병폐와 현실 풍속에 대한 비판은, 연암의 작품 기술을 통해서만 해결될 문제가 아니었다. 따라서 연암은, 새삼스럽게 구차한 말로 설명하고 싶지 않은, 선비와 선비정신에 대한 의미심장한 생각을 모두 드러내지 않고 일부러 역설적으로 표현하기 위하여, 작자의 일부 본심 같지 않은 변죽을 울리는 듯한 언술과 희화적인 표현법을 구사하게 된 것이다. 따라서 필자는, 작품의 文面에 드러나지 않은 작자의 속뜻을 주로 논의하는 것이 오히려 작품 해석에서 중요한 의의를 지니는 일이라고 생각한다.[8]

〈兩班傳〉의 단락 ①에서 "兩班者, 士族之尊稱也.(양반은 士族에 대한 존칭이다.)"라 하고, 단락 ④에서 "維厥兩班, 名謂多端, 讀書曰士, 從政爲大夫, 有德爲君子.(오직 그 양반은 명칭과 이르는 말이 여러가지이니, 독서하는 사람을 '士'라 이르고, 政事에 종사하면 '大夫'라 하고, 덕이 있으면 '君子'라고 한다.)"라고 하였다. 그리고 단락 ⑥에서 "維天生民, 其民維四, 四民之中, 最貴者士, 稱以兩班, 利莫大矣.(오직 하늘이 백성을 내실 때에 그 백성이 오직 넷이라. 네가지 백성 가운데 가장 귀한 것이 士로되 일컫기를 '양반'이라 하니, 이익이 보다 큰 것이 없도다.)"라고 하였다. 이 구절들로써 알 수 있는 것은 다음과 같은 것이다.

하늘이 낸 백성 곧 士·農·工·商의 四民 가운데 가장 귀한 것이 '士'인데, 그 '士'는 삶을 통하여 기본적으로 글을 읽는 사람들이다. 그런데 그 '士' 가운데 조정에 나아가 政事에 종사하는 사람을 '大夫'라 하고, 德이 있는 사람을 '君子'라 한다. '士'와 '大夫'들을 아울러 일컫는 말 곧 '士大夫' 노릇을 하는 족속을 조선시대에 일반적으로 높여 일컫는 명칭이 '양반'이었다. 그리고 또한, 연암이 이 작품 〈兩班傳〉에서 '士(선비)'가 제 본분을 망각한 채 이익만을 취하다 보면 자칫 세상과 풍속을 병들게 하기 쉽

8 註 6과 같음. 孟子의 말씀에 "說詩者, 不以文害辭, 不以辭害志, 以意逆志, 是爲得之."라고 하여, 시를 설명하려는 자가 자기 마음속의 뜻으로써 글쓴이의 본뜻을 거슬러 미루어 보아야 그것이 바로 (진정으로) 터득하는 것이 된다고 하였는데, 겉으로 나타난 글로써 작자의 본뜻을 오해하지 않는 작품 해석의 태도가 필요하다는 취지에서 필자는 이와 같은 해석 방법을 취하고자 한다.

다는 뜻에서, 이미 돌이키기 어려운 지경으로 변해 버린 세태와 풍속을 작품의 곳곳에서 희화적으로 풍자한 구절들이나 단락 ⑥에서 인용한 위의 구절로도 알 수 있듯이, '士族' 곧 '양반'들이 선비답지 않게 이익만을 취하기로 작정한다면, 그 이익이 막대하였다. 그런데 '士(士族)' 곧 '선비'로서의 양반이 본래 이익을 취하자는 집단이었겠는가? 德이 있는 선비를 '君子'라 하는데, 君子와 小人의 다른 점은 의리를 숭상하는가 이익을 추구하는가에 달려 있으니,[9] 君子를 지향하는 선비들이 이익을 탐한다면 '小人'과 무엇이 달랐겠는가?

연암은, 이 작품의 단락 ①④⑥에서 인용한 위의 구절로써도 짐작할 수 있듯이, '양반' 곧 '선비'들이 선비의 본색을 되찾아 이익을 추구하려는 삶의 자세를 버리고서 밝은 세상을 이룰 수 있는 선비정신을 회복하여 그 선비정신을 발휘하지 않으면 안된다는 뜻에서 이 작품을 창작하게 된 것이다.

연암은 『방경각외전放璚閣外傳』의 「自序」에서 〈兩班傳〉의 창작 동기를 밝히면서 다음과 같이 말하였다.

> 士迺天爵, 士心爲志, 其志如何. 弗謀勢利, 達不離士, 窮不失士. 不飭名節, 徒貨門地, 酤鬻世德, 商賈何異. 於是述兩班.
>
> 선비(士)란 곧 天爵(仁. 곧 '仁을 행하는 사람'이라는 뜻)이요, (글자를 풀이하자면) 선비의 마음(心)이 뜻(志)이 되니, 그 (선비의) 뜻이란 어떠해야 하겠는가? 권세와 이익을 꾀하지 않고, 현달한 관리(達官)가 되어도 선비정신을 떠나지 않으며, 곤궁해도 선비정신을 잃지 않는다. (그러나) 이름과 절개를 닦지 않고 한갓 문벌과 지위만을 재화로 여겨 양반의 세력을 팔아먹는다면, 장사치와 무엇이 다르겠는가? 이에 〈兩班傳〉을 짓는다.[10]

---

9 『論語』, 「雍也」篇, '爲儒'章의 集註, 謝氏曰에 "君子小人之分, 義與利之間而已.(君子와 小人의 구분됨은 義와 이익의 차이일 따름이다.)"라고 하였다.

10 『燕巖集』 卷之八, 『放璚閣外傳』, 「自序」 참조.

연암은 위의 글에서 〈兩班傳〉을 창작하게 된 동기의 대강을 밝히면서, 글자 풀이를 통하여 '선비(士)'에게는 선비정신을 지키고자 하는 '마음'의 '뜻'이 중요하다는 것을 말했다. 그런데 그 선비정신을 지키고자 하는, 마음에 간직해야 할 '뜻'으로서의 기본적인 요건만을 말하고, '선비(士)'와 '선비정신'의 개념을 모두 다 말하지는 않았다. 따라서 작품 〈兩班傳〉을 해석하는 데에는, 연암이 위의 글 「自序」에서 그 기본적인 것만을 말하고 작품에서는 변죽을 울리는 듯 모두 다 말하지 않은, 선비정신의 실체가 무엇인가를 밝혀내는 것이, 작자가 나타내고자 한 뜻을 제대로 이해하는 길이 될 것이다.

연암이 위의 글 「自序」에서 말한 "達不離士, 窮不失士."라는 말은, 孟子의 말씀을 이어받아서 말한 것이다. 『孟子』, 「盡心」章의 말씀에 "士, 窮不失義, 達不離道.(선비는 곤궁해도 義를 잃지 않으며, 현달해도 道에서 벗어나지 않는다.)"[11]라고 하였는데, 이는 富貴貧賤 때문에 道義에서 벗어나는 일이 없는 마음이 참된 선비의 마음이라는 뜻의 말씀이다. 권세와 이익을 꾀하지 않고 절개와 이름을 소중히 여겨, 곤궁하거나 현달하거나 선비정신을 잃지 않는, '선비'의 참모습을 그리워하여 연암은 〈兩班傳〉을 짓게 된 것이다.

동양에서 '선비'에 해당되는 말에 '士'와 '儒'가 있어 왔다. 後漢 · 班固의 『白虎通』에 "士者, 事也, 任事之稱也.〔'선비'는 일(事)이라는 뜻이니, 일을 맡는 사람을 일컫는 말이다.〕"[12]라고 하였는데, '士'는 능히 일다운 것을 일삼을 줄 알아서 그 일을 맡아 행하는 사람을 일컫는다는 뜻에서 한 말이다. 그리고 班固의 『漢書』에 "士農工商四民有業, 學以居位曰士.〔士 · 農 · 工 · 商의 四民이 일삼는 바가 있으니, 배워서 地位(벼슬자리)에 앉는 사람을 일러 '士'라고 한다.〕"[13]라고 하였으며, 『詩經』의 '周頌'篇에 '濟濟多士(위엄 있고

11 『孟子』, 「盡心」章上, '好遊'章 참조.
12 班固, 『白虎通』, 「爵」 참조.
13 班固, 『漢書』 卷二十四(上), 「食貨志」(上) 참조.

의젓한 많은 선비)'라고 하고, 그 「疏」에 "士謂朝廷之臣也.(선비란 조정의 신하를 일컫는 말이다.)"[14]라고 하였다. 그리고 또한 조선 후기 茶山 丁若鏞의 「五學論」에 "古者學道之人, 名之曰士, 士也者仕也.(옛날에 道를 배우는 사람을 이름하여 '士'라고 하였으니, '士'라는 것은 벼슬한다는 뜻이다.)"[15]라고 하였다. 여기서 알 수 있는 것은, '士'가 道를 배워 조정의 신하와 같은 일정한 지위에 앉는 '선비'를 가리킨 말이라는 점이다. 그리고 '士'가 士大夫로서 政事에 종사하는 등 세상에 道를 밝히기 위해서 道를 배우고 실천하는 '선비'의 뜻으로 쓰인 말이라는 점이다. 중국 周 나라의 제도에 天子國에는 三公·九卿·二十七大夫·八十一士(元士)를 두었다고 하는데,[16] 그 '士'에 해당되는 上士·中士·下士의 '士' 또한 일정한 지위를 지칭하는 말이었다고 하겠다. 하지만 그보다 윗자리를 가리키는 '大夫'라는 말과 합쳐진 '士大夫'라는 말은, 王·公과 같은 임금의 자리 밑에 있는 卿·大夫·士를 모두 아울러 일컫는 말이었다는 것을 짐작할 수 있으며, 동양에서 전통적으로 사용되어 온 '선비'라는 뜻의 '士'라는 말은 결국 王·公과 士大夫 일체를 아울러 널리 일컫는 말로서, '배워서 벼슬자리에 앉을 수 있는 모든 선비'를 가리키는 말로 두루 사용되어 왔다는 것을 짐작할 수 있다. 그런데 그 '士'와 '儒'는 어떻게 다르며, 같은 점은 무엇이겠는가?

'士'와 '儒'는 개념이 거의 일치하면서도 다소 차이가 나는 말들이다. '士'와 '儒'가 모두 道를 배우고 행하며 벼슬한다든지 하여 세상에 道를 펴는 것을 목표로 한다는 점에서는 마찬가지이겠으나, '士'는 '배워서 벼슬에 나아가는 사람'을 일반적으로 일컫는, 보다 넓은 의미의 '선비'를 지칭하는 말이었다고 할 수 있는 데 비하여, '儒'는 '선비'·'선비 공부' 또는 '孔子의 道를 배우는 선비'·'孔子의 道를 배우는 선비 공부'라는 의미에서

14 『詩經』, '周頌'篇, 「淸廟」章 및 그에 대한 「疏」 참조.
15 丁若鏞, 『與猶堂全書』 第一集, 第十一卷, 「五學論」(一) 참조.
16 『禮記』 卷第五, 「王制」篇 참조.

'士' 로서의 구체적인 학문의 방향까지도 아울러 제시하는 뜻을 지닌 말이었다고 하겠다. 다시 말해서 儒者가 생각한 바람직한 선비로서의 '士'란 곧 '儒(儒者)'를 의미하는 것이었으므로, 儒者의 관점에서 보자면 '儒'가 곧 '士'요 '士'가 곧 '儒'였다고 하겠으나, 儒가 아닌 선비에 대해서나 儒가 아닌 선비에 의해서도 '士'라는 말은 두루 쓰일 수 있었기 때문에, '儒'는 '士'이지만 '士'라고 하여 모두 '儒'라고 할 수는 없었다는 점에서 '士'와 '儒'는 개념이 거의 일치하면서도 다소 차이가 나는 말들이었다고 하겠다.

위의 단락 ④에서 인용한 구절에 "讀書曰士, 從政爲大夫, 有德爲君子."라고 하였는데, 이것은 동양 전통의 '士'와 '君子'의 개념을 말한 것이다. '士' 곧 '선비'가 '道로써 이루어지고 德으로써 萬人 앞에 우러러 보이는 존재로 우뚝 설 수 있는 사람' 곧 '道成德立者'로서의 '君子'가 될 것을 목표로 하여 德을 쌓다 보면, '仁者'도 될 수 있고 仁者 중의 仁者인 '聖人'도 될 수 있는 것이었다. 그런데 여기서 연암이 말한 '士'는, 당연히 '儒'를 포함하는 뜻으로 쓰인 말이며 '儒'를 의식하여 쓴 말이면서도 굳이 '儒'라고 한정할 필요가 없었기에 쓴 말이라는 것을 알 수 있다. 그리고 또한 연암이, 독서를 하면서 아직 벼슬길에 나아가지 않은 선비(士)와 벼슬하여 政事에 종사하는 선비(大夫)를 반드시 구별하기 위해서 '士'와 '大夫'를 따로 말한 것이 아니라 道에 뜻을 둔 사람(志道之人)으로서의 '士'와 '大夫'를 아울러 '士'라고 일컫는다는 것을 인식하고서 그와 같이 말한 것임을 알 수 있다. 그리고 연암이 말한 그 '士'는, 논리의 시작을 위해 그렇게 말한 것일 뿐 세상과 사회를 이끌어 가는 정신적 지도자로서의 '선비' 곧 선비정신을 지니고 살아가는 일체의 '士'를 의식하여 쓴 말이며, 王·公과 卿·大夫·士를 모두 포함하는 뜻에서의 넓은 '士'를 의미한 말일 뿐 아니라 뒤에서 논하게 될 〈穢德先生傳〉의 '엄항수'처럼 지위와 신분을 초월하여 德을 지닌 모든 선비로서의 '士'를 의미한 말이라는 것을 알 수 있다.

권세를 누리고 이익을 취할 수 있는 특권층으로서의 신분인 양반 계급의 '선비'만을 의식하고서 '士'를 말한 것이라면, 연암은 아예 〈兩班傳〉과 〈穢德先生傳〉 같은 작품들을 짓지 않았을 것이다. 연암은, 지위와 신분을 초월하여 누구든 德을 쌓고 선비의 지조를 지키면서 '선비정신'을 실천할 수 있는 선비다운 참된 사람이야말로 진정한 '선비'라는 뜻에서, 이들 작품을 짓게 된 것이다.

그러면 연암이 〈兩班傳〉의 작품 文面에 모든 것을 드러내지 않은, 당시의 우리 사회에서 간절히 회복되기를 염원한 '선비정신'의 실체는 무엇이겠는가?

위에 제시한 〈兩班傳〉의 단락 ① 가운데 양반의 아내가 양반을 원망하고 욕하면서 한 말에 "生平子好讀書, 無益縣官糴.(평소에 당신이 글 읽기를 좋아하더니, 고을 관청의 쌀을 갚는 데에는 아무 소용이 없구려.)"이라는 구절이 있다. 위에 인용한 『放璚閣外傳』의 「自序」에서 독서하는 사람을 '士'라고 한다 하였는데, 선비가 벼슬을 하지 못하면 틈틈이 글을 읽으면서 무언가 할 일을 찾아서 힘써 일을 했어야 할 것이거늘, 평소에 늘 글 읽기만을 좋아하면서 부지런히 일을 하지 않았기에 관청에서 빌린 쌀을 갚는 데에는 아무 소용이 없었던 것이니, 사정이야 어찌 되었든 그것이 바로 본래의 선비정신에 어긋난 것이었다.

단락 ④에서 말했듯이, 선비란 본래 '希古尙志'하는 사람들이었다. 堯·舜 임금이나 孔·孟과 같은 옛 어진이 곧 聖賢의 道를 바라보고 따르면서 뜻을 고상하게 가지는 사람들이었다. 단락 ③에서 군수가 새로 양반을 산 부자에게 감탄해서 말한 "君子哉, 富人也, 兩班哉, 富人也, 富而不吝, 義也, 急人之難, 仁也, 惡卑而慕尊, 智也.(군자답구나, 부자여! 양반답구나, 부자여! 부자이면서 인색하지 않은 것은 의로운 일이요, 남의 어려움을 급선무로 삼는 것은 어진 일이요, 낮은 것을 싫어하고 높은 것을 좋아하는 것은 지혜로운 일이다.)"라는 말 가운데에서도 취할 수 있듯이, 선비들은 본래 진정한 君子가 될 것을 목표로 하여 德을 쌓으며, 언제나 貧富를 떠나서 인색하지 않을 뿐 아니라 의로운 일을 행하고 남의 어려움을 급선무로 여겨 주며, 뜻을 고상하게 가지고 그 뜻을 실현하는 것을 존귀한 일로 여기는 존재들이었다. 그러기에 단락 ④의 "忍饑耐寒, 口不說貧.(배고픔을 참고 추워도 견디면서 입으로는 절대로 가난하다는 말을 하지 않는다.)"이라는 말과 같이 굶주림과 추위를 참고 견딜 줄 알아야 입으로는 절대로 가난하다는 말을 하지 않는다. 그것이 바로 『論語』, 「衛靈公」篇의 "君子, 固窮, 小人, 窮斯濫矣.(君子가 진실로 곤궁할 수 있으니, 小人은 窮하면 이에 넘치느니라.)"[17]라는 孔子의 말씀이나 앞에서 인용한 바 "窮不失義, 達不離道."[18]라고 한 孟子의 말씀 그리고 "達不離士, 窮不失士."[19]라는 연암의 『放璚閣外傳』, 「自序」의 기록과 같이, 권세와 이익을 꾀하지 않고 곤궁하게 지내든 현달하든 선비정신을 잃지 않는, 君子之道를 추구해 나가는 자세였다.

그러기에 '士'는, 단락 ⑥에서 "維天生民, 其民維四, 四民之中, 最貴者士, 稱以兩班."라고 한 것처럼, 하늘이 낸 네가지 부류의 백성 중에서 가장 존귀한 존재로 여겨진 것이며, 단락 ②에서 마을의 부자가 자기 집 식구끼리 사사로이 의논해서 한 말 가운데 "兩班雖貧, 常尊榮.(양반은 비록 가난하지만 항상 높고 영화롭다.)"이라고 한 말과 같이, 비록 가난하더라도 그 고상한 뜻이 존숭되기에 항상 높고 영화로울 수 있었던 것이다.

그런데도 〈兩班傳〉에 풍자된 바 당시의 그릇된 풍속의 양반들은 흔히 얄궂은 행세만을 일삼고 있었으니, 그것이 곧 선비정신을 망각한 데서 말미암은 것이었다. 작품 속의 양반이 반드시 그와 같은 그릇된 양반 행세를 일삼은 자가 아니라고 하더라도, 仁義를 행할 수 있는 君子之道에 높이 뜻을 두고 성실한 삶의 자세를 견지할 수 있었다면 『放璚閣外傳』, 「自序」의

17 『論語』, 「衛靈公」篇, '問陳'章 참조.
18 註 11과 같음.
19 註 10의 본문 중 인용문 참조.

말미에서 작자가 지탄한 바 장사치나 다름없이 양반과 그 권세를 팔아먹는 지경[20]에 이르지는 않았을 것이다. 그와 같은 지경에 이른 것이나, 곤궁해도 선비정신을 잃지 않으면서 동시에 곤궁함을 타개하고자 하는 노력의 성실성을 보이지 못한 것, 그리하여 주어진 현실을 무기력하게 운명처럼 체념할 뿐 아니라 단락 ②의 "兩班大喜許諾.(양반이 크게 기꺼워하며 허락하였다.)" 등과 같은 구절에서 볼 수 있듯이 오히려 주어진 현실을 다행스럽게 여기는 자세 또한 선비의 본분에는 어긋나는 것이었다.

그리고 단락 ⑤의 "吾聞兩班如神仙.(내가 듣기로는 양반이 마치 신선과 같다고 합니다.)"이라는 구절에서와 같이, 양반들이 俗人들로 하여금 양반을 신선 노릇으로 생각하게 하고 그것을 스스로 당연시하는 점이 있었다면, 그 또한 선비의 도리에 어긋나는 것이었으며 그 책임이 양반 계층 자신들에게 있는 것이었다. 단락 ⑥의 "不耕不商.(농사도 짓지 않고 장사도 하지 않는다.)"이라는 구절에서와 같이, 당시의 양반들이 절대로 밭갈이도 하지 않고 장사도 하지 않아야 한다고 생각했다면, 그 또한 선비의 본분에 맞지 않는 것이었다. '士農工商'이라는 말이, '士'가 원래 農·工·商 노릇을 절대로 해서는 안된다는 의미에서 생긴 말은 아닐 것이다. 『孟子』, 「滕文公」章에, 陳良之徒 陳相이 유학자인 스승 陳良의 道를 팽개치고서 農家者流 許行의 道를 좋아한 나머지 다시 許行을 따라 배우면서 당시의 임금이 백성들과 함께 직접 농사 지어 가면서 다스리지 않는 것을 탓한 데 대해 깨우쳐 준 孟子의 말씀이 있다.[21] 그것은, 일일이 곡식을 심어 먹고 베를 짜고 대장장이 노릇을 해 가면서 백성들을 다스리자면 堯·舜 임금이나 禹 임금 같은 분들이 어떻게 天下를 건질 수 있었겠느냐는 뜻에서, '大人之事'와 '小人之事(일반 백성으로서 해야 할 일)'를 구별해야 한다는 말씀이다. 비록 그렇기는 해도 선비가 본래 농사일을 못할 것도 없었다. 諸葛孔明은 亂世

---

20 위와 같음.

21 『孟子』, 「滕文公」章上, '並耕'章 참조.

를 만나 南陽 땅에서 몸소 밭갈이하였다. 陶淵明 또한 벼슬을 버리고 전원으로 돌아가서 농사 또는 무슨 일인들 할 수 없었겠는가? 몸소 농사를 짓지 않을 수 없었다. 그러니 선비가 道를 배워 실제로 세상 사람들에게 선각자 노릇을 하거나 정신적 지도자 역할을 하지 못할 경우, 제 힘으로 먹고 살기 위해서는 무슨 일이라도 해야 할 것이었기에, 선비가 밭갈이도 또는 장사도 해서는 안된다는 생각 자체가 이미 선비정신에는 어긋나는 것이었다. 그리고 단락 ⑥의 "窮士居鄕, 猶能武斷, 先耕隣牛, 借耘里氓, 孰敢慢我.(가난한 선비가 시골에 거처함에 오히려 능히 武斷을 행할 수 있어서, 이웃집 소로 먼저 밭을 갈고 마을 백성을 빌려 김을 매니, 누가 감히 나를 업신여기리오?)"라는 구절에서 보듯이, 선비들이 이웃집 소로 먼저 밭을 갈고 마을의 백성을 빌려서 김을 매는 등, 스스로를 능히 武斷을 행할 수 있는 존재로 인식했다면, 그 또한 선비정신에는 어긋나는 것이었다.

『禮記』의 「儒行」篇에는, 魯 나라의 哀公이 '선비의 행실(儒行)'을 물은 데 대하여 답한 孔子의 말씀이 있다. 그 말씀에 선비정신의 핵심이 다 들어 있다고 할 수 있으므로, 선비정신의 실체를 대강 파악할 수 있도록 일부 예를 들자면, 다음과 같은 구절이 그 하나라고 하겠다.

> 儒有席上之珍以待聘, 夙夜强學以待問, 懷忠信以待擧, 力行以待取, 其自立, 有如此者.
>
> 선비는, 자리 위의 보배가 있어 초빙을 기다리며, 밤낮으로 힘써 배워 (임금의) 물음을 기다리며, 진실되고 미더운 마음을 품어서 擧用함을 기다리며, 힘써 행하면서 취해 씀을 기다리니, 그 스스로 섬(自立)이 이와 같은 점이 있습니다.[22]

위에서 선비 곧 배워서 제 뜻이 세상에 쓰이고자 하는 '士'로서의 '儒'가 '자리 위의 보배(席上之珍)'처럼 보배로움을 지니고서 초빙을 기다린다

22 『禮記』 卷第四十一, 「儒行」篇 참조.

고 하였는데, 그것은 선비가 보배로운 마음의 뜻 곧 보배로운 지조를 지니고서 초빙을 기다린다는 말씀이다. 그와 같이 선비는, 참된 뜻을 지니고서도 벼슬을 구하기 위하여 자기 자신을 알아주기를 바라거나 또는 알아주기를 바라서 넘치는 행동을 하지 않는 존재였다. 그리고 또한, 때가 아니면 벼슬길에 나아가지 않았다.

위의 인용문과 같은 『禮記』, 「儒行」篇에서의 孔子 말씀 중에 '有道則見(현)', '無道則隱', '非時不見(현)', '非義不合'이라는 구절들이 있다.[23] 세상에 道가 있으면 제 몸(뜻)을 나타내 보이고 道가 없으면 제 몸을 숨기며 때가 아니면 제 몸을 나타내 보이지 않고 義가 아니면 영합하지 않는다는 뜻의 말씀으로, 위의 인용문에서 밤낮으로 힘써 배워 물음을 기다리며 진실되고 미더운 마음(忠信)을 품어서 등용되기를 기다리며 배운 것을 힘써 행하면서 취해 쓰이기를 기다린다고 한 것과도 당연히 선비정신의 관점에서 연결되는 뜻의 말씀이다. 그리고 『周易』, '傳'에 "晦養以俟時."[24]라는 程子의 말씀이 있다. 곤궁하고 미천하게 살더라도 "숨어서 德을 키우며, 때를 기다린다."는 뜻의 말씀이다. 그리고 또한 『周易』, '傳'에 "進退動息, 必以道."[25]라는 程子의 말씀이 있다. "나아가고 물러나고 움직이고 가만히 있는 것을 반드시 道로써 한다."는 뜻의 말씀이다. 그런데 위 인용문의 '力行以待取'라는 구절에서의 '力行'은 무엇을 의미하는 말이겠는가? 힘써 행한다는 것은, 배워서 아는 참된 도리를 힘써 행한다는 말이며, 다시 말해 사람으로서의 道理 곧 人倫之道를 힘써 행한다는 말이다. 君子는 '仁'을 행할 것을 목표로 삼는데, 인륜의 道를 지극히 행할 수 있는 경지 곧 '人倫之至'[26]가 '仁'이며, 그리하여 결국 만인을 사랑하게 되고(愛

---

23 위와 같음.

24 『周易』, 「乾」卦, '傳' 참조.

25 위와 같음.

26 『孟子』, 「萬章」章下의 '友德'章에 대한 朱子의 註에 堯 · 舜 임금의 도덕적 경지를 '人倫之至'라고 하였다.

人),[27] 마침내 만인에게 널리 은택을 베풀어 능히 대중을 구제하게 되는 것(博施於民而能濟衆)[28]이 '仁者'로서의 지극한 경지라고 할 '聖人'의 경지이다. 따라서 인륜의 道를 행하자면, 벼슬을 하든 하지 못하든, 경우에 따라서는 몸소 밭갈이라도 해 가면서 부모를 봉양한다든지 처자식을 부양한다든지 또는 불쌍한 이웃을 돕는다든지 해야 할 것이다.

위의 인용문과 같은 『禮記』, 「儒行」篇의 기록에 '不忘百姓之病(백성의 근심을 잊지 않는다)'[29]이라는 구절이 있는데, 참된 '선비' 곧 君子之道를 추구해 나가는 선비는, 벼슬을 하든 하지 않든, 세상을 건지고 天下의 백성들을 편하게 하기 위하여 한시도 세상을 잊는 마음을 지니지 않는다는 뜻을 밝힌 것이다. 『論語』, 「微子」篇의, 長沮·桀溺 같은 隱者들과 관련된 文句에, 세상을 결코 '구제불능'이라고 포기하여 잊어버리지 않는, 孔子의 선비정신과 유교의 적극성을 엿볼 수 있게 하는 구절이 있다. 그 구절에 대한 程子의 註에 "聖人, 不敢有忘天下之心.(聖人은 감히 天下를 잊는 마음을 두시지 않으셨다.)"이라고 하였으며, 또 그 구절에 대한 張子(張載)의 註에 "聖人之仁, 不以無道, 必天下, 而棄之也.〔聖人께서 仁을 행하시는 방법은, '無道한 세상'이라고 天下를 期必(斷定)하여 내버려 두시지 않는 것이었다.〕"라고 하였다.[30] 또한 『論語』, 「憲問」篇의, '晨門(새벽 문지기)'과 子路가 주고받는 문답에 관한 구절의 註에서 胡氏(胡寅)가 이르기를, "聖人之視天下, 無不可爲之時.〔聖人께서 天下를 보시는 데에는 가히 '할 수 없는(할 만하지 못한) 때'가 없으셨다.〕"[31]라고 하였다. 孔子의 선비정신과 유교의 적극성을 해석하여 밝혀 준 이와 같은 후대 宋儒들의 註釋을 통해서도 선비정신의 중요한 대

27 『論語』, 「顔淵」篇의 '仁知'章을 보면, 孔子의 제자 번지樊遲가 '仁'을 물었을 때 孔子가 답하기를 "愛人"이라고 하였다. 그리고 唐·韓退之의 「原道」에 "博愛之謂仁.(널리 사랑하는 것을 일러 仁이라고 한다.)"이라고 하였다.

28 『論語』, 「雍也」篇, '施濟'章 참조.

29 위와 같음.

30 以上 『論語』, 「微子」篇, '耦耕'章 및 그에 대한 集註 참조.

31 『論語』, 「憲問」篇, '石門'章 및 그에 대한 集註 참조.

목을 찾을 수 있다.

그리고 또한 이와 같은 선비정신을 종합적으로 일목요연하게 보여 준다고 할 만한 구절이 있는데, 그것은 魯 나라의 哀公이 '선비의 행실'을 물은 데 대하여 답한 그 『禮記』, 「儒行」篇의 孔子의 말씀 중 다음과 같은 구절이 바로 그것이다.

> 儒有忠信以爲甲冑, 禮義以爲干櫓, 戴仁而行, 抱義而處, 雖有暴政, 不更其所, 其自立, 有如此者.
>
> 선비(儒)는 忠信으로써 갑옷과 투구를 삼으며, 禮義로써 방패를 삼으며, 仁을 머리에 이고 다니며, 義를 안고 처하여, 비록 暴政이 있더라도 그 處所를 고치지 않으니, 그 스스로 섬(自立)이 이와 같은 점이 있습니다.[32]

여기서 우리는 '선비(儒)'가 진실된 마음과 미더움(忠信)으로써 자기 몸을 단단히 무장하며, 禮義로써 세상을 살아 나가고 모든 사람을 대하는 도구를 삼으며, 항상 仁을 행할 것을 목표로 삼으며, 마음속으로는 이익을 꾀하지 않고 언제나 義를 추구해 나갈 것을 생각해서, 비록 위세와 무력을 가해 오고 폭정을 행해 온다고 하더라도 그 지조를 굽혀 마음을 옮기지 않는, 만인이 우러러보는 우뚝한 존재로 살아가고자 하는 사람이라는 것을 알 수 있다.

위의 孔子 말씀은, '선비(士)' 곧 '儒'의 삶의 기본 자세를 밝혀 준 것으로, 참된 선비의 면모를 잘 보여 줌으로써 선비정신의 핵심을 이해하게 하고, 선비정신의 실체가 무엇인가를 잘 드러내 준다. 필자가 앞서 대강 논의해 온 것처럼, 동양 전래에 '선비'가 지향하는 존재는 '君子'였으며, '君子'가 행동 목표 또는 행동의 본령으로 삼는 바는 '仁'이었다고 하겠다. 그리고 君子의 지극한 경지이며 君子 중의 君子라고 할 '仁者'의 지극한 경

32 『禮記』 卷第四十一, 「儒行」篇 참조.

지가 '聖人'이었다고 하겠다. 그런데 '聖人'의 존재는, 君子로서의 지극한 道가 무엇인가를 알아서 그 道에 가장 들어맞게 행하는 삶의 자세를 항구불변하게 유지해 나가는 '中庸'의 道로써 설명된다. 하지만 여기서는 그 '中庸之道'의 구체적인 의미를 일일이 논의하지는 않기로 한다.[33]

〈兩班傳〉의 작자 연암은, 위에서 논의한 바 '선비'의 본색과 '선비정신'을 구태여 일일이 역설할 필요가 없었기에, 작품의 文面에서는 희화적인 언술을 곁들이는 가운데 그 변죽만을 울리면서 모든 선비들이 선비의 본색을 되찾고 선비정신을 회복하여 실천해야 할 것임을 암시한다. 그리하여 선비들이 마침내 밝은 사회 밝은 세상을 이룰 수 있게 되기를 갈망하는 마음에서 이 〈兩班傳〉을 창작하게 된 것이다. 따라서 우리는 〈兩班傳〉을 해석하되, 작자가 작품 속의 양반 같은 인물을 작중인물로 설정한 것이나 희화적인 언술로써 사회와 풍속의 일면을 풍자한 것이, 작자 본심의 전부가 아니며 작자의 창작 의도와 풍자 의도는, 다른 데 있었음을 알지 않으면 안될 것이다.

2) 〈예덕선생전〉

— 〈예덕선생전〉의 단락 구분

① 蟬橘子有友, 曰穢德先生, 在宗本塔東, 日負里中糞以爲業, 里中皆稱嚴行首, 行首者, 役夫老者之稱也, 嚴其姓也.

선귤자蟬橘子가 벗이 있으니 이르기를 '예덕선생穢德先生'이라고 한다. 종본탑宗本塔 동쪽(동대문 밖)에 사는데, 날마다 마을의 거름을 져 나르는

33 '君子之道'의 지극한 경지라고 할 '中庸'의 道에 대해서는 본고에서 모두 논할 수 없으므로, 필자의 논문 「선비精神과 선비精神의 文學論」, 『省谷論叢』, 三十輯, 省谷學術文化財團, 1999; 『漢文學의 硏究와 解釋』, 一潮閣, 2000 참조.

것으로써 業을 삼는지라, 마을 사람들이 모두 일컫기를 '엄항수嚴行首'라 하니, '항수行首'는 일꾼(役夫)들 중 年老者에 대한 칭호요, '엄嚴'은 그 姓이다.

② 子牧問乎蟬橘子曰, 昔者吾聞友於夫子, 曰, 不室而妻, 匪氣之弟, 友如此其重也, 世之名士大夫, 願從足下, 遊於下風者, 多矣, 夫子, 無所取焉, 夫嚴行首者, 里中之賤人役夫, 下流之處而恥辱之行也, 夫子, 亟稱其德曰先生, 若將納交而請友焉, 弟子, 甚羞之, 請辭於門.

子牧이 蟬橘子에게 여쭈어 말하기를, "옛적에 제가 선생님으로부터 벗(벗사귐)에 대해서 들었더니, 말씀하시기를, '(같은 집에서 거처하는) 室(아내) 아닌데 아내와 같고, 同氣間이 아닌데도 아우(兄弟)와 같다' 하셨으니, 벗이 이다지도 (그) 소중하니, 세상의 이름난 사대부(士와 大夫)가 足下(貴下와 같은 말. 선생님)를 따라서 아래 그늘(下風)에서 노닐기를 원하는 자가 많거늘, 선생님께서는 그중에서 취하시는 바가 없으십니다. 무릇 엄항수라는 자는 마을 가운데 천한 사람이요 일꾼(役夫)으로서 下流에 처하면서 치욕이 (그리로) 흘러가는 처지인데, 선생님께서 자주 그 덕을 칭송하셔서 말씀하시기를, '先生'이라 하시면서 마치 장차 交分(사귐)을 받아들이셔서 벗하기를 청하실 듯이 하시니, 제자(제)가 심히 부끄러워하는지라, 청컨대 문하(門)에서 하직할까 하옵니다." 하였다.

③ 蟬橘子笑曰, 居, 吾語若友, 里諺有之曰, 醫無自藥, 巫不己舞, 人皆有己所自善, 而人不知, 愍然若求聞過, 徒譽則近諂而無味, 專短則近訐而非情, 於是泛濫乎其所未善, 逍遙而不中, 雖大責不怒, 不當其所忌也, 偶然及其所自善, 比物而射其覆, 中心感之, 若爬癢焉, 爬癢有道, 拊背無近腋, 摩膺毋侵項, 成說於空而美自歸, 躍然曰知, 如是而友, 可乎.

蟬橘子가 웃으면서 말하기를, "게 앉거라. 내가 너에게 벗사귐(友)에 대해서 말해 주리라. 마을 속담(里諺)에 있어 이르기를, '의원(醫)은 자신을 위해서 약을 처방하는 일이 없고, 무당은 자기를 위해서 춤추지 않는다'고 한다. 사람은 모두 자기가 스스로를 잘한다고(좋게) 여기는 바가 있으나 남이 알아주지 않고, 민망하게도 마치 자기 허물 듣기를 구하는 듯이 할 때에 한갓 예찬만 하면 아첨에 가까워 맛이 없고(무미건조하고), 단점 지적만을 오로지 하면 곧이곧대로 들춰내는 데 가까워서 인정이 아니니, 이에 그 잘한다고 여기지 않는(훌륭하지 못한) 바에 범람하여(언저리를 맴돌아) 거닐면서도(逍遙) 꼭 찔러 말하지 않는다면, 비록 크게 책망하는 것인데도 노여워하지 않는 것은, 그 꺼리는 바에 해당되지 않기 때문이다. (그러다가) 우연히도 (화제가) 그 스스로를 잘한다고 여기는 바에 미치게 되어 物(다른 사물)에 견주어서 그 껍질을 쏘게 되면, 속마음이 감격하는 것이 마치 가려운 데를 긁어 주는 것과 같다. 가려운 데 긁어 주는 것이 道(方道. 方法)가 있으니, 등을 문지를 때에는 겨드랑이에 가까이해서는 안되고, 가슴을 쓰다듬을 때에는 목을 침노하지 말아야 하는지라, (부담 없이 들을 수 있도록) 공허한 데에 말을 이루어서 (찬미하는) 아름다움이 절로 돌아오게 되면, 뛸 듯이 기뻐하면서 말하기를 '알아준다'고 하리니, 이와 같이 벗하는 것이 좋을 것인저." 하였다.

④ 子牧, 掩耳卻走曰, 此夫子教我以市井之事, 傔僕之役耳.

子牧이 귀를 가리고 물러나 달아나면서 말하기를, "이는 선생님께서 저를 가르치시기를 시정배市井輩들의 일과 종(傔僕)들의 일로써 하시는 것일 따름입니다." 하였다.

⑤ 蟬橘子曰, 然則子之所羞者, 果在此而不在彼也, 夫市交, 以利, 面交, 以諂, 故雖有至懽, 三求則無不踈, 雖有宿怨, 三與則無不親, 故以利則難繼, 以諂則不久, 夫大交不面, 盛友不親, 但交之以心而友之以德, 是爲道義之

交, 上友千古而不爲遙, 相居萬里而不爲踈, 彼嚴行首者, 未嘗求知於吾, 吾常欲譽之而不厭也, 其飯也頓頓, 其行也伈伈, 其睡也昏昏, 其笑也訶訶, 其居也若愚, 築土覆藁而圭其竇, 入則蝦脊, 眠則狗喙, 朝日熙熙然起, 荷畚入里中, 除溷, 歲九月天雨霜, 十月薄氷, 圊人餘乾, 皀馬通, 閑牛下, 塒落鷄狗鵝矢, 苙豨苓, 左盤龍, 翫月砂, 白丁香, 取之如珠玉, 不傷於廉, 獨專其利而不害於義, 貪多而務得, 人不謂其不讓, 唾掌揮鍬, 磬腰傴傴, 若禽鳥之啄也, 雖文章之觀, 非其志也, 雖鐘鼓之樂, 不顧也, 夫富貴者, 人之所同願也, 非慕而可得, 故不羨也, 譽之而不加榮, 毁之而不加辱, 枉十里蘿葡, 箭串菁, 石郊茄蓏, 水瓠, 胡瓠, 延禧宮苦椒, 蒜韭葱薤, 青坡水芹, 利泰仁土卵, 田用上上, 皆取嚴氏糞, 膏沃衍饒, 歲致錢六千, 朝而一盂飯, 意氣充充然, 及日之夕, 又一盂矣, 人勸之肉則辭曰, 下咽則蔬肉同飽矣, 奚以味爲, 勸之衣則辭曰, 衣廣袖, 不閑於體, 衣新, 不能負塗矣, 歲元日朝, 始笠帶衣屨, 遍拜其隣里, 還乃衣故衣, 復荷畚入里中, 如嚴行首者, 豈非所謂穢其德而大隱於世者耶. 傳曰, 素富貴, 行乎富貴, 素貧賤, 行乎貧賤, 夫素也者, 定也, 詩云, 夙夜在公, 寔命不同, 命也者, 分也, 夫天生萬民, 各有定分, 命之素矣, 何怨之有. 食蝦醯, 思鷄子, 衣葛, 羨衣紵, 天下, 從此大亂, 黔首地奮, 田畝荒矣, 陳勝吳廣項籍之徒, 其志, 豈安於鋤耰者耶. 易曰, 負且乘, 致寇至, 其此之謂也, 故苟非其義, 雖萬鍾之祿, 有不潔者耳, 不力而致財, 雖埒富素封, 有臭其名矣, 故人之大往, 飲珠飯玉, 明其潔也, 夫嚴行首, 負糞擔溷以自食, 可謂至不潔矣, 然而其所以取食者, 至馨香, 其處身也, 至鄙汚, 而其守義也, 至抗高, 推其志也, 雖萬鍾可知也, 繇是觀之, 潔者, 有不潔, 而穢者, 不穢耳, 故吾於口體之養, 有至不堪者, 未嘗不思其不如我者, 至於嚴行首, 無不堪矣, 苟其心無穿窬之志, 未嘗不思嚴行首, 推以大之, 可以至聖人矣. 故夫士也, 窮居, 達於面目, 恥也, 旣得志也, 施於四體, 恥也, 其視嚴行首, 有不忸怩者, 幾希矣, 故吾於嚴行首, 師之云乎. 豈敢友之云乎, 故吾於嚴行首, 不敢名之, 而號曰穢德先生.

蟬橘子가 말하기를, "그렇다면 그대가 부끄러워하는 것이 과연 이쪽(겉보기)에 있는 것이지, 저쪽(진정한 友道)에 있는 것이 아니니, 무릇 시정배들의 사귐(市交)은 이익으로써 하고, 얼굴로만 교제하는 것(面交)은 아첨으로써 한다. 그러므로 비록 기꺼워하는 사이인데도 세번 달라고 요구하면 (사이가) 성글어지지 않는 법이 없고, 비록 묵은 원한(宿怨)이 있더라도 세번 주면 친해지지 않는 법이 없으니, 그러므로 이익으로써 하면 (사귐이) 계속되기 어렵고, 아첨으로써 하면 오래 가지 못하나니, 무릇 큰 사귐(大交)은 얼굴로써만 하지 않고, 대단한 사귐(盛友)은 겉으로만 친한 척하지 않아서, 다만 사귀기를 마음으로써 하고 벗하기를 덕으로써 하나니, 이것이 바로 도의의 사귐(道義之交)인지라, 위로는 천고의 옛사람(千古)을 벗하면서도 먼 것이 되지 않고, 서로 거처하기를 만리 밖에 떨어져 있더라도 소원함이 되지 않거늘, 저 엄항수라는 자는 일찍이 나에게 알아주기를 구한 적이 없으나, 나는 항상 기리고자 하면서도 싫증나지 않는다. 그 밥을 먹는 모습은 (무엇을 줍듯이) 머리를 조아리는 듯하고, 그 걸어가는 모습은 두려워하는 듯하며, 그 조는 모습은 조속조속 졸고, 그 웃는 모습은 껄껄 웃으며, 그 거처하는 것은 마치 어리석은 사람 같아서, 흙을 쌓아서 짚을 덮고서 구멍 속에 항아리를 묻어 규문圭門을 내고서, 드나들 때에는 새우 등처럼 허리를 구부리고, 잠잘 때면 개 부리(개 주둥이) 모양을 하여, 아침 날이면 근심 없이 밝은 낯으로 일어나서 삼태기를 짊어지고 마을 속으로 들어가서 오물을 치되, 해는 (음력) 9월에 하늘이 서리 내릴 때와 10월 살얼음 얼 때에 뒷간의 사람이 남긴 인분人糞 마른 것(청인여간圊人餘乾)과 마굿간의 말똥(조마통皀馬通)과 외양간의 소똥(閑牛下)과 횃대·우리의 닭·개·거위 똥(시락계구아시塒落鷄狗鵝矢)과 돼지 우리의 버섯 모양의 돼지똥(입저령苙豬苓)과 비둘기똥(좌반룡左盤龍), 토끼똥(완월사翫月砂), 새똥(白丁香)에 대해서 취하기를 마치 주옥같이 하지만 청렴함에 害가 되지 않고, 홀로 이익을 독차지하되 의로움에 害가 되지 않으며, 많은 것을 탐해서 얻기를 힘쓰지만 남들이 그 사양할 줄 모른다고 이르지 않으며, 손바닥에 침을 뱉어 가래(괭이의 일종) 자루를 휘두르되 허리를 구부리기를 곱사등이같이 하여 마치 새들이 모이 쪼듯이 하니, 비록 문채文采 나는 구경거리라고 하더라도 그의 뜻이 아니요(그에 연연해하지 않고), 비록 鐘이나 북과 같은 (장엄하고 아름다운) 음악의 즐거움이라 하더라도 돌아보지 않으니, 무릇 부귀는 사람이 다 같이 원하는 바이지만, 사모한다고 해서 얻을 수 있는 것은 아닌지라, 그러므로 부러워하지 않는다. (그를) 기리더라도(예찬해도) 더 영화로울 것이 없고, 헐뜯는다고 해서 더 욕될 것도 없다. 왕십리枉十里의 무우(라복蘿蔔)와 살곶이(전곶箭串)의 순무우(정菁)와 석교石郊에서 나는 가지(가라茄蓏), 수박(수호水瓠), 호박(호호胡瓠)과 연희궁延禧宮의 고추(고초苦椒)·마늘(산蒜)·부추(구韭)·파(총葱)·상추(해薤)와 청파동(靑坡)의 미나리(수근水芹)와 이태원(利泰仁)의 토란에 밭마다 上品 중 上品의 거름을 쓰되, 모두 嚴氏의 거름을 취해 써서 기름지고 비옥肥沃하고 (作況이) 넉넉하고 풍요豊饒로우니, 해마다 6천 냥의 돈을 벌어들이지만, 아침이면 한 사발의 밥으로 意氣가 가득차고, 날이 저녁때가 되면 또 한 사발의 밥으로 그만이다. 남들이 고기 반찬을 권하면 사양해서 말하기를, "목구멍에 내려 삼키면 채소와 고기가 배부르기는 마찬가지이니, 어찌 맛으로써 하리오(따지리오)?" 하고, 옷을 권하면 사양해서 말하기를, "옷이 소매가 넓으면 몸에 익숙하지 못하고, 옷이 새것이면 진흙을 짊어질 수 없다."고 한다. 해가 정월 초하룻날(元日) 아침이 되면, 비로소 갓(笠)을 쓰고 허리띠 매고 옷을 입고 신발을 신고 그 이웃 마을에 두루 歲拜하여 인사를 차리고, 돌아와서는 곧 낡은 옷으로 갈아입고 다시 삼태기를 들러 메고 마을 속으로 들어가니, 이를테면 엄항수와 같은 자는 어찌 이른바 제 덕을 (감추기 위해 일부러) 더럽게 해서 세상에 크게 숨는 자가 아니겠는가? 전하는 글(傳: 이 글에서는『中庸』을 가리키는 말)에 이르기를 "부귀를 바탕으로 해서는(부귀한 처지에 처해서는) 부귀에 맞게 행하고, 빈천을 바탕으로 해서는 빈천에 맞게 행한다."고 하였으니, 무릇 '素(바탕)'라는 것은 '定해졌다'는 뜻이요, 『詩經』에 이르기를, "밤낮으로 (나 홀로 公務에 바빠) 公所에 있으니, 진실로 天命이 같지 않구나!" 하였으니, 命이라는 것은 분수(分)이다. 무릇 하늘이 萬民을 내심에 각각 정해진 분수가 있으니, 분수가 정해짐(命之素矣 : 命이 타고난 바탕이 됨)에 무엇을 원망할 것이 있으리오? (사람의 욕심이라는 것이 限이 없어서) 새우젓을 먹게 되면 계란을 생각하고, 칡베옷을 입게 되면 (韓山 모시 같은) 세모시(세저細紵)를 부러워하게 되어, 天下가 이로부터 크게 어지러워지는 법이다. 검은 머리 백성이 땅을 떨쳐 일어남에 밭과 밭이랑이 황폐해지니, (한때 농민·농가의 잘난 사람들이었던) 진승陳勝·오광吳廣·항적項籍(項羽는 그의 字임) 같은 무리가 그 뜻이 어찌 호미질 하고 김매는 일에 편안한 자들이었겠는가? 『周易』에 이르기를, "짊어지고서도 또 수레를 타게 되면(수레를 탄 채로 짊어지기까지 하면), 도적이 오는 것을 불러들인다."고 한 것은 그 바로 이런 경우를 두고 이른 말이니, 그러므로 진실로 (그) 義가 아닐진댄 비록 萬鍾(6만 4천 섬)의 祿이 주어진다 하더라도 깨끗이 여기지 않는 점이 있을 따름이요, 힘들이지 않고서 재산을 모은다면 비록 부유하기가 벼슬 안한 領主 신세의 부자와 比等해진다(부날소봉富埒素封 : 글 原文의 '埒富所封'은 字順이 바뀌어야 할 듯하나 별로 상관 없음) 하더라도 그 이름에 냄새 나는 점이 있을 것이다. 그러므로 사람이 아주 갈 때(大往)에 구슬을 마시고 옥을 먹는 것은 그 깨끗함을 밝히자는 것이로되, 무릇 엄항수는 똥거름을 지고 오물을 져 날라서 스스로 먹고 사니, (가히) 지극히 깨끗하지 못하다고 이를 만하나, 그러나 그 먹을 것을 취하는 방법은 지극히 향내 나고 향기로우며, 그 처신하는 것은 지극히 촌스럽고 더러우나, 그 義를 지키는 것은 지극히 높고 높으니, 그 뜻을 미루어 생각할진댄 비록 萬鍾의 祿이라도 (義가 아니면 취하지 않는다는 것을) 가히 알 만하리니, 이로 말미암아 살펴보건댄 깨끗한 자(깨끗한 척하는 자)가 깨끗하지 않은 점이 있고, 더러운 자(겉으로는 더럽게 보이는 자)가 더럽지 않을 따름이다. 그러므로 내가 입과 몸뚱이를 기르는 데(口體之養) 있어서 지극히 견디지 못할 지경이 있으면(되면), 일찍이 (그) 나만 못한 자를 생각하지 않을 수 없어서, (생각이) 엄항수에 이르게 되면, (내가 훨씬 형편이 좋기에) 견디지 못할 것이 없고, 진실로 그 마음이 줌방 밑(담 구멍)을 뚫고 들어가려는 좀도둑과 같은 뜻(천유지지 穿窬之志)이 조금도 없을 경우에는 일찍이 엄항수를 생각하지 않은 적이 없으니, (그 엄항수 같은 분을) 미루어서 키워 나간다면, 가히 聖人의 경지에 이를 수 있으리라. 그러므로 무릇 선비(士)는 곤궁하게 거처함에 얼굴과 눈에 나타내는 것도 부끄러운 일이요, 이미 뜻을 얻음(得志 : 세상이 그 뜻을 알아주어 출세한 경우)에 四肢의 몸뚱이(四體)에 (거만한 태도 등을) 나타내는 것도 부끄러운 일이다. (그런 자들이) 그 엄항수와 비교하면 부끄럽지 않을 자가 거의 드문지라, 그러므로 내가 엄항수에 대해서는 스승삼는다고 이를지언정, 어찌 감히 벗삼는다고 이르겠는가? 그러므로 내가 엄항수에 대해서는 감히 이름을 부르지 못하고 號를 일컬어 '穢德先生'이라 하노라." 하더라.

—〈예덕선생전〉의 작품 논의

연암이 〈穢德先生傳〉의 작품 文面에 나타내거나 그 이면에 암시한 뜻은, 진정한 '友道'란 무엇인가 하는 문제와 관련하여 선비들이 선비정신을 회복함으로써 벗삼기를 德으로써 하는 '道義之交'의 본보기를 보일 수 있어야 하며 그리하여 인륜의 道를 밝히지 않으면 안된다는 것이었다. 그리고 선비들은 물론 모든 사람이 자기가 처한 처지에 관계없이 분수대로 참되게 살고자 하는 성실한 삶의 자세를 견지하여 스스로 제 힘을 먹고 사는 '自食其力'의 정신을 소유해야 한다는 것이다. 그리고 또한 신분이나 지위의 高下를 떠나서 벗삼는 '友道' 그리고 권세와 이익보다는 德을 벗삼고자 하는 진정한 友道의 정신이 밝혀져야 한다는 것이었다.

연암은 〈穢德先生傳〉에서 작중인물 선귤자蟬橘子와 자목子牧 그리고 엄항수嚴行首를 통하여 작품에 나타내고자 하는 그와 같은 뜻을 직설적으로 또는 암시적으로 보여 주었다. 작품에서의 엄항수는, 비록 賤人 役夫의 처지에 있는 하층민이기는 하나, 자기 자신의 처지에 맞게 행하면서 분수를 잃지 않는 뜻이 고상한 사람일 뿐 아니라, 스스로 제 힘을 먹고 사는 근면 성실한 사람이다. 그러기에 선귤자는, 신분과 지위를 떠나 德을 벗삼고자 하는 '道義之交'의 차원에서, 선비들에게도 본보기가 될 만한 그 엄항수라는 인물을 벗삼는 선비로 등장하며, 그의 제자 자목은 德을 벗삼기보다 으레 이익을 따라 벗삼는 시정배들의 경우와 같은 세속적인 벗사귐과 '道義之交'를 구별할 줄 모르는 자이기에, 스승 선귤자로부터 진정한 友道에 대한 가르침을 받게 되는 선비로 등장한다.

연암이 그의 『방경각외전放璚閣外傳』의 「自序」에서 〈마장전馬駔傳」과 〈穢德先生傳〉의 창작 동기를 밝히면서 참된 '友道'의 의미와 '自食其力'의 정신을 일부 말하기는 하였으나, 〈穢德先生傳〉의 작품 文面에서는 '友道'의 전통적인 개념과 참된 '友道'의 내력에 대해서 구체적으로 설명하지 않았다. 그것은, 당시의 선비들이 배운 사람이라면 누구나 돌이켜 알 수 있을 것이기 때문이었다. 따라서 필자는 본고에서, 〈穢德先生傳〉의 작자 연암이 작품의 文面에서 모두 다 말하지 않은 '友道'의 전통적인 개념과 참된 '友道'의 내력에 대해서도 보충적으로 논의함으로써, 작자가 작품 가운데에 더러 나타내거나 작품 文面의 이면에 암시하고자 한 생각을 선비정신의 관점에서 살펴보게 될 것이다.

연암은 『放璚閣外傳』의 「自序」에서 다음과 같이 말하였다.

友居倫季, 匪厥疎卑, 如土於行, 寄王四時, 親義別叙, 非信奚爲. 常若不常, 友迺正之, 所以居後, 迺殿統斯. 三狂相友, 遯世流離, 論厥讒諂, 若見鬚眉, 於是述馬駔. 士累口腹, 百行餒缺, 鼎食鼎烹, 不誡饕餮, 嚴自食糞, 迹穢口潔, 於是述穢德先生.

'友道'가 五倫(父子·君臣·夫婦·長幼·朋友)의 끝에 놓인 것은, 그 성기고 낮게 여기기 때문이 아니니, 그것은 마치 '土'가 五行(金·木·水·火·土) 중에서 四時의 바탕이 되는 것과 같다. 父子有親·君臣有義·夫婦有別·長幼有序 등의 도리가 '朋友有信'의 '信'이 아니고서 어찌 행해질 수 있으리오? 인륜의 떳떳한 도리를 다하는 것과 그렇지 못한 것을 友道가 이에 바로잡아 주니, 友道가 五倫 가운데 뒤에 있는 것은 곧 뒤에서 이를 統攝하게 하려는 것이다. 송욱宋旭·조탑타趙闒拖·張德弘 등의 세 狂士가 서로 벗을 삼아 속세에서 몸을 숨겨 떠돌이 생활을 하면서도 그 헐뜯고 아첨하는 자들을 논할 때에는 마치 수염과 눈썹을 눈에 선히 보는 듯하니, 이에 〈馬駔傳〉을 짓는다. 선비가 口腹에 누가 되어 배를 주리면, 온갖 행실이 주리고 이지러진다. 솥을 걸어 놓고 게걸스럽게 해먹으면서도 (못 먹어 죽은 귀신인 듯) 탐심 부리는 '도철'을 경계할 줄 모르지만, 嚴氏(엄항수)는 스스로 똥거름을 먹고 살지라도 행적은 더러운 듯하나 입은 깨끗하니, 이에 〈穢德先生傳〉을 짓는다.[34]

위 「自序」의 내용으로 보자면, 연암이 〈穢德先生傳〉을 짓게 된 동기는 〈馬駔傳〉을 짓게 된 동기와도 무관하지 않다고 하겠다. 위의 글에서 〈馬駔傳〉을 짓게 된 동기를 말하는 가운데 〈穢德先生傳〉에서의 벗사귐과 같은 信義를 중히 여기는 '友道'에 대한 기본 논리는 이미 제시되었으며, 〈穢德先生傳〉을 짓게 된 동기를 말하는 데에서는 중복된 논리를 피하고 엄항수 곧 穢德先生의 진실된 삶을 서술하여 그가 벗삼을 만한 德이 있는 존재라는 것만을 추가로 보여 줌으로써, 별도의 창작 동기를 알 수 있도록 하였기 때문이다.

위의 글 「自序」에서 밝힌 〈馬駔傳〉의 창작 동기에 관한 논리가 그대로 〈穢德先生傳〉의 창작 동기의 하나가 된다고 할 수 있으므로, 그 '友道'에 관한 논리를 제대로 이해하기 위하여 특히 그런 점을 유의할 필요가 있다.

---

34 註 10과 같음.

金·木·水·火·土의 五行 중 '土'가 '四時'의 바탕이 되는 것과 같이, 父子有親·君臣有義 등 五倫 가운데 '朋友有信'의 '信'이 아니고서 그 五倫의 道가 어떻게 행해질 수 있겠는가 하는 문제를 놓고 생각해 볼 때, '朋友有信'을 의미하는 진실된 '友道'가 인륜의 떳떳한 道理를 모두 바로잡아 줄 수 있다는 점에서 인륜을 통섭統攝하는 도리로 여겨진다는 말이 매우 타당성이 있는 논리로 전달된다.[35] 父子·君臣·夫婦·長幼 관계 등 朋友 관계 이외의 인간의 모든 만남과 對人 관계도 결국 朋友之間에 예의를 지키듯 상대방을 존중하고 스스로 겸손해 하면서 상대방을 일깨워 바른 길로 인도하는 등 信義를 지키기에 달려 있다는 점에서는 마찬가지이기 때문에, 朋友之道가 그 네가지 인륜의 道를 아울러 통섭한다는 논리를 펴게 된 것이다. 따라서 작자 연암은, 벗사귐의 도리를 바로잡아 인륜의 道를 밝히기 위하여, 그리고 비록 천한 일을 하게 될지라도 스스로 노력하여 제 힘을 먹고 사는 깨끗한 삶의 정신이 선비정신임을 밝히기 위하여, 그리고 또 그 진실되고도 깨끗한 삶의 자세를 지닌 작중인물 엄항수 같은 사람으로부터 德을 배울 수 있듯이 선비들은 물론 모든 사람 사람에게 신분과 지위를 초월한 '道義之交'의 벗사귐이 필요하다는 것을 밝히기 위하여 〈穢德先生傳〉을 짓게 된 것이다.

이제 〈穢德先生傳〉의 작품 文面에서 몇 구절을 취하여, 연암이 작품에서 나타내거나 암시하고자 한 '友道'에 관한 생각을 논의하기로 한다.

작품의 단락 ②에 "夫嚴行首者, 里中之賤人役夫, 下流之處而恥辱之行也, 夫子, 亟稱其德曰先生, 若將納交而請友焉, 弟子, 甚羞之, 請辭於門.

35 연암의 『放璚閣外傳』, 「自序」에서 '友道'가 人倫의 道를 통섭하는 도리라는 논리를 편 것과 같은 논리를 편 기록이 근래에 萬海 韓龍雲의 「友交」라는 글에서도 보이는데, 萬海 또한 "友交는 학교보다도 중요한 것이다. 학교 교육은 공식적이요 시간적이며, 과정에 있어서도 德育보다 智育·體育이 많아서 인격적으로 배우기에는 너무도 빈약하게 되어 있는 것이다. 그러나 朋友라는 것은 언제든지 상종하게 되는 것이다."라고 하면서, 琴客碁朋을 사귀든 酒徒를 따라 사귀든 經國濟世를 논의하며 國士를 상종하든, 어찌 友交를 삼가 행하지 않을 수 있겠느냐는 뜻의 논리를 폈다.(『韓龍雲全集』1 참조).

〔무릇 엄항수라는 자는 마을 가운데 천한 사람이요 일꾼(役夫)으로서 下流에 처하면서 치욕이 (그리로) 흘러가는 처지인데, 선생님께서 자주 그 덕을 칭송하셔서 말씀하시기를 '先生'이라 하시면서 마치 장차 交分을 받아들이셔서 벗하기를 청하실 듯이 하시니, 제자(제)가 심히 부끄러워하는지라, 청컨대 문하(門)에서 하직할까 하옵니다.〕"이라는 구절이 있는데, 그것은 선귤자의 제자 자목이 스승의 벗사귐을 탓한 구절이다. 세상에서 존경 받는 스승이 치욕스런 존재로 여겨지는 賤人役夫를 벗삼는 것을 부끄럽게 여겨 탓한 것이다. 단락 ⑤의 "潔者, 有不潔, 而穢者, 不穢耳.(깨끗한 자가 깨끗하지 않은 점이 있고, 더러운 자가 더럽지 않을 따름이다.)"라는 구절에서와 같이, 깨끗한 척하는 자가 깨끗하지 않은 점이 있고 겉으로 더럽게 보이는 자가 더럽지 않을 따름이라는 뜻을 알지 못하는 데서 선귤자의 제자 자목은 엄항수의 사람됨을 낮게 평가하고 스승이 그와 더불어 벗삼는 것을 수치로 여기게 된 것이다.

그러나 단락 ⑤의 "夫市交, 以利, 面交, 以諂.〔무릇 시정배들의 사귐(市交)은 이익으로써 하고, 얼굴로만 교제하는 것(面交)은 아첨으로써 한다.〕"이라는 구절에서와 같이, 선귤자는 제자 자목에게 시정배들의 사귐처럼 이익으로써 하거나 얼굴로만 아첨으로써 교제하는 것을 진실된 벗사귐이 되지 못한다고 가르친다. 그리고 "夫大交不面, 盛友不親, 但交之以心而友之以德, 是爲道義之交, 上友千古而不爲遙, 相居萬里而不爲踈.〔무릇 큰 사귐(大交)은 얼굴로써만 하지 않고, 대단한 사귐(盛友)은 겉으로만 친한 척하지 않아서, 다만 사귀기를 마음으로써 하고 벗하기를 덕으로써 하나니, 이것이 바로 도의의 사귐(道義之交)인지라, 위로는 천고의 옛사람(千古)을 벗하면서도 먼 것이 되지 않고, 서로 거처하기를 만리 밖에 떨어져 있더라도 소원함이 되지 않는다.〕"라는 구절에서와 같이, 마음으로 사귀고 德으로써 벗하는 '道義之交'가 참된 벗사귐이라는 뜻을 일깨워 주며, 심지어 시간과 공간을 초월할 수도 있는 진정한 '友道'의 의미를 터득하게 한다. 단락 ⑤의 이 구절에 나타난 뜻과 상통하는 뜻의 '友道'에 관한 기록을 經書 구절의 곳곳에서 찾아볼 수 있는데, 그 의미는 대개 권세와 이익을 따라서 벗하지 않고 德을 벗삼는 것이 참된 벗사귐의 도리라는 것이며, 또한 신분과 지위의 高下 그리고 시대와 공간을 초월하여 벗삼을 수 있는 것이 진정한 벗사귐의 도리라는 것이다.

진정한 '朋友' 관계는, 뜻을 같이하고 길이 같은 사람들끼리 성립될 수 있다. 이익을 따라 일시적으로 사귀는 사람들 사이에서는 이해 관계를 따져서 이롭지 못하면 곧 서로 등을 돌리기 때문에, 결코 진정한 붕우 관계가 성립될 수 없다. 『論語』, 「學而」篇의 朱子의 註에 "朋, 同類也."[36]라고 하여, '朋'을 풀이하기를 '類를 같이하는 사람'이라고 하였으며, 『周禮』, '地官', 「大司徒」의 註에는 "同師曰朋, 同志曰友."[37]라고 하여, '스승을 같이하며 同門受學하는 사람'을 '朋'이라 하고 '뜻을 같이하는 사람'을 '友'라고 한다 하였다. 그러므로 '朋友'는, 뜻을 같이하고 길이 같은 사람 곧 '志同道合者'를 의미하는 말이라고 하겠다. 그와 같이 뜻을 같이하고 길이 같은, 함께 義理의 길을 가는 사람들끼리는, 사귈수록 友情이 더욱 깊어지며 좀처럼 서로 배반하는 일이 없다. 蜀漢의 先帝 劉備와 關羽·張飛 등 〈三國志演義〉 인물들의 桃園結義 그리고 조선시대에 端宗을 보위하던 사육신과 아울러 생육신이 義理의 길을 같이한 것 등이, 그와 같은 벗사귐의 예가 된다고 할 것이다.

『孟子』, 「萬章」章에 다음과 같은 구절들이 있다.

萬章問曰, 敢問友. 孟子曰, 不挾長, 不挾貴, 不挾兄弟而友, 友也者, 友其德也, 不可以有挾也.

萬章이 여쭈어서 말씀드리기를, "감히 벗사귐(友道)에 대해서 여쭙고자 합니

36 『論語』, 「學而」篇, '時習'章에 대한 朱子 註 참조.
37 『周禮』, '地官', 「大司徒」의 註 참조.

다." 하였더니 孟子가 말씀하시기를, "나이 많은 것을 挾勢하지 않으며, 존귀한 것을 挾勢하지 않으며, 형제 많은 것을 挾勢하지 않고 벗하나니, 벗사귐이란 그 德을 벗삼는 것이니, 挾勢하는 일이 있어서는 안되느니라." 하였다.[38]

孟子謂萬章曰, 一鄕之善士, 斯友一鄕之善士, 一國之善士, 斯友一國之善士, 天下之善士, 斯友天下之善士. 以友天下之善士爲未足, 又尙論古之人, 頌其詩, 讀其書, 不知其人, 可乎. 是以論其世也, 是尙友也.

孟子가 萬章에게 일러 말씀하시기를, "한 고을의 착한 (훌륭한) 선비라야 이에 한 고을의 착한 선비를 벗할 수 있고, 한 나라의 착한 선비라야 이에 한 나라의 착한 선비를 벗할 수 있고, 天下의 착한 선비라야 이에 天下의 착한 선비를 벗할 수 있느니라. 天下의 착한 선비를 벗하는 것으로도 족하지 못하다고 생각하여 또 옛사람을 거슬러 올라가 논하나니, 그 (옛사람의) 시를 노래하며 그 (옛사람의) 글을 읽되 그 사람됨을 모른대서야 되겠는가? 그래서 그 시대를 논하는 것이니, 바로 이것이 시대를 거슬러 올라가서 벗하는 것이니라." 하였다.[39]

孟子가 제자 萬章에게 가르침을 내린 위의 말씀들에서 우리는 다음과 같은 교훈을 얻을 수 있다. 배우는 사람이라면 누구나 자기보다 나은 사람의 德을 본받고자 하며, 그 德을 벗삼기 위해서는 자기보다 德行이 훌륭한 사람을 벗삼고자 할 것이다. 그것이 友道의 기본 자세이다. 德을 벗삼고자 하는 사람들은, 나이가 많거나 존귀하거나 형제가 많은 것을 으스대며 '협세挾勢' 하지 않는다. 그리고 자신이 비록 德이 높은 사람이라고 하더라도, 자기보다 못한 사람이라고 하여 배격하지 않고 널리 대중을 사랑할 줄 아는 포용력을 지니며, 더욱 어질고 德이 높은 사람을 가까이한다.[40] 그러기 위해서는 신분·지위나 시대적·지리적 차이를 초월하여 벗하는 자세가 필요하다.

---

38 『孟子』, 「萬章」章, '友德' 章 참조.

39 『孟子』, 「萬章」章下, '友善' 章 참조.

40 『論語』, 「學而」篇, '弟子'章의 孔子 말씀에 "汎愛衆而親仁" 이라고 하였으며, 『禮記』, 「儒行」篇의 孔子 말씀에 "慕賢而容衆" 이라고 하였다.

『孟子』, 「萬章」章의 孟子 말씀에서, 舜 임금이 처음 堯 임금을 뵙고 堯 임금이 舜 임금을 손님으로 맞아 天子로서 匹夫를 벗한 예를 들었는데, 그것은 존귀한 분을 존귀하게 여긴 '貴貴'와 어진이를 높인 '尊賢'에 해당되는 벗사귐으로서,[41] 신분과 지위를 초월한 벗사귐의 경우라고 할 것이다. 漢 나라 長沙王의 태부太傅가 되어 가던 가의賈誼가 湘水에서 楚 나라 屈原의 德을 사모하며 그 죽음을 애도하여, 〈弔屈原賦〉를 지은 것이나, 蜀漢의 先帝 劉備가 諸葛孔明을 삼고초려 한 것 그리고 諸葛孔明이 죽는 날까지 信義를 지키다가 後主 유선劉禪에게 〈出師表〉·〈後出師表〉를 지어 올리면서 깊은 衷情을 드러낸 것 등이, 그 모두 시대의 先後나 지위의 高下를 초월하여 德을 벗삼고자 한, '友道'의 진면목을 보여 준 경우라고 하겠다.

작품의 단락 ⑤에 "雖文章之觀, 非其志也, 雖鐘鼓之樂, 不顧也.〔비록 文采 나는 구경거리라고 하더라도 그의 뜻이 아니요, 비록 鐘이나 북과 같은 (장엄하고 아름다운) 음악의 즐거움이라 하더라도 돌아보지 않는다.〕"라고 하였다. 이는, 작중인물 '엄항수'가 화려한 구경거리에 연연해하지 않고, 장엄하고 아름다운 음악의 즐거움에 현혹되지 않으며, 오직 제 분수에 맞게 살아가는 것을 서술한 구절이다. 그러기에 단락 ⑤의 "譽之而不加榮, 毁之而不加辱.(예찬해도 더 영화로울 것이 없고, 헐뜯는다고 해서 더 욕될 것도 없다.)"이라는 구절에서와 같이, 엄항수에게는 예찬하거나 헐뜯는다고 해서 그것이 영화로움이나 욕됨이 될 수 없는 것이었다. 그처럼 분수에 맞게 살고자 하는 엄항수의 삶의 자세를 작자가 대변해 준 구절이, 단락 ⑤의 "傳曰, 素富貴, 行乎富貴, 素貧賤, 行乎貧賤.〔전하는 글(傳 : 이 글에서는 『中庸』을 가리키는 말)에 이르기를, '부귀를 바탕으로 해서는(부귀한 처지에 처해서는) 부귀에 맞게 행하고, 빈천을 바탕으로 해서는 빈천에 맞게 행한다'고 하였다.〕"이라는 구절이다. 이것은 작자가 『中庸』에서 인용해 쓴 구절인데, 그 구절의 뒷부분

41 『孟子』, 「萬章」章下, '友德'章 참조.

에는 또한 "君子, 無入而不自得焉.(君子는 어느 길로 들어서든지 스스로 제 뜻을 얻지 못하는 법이 없느니라.)"이라는 구절이 있다.[42] 이는 군자야말로 부귀하거나 빈천하거나 분수대로 자기의 처지에 맞게 행하는 자이기에, 언제 어떤 위치에 처하든 참되게 살고자 하는 제 뜻을 실현하지 못하는 법이 없다는 뜻을 나타낸 구절들이다.

그러기에 군자를 지향하는 참된 선비는, 단락 ⑤의 "夫士也, 窮居, 達於面目, 恥也, 旣得志也, 施於四體, 恥也.〔무릇 선비는 곤궁하게 거처함에 얼굴과 눈에 나타내는 것도 부끄러운 일이요, 이미 뜻을 얻음(得志 : 세상이 그 뜻을 알아주어 출세한 경우)에 四肢의 몸뚱이(四體)에 (거만한 태도 등을) 나타내는 것도 부끄러운 일이다.〕"라는 구절에서와 같이, 곤궁하게 거처하든 得志하여 顯達하든, 面目과 四體를 통해 그것을 도리에 맞지 않게 드러내는 법이 없다. 앞에서 논의한 단락 ⑤에서의 "雖文章之觀, 非其志也, 雖鐘鼓之樂, 不顧也."라는 구절과 "譽之而不加榮, 毁之而不加辱."이라는 구절에 나타난 뜻 또한 그와 같은 삶의 자세를 대변하는 것이라고 하겠다.

말하자면 작중인물 엄항수는, 단락 ⑤의 "其所以取食者, 至馨香, 其處身也, 至鄙汚, 而其守義也, 至抗高, 推其志也, 雖萬鍾可知也.〔그 먹을 것을 취하는 방법은 지극히 향내 나고 향기로우며, 그 처신하는 것은 지극히 촌스럽고 더러우나, 그 義를 지키는 것은 지극히 높고 높으니, 그 뜻을 미루어 생각할진댄 비록 萬鍾의 祿이라도 (義가 아니면 취하지 않는다는 것을) 가히 알 만하다.〕"라는 구절에서와 같이, 賤人役夫로 처신하는 바가 지극히 촌스럽고 더러워 보이지만, 제 힘을 먹고 사는 삶의 영위 방식이 지극히 향내 나고 향기로우며, 그 義를 지키는 태도가 지극히 고상할 수 있었던 사람으로, '선비' 중에서도 '선비'라고 할 만큼의 선비 아닌 선비였던 것이다. 그러기에 작중인물 선귤자는 제자 자목에게 '友道'를 설명하는 과정에서, 단락 ⑤의 "如

42 『中庸』 第十四章, '素位'章 참조.

嚴行首者, 豈非所謂穢其德而大隱於世者耶.〔이를테면 엄항수와 같은 자는 어찌 이른바 제 덕을 (감추기 위해 일부러) 더럽게 해서 세상에 크게 숨는 자가 아니겠는가?〕" 라는 말로 예찬하고서, '友道' 에 대하여 일깨워 주는 말끝에 이르러서는 "내가 엄항수에 대해서는 스승 삼는다고 이를지언정, 어찌 감히 벗 삼는다고 이르겠는가?" 하여, 감히 이름을 부르지 못하고 號를 일컬어 '穢德先生' 이라 칭송하지 않을 수 없는 까닭을 밝히게 된 것이다.

3. 결론

필자는 본고에서 연암 소설 중 〈兩班傳〉과 〈穢德先生傳〉에 나타난 선비정신을 고찰하면서 두 작품의 文面에 나타난 뜻과 작품 文面의 이면에 암시된 뜻을 아울러 논의하고자 하였다. 그런데 그 두 작품만을 고찰하고 또한 그 두 작품을 아울러 고찰하게 된 것은, 본고의 '서론' 에서도 밝힌 바와 같이 다음과 같은 까닭에서였다. 그 하나는, 한 편의 작품만으로 연암 소설에 담긴 선비정신과 작자 연암의 선비정신을 논하기에는 미흡한 점이 있다고 생각했기 때문이다. 또 하나는, 연암 소설 중 〈兩班傳〉이 지극한 인륜의 道를 추구함으로써 君子之道를 행하고자 하는 선비 곧 양반들로 하여금 선비정신을 회복할 수 있게 되기를 갈망하여 지은 것으로서 선비정신의 회복을 꾀하는 동시에 인륜의 道 전체를 말하고자 한 작품임에 비하여, 〈穢德先生傳〉은 인륜의 道의 하나에 해당되는 것이면서도 인륜의 道 전체를 통섭하는 것이라고 할 '友道' 의 참된 이치를 말함으로써 선비정신을 밝히고자 한 작품이기 때문이다. 따라서 그 두 작품을 아울러 논의함으로써 연암 소설에 나타난 선비정신을 이해하는 데 상호보완적 의의를 찾을 수 있었고, 작자 연암의 선비정신의 대강을 엿볼 수 있었다.

필자는 본고에서 작품 논의에 앞서 두 작품에 대해 각각 原文의 단락을 구분하고 필자 나름의 번역문을 제시하였다. 그것은 작품 논의의 편의를 위해서나 작품에서 인용해 논의하는 구절들을 독자가 쉽게 확인할 수 있도록 하자는 뜻에서였다.

본고의 논의는 종래의 연암 소설 연구에서와는 다소 다른 관점에서 진행되었다. 작자 연암이 두 작품의 文面에 나타낸 뜻을 파악하는 데에만 주력하지 않고, 종래 학계의 연구에서 얻어진 성과와 軌를 같이하는 관점에 대해서는 대체로 논의의 중복을 피하는 채, 작품들 文面의 이면에 담긴 뜻을 찾아 그것을 선비정신의 관점에서 논의하되, 작품을 통해서 나타내거나 암시한 작자의 생각을 동양의 古典 자료들을 근거로 하여 논증하는 데 주력하고자 하였다.

본고에서 필자는 〈兩班傳〉을 논의하되 작자의 생각을 심층적으로 이해하고자 하는 관점에서, 작자가 일일이 드러내 설명하지 않은 전통적인 선비정신의 의미에 특히 관심을 기울이고자 하였으며, 〈穢德先生傳〉을 논의하되 참된 '友道'에 관한 문제 외에도 제 힘을 먹고 사는 성실하고도 깨끗한 삶의 정신 곧 '自食其力'의 정신과 제 분수를 알아서 행하고 분수 밖의 것은 바라지 않는 선비다운 지조에 특히 관심을 기울이고자 하였다.

연암이 생각한 참된 사람은, 반드시 양반 계층으로서의 선비만이 아니었다. 〈兩班傳〉에서의 몰락한 양반이든, 〈穢德先生傳〉에서의 엄항수이든, 참된 선비 또는 군자다운 사람은 누구나 마땅히, 어떤 처지에 처하든 근면 성실한 자세로 참되게 살고자 하는 제 뜻을 얻지(실현하지) 못하는 법이 없어야 하는 것이다. 자기 몸을 닦아 인륜의 道를 행하며 마침내 세상을 밝히고자 하는 그 선비정신과 군자다운 삶의 자세를 이 땅에서 회복하고자 하는 것, 그것이 바로 두 작품에서 살펴볼 수 있는 작자의 진정한 창작 의도였다고 해도 과언이 아니다.

-3부-

漢文學과 漢文 文法 論理의 相關性

語助辭 '之'字를 目的語로서의 代名詞로 볼 수 없는 理由

1. 문제의 제기

필자는 평소, 동양의 古典에서 두루 쓰인 어조사 '之'字가 '가다'라는 뜻을 나타내는 實辭로 쓰이지 않은 경우에는 타동사나 자동사의 뒤에서 쓰인 경우는 물론이요 그 어떤 경우에도 단지 어조사로 쓰인 것일 뿐 목적어로서의 대명사(지시대명사 · 인칭대명사)로 쓰인 경우가 없다는 견해를 지녀왔다. 그런데 이와 같은 필자의 견해와 달리, 근래에 韓 · 中 · 日 3국에서는 대체로 어조사 '之'字를, 특히 타동사의 뒤에서 쓰인 경우에 목적어로서의 대명사 또는 代詞로 잘못 파악하여 논의하거나 가르치고 학습한다.[1] 그리고 그와 같은 관점에 의해 국내 한문 교과서와 한문 문법서 또는 한문

1 '代名詞(指示代名詞 · 人稱代名詞)', '指示詞' 또는 '代詞(指示代詞 · 人稱代詞)'로 일컬은 저술은 다음과 같다.
李家源, 『漢文新講』, 新丘文化社, 1960.
王力, 『古漢語通論』, 北京, 中外出版社, 1976.
廖振佑, 『古代漢語特殊語法』, 內蒙古人民出版社, 1979.
楊伯峻, 『古漢語虛詞』, 北京, 中華書局, 1981.
松下大三郎, 『標準漢文法』, 東京, 勉誠社, 1939 등.

고전의 번역서에서는, 주로 타동사의 뒤에서 쓰인 어조사 '之'字에 대하여 굳이 '그것을' 또는 '그를' 이라는 말을 덧붙여 해석하거나 하여, 그 '之'字를 목적어로서의 대명사로 잘못 파악하고 있는 것을 볼 수 있다. 이와 같은 경향은 아마도 서구 문법적 사고방식을 한문 문법에도 일률적으로 적용시키려다가 빚어진 결과가 아닌가 여겨지는데, 그 모두 안타깝고도 어처구니없는 일이 아닐 수 없다.

따라서 본고는, 학계 종래의 논의와 그로 인한 학교 교육에서의 오류를 우려하는 필자 나름의 관점에 바탕을 두고서, 어조사 '之'字가 타동사나 자동사의 뒤에서 쓰인 경우에 그 모두 어조사로 쓰인 것일 뿐 어떤 경우에도 목적어로서의 대명사로 볼 수 없는 것임을 밝히고자 하는 것이다. 그리하여 그동안의 학계의 오해를 바로잡고 한문 교육의 바람직한 방향을 제시하는 데 일조하고자 하는 것이다.

어조사 '之'字는, 한문 문장에서 '가다'라는 뜻의 實辭로 쓰이지 않은 경우에는 '어조사'라는 명칭이 말해 주듯이 모두 語氣를 돕기 위하여 쓰였다. 그것은 語句나 字句의 앞부분이나 중간 부분 또는 뒷부분 등 필요한 위치에서 두루 다양하게 쓰여 온, 다만 하나의 '어조사'일 따름이다.

어조사 '之'字가 고전에서 목적어로서의 대명사로 쓰인 경우가 있는가 없는가의 여부는, 목적어를 취할 수 있는 타동사의 뒤에서 쓰인 경우가 주로 문제시될 수밖에 없다. 그러나 타동사와 자동사의 뒤에서 두루 쓰일 수 있었던 어조사 '之'字는, 자동사의 뒤에서 쓰인 것은 물론이요 타동사의 뒤에서 쓰인 것도 단지 어조사일 따름이다. 그러므로 필자는 이제 어조사 '之'字를 목적어로서의 대명사로 볼 수 없는 이유를 밝히기 위하여 고전에서 발견되는 그 증거가 될 만한 文句의 예를 들어 설명하고자 하는데, 이 문제의 해결을 위해서는 어조사 '之'字가 타동사의 뒤에서 쓰인 경우와 자동사의 뒤에서 쓰인 경우를 아울러 논의할 필요가 있다고 생각한다.

어조사 '之'字가 자동사의 뒤에서 쓰인 경우를 논의하는 일은, 어느 나라의 말이든지 대개 자동사보다 타동사가 많고 더욱이 타동사의 사용 빈도수가 많으므로 한문에서 그 어조사 '之'字가 대개 타동사의 뒤에서 많이 쓰이기는 했어도 자동사의 뒤에서 또한 얼마든지 쓰일 수 있었다는 점을 확인하기 위하여, 그리고 타동사와 자동사의 뒤에서 쓰인 것 모두 목적어로서의 대명사로 파악될 수 없는 어조사인 점에 있어서는 마찬가지라는 것을 밝히기 위하여 필요하다. 한편 어조사 '之'字가 타동사의 뒤에서 쓰인 경우를 논의하는 일은, 그것이 목적어로서의 대명사가 될 때도 있고 안 될 때도 있는 것이 아닌가 하고 생각하는 학자가 있을까를 우려하여, 그리고 그것이 타동사의 뒤에서 쓰인 경우조차 결코 목적어로서의 대명사로 쓰인 것이 아님을 밝히기 위하여 필요하다. 따라서 필자는, 그 두가지의 필요성을 충족시키기 위해서도 고전의 한문 문장에서 어조사 '之'字가 쓰인 문구의 예를 들어 목적어로서의 대명사로 쓰인 예가 없음을 논증하되, 그 양자의 경우를 아울러 문제 삼고자 한다.

필자가 한문 공부를 시작할 무렵, 국내에서 출간된 문법서에 가까운 한문 학습서를 접하게 되었다.[2] 그때 필자 또한 어조사 '之'字를 목적어로서의 대명사로 잘못 학습하지 않을 수 없었다. 그러나 어설프기는 해도 필자 나름의 본격적인 한문 공부에 접어들게 되자, 얼마 지나지 않아 어조사 '之'字가 목적어로서의 대명사가 될 수 없는 것임을 알게 되었다. 뒤에서 다시 논의할 것이지만 『論語』, 「學而」篇의 朱子 註에서 "下民化之.(아랫사람이 교화된다.)"[3]라는 구절을 보고는 자동사의 뒤에서도 어조사 '之'字가 쓰인 것을 알게 되었고, 「爲政」篇의 본문에서 "其何以行之哉.〔(수레가) 그 어떻게 가리오?〕"[4]와 같이 자동사의 뒤에서 어조사 '之'字가 쓰인 구절을 보고 나서는 전에 학습한 것이 옳지 않은 것임을 더욱 분명히 깨닫게 되었

2 李家源, 앞의 책.
3 『論語』, 「學而」篇, '歸厚'章에 대한 朱子의 註 참조.
4 『論語』, 「爲政」篇, '輗軏'章 참조.

다. 그리하여 혹시 타동사의 뒤에서 쓰인 어조사 '之'字까지 모두 목적어로서의 대명사가 아닐 수도 있을 것이라는 생각이 가능하게 되었으며, 또한 타동사와 자동사의 뒤에서 쓰인 어조사 '之'字를 포함하여 일체의 虛辭로서의 '之'字가 단지 어조사일 것이라는 데까지 생각이 미치게 되었다. 결국 필자가 그와 같은 사실에 주목하면서 한문 공부를 하게 된 후로, 필자의 그런 생각을 뒷받침하는 많은 자료를 접하게 되었고, 처음에 잘못 학습한 그 '之'字의 역할에 대한 그릇된 인식은 오래지 않아 완전히 불식되기에 이르렀다. 그리고 필자의 그와 같은 견해는 마침내 하나의 확신으로 굳혀지게 되었다. 따라서 필자는 언젠가 그에 관한 학계의 오해를 바로잡아야겠다는 생각을 하게 되었으며, 수시로 학부나 대학원 강의를 통해서 중등학교에서 잘못 교육 받은 학생들을 바로잡아 주고, 같은 전공 분야의 학자들에게도 종종 필자의 견해를 피력하고는 하였다.

그런데도 각급 학교의 한문 교육에서는 여전히 허구한 날 그 잘못된 교육을 일삼거나, '시험 문제' 등을 통해서 어조사 '之'字를 목적어로서의 대명사로 자주 문제 삼을 뿐 아니라, 심지어 '학력고사'와 같은 대학입시에서 문제 삼아서는 안될 것을 문제 삼는 데다가 정답이 틀리는 문제를 출제하면서까지 '之'字를 문제 삼아, 한문 교육이 그 '之'字의 질곡에서 벗어나지 못하는 것을 보게 되었다. 그 뒤로도 또 몇 년 후에야 필자는 비로소 「語助辭 '之'字는 目的語 · 代名詞가 아니다」[5]라는 짧고 소략한 논문을 발표한 바 있는데, 다행히도 필자의 견해에 동의 또는 공감의 뜻을 전해 온 학자들이 적지 않았다.[6] 하지만 '華甲紀念 論叢'에 실린 논문이라서 널리 읽힐 수 없었던 탓인지, 혹은 논문에서 제시한 자료들에 대하여 필자가 알

---

5 「語助辭 '之'字는 目的語 · 代名詞가 아니다」, 『陶谷 鄭琦鎬 博士 華甲紀念 論叢』, 大提閣, 1991.

6 필자의 견해에 共感한다는 글과 말씀을 전한 분들이 있으며, 현재 생존하신 원로 한학자 한 분은 선생의 수강생이 전한 필자의 논문을 두고 "그 말이 맞는다"고 하며 잘못을 바로잡는 논문이 있게 된 것을 다행스럽게 여겼다고 한다.

아듣게 설명한다고는 했으나 번역문을 곁들이지 않은 탓으로 독자들이 논문을 자세히 읽기가 불편했던 까닭인지, 아니면 필자의 견해를 납득하기 어려운 허황된 것으로 제쳐놓은 까닭인지, 그리고 그것이 젊은 학자들에게까지는 거의 알려지지 않은 탓인지, 아직도 적지 않은 학자들이 그 어조사 '之'字에 대한 잘못된 교육 또는 그릇된 이해의 단계에 그대로 머물고 있는 것으로 판단된다.

어조사 '之'字의 문제가 하찮은 것이라면, 자칫 허황된 것으로 보이기도 할 필자의 주장은 무의미할 것이다. 그러나 한문 문장의 구조에서 다양한 표현법을 가능하게 한 어조사 '之'字는 결코 하찮은 것으로 여겨질 것이 아니다. 그 문제와 관련하여 고전 文句를 잘못 읽는 것은, 작게는 문맥의 이해를 그르칠 수 있으며, 크게는 聖經 구절의 해석 또는 작가 연구 등을 그르칠 수도 있다. 뒤에서 다시 논의하게 될 것이지만 『史記』의 「屈原賈生列傳」에서 "屈平既嫉之〔屈平(屈原)이 이미 미움 받게 되자〕"[7]라고 한 것을 가지고서 "굴원屈原이 이미 그들을 미워하게 되자"라고 풀이하게 된다면, 詩聖으로 일컬어지며 추앙 받는 굴원이 질투 · 질시나 일삼았던 자로 읽히게 될 것인데, 필자는 중국 책에서조차도 실제로 그렇게 하고 있는 것을 보았다. 漢字는 위에서와 같이 '피동사'로서의 '자동사'로도 풀이될 수 있는 것인데, '之'字를 목적어로서의 대명사로 보아 그 앞의 글자를 타동사로만 풀이하려 하니, 그런 어처구니없는 결과가 빚어지기 마련이다. 굴원이 그저 질투 · 질시나 일삼은 자였다면, 그런 분이 어떻게 위대한 시인일 수 있었겠으며, 물에 빠져 죽은 것을 세상이 후세에까지 어찌 그렇게도 슬퍼할 수 있었겠는가? 上官大夫 등을 미워했다니, 주객을 전도시키는 해석이 아닐 수 없다.

어조사 '之'字는 다만 어조사일 뿐 목적어로서의 대명사가 될 수 없기

7 司馬遷, 『史記』 卷八十四, 「屈原賈生列傳」 참조.

때문에 예로부터 '어조사' 또는 '語辭'라고 일컬어져 오늘날에 이르게 되었다. 조선시대로부터 계승된 각종 經書諺解나 歷史書諺解 등의 책을 보더라도 어조사 '之'字를 목적어로서의 대명사로 파악하여 '그것을' 또는 '이것을'·'그를' 등으로 풀이한 예가 없다. 그리고 또한 필자가 서당식 교육을 받으며 師事한 스승으로부터도 어조사 '之'字에 대한 그와 같은 풀이를 들어 본 적이 없다.

栗谷 선생의 『論語諺解』[8]를 보면, 「學而」篇 첫 章의 "子曰, 學而時習之, 不亦說乎."에 대한 풀이를 "子ㅣ ᄀᆞᄅᆞ샤ᄃᆡ 學ᄒᆞ야 時로 習ᄒᆞ면 ᄯᅩᄒᆞᆫ 說(열)홉디 아니랴."라고 하였다. 그리고 조선시대로부터 계승된 諺解를 알 수 있게 하는 1917년 刊 『原本備旨 論語集註』[9]를 보면, 그 구절에 대한 풀이를 "子ㅣ ᄀᆞᆯᄋᆞ샤ᄃᆡ 學ᄒᆞ고 時로 習ᄒᆞ면 ᄯᅩᄒᆞᆫ 깃브디 아니ᄒᆞ랴."라고 하였다. 이와 같이 선대에는 '時習之'를 놓고 '時로 이를 習하면'이라든가 '時로 그를 習ᄒᆞ면'이라고 풀이하지 않았다. 그렇다고 해서 '時習' 뒤의 '之'字를 풀이하지 않은 것으로 생각한다면, 그것은 큰 오해이다. '習之'를 '익힌다' 또는 '익히면'이라고 할 때에, 우리말의 종결어미나 연결어미로써 '之'字의 풀이는 이미 다 행해지는 것이다.

다음에 인용하는 구절은 18세기 말에 간행된 것으로 보이는 『十九史略諺解』의 한 구절인데, 여기서도 동사 뒤의 어조사 '之'字는 '그것을' 또는 '그를' 등으로 풀이되지 않았을 뿐 아니라, 타동사나 자동사의 뒤에서 두루 쓰일 수 있었던 것임을 알 수 있다.

> 炎帝世衰, 諸侯相侵伐, 軒轅乃習用干戈, 以征不享, 諸侯咸歸之. 與炎帝戰于阪泉之野, 克之.
>
> 炎帝(神農氏)의 代가 쇠하여 제후가 서로 침노해 치거늘, 軒轅氏(黃帝)가 이

8 李珥, 『四書栗谷諺解』, 驪江出版社, 1985 참조.
9 京城書籍業組合本, 1917 참조.

에 방패와 창 쓰기를 익혀서 朝貢하지(와위앗디) 않는 이를 치니, 제후가 다 돌아오더라(歸服하더라). 염제(곧 神農氏가 八傳한 '楡罔'을 말함)와 더불어 阪泉의 들에 가서 싸워 이겼다.[10]

위의 자료로써 歷史書諺解에서도 동사 뒤의 어조사 '之'字가 '그것을' 또는 '그를'로 풀이되지 않은 것을 볼 수 있으며, 타동사나 자동사의 뒤에서 두루 쓰인 것을 볼 수 있다. '歸之'는 자동사 '歸'字의 뒤에 '之'字가 붙은 술어이며, '克之'는 타동사 '克'字의 뒤에 '之'字가 붙은 술어이다. 이 자료를 앞에서의 자료들과 아울러 살펴볼 때, 어조사 '之'字가 '익히다(習)'나 '이기다(克)'와 같은 타동사의 뒤에서 쓰인 경우라고 하더라도 '習之'·'克之'와 같은 술어에 있어서 그 대상이 되는 말 곧 목적어를 굳이 다시 쓰지 않고서 어조사 '之'字로만 문구를 끝낸 것은, '무엇'을 배우는지 그리고 '누구'를 이겼는지를 구태여 다시 말하지 않아도 이미 앞에서 말한 것이라서 독자가 알 수 있을 것이기 때문이었으며, 문장이나 文句 또는 語句가 끝나는 위치에서 語氣를 돕기 위해 우리말의 연결어미나 종결어미와 같은 역할을 하는 그 '之'字가 필요했기 때문이다.

동사의 뒤에서 쓰인 어조사 '之'字는 흔히 그것을 목적어로서의 대명사로 풀이하는 것이 잘 들어맞는 것처럼 보인다. 어느 나라의 말이든지 대개 동사 중에는 자동사보다 타동사가 많고, 더욱이 타동사의 사용 빈도수가 많아서 한문 문장에서도 또한 타동사가 많이 쓰일 수밖에 없었고, 따라서 동사의 뒤에서 쓰인 '之'字 대신 '그것을'·'그를'과 같은 목적어를 대입시켜 풀이할 때에 대체로 잘 들어맞는 것처럼 보이는 것이다. 그렇다고 해서 불필요하게 굳이 그런 말들을 덧붙여서 풀이해야만 하겠는가? 목적어를 이미 말했거나 아니면 문장답게 하기 위해서는 다시 말할 필요가 없기 때

10 弘文閣本(1982), 『十九史略諺解』 卷之一, 「太古」條 참조. 위의 번역문은 諺解本의 풀이 중 '와위왓다'와 같은 古語만을 필자가 현대어로 문맥에 맞게 바꾼 것이다.

문에, 그리고 또는 그 목적어를 굳이 밝혀서 말할 필요가 없기 때문에 생략하고서 단지 語氣를 돕기 위하여 필요한 어조사 '之'字만을 쓰게 된 것이다. 漢語(漢文)에서의 그런 언어 감각은, 목적어를 일일이 쓰지 않더라도 말하는 데 지장이 없을 경우에 쓰지 않는, 우리말에서의 언어 감각과 다를 바 없었다. 목적어를 쓰지 않아야 할 경우에 쓴다면, 오히려 말이 말 같아지지 않고 문장이 문장 되지 않거나 문장이 되더라도 자연스럽지 못하다.

한문 文句에서 타동사와 자동사로 쓰이는 말 뒤에서 필요에 따라 자연스럽게 두루 쓰일 수 있었던 어조사 '之'字는, 앞의 글자를 동사화하면서 語氣를 고르거나, 말 또는 문장에 있어서 高低長短 등의 聲調나 억양 · 호흡 등에 따라 달라지는 語氣를 돕기 위해서 쓰인 글자일 뿐, 그 어떤 경우에도 결코 목적어로서의 대명사로 쓰인 글자가 아니며 또 그렇게 풀이될 글자가 아니기 때문에, 선대에 '어조사' 또는 '語辭'로 인식되고 그와 같이 일컬어진 것이다.

이제 그 '之'字가 고전에서 단지 어조사로 쓰인 虛辭로서의 글자임을 증거할 수 있는 몇몇 한문 文句를 예로 들어 논의함으로써, 그 어조사 '之'字가 타동사와 자동사의 뒤에서만이 아니라 경우에 따라 다양한 표현법의 문구를 이루며 필요한 위치에서 두루 쓰인 글자임을 밝혀, 필자의 견해에 대한 학자들의 이해를 돕고자 한다.

『論語』, 「子罕」篇에 顔淵이 孔子의 道를 추앙하여 한 말에 "仰之彌高, 鑽之彌堅.(우러러 볼수록 더욱 높으며, 뚫고 들어가려 해도 더욱 단단하도다.)"[11]이라는 구절이 있다. 여기서 '우러러 본다(仰之)'는 말이나 '뚫고 들어간다(鑽之)'는 말에서의 '仰'字나 '鑽'字는 모두 타동사이다. 따라서 그 글자들은 일단 어떤 대상을 의식해서 쓰인 타동사들로 여겨질 수 있겠으나, 반드시 그렇게 여겨질 것만도 아니다. 그 글자들은, 대상을 의식하여 쓰였다

11 『論語』, 「子罕」篇, '喟然'章 참조.

고 할지라도, 스승 孔子와 아울러 孔子의 道를 대상으로 의식해 쓰인 글자들이며, 동시에 顔淵 자신이 스승을 추앙하는 평소 자기 자신의 학문적 태도를 술회하기 위하여 쓰인 글자들이기도 하다. 그러기에 특히 여기서 쓰인 '뚫고 들어간다(鑽之)'는 말에서 '鑽'字만을 술어로서의 타동사로 잘못 파악하고 '之'字를 목적어로서의 대명사로 파악할 때, 대상이 되는 말 곧 목적어로서의 '孔子'는 '뚫고 들어간다'는 말의 대상으로는 부적절해지는 것이다. 그 술어 '뚫고 들어간다'는 말의 대상으로 또 어찌 孔子를 대입시킬 수 있겠는가? 그 구절에서는 '之'字까지를 포함해서 '뚫고 들어간다'는 뜻의 '鑽之' 전체가 술어이며, 그 뒷부분에 붙은 '之'字는 어조사이다. 이런 점으로 미루어 보더라도, 어조사 '之'字는 반드시 대상을 의식하여 쓴 글자라기보다는 타동사나 자동사의 뒤에서 그리고 文句의 중간 부분 또는 뒷부분 등 다양한 위치에서 語氣를 돕기 위하여 두루 쓰이게 된 글자임을 알 수 있는 것이다.

어조사 '之'字가 文句 또는 語句의 끝 부분과 중간 부분에서 쓰인 경우의 예를 들자면, 『大學』의 傳十章에 해당되는 '혈구絜矩'章에서 볼 수 있다.

> 民之所好好之, 民之所惡惡之, 此之謂民之父母.
> 백성들이 좋아하는 것을 좋아하고, 백성들이 싫어하는 것을 싫어하는 것, 이런 것을 일러 백성들의 부모라고 하느니라.[12]

위의 인용문 중 앞의 두 구절에서의 술어는 각각 '好之'와 '惡之'이다. 그리고 그 대상이 되는 말 곧 목적어는 '民之所好'와 '民之所惡'이다. 그러므로 '好之'나 '惡之'에서의 '之'字들을 각각 '好'나 '惡'의 목적어로 보아서는 안되는 것이다. '民之所好'나 '民之所惡'와 같은 목적어가 술어 '好之'나 '惡之'의 바로 앞에 나와 있는데, 또 무슨 목적어가 필요하기에

12 『大學』, '絜矩'章 참조.

'之'字를 목적어로 본다는 말인가? 그리고 '此之謂民之父母'에서의 '之'字들은 모두 語句의 중간에서 語氣를 고르면서 앞뒤의 字句들을 연결해 주는 역할을 하는 어조사들이다. 그런 경우는, 『中庸』 구절의 "喜怒哀樂之未發, 謂之中.(희노애락의 감정이 정성되게 간직된 채 아직 드러나지 않은 것을 일러 '中'이라 한다.)"[13]이라고 한 것이나 『論語』, 「學而」篇의 朱子의 註에서 "盡己之謂忠.(자기 몸을 다하는 것을 일러 '忠'이라 한다.)"[14]이라고 한 것에서도 확인할 수 있으며, 고전의 도처에서 발견된다. 다만 여기서 한가지 주의해야 할 것은, 위의 『中庸』 구절에서의 '謂之中'을 '그것을 일러 中이라고 한다'라고 풀이해서는 안된다는 점이다. 왜냐하면, 여기서의 '之'字는 목적어로서의 대명사로 쓰인 글자가 아니라 '謂'字와 '中'字를 연결해 주는 어조사이기 때문이다. 그런데도 어떤 중국 학자들은, "喜怒哀樂之未發, 謂之中."이라는 文句에서의 '謂之中'의 '之'字는 목적어로서의 지시대명사(지시대사)로 파악하고, "盡己之謂忠"의 '之'字는 어조사로 파악한다. 그 모두가 앞뒤의 말 또는 글자들을 연결해 주면서 호흡을 고르는 등 語氣를 돕기 위해 쓰인 어조사로서, 語句 또는 文句의 長短에 따라 그 어구 또는 문구에서 호흡을 조절하기 위해 쓰이면서 표현을 다르게 한 것인데도, '謂之中'의 '之'字에 대해서는 타동사의 뒤에서 쓰인 어조사 '之'字라고 해서 그것을 억지로 대명사로 파악하려다 보니 그와 같은 일관성 없는 판단을 하게 되는 것이다. 말의 길이가 한 마디로 또는 한번의 호흡으로 말하기에 적절한가의 여부에 따라 표현법이 달라진 것임을 파악하지 못하는 것으로, 그것은 자기의 그릇된 논리에서 헤어나지 못하는 자가당착의 결과가 아닐 수 없다.

고려 후기 李奎報의 「答全履之論文書」에 '譬之盜者(도둑질하는 자에 비

13 『中庸』 第一章, '天命'章 참조.
14 『論語』, 「學而」篇 '三省'章에 대한 朱子의 註 참조.

유하자면)'[15]라는 구절이 있다. 詩文을 학습하는 데 古人의 體를 잘 본받는 문제를 논하면서 한 말이다. 대개 詩文을 배우는 자들은, 古人의 體를 제대로 본받기는커녕 반드시 피하지 않으면 안될 도습蹈襲을 일삼는 경우가 허다하다. 前人의 시구에 나타낸 뜻을 그대로 되밟아 쓰고 따르는 그것은, 古人의 體를 본받는 일과는 너무나도 거리가 먼 것이며, 감쪽같이 훔쳐내는 도둑질보다도 별로 나을 것이 없다. 李奎報는 그런 뜻에서 비유를 시작하며 위와 같은 말을 하게 되었다. 이때의 '譬之盜者'라는 말에서의 '之'字는 '견준다'는 말 '譬'와 '도둑질하는 자' 곧 '盜者'를 연결해 주는 어조사로 쓰인 '之'字이다. 그러므로 이것을 다만 '도둑질하는 자에 비유하자면'이라고 풀이하면 될 것이지, '그것을 비유하기를 도둑질하는 자에게 한다면'이라든가 '그것을 도둑질하는 자에게 견주자면'이라고 풀이할 것은 결코 아니다. 왜냐하면, '古人의 體를 제대로 본받는 일'을 '도둑질'에 비유할 이유도 없었을 것이기 때문이며, 거의 표절에 가깝다고 할 蹈襲도 좀 더 잘 하라는 뜻에서 그 '蹈襲'을 감쪽같이 훔쳐내는 도둑질에 비유할 이유도 없었을 것이기 때문이다. 李奎報는 이것이나 그것 등 어떤 특정한 것을 의식하여 그 구절에서 '之'字를 쓴 것이 아니라, '도둑질하는 자에 비유하자면'이라는 뜻을 文句로 표현할 경우, '글자'와 '글자들' 곧 '譬'와 '盜者'를 연결해 주는 어조사 '之'字를 그 사이에 써서 그렇게 표현할 수밖에 없었던 것이다.

『三國遺事』, 「紀異」의 고구려에 관한 기록에 "未遑作宮室, 但結廬於沸流水上居之.(궁실 지을 겨를이 없어, 다만 비류수 가에 띠집을 짓고 거처하였다.)"[16]라고 하였는데, 여기서 '居之'의 '之'字는 '거처한다(산다)'는 뜻의 자동사 '居'字의 뒤에 쓰인 것으로, 그 두 글자를 합한 '居之'가 '作'字 그리고 '結'字와 함께 文句 전체의 술어가 된다.

---

15 李奎報, 『東國李相國集』 卷第二十六, 「答全履之論文書」 참조.

16 『三國遺事』 卷第一, 「紀異」 第二, 「高句麗」 참조.

어조사 '之'字가, 語句가 끝나는 위치에서 앞의 글자를 동사화해 주면서, 우리말 종결어미나 연결어미와 같이 억양 · 호흡 등 語氣를 돕는 역할을 해 주는 어조사로 쓰인 경우가 적지 않다. 『詩經』에 대한 朱子의 序文 「詩集傳序」에 다음과 같은 구절이 있다.

> 於是乎章句以綱之, 訓詁以紀之, 諷詠以昌之, 涵濡以體之.
>
> 이에 章句로써 벼리(綱) 삼고, 訓詁로써 코(紀 : 그물코) 삼아, 읊고 읊조려 (내 몸과 마음을) 昌盛하게 하고, 젖어들고 멱감아 (내 몸과 마음에) 體得(體現)되게 한다.[17]

윗 구절에서 어조사 '之'字가 쓰인 부분의 '綱之(벼리 삼는다)' · '紀之(코 삼는다)' · '昌之(창성하게 한다)' · '體之(체현되게 한다)'라고 한 것은, 모두 뒷부분에 어조사 '之'字가 쓰임으로써 명사로 쓰이거나 우리말의 명사형으로 쓰일 수 있는 앞의 글자들을 동사화해 주고, 동시에 語句(文句)를 연결해 주거나 끝맺는 위치에서 語氣를 도울 수 있게 해 준 경우이다. 그런데 그 '章句로써 벼리를 삼는다'는 말은, 『詩經』을 배우는 데 '章句를 벼리 삼는다'는 뜻의 말로 쓰인 것이다. 그러므로 '벼리 삼는다'는 말의 대상은 '章句'라고 하겠는데, 그 '綱之'라는 말의 '之'字에 또 대상(목적)이 되는 말 '章句'를 억지로 대입시켜 풀이한다면, '章句以綱之'에 대한 풀이가 '章句로써(章句를)＋章句를(그것을)＋벼리 삼는다'가 될 것이다. 그와 같이 목적어가 아닌 그 '之'字 대신 '그것을'이라는 목적어를 억지로 쓸데없이 덧붙여서 풀이한다면, 결국 文句의 이해를 그르치게 될 것이다.

위에 인용한 구절에서 '之'字 앞에 쓰인 타동사로서의 글자와 '之'字가 합해져서 이루어진 술어들은 '章句' · '訓詁' 그리고 '내 몸과 마음' · '『詩經』詩의 뜻과 그 교훈' 등 그 대상이 되는 말 곧 목적어가 일정하지 않으

17 朱子, 「詩集傳序」 참조.

며, 목적어를 구태여 말하지 않아도 독자가 그것을 알아서 판단할 수 있도록 한 말들이다. 그러므로 우리는 여기서 '之'字를 목적어로서의 대명사로 보아 문맥을 오해하는 부질없는 짓을 하려고 할 것이 아니라, 朱子가 나타내려고 한 뜻과 그 표현법을 눈여겨 보아야 할 것이다.

『論語』, 「雍也」篇에 "執其手曰亡之.〔그 손을 잡고 (영결하시면서) 말씀하시기를, 어쩔 도리가 없구나 하셨다.〕"[18]라는 구절이 있고, 그 「雍也」篇에 또 "今也則亡(지금은 없사오니)"[19]라는 구절이 있다. 그리고 『孟子』, 「滕文公」章下에 "臣弑其君者, 有之, 子弑其父者, 有之.(신하로서 그 임금을 죽이는 자가 있으며, 자식으로서 그 부모를 죽이는 자가 있다.)"[20]라는 구절이 있으며, 『孟子』「離婁」章上에 "問有餘, 必曰有(남은 것이 있느냐고 묻거든, 반드시 말씀하시기를, 있습니다라고 하시고)"라는 구절과 "問有餘, 曰亡矣.(남은 것이 있느냐고 묻거든, 말씀하시기를, 없습니다라고 하셨다.)"[21]라는 구절이 있다.

대개 술어로 쓰이는 '有'字와 '亡(무)'字가, 위에서는 모두 형용사로 쓰였다. 어조사 '之'字는, 그와 같이 형용사와 타동사·자동사 등 용언 뒤에서 쓰이기도 하고, 앞의 『詩經』 구절에서처럼 명사 곧 체언 뒤에서 쓰여 그것을 동사화하기도 하였다.

위에서 예를 든 인용문 가운데 『孟子』, 「滕文公」章下에서의 인용문 중에서도 앞 구절을 보자면, 그 주어가 '臣弑其君者'이며, 술어가 '有之'임을 알 수 있다. 그런데 이제 또한 혹자가 그 '有之'의 '之'字를 주어로서의 대명사(지시대명사)로 그릇되게 파악하여, "臣弑其君者, 有之."를 풀이하되 "신하로서 그 임금을 죽이는 자 그(그런 자)가 있다."와 같은 식으로 잘못 풀이하지 않을까 우려된다. 국내의 한문 문법서에서도 그렇게 풀이하고 설명한 것을 보았다.

---

18 『論語』, 「雍也」篇, '伯牛'章 참조.
19 『論語』, 「雍也」篇, '好學'章 참조.
20 『孟子』, 「滕文公」章下, '好辯'章 참조.
21 『孟子』, 「離婁」章下, '養志'章 참조.

이와 같은 자료들을 살펴보면, 語句가 계속되는가의 여부와 문답 혹은 대화에서의 상대자 여하에 따라 그리고 語句에서의 음절 수에 따라 각각 어조사들이 달리 쓰일 수 있었다는 점이 확인된다. 결국 한문 문장이나 文句에서는 그와 같은 여러가지 요인에 의해서 말을 기록할 때 어조사를 쓰는 방법 또는 형태가 달랐던 것이다. 그리하여 경우에 따라 말이나 문장 또는 文句에서 '없다(없습니다)'를 '亡(무)' 또는 '亡之'·'亡矣' 등으로 나타내고, '있다(있습니다)'를 '有' 또는 '有之'·'有矣' 등으로 나타낼 수 있었다. 여기서도 '之'字가 형용사로 일컬어질 수 있는 '용언'의 뒤에 붙기도 하고 붙지 않기도 하면서 語氣를 돕기 위해 필요에 따라 쓰인 어조사일 뿐, 주어 또는 목적어로서의 대명사로 쓰인 것이 아님을 확인할 수 있다.

우리의 고전소설 중 燕巖의 〈兩班傳〉에 "富人, 悵然久之曰, 兩班, 只此而已耶.〔부자가 기가 막힌 듯이 오래(한참) 있다가 말하기를, 양반이 단지 이런 것일 따름입니까?〕"[22]라는 구절이 있다. 그리고 〈許生傳〉에 "居頃之, 網巾價至十倍.〔그런 지 얼마 있다가(얼마 있어) 망건 값이 열 갑절에 이르렀다.〕"[23]라는 구절이 있다. 또한 梅月堂의 〈李生窺墻傳〉에 "女惻然而頷之.〔여자가 구슬픈 기색으로 고개(턱)를 끄덕였다.〕"[24]라는 구절이 있고, 許筠의 〈蔣生傳〉에 "出則群乞兒尾之.〔나가면 뭇 거지 아이들이 따라다녔다(꼬리를 이었다).〕"[25]라는 구절이 있다. 이런 자료들을 보더라도, 어조사 '之'字는 '久'字나 '頃'字와 같은 부사가 되는 말(글자) 뒤에서 그 앞의 말(글자)과 어울려 동사적인 의미가 곁들여지는 부사어·부사구를 만들면서 語氣를 돕는 글자로 쓰이기도 하고, 또는 '頷'字나 '尾'字와 같은 명사 뒤에 쓰여 그 명사가 동사화할 수 있도록 하면서 語氣를 돕는 글자로 쓰이기도 한 어조사임을 확인할 수 있다.

---

22 朴趾源, 『燕巖集』 卷之八, 〈兩班傳〉 참조.
23 朴趾源, 위의 책 卷之十四, 「玉匣夜話」 수록, 〈許生傳〉 참조.
24 金時習, 『梅月堂全集』 外集 卷之一, 金鰲新話, 〈李生窺墻傳〉 참조.
25 許筠, 『許筠全集』 卷八, 文部 五, 『惺所覆瓿稿』 卷之八, 〈蔣生傳〉 참조.

위에서 살펴본 바와 같이 한문 문장에서 어조사 '之'字는 타동사나 자동사 그리고 형용사의 뒤에서 쓰이거나 부사 · 명사 등의 글자 뒤에서 쓰이기도 하며, 또는 文句나 語句들의 뒷부분 또는 중간 부분에서 쓰이기도 하는 등, 문장의 다양한 위치에 쓰이면서 앞의 글자들을 동사화하기도 하고, 문장 또는 文句에서의 억양 · 호흡 등 語氣를 돕기 위해 두루 쓰인 글자이다. 그중에서도 그것이 특히 문장 또는 文句가 끝날 때 타동사나 자동사의 뒤에서 쓰인 경우에는, 목적어로서의 대명사로 쓰인 것이 아니라 그저 다만 語氣를 돕는 우리말의 연결어미나 종결어미와 같은 역할을 하면서 '종결 어조사'로 쓰였다. 그런 점은, 중국의 한문에서 때에 따라 우리말의 종결어미와 같은 역할을 한 그 어조사 '之'字의 기능을 차용한 것으로 보이는 우리 신라시대나 고려시대의 吏讀文에서 쓰인 '之'字에 관한 자료 곧 국어학계에서 우리말 평서법 종결어미 '-다/-라'로 읽히는 자료들을 통해서도 확인된다. 신라시대의 慶州 南山 「新城碑」와 開寧 葛項寺 「造塔記」 그리고 고려시대의 「禪林院鐘」 등에 쓰인 '之'字가, 바로 그 중국 한문에서의 어조사 '之'字의 기능을 차용해 쓰인 것으로 보인다.[26]

위의 몇가지 문제에 관한 논의로써, 한문 문장에서 虛辭로 쓰인 '之'字 곧 어조사 '之'字가 文句나 語句의 중간 부분 또는 뒷부분 등 필요한 위치에서 字句들을 연결해 주거나 끝맺기도 하며 앞의 말을 동사화하기도 하

26 慶州 南山 「新城碑」(591년), "辛亥年二月卄六日, 南山新城作節, 如法以作, 後三年崩破者, 罪教事爲聞教令誓事之." 밑줄 그은 구절을 南豊鉉 교수는 "罪 주실 일로 삼아 奏聞하라는 教令에 따라 맹서하는 일이다."라고 해석하였다.(『吏讀硏究』, 태학사, 2000, 158쪽 참조.)
開寧 葛項寺 「造塔記」(758년), "二塔天寶十七年戊戌中立在之.(두 탑을 天寶 17년 무술 중에 세웠다.)" 필자의 해석.
위의 「新城碑」 「造塔記」 등의 자료들에 대해서 李基文 교수는 "다만 '之'字가 동사의 종결형을 표시하고 있음이 눈에 뜨일 뿐이다."라고 하였다.(『國語史槪說』, 改訂版, 塔出版社, 1972, 48~49쪽 참조.)
「禪林院鐘」1(고려시대), "貞元卄年甲申三月卄三日, 當寺鐘, 成內之.〔貞元 20년 갑신년 3월 23일, 이 절의 종을 이룬다(이루ᄂᆞ다).〕" 필자의 해석.
위의 자료 등에 대해서 李丞宰 교수는 "이 之는 종결어미 '-다'로 읽힌다."라고 하였다.(『高麗時代의 吏讀』, 태학사, 1992, 177쪽 참조.)

는 등, 語氣를 돕기 위해서 쓰인 어조사일 뿐이라는 것을 어느 정도 확인할 수 있었을 것이다.

그런데 다만, '之'字가 어조사라는 점에서는 마찬가지이겠으나, 우리말 문법에서의 '그'로 풀이되는 '관형사'와 같은 역할을 하면서 語句 또는 文句의 앞부분에서 쓰인 '지시'의 역할을 하는 '관형 어조사'의 경우가 없지 않았으니, 그것이 다소 문제될 수도 있을 것이다. 『詩經』의 "之子于歸.(그 딸이 시집감이여.)"[27]라는 구절과 『莊子』의 "之二蟲, 又何知.〔그 (매미와 작은 비둘기) 두 날짐승들이 또한 어찌 알리오?〕"[28]라는 구절이 바로 그런 경우이다. 이때의 '之'字는 '是'字나 '其'字의 의미로 파악해도 된다. 그러나 그것은 『詩經』의 "齊侯之子, 衛侯之妻.(제 나라 임금의 딸이요, 위 나라 임금의 아내로다.)"[29]라는 구절에서 '관형 어조사'로 쓰인 '之'字 앞의 말들 곧 '齊侯'·'衛侯'와 같은 말들을 의식적으로 생략하려는 표현에서 굳어진 용법으로 보이는 지극히 드물게 발견되는 어조사로서, '그'로는 풀이될 수 있을지언정 '그것'으로 풀이될 수는 없는 것이기에 어조사 '之'字의 다양한 용법 중 하나로 보아 그 역할을 자리매김하여 달리 설명하면 될 뿐 '지시대명사'는 결코 아니기에 '어조사'로 보는 관점에서는 크게 문제될 것이 없을 것이다.

그러면 이제 필자는, 본고에서 주로 해결하고자 하는 문제 곧 어조사 '之'字가 타동사의 뒤에서 쓰인 경우와 자동사의 뒤에서 쓰인 경우에 어째서 모두 목적어로서의 대명사로 볼 수 없는지, 각각 그 이유를 고전에 나타나는 좀더 많은 자료를 예거하면서 논의하고자 한다. 그리하여 필자는 이제, 어조사 '之'字의 문제에 관한 논의를 타동사와 자동사의 뒤에서 쓰인 경우에 국한하여 진행함으로써, 본고에서 강조하는 바 "고전에서 쓰인 어

27 『詩經』, 國風, 「周南」篇, '桃夭'章 참조.
28 『莊子』, 內篇, 「逍遙遊」 참조.
29 『詩經』, 國風, 衛風, '碩人'章 참조.

조사 '之'字를 어떤 경우에도 목적어로서의 대명사로 볼 수 없다"는 필자의 주장에 대하여 한층 더 구체적이고도 분명한 증거를 제시하고자 한다.

2. 어조사 '之'자를 목적어로서의 대명사로 볼 수 없는 이유

1) 타동사의 뒤에서 쓰인 경우

여기서는 고전에서 쓰인 어조사 '之'字가 타동사의 뒤에서 쓰인 경우에도 목적어로서의 대명사가 될 수 없는 이유를 주로 논의하고자 한다. 이와 같은 논의는, 필자의 견해를 확실하게 이해하지 못하고서 어조사 '之'字가 목적어로서의 대명사가 될 때도 있고 되지 않을 때도 있는 것이 아닌가 하고 생각하는 학자가 있을까를 우려하여, 그리고 그것이 타동사의 뒤에서 쓰인 경우조차 결코 목적어로서의 대명사로 쓰인 것이 아님을 분명히 밝히기 위하여 필요하다.

그러면 이제 어조사 '之'字가 타동사의 뒤에서 쓰인 경우, 그것을 어째서 목적어로서의 대명사로 볼 수 없는지, 文句 또는 語句의 예를 들어 설명하되, 경우에 따라서는 그 예를 둘 또는 몇씩 묶어서 설명하기로 한다.

① 易地思之.
처지를 바꾸어서 생각한다.
② 愛之重之.
사랑하고 중히 여긴다.
③ 人, 幼而學之, 壯而欲行之.
사람이 어려서 배우는 것은 커서(長成해서) 행하고자 하는 것이다.(『孟子』, 「梁惠王」章下, '巨室'章)
④ 孔子曰, 小子, 聽之. 淸斯濯纓, 濁斯濯足矣, 自取之也.
孔子가 말씀하시기를, "얘들아, 듣거라. (시냇물이) 맑으면 이에 갓끈을 씻고,

흐리면 이에 발을 씻나니, 스스로 취하는 것이다."라고 하셨다.(『孟子』, 「離婁」 章上, '自取'章)

위의 ①~④에서는, 어조사 '之'字가 동사 뒤에 붙어서 앞에 있는 글자가 동사라는 것을 분명히 나타내 주고, 그 어조사 '之'字가 타동사의 뒤에 붙어 있으나 그 타동사의 목적어가 무엇인지 구태여 말할 필요가 없을 때 聲調를 고르거나 호흡 등 語氣를 돕기 위해 쓰인 경우의 '之'字이다. "처지를 바꾸어 놓고 생각한다", "사랑하고 중히 여긴다", "어려서 배우는 것은 커서(長成해서) 행하고자 하는 것이다.", "얘들아, 듣거라."와 같은 말에서는, '之'字의 앞에 쓰인 글자가 비록 타동사라고는 해도 그 동사의 목적어를 구태여 말할 필요가 없으며, 목적어를 밝히는 것이 오히려 이상할 만큼 그 말을 듣는 사람이 알아들을 만하다. 그러기에 위에서는 목적어를 쓰지 않았으나, 말은 그대로 두는 것이 자연스럽다. 만일 "부모님께서 나를 '愛之重之' 키워 주셨다."라고 말하게 된다면, 그때에도 그 '之'字 대신 '그를(그것을)'과 같은 다른 말을 곁들여서 풀이할 수 있겠는가? 그리고 위의 자료 ③에 대한 번역은 우리말의 방식으로 의역을 한 것인데, 중국식의 언어 습관을 존중하여 그것을 직역하자면 "사람이 어려서는 배우고, 커서는 행하려고 한다"와 같은 말이 될 것이다. 그렇게 풀이하고 보면 어조사 '之'字의 역할이 좀더 잘 이해될 수 있을 것이다.

⑤ 誠者, 天之道也, 誠之者, 人之道也.

정성스러운 것(정성스러움)은 하늘의 道요, 정성스럽게 하는 것(정성스럽게 해 나가는 것)은 사람의 도리이다.(『中庸』, '問政'章)

⑥ 曷不爲葛之之易也.

어째서 칡베옷 해 입는 쉬운 것을 하지 않는가?(韓退之, 「原道」)

⑦ 子路問政, 子曰, 先之, 勞之.

子路가 政事에 대해서 여쭈었더니, 선생님께서 말씀하시기를, "먼저 하고(솔

선하고) 수고로움을 다하는 것이다."라고 하셨다.(『論語』, 「子路」篇, '先勞' 章)

위의 ⑤~⑦에 쓰인 어조사 '之'字들은, 앞의 글자를 동사화해 주며, 그 '之'字가 붙어서 동작 또는 행위인 것을 분명히 나타내 주는 경우의 '之'字들이다. "정성스러운 것은 하늘의 道요, 정성스럽게(정성으로) 해 나가는 것은 사람의 道理이다.", "어째서 葛옷(칡베옷) 해 입는 쉬운 일을 하지 않는가?", "다스리는 사람(爲政者)부터 먼저 하고(솔선하고) 수고로움을 다한다."와 같은 말에서는, 거기서 쓰이는 동사들이 타동사라고는 해도 목적어가 필요하지 않으며, 특히 ⑤와 ⑥의 경우를 보자면 "그것을 정성스럽게 한다"라든지 "그것을 칡베옷 해 입는다"와 같이 '之'字를 목적어로서의 지시대명사라고 생각하여 풀이할 때 어불성설이라는 것을 누구나 쉽게 알 수 있을 것이다. 天道를 본받아 매사를 정성스럽게 해 나가는 것이 사람의 도리이며 사람이 天道 그 자체를 정성스럽게 할 수는 없는 것이기 때문에, 위 ⑤의 文句에서 쓰인 어조사 '之'字로 그 앞의 글자를 동사화해 주는 역할이 충분히 이해될 수 있을 것이다.

⑧ 得爲而不爲, 與不得爲而爲之, 均於不孝.

할 수 있는데도 하지 않는 것과 할 수 없는데도 하는 것이 불효인 점에 있어서는 마찬가지이다.(『論語』, 「爲政」篇, '無爲' 章, 集註, 尹氏曰)

⑨ 一簞食, 一豆羹, 得之則生, 不得則死.

한 바구니 밥과 한 그릇의 국을 얻으면 살고, 얻지 못하면 죽는다.(『孟子』, 「告子」章上, '本心' 章)

위의 ⑧과 ⑨에 쓰인 어조사 '之'字들을 보면, '而'字 다음에 '不爲'만 쓰이고서 '之'字가 쓰이지 않기도 하고 '爲之'가 쓰이기도 하였으며, '則'자 앞에 '得之'가 쓰이기도 하고 '之'字 없이 '不得'만 쓰이기도 하였다. 그런 점을 보더라도 '之'字가 각각 聲調를 고르거나 호흡을 조절하는 등

語氣를 돕기 위해 쓰일 필요가 있을 때 쓰인 어조사임을 알 수 있다. ⑧과 ⑨의 문장 전체를 각각 찬찬히 읽어 보면, 그와 같은 사실은 더욱 자명해지리라 생각된다. 위의 자료에서 '不爲'는 '하지 않는다'라는 말로 풀이되고 '爲之'는 그저 '한다'라는 말로 풀이되며, '得之'는 그저 '얻는다'라는 말로 풀이될 따름이다. '之'字가 만약 목적어로서의 대명사(지시대명사)로 필요한 글자라면 어째서 '不爲'와 '不得'의 뒤에서는 쓰이지 않았겠는가를 생각해 볼 때, 그 '之'字가 목적어로서의 지시대명사가 아니라 다만 語氣를 돕는 어조사일 따름이라는 것을 쉽게 알 수 있을 것이다.

⑩ 古者, 易子而教之.

옛날에는 자식을 바꾸어서 가르쳤느니라.(『孟子』, 「離婁」章上, '教子'章)

⑪ 教之之術, 其次第節目之詳, 又如此.

가르치는 술법의 그 차례·절차 세목의 상세함이 또한 이와 같다.(朱子, 「大學集註章句序」)

위의 ⑩과 ⑪에서 보자면, '教之'는 '가르친다'는 행위를 나타내는 데 그친다는 것을 알 수 있다. 그리고 그 '之'字가 목적어로서의 지시대명사가 아니라 동사화하기 위한 어조사로 쓰였다는 것을 ⑪의 '教之之術'로써 누구든 더욱 분명히 확인할 수 있을 것이다.

⑫ 飲酒樂甚, 扣舷而歌之, 歌曰 ~

술을 마시고서 심히 즐거워 뱃전을 두드리며 노래하니, 노래에 이르기를~ (蘇東坡, 「前赤壁賦」)

⑬ 今之詩, 異於古之詩, 可詠而不可歌也, 如欲歌之, 必綴以俚俗之語.

오늘날의 시는 옛날의 시와는 달라서 읊을 수는 있어도 노래할 수는 없으니, 만일 노래하고자 한다면, 반드시 우리말로 엮어야 한다.(李退溪, 「陶山十二曲跋」)

위의 ⑫와 ⑬에서도 '歌之'의 '之'字는 語氣를 도우면서 동시에 앞의 글자를 '노래한다'는 뜻을 나타내도록 동사화하는 어조사로 쓰인 것이다. 文句의 내용을 살펴보면 곧 알 수 있으니, '歌之' 곧 '노래한다'는 말이 각각 노래의 대상이 되는 어떤 특정한 노래를 의식하여 쓴 경우가 아니라는 점에서 그것이 확인된다. ⑫에서는 그 '노래'가 작자 蘇東坡가 작사·작곡해 가면서 마음에서 우러나는 대로 장차 부를 노래이다. 그리고 ⑬에서도 또한 "만일 노래하고자 한다면"이라는 풀이말로써도 알 수 있듯이, 그 노래는 무슨 노래이든지 간에 평소에 마음에서 우러나는 대로 부를 수 있도록 노래하고 싶은 노래요, 어떤 특정한 노래가 아니다. 따라서 그런 경우에 쓰인 '之'字를 '그것을'과 같이 뜻풀이하여 목적어로서의 지시대명사로 볼 수는 없는 것이며, 만일 그렇게 풀이할 경우 文句나 문맥이 우스워지는 것이다.

⑭ 我亦不欲以此加之於人.

나 또한 이(남이 나에게 가하기를 바라지 않는 것)로써 남에게 가하고자 하지 않습니다.(『論語』, 「公冶長」篇, '加我'章, 朱子 註)

위의 ⑭는 "나(저) 또한 이로써(이것을) 남에게 가하고자 하지 않습니다."라고 풀이되므로, 이와 같은 말에서의 '加之'는 '가한다'라고만 풀이하면 되는 것이다. 그리고 '以此加之於人'을 살펴보더라도 '가한다'는 행위가 되는 말의 직접 목적어가 되는 '이로써(이것을)'라는 말 외에 목적어가 따로 있을 수 없음을 알 수 있을 것이다.

⑮ 五畝之宅, 樹之以桑, 五十者, 可以衣帛矣.

다섯 이랑의 밭이 있는 집에 뽕나무를 심으면(심기를 뽕나무로써 하면), 50세가 된 노인이 비단옷을 해 입을 수 있을 것입니다.(『孟子』, 「梁惠王」章上, '盡心'章)

위 ⑮의 경우에도 '樹之以桑'이 '심기를 뽕나무로써 하면(뽕나무를 심으면)'으로 풀이되므로, '심는다'는 뜻의 '樹之'라는 말에는 '뽕나무' 외에 목적어가 따로 있을 수 없다. ⑭의 경우에서와 마찬가지로 위의 '樹之以桑'에서의 '之'字는 오직 그 앞의 글자 '樹'를 동작 또는 행위가 되도록 동사화하며 호흡 등 語氣를 돕는 어조사로 쓰였을 따름이다. 그런데도 그 '樹之'의 '之'字를 억지로 목적어로 파악하여 '그것을 심기를'이라고 풀이해서는 결코 안될 일이다. '그것을 심기를 뽕나무를 심으면'이라는 말이 있을 수 없기 때문이다. 혹시라도 또한 그 '樹之'를 '거기에 심기를'이라고 풀이하려 든다면, 그것은 더욱 구제불능의 학습 태도를 면치 못할 것이다.

⑯ 詩有九不宜體, 是予所深思而自得之者也.

시에는 아홉가지의 마땅하지 않은 體가 있으니, 이는 내가 깊이 생각해서 스스로 터득한 것이다.(李奎報, 『東國李相國集』 卷第二十二, 「論詩中微旨略言」)

위 ⑯의 경우 '얻는다'는 뜻의 '得之'는, "내가 깊이 생각해서 스스로 터득한 것(바)이다."라는 풀이로써 알 수 있듯이, 그 뜻풀이가 앞에 있는 '所'字에 가서 걸리는 말이며, '所'字로부터 그 이하에 쓰인 말이 뒷부분에 있는 어조사 '者'字로써 마무리되어 한 덩어리로 묶이는 것이므로, '터득한다(얻는다)'는 뜻의 '得'字의 대상이 되는 말을 '所'字 외에 따로 찾을 곳이 없다. 따라서 '터득한(얻은)'으로 풀이되는 '得之'의 '之'字는 목적어로서의 대명사가 될 수 없는 것이다.

⑰ 孰能一之.

누가 능히 하나로 합니까(통일합니까)?(『孟子』, 「梁惠王」章上, '人牧'章)

위의 ⑰에서 '一'字의 뒤에 쓰인 어조사 '之'字는 '하나로 한다'는 뜻을 나타내는 타동사 '一'字를 동사화하면서 말을 끝맺는 것을 도와주는 어조사일 따름이다. 그것이 만일 자동사의 뒤에서 쓰이는 경우라면, 틀림없이 '一之'를 '하나가 된다'는 뜻으로 쓰게 되고 또 그렇게 풀이되도록 해 줄 것이기 때문에, 그와 같은 판단이 가능하다. 『中庸』에 "人一能之, 己百之. 〔남이 한번에 능히 하거든, 내 몸은 백번을(백번이라도) 한다.〕"[30]라고 한 것 또한 어조사 '之'字가 타동사 뒤에서 쓰인 경우인데, 그와 같이 '之'字는 타동사와 자동사의 뒤에서 두루 쓰일 수 있는 것이었으며, 그런 점은 뒤에서 설명하는 자료 ㉜를 살펴보면 곧 알 수 있을 것이다.

⑱ 左之右之, 坐之起之.
왼쪽으로 가게 하고 오른쪽으로 가게 하며, 앉게 하고 일어나게 한다.(『禮記』, 「郊特牲」篇)

위의 ⑱에서의 어조사 '之'字들은 그 앞의 글자들을 모두 타동사로 쓰이게 하였다. 그러나 위의 文句는, 그 주체가 되는 사람이 사역시키는 위치에 있었기에 그렇게 풀이되는 것이지, 만일 주체가 되는 사람이 스스로 하는 행위였을 경우, 위의 文句는 '왼쪽으로 간다'·'오른쪽으로 간다'·'앉는다'·'일어난다'와 같이 자동사의 술어로 풀이될 수밖에 없는 것이다. 그리고 그럴 경우, '之'字는 당연히 자동사의 뒤에서 쓰여 술어를 만드는 어조사로 파악되어야 하는 것이다.

2) 자동사의 뒤에서 쓰인 경우

여기서는 고전에서 쓰인 어조사 '之'字가 자동사의 뒤에서 쓰인 경우에 목적어로서의 대명사가 될 수 없는 이유를 주로 논의하고자 한다. 그 자동사와 관련된 문제는, 자세히 설명하지 않더라도 누구든 쉽게 이해할 수 있

30 『中庸』 第二十章, '問政'章 참소.

을 것이다. 자동사가 그 뒤에 목적어를 취할 수 없는 동사임이 자명하기 때문이다. 세계 어느 나라의 말이든지 자동사보다는 타동사가 많고 더욱이 타동사의 사용 빈도수가 많으므로, 한문에서 동사 뒤에 쓰인 그 어조사 '之'字는 대개 타동사의 뒤에서 쓰인 경우가 많을 수밖에 없다. 그러나 그 어조사 '之'字가 자동사의 뒤에서도 또한 얼마든지 쓰일 수 있었다는 점을 확인하기 위하여, 그리고 타동사와 자동사의 뒤에서 쓰인 '之'字가 모두 목적어로서의 대명사로 파악될 수 없는 어조사인 점에 있어서는 마찬가지라는 것을 밝히기 위하여, 자동사와 관련된 문제에 대한 논의가 필요하다.

그러면 이제 어조사 '之'字가 자동사의 뒤에서 쓰인 語句 또는 文句를 적절히 예로 들면서, 그것이 결코 목적어로서의 대명사로 파악될 수 없는 이유를 설명하고자 한다.

⑲ 民德歸厚, 謂下民化之, 其德亦歸於厚.

民德이 歸厚(백성의 덕이 후한 데로 돌아간다)라는 말씀은, 아랫사람들이 교화되어 그 덕이 또한 후한 데로 돌아간다는 것을 이른 것이다.(『論語』, 「學而」篇, '歸厚'章, 朱子 註)

⑳ 爲政以德, 則無爲而天下歸之, 其象如此.

政事를 행하기를 덕으로써 하면, 아무 행함(하욤)이 없는 가운데 천하(천하의 백성)가 돌아가는(歸依하는) 것이 그 형상이 이와 같다.(『論語』, 「爲政」篇, '北辰'章, 朱子 註)

㉑ 人而無信, 不知其可也. 大車無輗, 小車無軏, 其何以行之哉.

사람으로서 信義가 없으면 그 (그래도) 될는지 알지 못하겠노라. 큰 수레가 수레 횡목이 없으며 작은 수레가 갈고리가 없으면, 그 무엇으로써(어떻게) 가리오?(『論語』, 「爲政」篇, '輗軏'章)

위의 ⑲~㉑의 '之'字는 모두 자동사의 뒤에 쓰인 어조사이다. '下民化之.'는 '아랫사람이 교화된다.'는 뜻이요, 그때의 '化之'는 '교화된다'·'바뀐다(변화한다)'는 말로 곧 자동사로 풀이된다. 그리고 '天下歸之.'는 '천하(천하의 백성)가 돌아간다(歸依한다).'는 말로 풀이되며, '其何以行之哉.'는 '그 무엇으로써(어떻게) 갈 수 있으리오?'라는 말로 풀이된다. 그와 같이 풀이되는 말에서 쓰인 자동사 '化'·'歸'·'行'字들의 뒤에서 語氣를 돕는 어조사로 쓰인 '之'字를 결코 목적어로서의 대명사로 볼 수 없을 것이다. 그 자동사의 글자들 뒤에서 또한 어조사 '之'字가 쓰이지 않았다면, 어떻게 말이 될 수 있고 문장이 될 수 있었겠는가?

위의 예문 ㉑에서, 말의 안장과 수레를 연결해 주는 끈이 와서 걸릴 수 있도록 한 수레 횡목이나 수레 갈고리가 있어야 수레가 갈 수 있다고 하였는데, 그 말씀에서 '간다'는 말 '行之'의 주어는 '大車'이든 '小車'이든 '수레'이다. 그리고 그 주어에 대한 술어 '行之'는 자동사로 쓰인 '行'字에 우리말의 활용어미와 같은 역할을 하는 어조사 '之'字가 붙은 것이다.

㉒ 父母, 全而生之, 子, 全而歸之.

부모는 온전히 해서 낳으시고, 자식은 온전히 해서 죽는다.(『論語』, 「泰伯」篇, '戰兢'章, 集註, 尹氏曰)

㉓ 貉, 五穀不生, 惟黍生之.

맥 땅에는 오곡이 나지 않고, 오직 기장이 난다.(『孟子』, 「告子」章下, '貉道'章)

위의 ㉒에서 "부모가 (몸을) 온전히 해서 낳아 주셨고, 자식은 (제 몸을) 온전히 해서 죽는다(돌아간다)."고 한 것으로 보더라도, '之'字는 '낳다(生)'와 같은 타동사의 뒤에서나 '죽는다(歸)'와 같은 자동사의 뒤에서 두루 쓰인 어조사임을 알 수 있을 것이다. ㉓의 文句 "맥(오랑캐 땅 이름)에서는 오곡이 나지 않고 오직 기장이 날 뿐이다"에서 '난다'는 뜻의 '生之'에 쓰인 '之'字 또한 '나다(자라나다)'라는 뜻의 자동사 '生'字의 뒤에서 쓰인 어조사이다.

㉔ 矢及君屋, 死之.

화살이 임금의 지붕에까지 미치니, (너는) 죽어라.(『春秋左傳』, 襄公 二十三年, 「四月」條)

㉕ 公子糾敗, 召忽死之, 吾幽囚受辱~

公子 糾가 패하였을 때에 소홀은 죽고 나는 깊숙이 갇혀서 욕을 보았거늘~(『史記』 卷六十二, 「管晏列傳」)

위의 ㉔와 ㉕에서 또한, '之' 字가 모두 자동사의 뒤에서 쓰였다. 위의 두 文句에서 '죽어라' · '죽고(죽었으며)' 로 풀이되는 '死之' 는 모두 우리말의 자동사 '죽는다' 는 말의 활용형과 같은 역할을 할 따름이다.

㉖ 屈平旣嫉之, 雖放流, 睠顧楚國, 繫心懷王, 不忘欲反.

屈平(屈原의 이름)이 이미 미움 받게 되자, 비록 추방되어 유배 당했으나, 초나라를 사랑스레 돌아보며 회왕에게 마음을 매어 둔 채 (왕의 마음을) 돌이키고자 함을 잊지 않았다.(『史記』 卷八十四, 「屈原賈生列傳」)

위의 ㉖에서 '嫉之' 는, '嫉' 字가 피동사로서의 자동사로 쓰인 경우의 술어이다. 屈原이 모함 당하고 질투와 질시를 받아 억울하게 배척 당한 인물임을 생각할 때, 그것이 쉽게 이해될 수 있을 것이다. 그러나 똑같은 '嫉之' 라는 말도 경우에 따라서는 '嫉' 字가 타동사로 쓰이는 경우의 술어가 될 수도 있는 것이다. 말하자면 漢字들은 한문에서 자동사로도 쓰일 수 있었고 타동사로도 쓰일 수 있었으며, 경우에 따라서는 명사 · 형용사 · 부사 등으로도 쓰일 수 있었던 것이다.

㉗ 天下之物, 無得而間之, 所以不已也.

천하의 물건이 끼어들 수 없는 것은 (그 호연지기가) 그치지 않는(그침이 없는) 까닭이다.(李穡, 『牧隱集』, 「浩然說」)

위 ㉗의 예문은, 부귀공명이나 위세와 무력 또는 이익과 같은 천하의 어떤 물건이라도 浩然之氣에 끼어들거나 파고들 수 없다는 뜻을 나타내 주는 文句이다. 따라서 위의 '間之'에 쓰인 '之'字는 자동사 '間'字의 뒤에서 쓰인 어조사이다. 여기서의 '之'字를 억지로 '거기에'라고 풀이하려 한다면, 그 또한 '구제불능'의 학습 태도라고 할 것이다.

㉘ 永歌之不足, 不知手之舞之, 足之蹈之也.

노래해도 부족한지라, 나도 모르게 손으로는 춤추고, 발로는 뛴다.(「詩經大序」)

㉙ 伯夷曰, 父命也, 遂逃去, 叔齊, 亦不立而逃之.

백이가 말하기를, "아버님의 명령이시다." 하고 마침내 달아나 가 버리니, 숙제 또한 (임금 자리에) 서지 않고 달아났다.(『古文眞寶』 晋 · 吳隱之, 「貪泉」의 註)

위의 ㉘과 ㉙에서 쓰인 밑줄 그은 '之'字들 또한, 자동사의 뒤에서 쓰인 어조사이다. 여기서 '춤춘다' · '발로 뛴다(구른다)' · '달아났다(도피하였다)'는 말로 풀이되는 '舞之' · '蹈之' · '逃之'에서 '之'字 앞에 쓰인 글자들 '舞' · '蹈' · '逃'가 모두 자동사로서 목적어를 취할 수 없는 글자들이기 때문에, '之'字는 결코 목적어로서의 대명사로 파악될 수 없으며, 그저 단순히 聲調나 호흡 등 語氣를 도우면서 문장이나 文句를 끝맺는 데 도움을 주는 어조사라는 점이 확인될 것이다.

㉚ 淵深而魚生之, 山深而獸往之.

연못이 깊으니 물고기가 살고, 산이 깊으니 길짐승이 다닌다.(司馬遷, 『史記』 卷一百二十九, 「貨殖列傳」)

위의 ㉚에서 쓰인 '之'字 앞의 '生'字와 '往'字 또한, 모두 자동사이다.

㉛ 孰能與之.

누가 능히 허여됩니까?(『孟子』, 「梁惠王」章上, '人牧'章)

위의 文句 ㉛에 나타난 뜻은, 천하를 통일하여 하나로 거느릴 수 있는 '王天下者'로 누가 허여될(인정될) 수 있는가, 곧 그런 기회가 누구에게 주어질 것인가 하는 것이다. 그러므로 여기서 쓰인 '之'字 앞의 '與'字 또한, 다른 자료에서 피동사로 쓰인 글자들처럼 자동사가 되는 것이다.

㉜ 文之載道云者, 猶車之載物云耶. 車非物也, 物非車也, 誠如是也, 文與道亦可分而二之歟.

글이 道를 싣는다고 이르는 것은 수레가 물건을 싣는다고 이르는 것과 같은 말인가? (그렇다면) 수레는 物이 아닐 것이요 物은 수레가 아닐 것이니, 진실로 이와 같다면 文과 道가 또한 나뉘어져서 둘이 될 수 있다는 말인가?(李獻慶, 『艮翁先生文集』, 「佔畢齋先生文集序」)

앞의 ⑰의 경우에서 "孰能一之.(누가 능히 하나로 합니까?)"라고 할 때에는 어조사 '之'字가 앞의 글자 '一'字를 타동사가 되게 하였는데, 여기서는 어조사 '之'字 앞의 글자 '二'字를 자동사가 되게 하였다.

㉝ 苗浡然興之矣.

(말라 죽던) 벼싹이 부쩍 부쩍 일어나리라.(『孟子』, 「梁惠王」章上, '人牧'章)

위 ㉝의 文句에서 '일어난다(자라난다)'는 뜻으로 쓰인 '興'字 또한, 당연히 자동사가 된다.

㉞ 文辭, 藝也, 道德, 實也, 篤其實而藝者書之, 美則愛, 愛則傳焉, 賢者, 得以學而致之, 是爲教.

文辭(겉으로 나타나는 글)는 藝요 도덕은 實(알맹이)이니, 그 실하고도 예스러운 것을 돈독히 하는 자가 쓰게 됨에 아름답게 되면 사랑받게 되고 사랑받게 되면 전해지기 마련이다. 賢者는 (그 좋은 글을) 얻어서 배워 (道에) 이르러 가니, 이것이 바로 '敎'가 되는 것이다.(周敦頤, 『周子全書』卷十, 『通書』四, 「文辭」)

위의 문장 ㉞에서 어조사 '之'字의 앞에 쓰인 '書'字는 타동사이며, '致'字는 자동사이다. 이와 같이 고전에서 어조사 '之'字는 타동사와 자동사의 뒤에서 두루 쓰일 수 있었던 것이다.

㉟ 參差荇菜, 左右流之.
길고 짧은 물미나리를 (캐기를), 좌우로(이리저리) 물 흐르듯이(물길 따라) 한다네.(『詩經』, 國風, 「周南」篇, '關雎'章)

위 ㉟의 詩句에 나타난 뜻은, 이리저리 잘 자라난 물미나리를 캐면서 (나는) 물 흐르듯이 물길 따라 내려간다는 뜻이다. '아리랑 고개를 넘어가듯' 흐르는 물길 따라 님을 그리는 마음으로 (나는) '흘러가며 물미나리를 캔다'는 뜻이다. '流'字는, 위에서와 같이 '흐른다'는 뜻으로 쓰이면 자동사가 되지만, 만약 '흘려 보낸다'는 뜻으로 쓰인다면 타동사가 되는 것이다.

㊱ 知子之來之, 雜佩以贈之.
그대가 친구 오시게 하는 줄 알거든, 이리저리 패옥을 가져다 드리리다.(『詩經』, 國風, 鄭風, '女曰雞鳴'章)

위 ㊱의 시구에 나타난 뜻은, 님의 친구가 올 것을 미리 알게 된다면 나를 사랑해 주는 님 나를 위해 마음을 써 주는 님을 위해 그 친구분을 잘 대접해 드리겠다는 뜻이다. 곧 내가 가진 패물을 이리저리 찾고 모아서 정성껏 가져다 드리겠다는 뜻이다. 위에서 '之'字 앞에 쓰인 '來'字는 원래 자동사이며, '贈'字는 타동사이다. 그런데 잠깐 그 '來'字가 '(그대가 친구분을) 오시게 한다'는 뜻에서 사동사(타동사)로 쓰였을 뿐이다. 그러나 '오는' 사람은 '친구'이므로, '친구분이 오신다'고 하는 의미에서 '來'字를 자동사로 보아도 안될 것은 없다. 어쨌든 자동사의 뒤에서든 타동사의 뒤에서든, 어조사 '之'字는 동사가 되는 글자의 뒤에서 語氣를 돕기 위해 쓰일 수밖에 없었던 것이다.

㊲ 寬以居之.
(君子는) 너그러운 마음으로 거처한다.(『周易』, 「乾」卦, '文言'傳)

위의 ㊲에서 '之'字 앞에 쓰인 '居'字는, '거처한다(존재한다)'는 뜻에서 '존재'의 의미를 나타내는 자동사이다.

㊳ 鳳凰翔于千仞兮, 覽德輝而下之.
봉황이 천길 높이 비상함이여. 德이 빛남을 보아 내려오도다.(賈誼, 「弔屈原賦」, 『古文眞寶』後集, 卷之一 수록)

위의 ㊳에서 '下之'는 '내려온다'는 뜻을 지닌 자동사 '下'字의 뒤에 어조사 '之'字가 붙은 경우의 술어이다.

㊴ 就其深矣, 方之舟之, 就其淺矣, 泳之游之.
그 깊은 데로 나아감은 떼배도 타고 큰 배도 탔으며, 그 얕은 데로 나아감은 잠수도 하고 떠서도 갔어라.(『詩經』, 國風, 邶風, '谷風'章)

위 ㊴의 시구는, 손발이 닳도록 알뜰하게 살림을 한 어진 婦人이 까닭 없이 소박맞아 버림받고 부른 노래이다. 여기서의 '方'字는 '부桴'의 뜻으로, '뗏목'과 같은 작은 배를 뜻하는 글자이다. 그리고 '方之'와 '舟之'라는 말의 '方'字와 '舟'字는, 여기서 타동사로 쓰이기는 했어도 명사 뒤에 어조사 '之'字가 붙어서 동사화한 것으로, 의미로 볼 때 자동사와 기능이 별로 다를 것 없이 쓰인 글자들이다. 그런데 위에서 뒷 구절의 '泳之'와 '游之'는, "潛行曰泳, 浮水曰游.(물에 잠겨서 가는 것을 '泳'이라 하고, 물에 떠서 가는 것을 '游'라고 한다.)"라는 『詩經』의 註釋文으로도 알 수 있듯이, 구체적인 뜻의 차이는 다소 있어도 모두 '헤엄친다'는 뜻으로 풀이되며, 자동사 '泳'字와 '游'字의 뒤에 어조사 '之'字가 붙은 경우의 술어들이다.

3. 결론

고전에서 쓰인 어조사 '之'字들은, 종종 목적어로서의 대명사(지시대명사 · 인칭대명사)로 쓰인 것처럼 보일 때가 있을 뿐, 결코 목적어로서의 대명사로 쓰인 예가 없다. 위에서 제시한바 어조사 '之'字가 목적어로서의 대명사가 될 수 없음을 밝혀 주는 자료들은, 필자가 살펴본 자료 중 누구든 쉽게 발견할 수 있는 자료들을 중심으로 하여 그 일부가 제시된 것이다. 위와 같은 소략한 논의로써도 필자의 견해가 어느 정도 전달되고 이해될 수 있을 것으로 생각되지만, 그렇지 못할 경우 다시금 수많은 자료를 정리하여 좀더 치밀한 논의를 전개하는 것이 마땅할 것이다. 하지만 한문 문법 혹은 漢語 문법이 필자의 주 전공이 아니기에, 그 문제점에 대한 해결책을 제시하는 등의 더욱 복잡한 과제들을 놓고 좀더 치밀한 관찰과 깊은 硏鑽이 없이 성급하게 그 해결책을 제시하려는 논리를 편다는 것은 현 단계에서 시간적으로도 무리한 일이 아닐 수 없으며, 한편 본고에서 범위를 한정하여 논의한 것과 같은 너무나도 자명한 문제를 가지고서 장황하게 논리를 편다는 것 또한 필자가 바라는 바가 아니다. 따라서 다만 이와 같은 미흡한 논고로써 하나의 문제에 국한하여 필자의 견해의 일단을 밝히게 된 것이다.

고전에서 흔히 동사의 뒤에 쓰인 어조사 '之'字는, 우리말의 연결어미나 종결어미와 같은 역할을 하기도 하면서 말이나 문장 또는 語句 · 文句에서의 高低長短 · 억양 · 호흡 등에 따르는 語氣를 돕는 것이었다. 또한 어조사 '之'字는 종종 명사 · 부사 등으로 쓰일 수 있는 글자들의 뒤에 쓰이기도 하여, 앞의 글자들을 동사화하거나 동사적 의미를 지니는 부사어구로 만들어 주기도 하였다. 그리고 어구 · 문구 등의 앞부분이나 중간 또는 뒷부분에 두루 쓰여, 語氣를 도울 뿐 아니라 다양한 표현법을 가능하게 하였다. 그와 같이 어조사 '之'字의 역할은 그리 단순하지 않은 것이었으며, 그 다양한 용법에 의해 말이나 문장에서 무한한 묘미를 자아내는 것이었다.

그런데 어조사 '之'字가 동사의 뒤에서 쓰인 경우, 학계에서는 종래에 그것을 흔히 목적어로서의 대명사로 잘못 파악하여 오해하는 경향이 있었다. 그와 같은 오해는 문맥의 이해를 그르치게 하거나 고전에 관한 연구를 그르치게 할 수도 있으므로, 위의 논의에서 밝힌 바와 같이 필자는 그것을 결코 하찮은 문제로 생각하여 그대로 내버려 둘 수 없었다.

필자가 본고에서 주로 해결하고자 한 문제 곧 타동사나 자동사의 뒤에서 두루 쓰인 어조사 '之'字가 단지 語氣를 돕는 어조사일 뿐 그 어떤 경우에도 목적어로서의 대명사로 파악될 수 없는 것이라는 명제와 관련하여, 이제 특히 경계하여 바로잡지 않으면 안될 사항이 있다. 타동사의 뒤에서 쓰인 '之'字라고 해서, 종래 학계의 오해와 그로 인한 그릇된 학습 관행으로부터 벗어나지 못하는 채 그것을 목적어로서의 대명사로 파악하고, 자동사의 뒤에서 쓰인 '之'字라고 해서 어쩔 수 없이 어조사로 파악하는 등, '耳懸鈴鼻懸鈴'式으로 일관성 없는 원칙을 적용하는 학습 태도가 지양되어야 할 것이다. 그리고 문법에 관심이 적거나 하여 어조사 '之'字가 자동사의 뒤에서도 쓰여 왔다는 사실을 알아채지 못하는 데서 생기는 오해는 어쩔 수 없다 하더라도, 심지어 이제 그것이 자동사의 뒤에서 쓰인 사실을 직접 확인하고서도 고집스레 그 '之'字를 목적어로서의 대명사로 파악하려는 학습 태도야말로 하루 속히 지양되어야 할 것이다.

'가다'라는 뜻의 實辭가 아닌 虛辭로 쓰인 어조사 '之'字는, 그 쓰임새가 다양할 뿐 언제나 어조사로 쓰인 것일 따름이다. 그러기에 타동사이든 자동사이든 동사 뒤에 쓰인 어조사 '之'字의 경우 곧 예를 들자면 "學而時習之〔배우고 때로 익히면(익힌다)〕"와 같은 구절에서의 '時習之'를 '때로 익히면(익힌다)'이라고 풀이하는 데 대하여, 그것이 '之'字를 풀이하지 않고 풀이를 생략하는 것처럼 오해하거나 굳이 '그것을 때로 익히면'이라고 풀이하려는 학습 관념부터 떨쳐 버리지 않으면 안된다. 그것은 '때로 익히면(익힌다)'으로 풀이할 때 이미 풀이가 모두 행해지는 것이기 때문이다.

본고는 부득이 학교에서의 현행 한문 교육이나 일반의 한문 학습을 바로잡고자 하는 작은 뜻에서 출발한 것이다. 필자가 평소 고전을 읽으면서 느껴 온 어조사 '之'字의 다양한 역할이나 그 다양한 표현법에 의해 나타나는 의미상의 미묘한 차이 등을 대강 파악하고는 있었으나, 본고에서는 필자가 그런 문제까지를 구체적으로 모두 고찰하는 데 이르지 못하고, 위와 같은 한가지 문제에 관한 소략한 논의에 그치게 되었다.

그러므로 이제 어조사 '之'字와 그 밖의 虛辭들에 관한 문제 그리고 나아가서 한문 문법 또는 한문 문장의 구조 등에 관한 문제에 대해서도, 필자는 물론 많은 학자의 지속적인 관심이 기울여져야 할 필요성을 느낀다. 따라서 필자는 이제 어조사 '之'字가 언제 어떤 학자들로부터 그와 같이 잘못 논의되기 시작하여 오늘에 이르렀는가를 검토하고 그 다양한 쓰임을 바르게 논의하는 일이 우선되어야 할 것으로 생각한다. 그리하여 어조사 '之'字의 다양한 용법을 정리하여 종래에 야기된 문제점을 바로잡을 만한 해결책을 제시하는 일이 필요할 것으로 생각한다. 이를테면 우리말 문법에서 '조사'를 하나의 독립된 품사로 설정하듯이, 한문 문법에서도 여러 어조사를 묶어 하나의 품사로 설정하거나 또는 각 어조사마다 다양한 구체적인 역할 또는 기능의 갈래를 정리하고 어조사 '之'字의 경우에는 '연결 어조사'·'관형 어조사'·'종결 어조사'와 같이 각각 그 역할 또는 기능을 자리매김하는 등의 연구 방법을 고려해 봄직하다. 명사·동사·형용사·부사 등의 품사에 각각 그 나름의 역할이나 기능이 있듯이, 어조사에는 어조사 나름의 역할이나 기능이 있을 것이기 때문이다. 하지만 현재로서는 그와 같은 문제들을, 장차 해결해야 할 과제로 남겨 두고자 한다.

『訓民正音』「序文」의 '者'·'놈'의 意味와 관련한 古典 再檢討의 必要性 論議

1. 서론

본고는, 『訓民正音解例本』의 「例義篇」 첫머리에 쓰인 '者' 字의 의미와 그 우리말 풀이에 해당하는 『訓民正音諺解本』의 첫머리에 쓰인 '놈' 이라는 말의 의미가 종래에 국어학 분야의 학술 연구에서 다소 오해되어 온 것을 바로잡는 등, 몇몇 古典 자료 해석에서의 오류를 바로잡아야 할 사례들을 제시하여 그 의미를 바르게 이해할 수 있도록 함으로써, 국어국문학 등 인문학 분야 연구에서의 고전 자료 재검토의 필요성을 강조하고자 하는 것이다. 解例本과 諺解本 등 『訓民正音』「序文」에서의 '者' 字와 '놈' 이라는 말은, '것' 또는 '경우' 를 뜻하는 글자와 말이었다. 그럼에도 종래의 국어학 연구에서는 大家들의 경우에서도, 그 '者' 라는 글자와 '놈' 이라는 말이 모두 일반적이고도 平語的인 의미에서의 '사람' 을 뜻하는 듯이 오해되어 왔다.[1]

---

1 姜信沆, 수정증보 『訓民正音研究』, 成均館大學校 出版部, 1987, 91쪽, 124쪽.
李觀洙, 『訓民正音新研究』, 寶庫社, 1995, 33쪽

『訓民正音』「序文」에서의 '者'와 '놈'이 '사람'을 뜻하는 글자와 말이 아니라 '것' 또는 '경우'와 같은 '사물'을 뜻하는 글자와 말이라는 점을 필자가 느끼게 된 것은, 漢文 문장의 구조를 조금 알게 되면서부터였으니, 이미 수십 년이 되었다고 하겠다. 그러나 그런 생각을 한동안 잊고 지내다가 최근에 『논어 강의』라는 책을 저술하던 중 그 『訓民正音』「序文」에서의 '者'字와 '놈'이라는 말이 다시 생각나서 그 의미를 잠깐 漢文에서의 '者'字의 쓰임을 설명하기 위한 하나의 예로 들게 되었고, 같은 학교에 재직하는 동료 국어학 교수들에게 확인한 결과 『訓民正音』「序文」에서의 '者'字와 '놈'이라는 말이 일반 平語的인 의미의 '사람'을 뜻하는 글자와 말로 오해하는 학설이 아직도 옛날과 달라지지 않았다는 사실에 내심 놀라지 않을 수 없었다. 필자의 견해를 처음 듣는 학자들은 필자의 견해가 잘못된 것이라고 생각할는지도 모르겠으나, 결코 그렇지 않을 것이다.

필자가 고전 연구자로서 평소 한문학 자료 등의 고전 자료를 접하면서 기존 연구를 참고해 오는 동안, 고전 자료의 해석에서 탁월한 선구적 업적을 보인 연구자와 大家들도 간혹 자료 해석상의 문제점을 드러내는 경우가 없지 않았음을 종종 확인하게 되었다. 그리하여 널리 알려진 고전 자료에 대해서도, 그리고 기존 연구에 의해 이미 정설로 여겨지는 학설이 있어온 사항에 대해서도, 자료들을 좀더 면밀히 검토함으로써 혹시 잘못된 연구는 없는가를 평소에 늘 주의할 필요가 있다는 생각을 기본적으로 가지게 되었다.

따라서 필자는 본고에서, 『訓民正音解例本』「例義篇」 첫머리에서의 '者'字와 『訓民正音諺解本』 첫머리에서의 '놈'이라는 말이 모두 '것' 또는 '경우'를 뜻한다는 것을 핵심 주제로 하여 본고의 논의를 전개하되, 고전 자료의 해석에서 그 『訓民正音』「序文」에 관한 해석상의 문제점과 유

박창원, 『훈민정음』, 신구문화사, 2005, 179쪽 등 참조.

사한 문제점을 보이는 몇몇 사례들을 아울러 논의하고 각각 그 해결책을 제시함으로써, 국어학 · 국문학 등 인문학 연구에서의 고전 자료 일반에 대한 재검토의 필요성을 강조하고자 한다.

20세기 이후로 활발하게 행해진 국학 연구와 동양학 및 인문학의 연구에서, 초창기의 선구적 연구자들을 비롯한 많은 훌륭한 연구자에 의해 그동안 주목할 만한 학술적 성과가 있었다. 그럼에도 고전 시대와의 문화적 · 학술적 전통의 단절로, 그리고 적극적인 연구 의욕에 의한 자료 해석에서의 성급함 또는 부주의 등으로, 우리 시대에 이르러서는 고전 자료의 문맥이나 행간을 잘못 읽게 되는 일이 생김으로써 자료 해석상의 문제점을 드러내는 경우가 적지 않았다. 그것은 중국 등 이웃 나라의 경우에도 예외가 아닌 듯하다. 그리하여 필자는, 관심이 미치는 바 중국문학과 한국한문학 그리고 한문 문법 등에 관한 연구에서 고전 자료의 해석에 있어 오류를 드러내는 사례를 종종 접하게 되었으며, 부족한 소견으로나마 작가 · 문학사 · 문학사상사 또는 한문 문법 등에 관련된 연구에서의 크고 작은 몇가지의 문제점들을 바로잡은 바 있다.

따라서 필자는 이제 본고에서, 그와 같은 문제점을 보인 몇가지의 단적인 사례들을 일부 예시함으로써 고전 자료 해석의 정확성에 관한 문제를 먼저 제기하고 나서, 국어학 연구 자료로서의 『訓民正音』「序文」에 쓰인 '者'字와 '놈'이라는 말의 의미에 대한 논의를 진행함으로써, 종합적으로 고전 자료 재검토의 필요성을 강조하고자 하는 것이다.

2. 몇몇 사례로 본 고전 자료 재검토의 필요성

동양의 古典에서 두루 쓰인 어조사 '之'字는 '之東(동쪽으로 간다)' · '之西(서쪽으로 간다)' 또는 "先生將何之.(선생께서는 장차 어디로 가시렵니까?)"라는 말에서와 같이 '가다'라는 뜻을 나타내는 '實辭'로 쓰이지 않고 '어조사'로서의 '虛辭'로 쓰인 경우에는, 타동사나 자동사의 뒤에서 쓰인 경우는 물론이요, '頃之(얼마 있다가)'라든가 '久之(오래 있다가)'와 같은 '부사어'에서나 '成內之〔이룬다(이루ᄂᆞ다)〕'와 같은 吏讀文[2] 등의 그 어떤 경우에서도, 그저 '어조사'로 쓰인 것일 뿐 목적어로서의 '대명사(지시대명사·인칭대명사)'로 쓰인 경우가 전혀 없다. 그럼에도 근래에 韓·中·日 3국에서는 '어조사'로 쓰인 '之'字를, 특히 타동사의 뒤에서 쓰인 경우에 목적어로서의 '대명사' 또는 '代詞'로 잘못 파악하여 논의하거나 가르치고 학습한다.[3]

그리하여 근래에 3국에서는 『論語』 첫 구절에서의 '學而時習之'를 '배우고 그것을 때로 익히면'이라고 잘못 풀이하기도 하며, 司馬遷의 『史記』, 「屈原賈生列傳」에서의 '屈平旣嫉之'를 '屈平(屈原)이 이미 그들(上官大夫 등)을 미워하게 되자'라고 잘못 풀이하기도 한다.[4] '배우고 때로 익히면'으로 풀이해야 하고 '屈原이 이미 미움 받게 되자'라고 풀이해야 할 것을, 그와 같이 잘못 풀이하는 등, 자료 해석상의 작은 오류에서 말미암는 폐해가 적지 않다. 『四書栗谷諺解』 등의 옛날 책에서는 '學ᄒᆞ야 時로 習ᄒᆞ면'으로 풀이했을 뿐,[5] '그것을'이라는 우리말을 추가하여 풀이한 경우가 전혀 없었다. 말씀이나 文句에도 없는 것을, 풀이했을 까닭이 있겠는가? 道를 배우고 또한 배워서 알게 된 그 道를 몸으로 익히고 행동으로 실천한다

2 「禪林院鐘」1(고려시대), "貞元卄年甲申三月卄三日, 當寺鐘, 成內之.〔貞元 20년 갑신년 3월 23일, 이 절의 종을 이룬다(이루ᄂᆞ다).〕" 필자의 해석.
南豊鉉(2000), 『吏讀硏究』(태학사)와 李基文(1972), 『國語史槪說』(改訂版, 塔出版社), 그리고 李丞宰(1992), 『高麗時代의 吏讀』(태학사) 등에서는 그런 류의 吏讀文에 쓰인 '之'字를 '動詞의 終結形' 또는 '動詞의 終結語尾' 등으로 보았는데, 그와 같은 해석에 타당성이 있다고 하겠다.

3 李家源, 『漢文新講』(新丘文化社, 1960); 王力, 『古漢語通論』(北京, 中外出版社, 1976); 廖振佑, 『古代漢語特殊語法』(內蒙古人民出版社, 1979); 楊伯峻, 『古漢語虛詞』(北京, 中華書局, 1981); 松下大三郞, 『標準漢文法』(東京, 勉誠社, 1939) 등에서 '之'字가 대체로 '代名詞(指示代名詞·人稱代名詞)'·'指示詞' 또는 '代詞(指示代詞·人稱代詞)' 등으로 일컬어졌다.

4 臺灣 등에서 출간된 『史記』에 관한 근래의 註釋本이 대개 그렇다.

5 李珥, 『四書栗谷諺解』, 여강출판사, 1985, 앞부분 참조.

는 것은, 사제 간의 가르침에서 그 무엇을 배우고 무엇을 익히는가를 구태여 말로써 표현하지 않았어도 孔子의 제자들이나 후대의 독자들이 저절로 알 만한 일이었다. 그리고 또한, 屈原 같은 위대한 시인이 '그들을 미워했다'는 등 그저 질투 · 질시나 일삼은 분이었다면, 어떻게 위대한 시인일 수 있었겠으며, 후대에 이르도록 어찌 그렇게도 슬퍼하며 추모할 수 있었겠는가? 뜻풀이하지 않아야 할 글자들을 앞뒤의 문맥에도 맞지 않게 억지로 잘못 풀이함으로써 聖賢 말씀의 문맥의 의미를 그르치기도 하고, 행위의 주객을 전도시켜 해석함으로써 屈原 같은 참된 시인이나 작가의 생애를 모독하기도 하는 것이다.

예로부터 漢語와 한문 문장의 語句나 文句가 끝나는 위치에서는 '자동사'의 뒤에서이든 '타동사'의 뒤에서이든 혹은 '부사어'의 끝부분에서이든, '말기운(語氣)'이나 '호흡'을 돕기 위하여 어조사 '之'字의 사용이 수시로 필요했던 것이다. 따라서 필자는, 이런 문제점을 바로잡고자 하는 뜻의 논문을 이미 발표한 바 있다.[6]

어조사 '之'字는, '學而時習之'에서의 '習之'를 '익히면' 또는 '익힌다'로 풀이할 때의 '~면' 또는 '~ㄴ다'와 같이, 우리말의 '동사'의 활용어미에서의 '연결어미' 또는 '종결어미'와 같은 역할을 하며 사용되기도 하였다. 만약 타동사 '익힌다' · '낳았다' · '얻었다' · '사랑하고 중히 여긴다' 등을 말로 표현하거나 한문 문장으로 표현할 경우에는, '習' · '生' · '得' · '愛重'이라고만 해서는 말이나 글이 될 수 없었으며, '習之' · '生之' · '得之' · '愛之重之'라고 해야만 마침내 말이나 글이 될 수 있었던 것이다. 그리고 자동사 '간다' · '자란다(태어났다)' · '다닌다' · '온다' · '거처하였다' · '달아났다' 등을 말로 표현하거나 한문 문장으로 표현할 경우에는, '行' · '生' · '往' · '來' · '居' · '逃'라고만 해서는 말이나 글이 될 수 없었으며, '行

6 鄭堯一, 「語助辭 '之'字를 目的語로서의 代名詞로 볼 수 없는 理由」, 『漢文教育研究』 第17號, 韓國漢文教育學會, 2001.

之'·'生之'·'往之'·'來之'·'居之'·'逃之'라고 해야만 마침내 말이나 글이 될 수 있었던 것이다. '타동사'나 '자동사'의 뒤에서 모두, 어조사 '之'字가 있어야 말이나 글이 이루어질 수 있었던 것이다.

한편 『高麗史』, 「樂志」 '俗樂'의 기록 중 〈翰林別曲〉이나 〈動動〉에 관한 기록 등에서 '詞俚不載'라는 말이 쓰였는데, 그에 관한 오해가 국문학 및 국문학사 연구에서 있었던, 고전 자료 해석의 잘못으로 인한 하나의 큰 문제점으로 지적될 만하다. 〈翰林別曲〉에 관한 기록 중 "琴學士琴儀, 玉笋門生云云. 俚語. 凡歌詞中以俚語不載者, 倣此.(琴學士琴儀, 玉笋門生云云. 우리말. 무릇 歌詞 중에 우리말이라서 싣지 않는 것은, 이와 같이 표시한다.)"라고 한 것[7]이 그 하나의 예가 될 것이며, 〈動動〉에 관한 기록 중 그 演戲에 대한 설명을 하고 나서 "然詞俚不載.〔그러나 歌詞가 俚語(우리말)라서 싣지 않는다.〕"라고 한 것[8]이 그 하나의 예가 될 것이다. 그런 기록들은 각각, 제도적으로 한문으로 기록하도록 된 역사책에서, 漢字語句 투성이의 〈翰林別曲〉을 기록하면서, 漢字語句의 나열 뒤에 이어지는 우리말 歌詞 "위날조차몃부니잇고"라는 구절이 들어갈 자리에, 위의 인용 자료 및 그 번역문에서와 같이 '俚語'라고 하고 나서 "무릇 歌詞 중에 우리말이라서 싣지 않는 것은, 이와 같이 표시한다(이에 따른다)."라는 뜻의 말 곧 '詞俚不載'라는 말로 요약될 말을 기록함으로써, 우리말 歌詞에 대하여 역사책에서는 우리말이라서 싣지 못하게 된 사유를 밝힌 것이며, 또한 애틋한 사랑의 노래일 뿐 결코 비리한 내용의 노래가 아닌 〈動動〉의 歌詞가 우리말이라서 싣지 못하게 된 사유를 밝힌 것이다.

그럼에도 초창기의 선구적 연구자들은, 그 '俚語'라는 말을 '비리鄙俚한(더럽고 속된) 말'이라는 의미로, 그리고 '詞俚不載'라는 말을 '歌詞가 비리하여 싣지 않는다'는 의미로 잘못 파악함으로써, '완고한 도덕주의' 또

7 『高麗史』 卷七十一, 志 卷第二十五, 樂二, 俗樂, 〈翰林別曲〉 참조.
8 위와 같음, 俗樂, 〈動動〉 참조.

는 그런 문학관을 고집한 조선시대의 유학자들이 “너무 가혹하다는 責은 면하지 못할 것”이라 평하기도 하였으며,[9] 우리말 노래를 “俚語 · 俗樂으로 폄시하였다”는 등의 말로 해석하기도 하였다.[10] 따라서 필자는 또한, 고전 자료의 그와 같은 기록들에 대한 해석상의 문제점을 바로잡고자 하는 논의를, 이미 다른 논저에서 행한 바 있다.[11]

조선시대의 退溪 李滉 先生은, 〈陶山十二曲〉을 짓고 나서 작품의 뒤에 쓴 서문序文 성격의 발문跋文 곧 「陶山十二曲跋」에서, “今之詩, 異於古之詩, 可詠而不可歌也, 如欲歌之, 必綴以俚俗之語.〔오늘날의 漢詩는 옛날의 漢詩와는 달라서, 가히 읊을 수는 있어도 노래할 수는 없으니, 만일 노래하고자 한다면 반드시 俚語(우리말. 時俗의 말)로 엮어야 한다.〕”라고 하였다.[12] 「陶山十二曲跋」은, 그 시대에 漢詩의 歌唱性이 樂府詩에나 겨우 잔재가 남아 있을 뿐이라서 漢詩로서는 좀처럼 노래를 부르기가 쉽지 않았으므로, 배우는 아이들로 하여금 자연스럽게 노래를 부를 수 있도록 하기 위하여 부득이 〈陶山十二曲〉 같은 우리말 노래의 時調를 짓게 되었다는 뜻으로 〈陶山十二曲〉의 창작 의도를 밝힌 글이다. 이 「陶山十二曲跋」에 쓰인 ‘俚俗之語’라는 말을 통해서도 우리는 ‘俚語’나 ‘詞俚不載’라는 말에서의 ‘俚’字가 ‘더러울 · 리’ 또는 ‘속될 · 리’자로 쓰인 것이 아니라 ‘풍속 · 리’자로 쓰인 것임을 알 수 있다. 그것은 『高麗史』, 「樂志」 ‘俗樂’條에서 쓰인 ‘俗’이라는 글자가 ‘속될 · 속’자로 쓰인 것이 아니라 ‘풍속 · 속’자로 쓰인 것이라는 의미와 같은 의미로 파악될 수 있는 사항이다.

『高麗史』는, 世宗 30년(1448년)에 일단 인쇄된 바 있으며, 수정을 거쳐 文宗 1년(1451년)에 완성되었다. 그리고 최종적으로 端宗 3년(1454년)에

9 趙潤濟, 『朝鮮詩歌史綱』, 東光堂書店, 1937, 197쪽 참조.

10 梁柱東, 『麗謠箋注』(訂正版), 乙酉文化社, 1955, 2쪽 참조.

11 鄭堯一, 「韓國 古典 文學理論으로서의 道德論 硏究」, 서울대학교 박사학위 논문 1985; 『漢文學批評論』, 仁荷大學校 出版部, 1990; 集文堂, 1994, 131~132쪽 참조.

12 李滉, 『退溪先生文集』 卷之四十三, 「陶山十二曲跋」 참조.

인쇄되고 널리 반포되었다. 물론 '한글' 창제(1443년)와 반포(1446년) 이후에 '역사책'이 완성되었으면서도 『高麗史』에서 '한글'이 쓰이지 않았다는 점도 조금은 고려되어야 할 사항이라고 하겠으나, '한글' 창제 이전에든 이후에든 간에 『高麗史』나 『朝鮮王朝實錄』과 같은 '역사책'은 제도적으로 원래 漢文으로 기록하도록 되어 있었던 것으로 여겨진다. 『朝鮮王朝實錄』이 훈민정음 창제 이후에도 조선 후기의 『哲宗實錄』에 이르도록 한문으로만 기록된 것으로 보더라도, '역사책'은 원래 '한문'으로 기록하는 것이 제도적 원칙이었음을 확인할 수 있을 것이다.[13] 따라서 『高麗史』의 「樂志」에서 우리말(俚語) 노래의 歌詞를 기록하지 않고서 '詞俚不載'라는 말을 쓰게 된 사정을, 그로써 가히 짐작할 만할 것이다. 그러므로 '詞俚不載'라는 말이 결코 "우리말 노래의 歌詞가 비리하기(더럽고 속되기) 때문에 싣지 않는다"는 뜻으로 해석될 수는 없는 것이다.

또 한편, 중국 宋代의 儒學者 程子(程頤)의 語錄 곧 『伊川先生語錄』에 수록된 程子와 제자의 다음과 같은 문답을, 근래에 중국의 郭紹虞 등 文學史家들이 중요한 자료로 연구하고, 한국의 중국문학 연구자와 국문학 연구자들 또한 모두 중요한 자료로 연구해 왔는데, 그 문답에서의 程子의 말씀을, 소위 '作文害道說'이라고 잘못 명명하면서, '道學家的 偏見'[14]이니 '文學有害論의 극단'[15]이니 하는 등의 말로써 오해하고, 대개 '문학을 부정한 이론'인 것처럼 오해하는 것 또한, 고전 자료 해석의 잘못으로 인한 하나의 큰 문제점으로 지적될 만하다.

> 問作文害道否. 曰, 害也. 凡爲文, 不專意則不工, 若專意則志局於此, 又安能與天地同其大也. 書曰玩物喪志, 爲文, 亦玩物也.

---

13 일제시대에 간행된 『高宗實錄』과 『純宗實錄』에서, 甲午更張(1894년) 이후 高宗 33년(1895년)으로부터는 일부 官報의 引用 등에 國漢文 混用體의 기록이 포함되기도 하였다.

14 郭紹虞, 『中國文學批評史』, 臺南 平平出版社, 1974, 355쪽 참조.

15 車相轅, 「宋儒의 文學觀」, 『閔泰植 博士 古稀記念 儒教學論叢』, 1972, 379쪽 참조.

글 짓는 것이 道에 害가 되는지 그렇지 않은지를 여쭈었더니, 말씀하시기를, "해가 된다. 무릇 글을 짓되 뜻(생각)을 오로지하지 않으면 글이 공교롭지 못할 것이며, 만약 뜻(생각)을 오로지하게 되면 글에 나타나는 뜻(선비 본래의 뜻)은 이러한 데 국한될 것이니, 또 어찌 능히 천지와 더불어 그 크기를 함께할 수 있겠는가? 『書經』에 '玩物喪志'라 하였으니,[16] 글 짓는 일 또한 '玩物'이니라." 하셨다.[17]

위의 문답에서 程子에게 질문한 제자는, 틀림없이 '선비'로서의 '道德工夫'에는 크게 힘쓰지 않고서 '文藝(글재주)의 공교로움'을 추구하는 제자였을 것이다. 그러기에 程子는, 그 사람에 따라(사람을 말미암아) 가르침을 베푼다는 '因人施敎'의 교육 방법의 차원에서 가르침을 내리되, 일단 그 제자의 학문적인 자세를 바로잡아 주기 위하여, 글을 예쁘게 지으려는 것이 道에 해가 될 수도 있다는 뜻의 말씀부터 전제하였다. 그럼에도 程子의 그 말씀을, 근래의 학자들이 소위 '作文害道說'이라고 오해하였다. 만약 몸이 약한 어린이가 '孝'를 물었다면, 가르침을 내려야 하는 程子와 같은 선생님께서는 아마도 "네가 밥 잘 먹고 건강하여 無病한 것이 '孝'이다."라고 말씀하였을 것이다.

글을 짓는 일이 모두 道에 해가 된다고 생각했다면, 程子 자신도 글을 지을 수 없었을 것이다. 위의 程子의 말씀은, 문예의 필요성을 배격하자거나 문학이 전적으로 도덕 공부에 해가 되기에 배격해야 할 대상이라는 것을 주장하자는 뜻에서 나온 것이 아니다. 선비가, 문예의 공교로움에만 빠져들거나 하여 세상에 크게 도움이 되지 못하는 일에 식음을 전폐하다시피 지나치게 몰두하다 보면, 군자다운 선비의 길(道) 곧 세상에 道를 밝히려는 선비 본래의 뜻을 상실하게 될 것이다. 그런 의미에서 생각하자면, 글 짓는 일에 빠져드는 것 또한, 『書經』에 이른 바 '玩物喪志'가 아닐 수 없

16 『書經』 卷之七, 「周書」, '旅獒'篇에 "玩人喪德, 玩物喪志."라는 말이 있다.
17 『二程全書』, 『伊川先生語錄』 卷十八 참조.

다. 程子가 만약 글 짓는 일이 정말로 道에 해가 된다고 생각했다면, 위와 같이 도덕 공부를 도외시한 그런 태도로써 어찌 능히 천지와 더불어 그 크기를 함께할 수 있는 영원불멸의 위대한 문장을 지을 수 있겠는가 하는 뜻의 말씀을 하지 않았을 것이다. 程子의 말씀은, 글을 짓더라도 천지와 더불어 크기를 함께할 수 있는 위대한 문장을 짓는 것을 목표로 하라는 뜻의 말씀이었다. 그러므로 위의 程子의 말씀을 '作文害道說'이라고 명명하여 논하는 것은 마땅치 않은 일이다.

종래의 연구자들은, 고전 자료의 행간에서 위와 같은 의미를 읽어내지 못했던 것이다. 그리하여 필자는 이미 이 문제를 문학사상사 연구에서의 중요한 事案으로 파악하고, 그 오류를 바로잡은 바 있다.[18]

고전 자료의 행간을 잘못 읽는 사례가 적지 않은데, 다음에 인용하는 『伊川先生語錄』에서의 程子의 말씀 또한, 중국의 학자들이나 국내의 중국문학 · 국문학 연구자들의 대부분이 그 뜻을 크게 오해해 왔다.[19]

> 古之學者一, 今之學者三, 異端不與焉. 一曰文章之學, 二曰訓詁之學, 三曰儒者之學, 欲適道, 舍儒者之學, 不可.
>
> 옛날의 학자는 하나였는데 오늘날의 학자는 세가지이니, 이단은 거기에 참여하지도 못한다. 그 하나는 '文章之學'이요, 하나는 '訓詁之學'이며, 또 하나는 '儒者之學'이니, 道에 나아가고자 한다면 '儒者之學'을 버리고서는 안된다.[20]

程子는 위의 말씀에서, 세상을 밝히고 세상을 바로잡고자 道를 추구하는 '선비 공부로서의 학문' 곧 '儒者之學'을 학문의 궁극 목표로 삼아야

---

18 鄭堯一, 「韓國 古典 文學理論으로서의 道德論 硏究」, 서울대학교 박사학위 논문 1985; 『漢文學批評論』, 仁荷大 出版部, 1990; 集文堂, 1994, 39~40쪽 참조.

19 郭紹虞, 앞의 책, 1974, 354쪽 참조. 郭紹虞 교수가 程子의 말씀에 나타난 이론이 문장을 道學의 밖으로 물리친 것이라고 논의한 이래, 그 학설을 무비판적으로 받아들인 국내 대부분의 학자들이 그와 같은 논리를 폈다.

20 『二程全書』, 『伊川先生語錄』 卷十八 참조.

한다고 하였다. 그렇다고 해서 程子가 '文章之學'이나 '訓詁之學'을 학문 또는 학술의 영역으로 인정하지 않은 것은 아니며, 또한 그것들이 儒者로서 취할 학문 또는 학술의 영역이 전혀 되지 못하는 것으로 본 것도 아니다. '儒者之學'을 해 나가기 위해서 때로는 '文章之學'이나 '訓詁之學'이 필요할 수도 있을 것이기 때문이었다. 따라서 訓詁에 능하고 문장에 능한 것 또한 '儒者之學'을 위해서 도움이 될 것은 당연하겠으나, 聖賢의 길을 따르고자 하는 道學(聖道之學) 곧 '義理之學'으로서의 '儒者之學'을 학문의 궁극적인 최선의 길로 삼고 나아가는 데 있어서 반드시 훈고나 문장에 능해야만 할 것도 아니라는 의미에서, 程子는 위와 같은 말씀을 하게 된 것이다. 程子가, 연구자들이 행간을 잘못 읽고 논의하듯이, '文章之學'을 道學의 밖으로 물리치기 위해서 그런 말씀을 한 것은 결코 아니었다.

종래의 연구자들이 위의 자료의 행간에서 그런 의미를 읽어내지 못하였기에, 필자는 이 문제 또한 문학사상사 연구에서의 중요한 사안의 하나가 되는 것으로 파악하고, 그 오류를 바로잡은 바 있다.[21] 고전 자료의 해석에서 빚어진 이와 같은 오류가 不知其數라서, 이제 여기서 말로 다하기 어려울 듯하다.

3. 『훈민정음』「서문」에서의 '者'와 '놈'의 의미

『訓民正音解例本』의 「例義篇」 첫머리에 다음과 같은 구절이 있다.

> 國之語音, 異乎中國, 與文字不相流通, 故愚民, 有所欲言, 而終不得伸其情者, 多矣.

21 鄭堯一, 「韓國 古典 文學理論으로서의 道德論 研究」, 서울대학교 박사학위 논문, 1985; 鄭堯一, 『漢文學批評論』, 仁荷大 出版部, 1990; 集文堂, 1994, 41쪽 참조.

그 우리말 풀이에 해당되는 『訓民正音諺解本』의 첫머리에 다음과 같은 뜻을 나타낸 구절이 있다.

> 우리 나라의 말(말과 말소리)이 중국(중국의 경우)과 달라서 (중국의) 漢字나 한문 문장의 표현과는 서로 통하지 않기 때문에, 그러므로 어리석은 백성들이 (한문으로 기록된 글의 취지를 깨닫기 어려운 것을 근심하고, 죄인을 다스리는 자들은 곡절을 소통하기 어려운 것을 안타깝게 여기며, 억울한 자들이 관청이나 죄를 다스리는 곳에 그 억울한 사정을 하소연하기 위하여 탄원서를 제출하기가 곤란한 점 등, 평소에 살아가면서 글로 나타내어) 말하고자 하는 바가 있어도 마침내 제 뜻을 (능히. 제대로) 나타내지 못할 '것(경우. 놈)'이 많으니라."[22]

위에 인용한 바 『訓民正音解例本』의 「例義篇」 첫머리와 『訓民正音諺解本』의 첫머리 등 『訓民正音』의 「序文」에서 쓰인 '者'字와 '놈'이라는 말이 '(~하는) 사실 · 사항 · 사건 · 사정 · 처지 · 상황' 등의 말로써도 일컬어 질 만한 '사물'을 뜻하여 '(~하는) 것(경우)'의 의미로 쓰인 것임에도, 종래의 연구자들은 그 문맥의 의미를 깊이 생각하지 않은 탓으로 모두 '(~하는) 자(사람)'를 뜻하는 '글자'나 '말'이었던 것처럼 근래에 잘못 해석해 왔다. 『訓民正音』「序文」에서의 '훈민정음'의 창제 의의를 밝힌 말씀에서 "有所欲言, 而終不得伸其情者, 多矣."라고 하여, "이르고자 할 바가 있어도 마침내 제 뜻을 시러 펴지 못할 놈이 많다."라고 한 것은, "(글로써) 말하고자 하는 바가 있어도 ~ (제대로) 나타내지 못할 것(경우)이 많다."는 뜻을 표명한 것이었다.

『訓民正音解例本』의 맨 끝에 있는 鄭麟趾의 「序文」 중 다음과 같은 구절을, 世宗 임금께서 『訓民正音』「序文」에서 밝히신 위와 같은 '훈민정음 창제 의의'를 다소 짐작하게 할 만한 자료의 하나로 참고할 수 있을 것이다.

---

22 『訓民正音解例本』, 「例義篇」의 첫머리와 『訓民正音諺解本』의 첫머리가 서로 뜻이 통하도록, 필자 나름대로 의역한 것이다.

學書者, 患其旨趣之難曉, 治獄者, 病其曲折之難通.

책을 배우는 자가 그 취지를 깨닫기 어려운 것을 근심하고, 죄인을 다스리는 자가 그 곡절을 소통하기 어려운 것을 안타깝게 여긴다.[23]

따라서 『訓民正音解例本』「例義篇」 첫머리에서의 '者'字와 그에 대한 우리말 풀이 『訓民正音諺解本』 첫머리에서의 '놈'이라는 말을, '(~하는) 것'이나 '경우'를 뜻하는 '사물'의 의미로 해석해야 할 것이며, 그와 같이 해석하는 것이 타당하다는 근거가 될 만한 자료들을 古典에서 찾기로 하자면, 반드시 찾을 수 있을 것이다.[24]

전해지는 『千字文』 類의 책 가운데 『光州千字文』(1575년)의 맨 끝부분에서는 "謂語助者, 焉哉乎也."라고 하였으며, 그 구절의 여덟 글자에 각각 訓을 달기를 "니롤 위, 말숨 어, 도올 조, 놈 쟈, 입겻 언, 입겻 지, 온 호, 입겻 야"라고 하였는데, 그 뜻을 대강 연결하여 정리하자면, "어조사라고 이르는 '놈(것)'들은, 焉 · 哉 · 乎 · 也 등(같은 것들)이다."라고 풀이될 것이다. 그리고 『石峯千字文』(1583년)의 맨 끝부분에서는 "謂語助者, 焉哉乎也." 라고 하고, 그에 대하여 訓을 달기를 "니롤 위, 말숨 어, 도올 조, 놈 쟈, 입겻 언, 입겻 지, 온 호, 입겻 야"라고 하여, '助'字에 대한 訓에서만 다소 표기의 차이를 보였을 따름이다. 그리고 또 『註解千字文』(1804년)의 맨 끝부분에서는 "謂語助者, 焉哉乎也."라고 하고, 그에 대하여 訓을 달기를 "닐을 위, 말숨 어, 도올 조, 놈 쟈, 어조亽 언, 어조亽 지, 온 호, 입긔 야"라고 하였으며, '놈 · 者'字에 대하여 설명하는 말을 기록하기를 "卽物之辭"라고 하였는데, 그로 보자면 '놈 · 者'字가 '物에 나아가는 말' 곧 '物에 관한 말'이며 '사물' 또는 '物'을 의미하는 말이라는 것을 알 수 있다.

---

23 『訓民正音解例本』의 鄭麟趾 序 참조.

24 鮮初의 諺解本이 많지 않은 데다가 조금 뒷 시대에 간행된 經書 諺解나 歷史書 諺解 등의 諺解書에서는 '사물'을 의미하는 '者'字로 된 原文에 대하여 언해를 하되 대개 原文 그대로 '者'字로 언해한 것이 많아서, 그런 용례나 그 근거가 될 만한 자료들을 찾기가 쉽지는 않다.

요즘에도 흔히 말하는 "요놈(요것)이 나으냐, 조놈(조것)이 나으냐?" 라는 말에서와 같이, '놈' 이라는 말은 옛날이나 지금이나 '것' 이라는 말과 같은 뜻으로 쓰여 온 말로서, 원래 '동물' · '식물(치물)' · '무생물' 등의 '사물' 을 나타내는 데 종종 쓰여 온 말이다. '놈' 이라는 그 말이 古語에서는 물론이요 현대어에서도 흔히 '동물' 등의 어떤 '물건' 을 지칭하여 '것' 이라는 뜻으로 쓰여 왔다는 점은, '암컷〔암ㅎ(+)것〕' 이나 '수컷〔수ㅎ(+)것〕' 이라는 말이 '암놈' 이나 '숫놈' 이라는 뜻의 말로 쓰여 온 것으로써도 족히 알 수 있을 것이다. 그럼에도 '놈' 이라는 말이 사람을 낮추어 말하거나 사람을 간혹 욕하듯이 사물에 빗대어 말할 때에 쓰이기도 했다는 점에서, 아마도 『訓民正音諺解本』의 첫머리에서 쓰인 '놈' 이라는 말과 『訓民正音解例本』 「例義篇」 첫머리에서의 '者' 字의 의미를, 근래의 학자들이 오해하게 된 것이 아닌가 생각된다. 『訓民正音』 「序文」에서의 '者' 字와 그에 대한 우리말 풀이로서의 '놈' 이라는 말을, 사람을 낮추어 말하거나 사람을 욕하듯이 사물에 빗대어 말할 때 흔히 쓰이기도 한 비속어 '놈' 과 같은 의미로 해석함으로써, 우리말 古語에서는 '놈' 이라는 말이 일반적인 平語로서의 '사람' 을 뜻하는 말이었다고 오해하는 일이, 더 이상 계속되어서는 안될 것이다. 그 '者' 字와 '놈' 이라는 말은 모두가 '사물' 을 뜻하는 것이었기에, 일반적인 平語的 의미에서든 비속어에서든, 결코 '사람' 을 뜻하는 말이 아니었다. 더군다나 고상하고 점잖은 말씀을 하셨을 임금님(世宗大王)께서, 어리석고 불쌍한 백성들을 지칭하여 하필이면 '놈' 이라는 말씀을 하셨을 리가 있겠는가?

그리고 또한 만약, 그 '者' 字와 그에 대한 우리말 풀이 '놈' 이라는 말을, '사람' 을 뜻하는 글자와 말이었던 것으로 오해하게 된다면, 그 구절의 앞부분에서 이미 주어의 역할을 하는 '어리석은 백성(愚民)이' 라는 말이 쓰였는데도 또 그 뒷부분에서 '(~할) 사람(놈. 者)' 이라는 말이 나오는 것처럼 오해하게 됨으로써, 임금님과 집현전 학사들이 결국 '백성' 과 '사람' 을 지칭하는 '체언'들이 똑같은 존재를 뜻하는 말임에도 앞뒤에 다른 말로써 반복되게 나타나도록 하는, 엉성한 문장을 지은 것으로 오해하게 되는 것이다. 뿐만 아니라 그 문맥을, "어리석은 백성들이 말하고자 하는 바가 있어도, 마침내 제 뜻을 나타내지 못하는 사람들이(놈들이) 많으니라."라는 의미로서의 자연스럽지 못한 문맥으로 받아들이게 하는 것이다. 여기서의 "어리석은 백성들이 (~하는) 사람들이 많다"는 것은, 어감 또는 문장의 구조와 관련해서도 어쩐지 어색한 느낌을 주는 것이라고 하겠다. 백성들이 살아가는 과정에서 제 뜻을 글로 나타내어 말하지 못함으로써 어려움을 겪게 되는 문제(것)나 상황(경우)이 '자주' 또는 '하루에도 몇번씩' 생길 만큼 '많다'는 뜻의 말인데, 백성들이 제 뜻을 글로 나타내어 말하지 못함으로써 어려움을 겪게 되는 사람들이 많다는 뜻의 말로 오해하게 되어서는 안될 것이다. 그리고 또한, 『訓民正音解例本』「例義篇」과 『訓民正音諺解本』의 첫머리에서, 위에 제시한 文句의 바로 뒷부분에 이어진 文句에서는 각각 "予, 爲此憫然, 新制二十八字, 欲使人人易習, 便於日用耳."라고 하거나 "내가 이를 안타깝게 여겨 새로 스물여덟 글자를 만드노니, 사람마다로 하여금 쉽게 익혀 날로 씀에 편안하게 하고자 할 따름이니라."고 함으로써, '사람'을 나타내는 글자나 말로서는 다시금 '人'字와 '사람(사ᄅᆞᆷ)'이라는 말을 사용한 것을 볼 수 있다. 따라서 그런 기록으로 보더라도, 그 앞부분에서 쓰인 '者'字와 '놈'이라는 말이 모두 '사람'이라는 의미로 사용된 것이 아님을 또한 알 수 있는 것이다.

만약 『訓民正音解例本』「例義篇」 첫머리에서의 '者'字가 '사람'을 의미하는 글자였다고 가정한다 하더라도, 『訓民正音諺解本』의 첫머리에서는 그 '者'字에 대한 諺解를 마땅히 '(~ᄒᆞᆯ) 사ᄅᆞᆷ' 또는 '(~ᄒᆞᆯ) 이'라고 했어야 할 것이다. 『小學諺解』와 『杜詩諺解』를 살펴보자면, 그 시대에는 '사람'에 해당되는 '者'字에 대하여 '사ᄅᆞᆷ' 또는 '이'라고 풀이한 것을 볼 수 있기 때문이다.[25] 그러니 『訓民正音解例本』「序文」에서의 '者'字가 '것'

또는 '경우'와 같은 의미로서의 사물을 뜻할 경우, 그 '者'字를 『訓民正音諺解本』의 「序文」에서 '놈'이라고 언해하지 않고서 무엇이라고 할 수 있었겠는가? 그리고 우리는 여기서 잠깐, 『訓民正音』의 「序文」이 解例本의 한문 문장부터 지어지고 나서 諺解本의 국문 문장이 지어졌다는 것을 생각해야 할 것이며, 그리하여 그 「序文」의 한문 문장에서의 '者'字의 의미에 더욱 주목할 필요성을 느껴야 할 것이다.

따라서 필자는 여기서, 『訓民正音』「序文」에서 쓰인 '者'字와 '놈'이라는 말의 의미가 일반적인 의미로서의 '사람' 곧 平語的인 의미로서의 '사람'을 뜻하는 것이 아니라 '사물'을 의미하는 말로서의 '(~하는) 것(경우)'의 뜻으로 쓰인 것임을 밝히기 위하여, 그리고 고전 자료 재검토의 필요성을 강조하자는 뜻에서, 먼저 한문 문장 일반에서의 '者'字의 쓰임에 대하여 설명해야 할 것으로 보인다.

한문 문장에서의 '者'字는 다양하게 쓰여 왔다. '實辭'에 가까운 개념으로서의 '(~하는) 자(사람)'를 뜻하는 의미로 쓰이거나, '(~하는) 것(경우)'과 같은 '사물'을 뜻하는 의미로 쓰이기도 하였으며, '~은(는)'·'(~라는) 것은' 등으로 풀이될 만큼 별 의미 없는 '虛辭'로서의 '어조사'로 쓰이기도 하였다. 그리고 어떤 語句의 끝에 붙어서 앞쪽에 있는 '所'字로부터 그 글자 '者'字까지가 한 덩어리 의미의 말임을 보여 주기 위한 '어조사'로 쓰이기도 하였는데, 그 또한 '虛辭'로서의 '어조사'로 쓰인 경우이다.

『論語』, 「憲問」篇 '有德'章에서의 "有德者, 必有言, 有言者, 不必有德. 〔덕이 있는 자는 반드시 말이 있거니와, 말이 있는 자가(말이 있는 자라고 해서) 반드시 덕이 있는 것은 아니니라.〕"[26]라는 孔子의 말씀에서 쓰인 '者'字는, '사람'을 뜻하는 글자로 쓰인 것이다. 오늘날에 이르기까지 '學者'·'研究者'·'在位者' 등의 어휘에서 쓰여 온 '者'字가 또한 그러하다.

---

25 註 48, 49, 50, 53, 54에 관한 본문 참조.

26 『論語』, 「憲問」篇, '有德'章 참조.

『論語』, 「學而」篇 '千乘'章의 말씀 중에 쓰인 '道千乘之國(천승지국을 인도하되)'라는 말에 대한 朱子의 註釋에 "千乘, 諸侯之國, 其地, 可出兵車千乘者也.〔千乘은 諸侯의 나라이니, 그 땅이 兵車 천 대를 낼 수 있는 나라(것. 경우)이다.〕"[27]라고 하였는데, 여기서 쓰인 '者'字는 '것(경우)'을 뜻하는 '사물'의 의미로 쓰인 글자이다. 그리고 『中庸』에 "天之生物, 必因其材而篤焉, 故栽者, 培之, 傾者, 覆之.〔하늘이 만물(物)을 내심에, 반드시 그 재목(資質)을 말미암아서 두텁게 하시나니, 그러므로 제대로 심겨진 것(놈)을 북돋우어 주시고, 기우는 것(놈)을 엎어 버리느니라.〕"[28]라는 구절이 있다. 여기서 쓰인 '者'字가, 바로 '것(경우. 놈)'을 뜻하는 '사물'의 의미로 쓰인 글자이다. 그리고 또한 退溪 先生의 글 「陶山十二曲跋」에 "有感於情性者, 每發於詩.(性情에 느껴지는 것이 있으면, 매양 시로 표현해낸다.)"[29]라는 구절이 있다. 여기서 쓰인 '者'字가 또한 '것'을 뜻하는 '사물'의 의미로 쓰인 글자이다.

『周易』의 「繫辭上傳」에 "形而上者, 謂之道, 形而下者, 謂之器."[30]라는 구절이 있다. 이 세상에서 눈에 보이지 않는 정신적인 세계의 '형이상'적인 것을 일러 '道'라고 하고, 대개 눈에 보이는 채 형체를 지닌 것을 일러 '器'라고 한다는 뜻의 말이다. 여기서 쓰인 '者'字가 또한 '것'을 뜻하는 '사물'의 의미로 쓰인 글자이다.

『論語』, 「子罕」篇 '川上'章의 孔子의 말씀에 "逝者, 如斯夫. 不舍晝夜.〔가는 것이 이와 같구나. 밤낮을 그치지(놓지) 않도다.〕"[31]라는 구절이 있다. 그리고 『論語』, 「微子」篇 '耦耕'章에서의 隱者 걸익桀溺의 말에 "滔滔者, 天下, 皆是也.(넘실넘실 도도하게 흐르는 것이, 천하가 모두 다 그런 것이다.)"[32]라

27 위의 책, 「學而」篇, '千乘'章에 대한 '朱子'의 註 참조.
28 『中庸』 第十七章 참조.
29 註 11과 같음.
30 『周易』, 「繫辭上傳」 참조.
31 『論語』, 「子罕」篇, '川上'章 참조.
32 위의 책, 「微子」篇, '耦耕'章 참조.

는 구절이 있다. 이런 경우에 쓰인 '者'字들이 또한 '것'을 뜻하는 '사물'의 의미로 쓰인 글자들이다. 그리고 『論語』, 「微子」篇 '楚狂'章에서의 楚나라 '狂接輿'의 말에 "往者, 不可諫, 來者, 猶可追.〔지난 일(것)은 말릴 수 없거니와, 오는 일(것)은 그래도 잘 따라갈 만하다.〕"[33]라는 구절이 있다. 그리고 또 『論語』, 「季氏」篇 '三戒'章에서의 '군자가 삼가고 조심해야 할 세가지'를 논한 孔子의 말씀에 대한 '范氏(范祖禹)'의 註에 "聖人同於人者, 血氣也, 異於人者, 志氣也.〔聖人이 남과 같은 점은(것은. 경우는) '血氣'이며, 남과 다른 점은(것은. 경우는) '志氣'이다.〕"[34]라는 구절이 있다. 여기서 쓰인 '者'字들이 또한 '것' 또는 '경우'를 뜻하는 '사물'의 의미로 쓰인 글자들이다.

『論語』, 「子罕」篇 '秀實'章의 孔子의 말씀에 "苗而不秀者, 有矣夫, 秀而不實者, 有矣夫.〔싹이 나고 이삭이 패지 못하는 것이(경우가) 있으며, 이삭이 패고서도 알맹이가 여물지 못하는 것이(경우가) 있느니라.〕"[35]라는 구절이 있다. 이 말씀의 文句 앞에 일부러 '주어'를 넣는다면, 그 '주어'는 '벼가' 또는 벼와 같은 '곡식이'가 될 수 있을 것이다. 여기서 쓰인 '者'字가, 위에서 인용한 바 『訓民正音解例本』의 「例義篇」 첫머리에서의 '者'字와 같이, '(~하는) 것(경우)'이라는 의미로 해석할 만한 좋은 용례가 된다고 할 것이다. 그리고 『論語』, 「里仁」篇 '喩義'章에 대한 '楊氏(楊時立)'의 註에 "君子, 有舍生而取義者.(군자가 生을 버리고서 義를 취하는 경우가 있다.)"[36]라는 구절이 있다. 그리고 또 『論語』, 「팔일八佾」篇 '君臣'章에 대한 '尹氏(윤돈尹焞)'의 註에 "君臣, 以義合者也.(임금과 신하는 義로써 합한 경우이다.)"[37]라는 구절이 있다. 여기서 쓰인 '者'字들이 또한, 위에서 인용한 바 『訓民正音解例本』의 「例義篇」 첫머리에서의 '者'字와 같이, '(~하는) 경우'라는 의

33 위의 책, 「微子」篇, '楚狂'章 참조.
34 위의 책, 「季氏」篇, '三戒'章에 대한 '范氏'의 註 참조.
35 위의 책, 「子罕」篇, '秀實'章 참조.
36 위의 책, 「里仁」篇, '喩義'章에 대한 '楊氏'의 註 참조.
37 위의 책, 「八佾」篇, '君臣'章에 대한 '尹氏'의 註 참조.

미로 해석할 만한 좋은 용례가 된다고 할 것이다.

그러므로 한문 문장에서 쓰인 '者'字를 '사물'을 뜻하는 말로 해석할 경우에도 반드시 '물건'을 뜻하는 말로서의 '것'과 같은 의미로만 한정하여 해석할 것이 아니라, '(~하는) 사실 · 사항 · 사건 · 사정 · 처지 · 상황' 등의 말로 일컬어질 만한 '사물'을 뜻하여, 어떤 일에서의 '(~할) 경우'를 뜻하는 의미로 해석할 필요도 있음을 알 수 있을 것이다. 그것은, 한자어에서의 '前者'나 '後者'라는 말이 흔히 '앞엣 것'이나 '뒤엣 것'을 의미하기도 하고, '앞의 경우'나 '뒤의 경우'를 의미하기도 하여, 반드시 '앞의 사람'이나 '뒤의 사람'을 의미하는 말로만 해석되어서는 안되는 것과 같은 이치이다. '兩者擇一'이라는 말에서의 '者'字도, '것' 또는 '경우'를 뜻하는 글자이다.『訓民正音』「序文」에서의 '者'字와 '놈'이라는 말의 의미가 '사람'을 뜻하지 않고 '것' 또는 '경우'를 뜻하는 것이었음이, 이와 같은 이치로써 설명될 수 있을 것이다.

위에서 자료의 예를 들며 설명한 '者'字들은, '사람'을 뜻하든 '사물'을 뜻하든, 대개 實辭로서의 의미를 나타내는 글자들이었다. 이제 여기서는 다시, '者'字가 虛辭로서의 의미를 나타내는 글자로 쓰인 경우를 예로 들며 논의하기로 한다.

『論語』,「學而」篇의 '千乘'章에 대한 朱子의 주석에 "敬者, 主一無適之謂.〔敬은(이라는 것은), '하나를 주장해 나감으로써 달리 나아가는 데가 없는 것'을 이르는 말이다.〕"[38]라는 구절이 있다. 여기서 쓰인 '者'字는, '~은(는)' · '(~라는) 것은' 등으로 풀이될 '虛辭'로서의 '어조사'로 쓰인 것이다. 그리고『中庸』에 "誠者, 天之道也, 誠之者, 人之道也.〔(원래가) 정성스러움은(정성스러운 것은) 하늘의 道요, 매사를 정성스럽게 함은(정성스럽게 하는 것은) 사람의 道理이다.〕"[39]라는 구절이 있다. 여기서 쓰인 '者'字가 또

38 위의 책,「學而」篇, '千乘'章 참조.
39『中庸』第二十 章 참조.

한, '~은(는)'·'(~라는) 것은' 등으로 풀이될 '虛辭'로서의 '어조사'로 쓰인 것이다.

그리고 뒤에 인용하는 「염파인상여열전廉頗藺相如列傳」에서의 용례가, 어떤 語句의 끝에 붙어서 앞쪽에 있는 '所'字로부터 그 글자 '者'字까지가 한 덩어리 의미의 말임을 보여 주는 '虛辭'로서의 '어조사'로 쓰인 경우이다.

『史記』, 「廉頗藺相如列傳」에 "相如每朝時, 常稱病, 不欲與廉頗爭列, ~ 望見廉頗, 相如引車避匿, ~ 相如曰, ~ 吾所以爲此者, 先國家之急而後私讎也.〔'인상여'가 매양 조회할 때가 되면 항상 병을 핑계대고서 '염파'와 더불어 반열을 다투고자 하지 않았으며, ~ '염파'를 보게 되면 '인상여'가 수레를 이끌고서 피하여 숨었다. ~ '인상여'가 말하기를, ~ 내가 이렇게 하는 것(바. 까닭)은 국가의 급선무를 앞세우고 사사로운 원수를 뒤로 돌리기 때문이다.〕"[40]라는 구절이 있다. 여기서 쓰인 '者'字가 바로, '所'字로부터 시작되어 그 '所'字에 뜻이 와서 걸리는 語句가 '此'字에서 끝난다는 것을 보여 주기 위하여 그 '此'字의 뒤에 와서 붙음으로써 다만 '所以爲此者'라는 어구 전체를 한 덩어리가 되도록 만들어 주는, '虛辭'로서의 '어조사'로 쓰인 경우이다. 이 때에는 '것'이라는 의미를 '所'字가 이미 해결해 주기 때문에 '者'字는 아무 의미 없이 쓰인 것이다. 그리고 '所'로부터 시작되어 '此'로 끝난 語句의 뒤에 붙어서 '所以爲此者'라는 말 전체가 한 덩어리의 어구가 되도록 해 주는 '어조사'로서의 역할만을 담당하는 것이다.

고려시대 李奎報의 글 「論詩中微旨略言」에 "詩有九不宜體, 是予所深思而自得之者也.〔시에는 아홉가지의 마땅하지 않은 體가 있으니, 이는 내가 깊이 생각해서 스스로 터득한 것(바)이다.〕"[41]라는 구절이 있다. 여기서 쓰인 '者'字 또한, '所'로 시작되어 '之'로 끝나는 어구의 뒤에 붙어서 다만 '所 ~

40 『史記』 卷八十一, 「廉頗藺相如列傳」 참조.

41 李奎報, 『東國李相國集』 卷第二十二, 「論詩中微旨略言」 참조.

者'라는 말 전체가 한 덩어리의 어구가 되도록 해 주는, 虛辭로서의 '어조사'로 쓰인 경우이다.

위에서 한문 문장에서의 '者'字의 쓰임에 대하여 논의한 결과를 정리하자면, 『訓民正音解例本』의 「例義篇」 첫머리에 쓰인 '者'字는, 위에서 예를 들어 설명한 '者'字의 다양한 쓰임 가운데서도 『千字文』類 책의 끝부분에 쓰인 '者'字와, 『論語』의 「學而」篇 '千乘'章에 대한 朱子의 주석에서 쓰인 '者'字나 『中庸』에서 그리고 退溪의 「陶山十二曲跋」에서 쓰인 '者'字, 그리고 또 『周易』의 「繫辭上傳」이나 『論語』, 「子罕」篇의 '川上'章과 「微子」篇의 '耦耕'章 · '楚狂'章과 「季氏」篇 '三戒'章에 대한 '范氏'의 註와 「子罕」篇의 '秀實'章과 「里仁」篇의 '喩義'章에 대한 '楊氏'의 註 등에서 쓰인 '者'字들의 의미와 같이, '사물'로서의 '것'이나 '경우'를 뜻하는 의미로 쓰인 글자이다.

『訓民正音』「序文」에 관한 필자의 견해를 자료적 근거로써 실증하는 일이, 어쩌면 위에서의 '者'字에 대한 논의만으로써도 거의 해결된다고 해도 과언이 아닐 것이다. 『訓民正音』「序文」의 글이 그 '者'字가 쓰인 解例本의 한문 문장부터 지어지고 나서 언해된 것이기 때문이다. 그렇기는 하나, 이제 고전 자료에서 쓰인 말 '놈'의 용례들을 검토하고, 『訓民正音諺解本』에서의 '놈'과 건주어 생각할 수 있는 문제에 대하여 좀더 논의할 필요가 있을 것이다.

『訓民正音』「序文」에서의 '者'字와 '놈'이라는 말이 사물을 뜻하는 '것' 또는 '경우'의 의미로 쓰인 글자와 말이라는 것은, 바로 위에서 논의한 바 한문 문장에서의 '사물'을 뜻하는, '것' 또는 '경우'라는 의미로서의 '者'字의 쓰임에 관한 용례와, 『訓民正音諺解本』의 「序文」에서 쓰인 '놈'이라는 말 자체가, 일단 그대로 그 자료적 근거가 된다고 할 것이다. 그러므로 『訓民正音諺解本』「序文」에서의 '놈'이라는 말과, 『訓民正音解例本』「例義篇」 첫머리에 쓰인 '者'字에 대한 諺解本에서의 註釋에 "者는 노미라.”라고 한 구절이 또한, 스스로 그 자료적 근거가 되는 것이다. 그리고 『千字文』類 책 끝부분에서 ‘者’字에 대한 訓으로 쓰인 ‘놈’이라는 말이 그 자료적 근거가 된다고 할 것이다.

이제 여기서는, 반드시 적실한 자료가 되지는 않더라도 이 문제를 이해하는 데 도움이 될 만한 다른 고전 자료들을 방증 자료로써 살펴볼 필요가 있을 것이다. 그런 뜻에서 15세기에 간행된 문헌 『釋譜詳節』(1449년)과 『杜詩諺解』(初刊本, 1481년) 등에서의 관련 자료들을 먼저 살펴보기로 한다.

『釋譜詳節』에 “그 놈을 위하여 집을 크게 짓고 다만 한 門을 내고 그 안에 사람 罪 줄 연장을 地獄같이 만드니라.”[42]라는 구절이 있다. 여기서 쓰인 ‘놈’이라는 말은, 물론 일반 平語的인 의미에서의 ‘사람’을 뜻하는 말이 아니었으며, 그 시대에 이미 ‘놈’이라는 말이 ‘사람’을 ‘사물’에 빗대어서 낮추거나 욕하는 데 쓰이는 ‘비속어’였음을 보여 주는 증거가 되는 것이다.

『釋譜詳節』에는 ‘모딘 놈’이라는 말이 자주 나온다. 『釋譜詳節』에 “그 모딘 노몰 ᄉᆞ라 주기고 地獄ᄋᆞᆯ 허러 ᄇᆞ리니라.”[43]라는 구절이 있다. 그리고 『月印釋譜』(1459년)에는 “그제 더 兇惡ᄒᆞᆫ 노미 比丘ᄃᆞ려 닐오ᄃᆡ”[44]라는 구절이 있다. 그리고 또 『小學諺解』(1518년, 1587년)에는 “더러온 놈(비부鄙夫)은 可히 더브러 님금을 셤기랴.”[45]라는 구절이 있으며, “德義를 슬워ᄒᆞ여 ᄇᆞ리면 의관을 ᄒᆞᆫ갓 둔돌 죵놈(시양廝養)과 엇디 다ᄅᆞ리오.”[46]라는 구절이 있으며, “슬프다 닉은 풍쇽의 變키 어려움과 어린 놈(우부愚夫)의 알

42 『釋譜詳節』 卷之二十四 참조. 위의 인용문에서는 뜻을 해치지 않는 범위 내에서 古文을 다소 현대문으로 바꾸어서 표기함. 그 뒤에 인용하는 다른 고전 자료들의 경우도 마찬가지임.
43 『釋譜詳節』 卷之二十四 참조.
44 『月印釋譜』 卷之二十五 참조.
45 『小學諺解』 卷之二 참조.
46 위의 책, 卷之五 참조.

외기 어려움이 이에 니릃셔."[47]라는 구절이 있다. 그런데 그 『小學諺解』에서는 '愛親者'를 언해함에는 '어버이를 ᄉᆞ랑ᄒᆞᄂᆞ니'[48]라고 하고, '居父母之喪者'를 언해함에는 '父母ㅅ 거상에 인ᄂᆞᆫ 이'[49]라고 하고, '少者'를 언해함에는 '져므니'[50]라고 한 것을 보게 된다.

이와 같이 15세기와 16세기 등의 문헌에서는, '놈'이라는 말이 사람을 나타내는 뜻으로 쓰인 경우라고 하더라도, 위에서의 '모딘 놈'·'兇惡ᄒᆞᆫ 놈'·'妖怪ᄒᆞᆫ 놈'·'더러운 놈'·'죵놈'·'어린 놈' 등의 말에서와 같이, 그 모두가 '夫'字 등의 글자와 관련된, '사람'을 나타내는 말을 '사물'처럼 낮추어 말하거나 '사물'에 빗대어 욕하는 데 쓰이는 '비속어'로 쓰인 것일 뿐, 그 어떤 문헌에서도 일반적인 平語的 의미로서의 '사람'을 뜻하는 말로 쓰인 적이 없다. 또한 비록 '사람'을 뜻하는 글자 '者'字를 우리말로 언해한다고 하더라도, 일반적인 平語的 의미의 '사람'을 뜻하는 말로 쓰인 '者'字를 언해할 경우에는 '사ᄅᆞᆷ' 또는 '이'라고 했던 것이다.

한편 『杜詩諺解』에서는, 〈草堂〉이라는 詩에서의 "飄飄風塵際, 何地置老夫."라는 시구에 대하여 언해하기를 "風塵가에 飄飄히 다니노니, 어느 ᄯᅡ헤 늘근 노ᄆᆞᆯ 두려뇨."라고 하였다.[51] 그리고 〈狂夫〉라는 시에서의 "欲塡溝壑唯踈放, 自笑狂夫老更狂."이라는 시구에 대하여 언해하기를 "구렁에 메꾸어 주그리라 함에 오직 踈放할 ᄯᆞ르미로소니, 미친 놈이 늘거도 ᄯᅩ 미초ᄆᆞᆯ 내 웃노라."라고 하였다.[52] 여기서의 '놈'은 '사내·夫'字를 풀이하되 작자의 창작 의도를 존중하여 작자가 작품에 나타내고자 한 뜻을 최대한 살려서 쓴 말로서, 작자가 자연스럽게도 자기 자신을 낮추어 표현한 것으

47 위의 책, 卷之五 참조.

48 위의 책, 卷之二 참조.

49 위의 책, 卷之五 참조.

50 위의 책, 卷之二 참조.

51 『杜詩諺解』(重刊本, 1632년) 卷之六, 〈草堂〉 참조. 重刊本에서는 음운변화 등에 의한 표기의 차이가 간혹 있었을 뿐, 언해된 말의 내용은 初刊本에서와 달라지지 않았음.

52 위와 같음, 卷之七, 〈狂夫〉 참조.

로 보이도록 일부러 '겸사'로 언해한 말이다. 따라서 여기서 쓰인 '놈'이라는 말 또한, 일반 平語的인 의미에서의 '사람'을 뜻하는 말은 아니었다고 하겠으며, 그 시대에 이미 '놈'이라는 말이 '사람'을 '사물'에 빗대어서 자기 자신을 낮추는 등의 '비속어'로 쓰이는 말이었음을 보여 주는 또 하나의 증거가 되는 것이다. 어쨌든 『訓民正音諺解本』의 첫머리에 쓰인 '놈'이라는 말은 '사람'을 뜻하는 말이 아니었기에, 위의 『釋譜詳節』과 『杜詩諺解』에서 인용한 바 그런 類의 '놈'은 물론 아니다.

杜詩에서 '者'字가 '사람'을 의미하는 말로 쓰인 경우를 『杜詩諺解』에서의 '언해'로써 살펴보자면, 〈上水遣懷〉라는 시에서의 "庶與達者論"이라는 구절을 언해하기를 "거의 通達ᄒᆞᆫ 사ᄅᆞᆷ올 더브러 議論ᄒᆞ덕니"라고 하였다.[53] 그리고 〈石壕吏〉라는 시에 대해서는 시제 등에 따른 문맥에 의해 '存者'라는 말을 '살아 있는 이'라고 언해하고, '死者'라는 말을 '죽은 이'라고 언해하였다.[54] 이로써 판단하더라도, 『訓民正音諺解本』과 『杜詩諺解』 등의 고전 자료가 간행되던 15세기에 만약 '사람'을 뜻하는 글자 '者'字를 언해한다고 할 경우에는 응당 '사ᄅᆞᆷ' 또는 '이'라고 표현했어야 할 것으로 보인다. 그런 점이 바로, 『訓民正音』「序文」에서의 '者'字와 '놈'이라는 말이 일반 平語的인 의미의 '사람'을 뜻하는 말이 아니었음을 방증해 주는 것이다.

그렇기는 하나, 『杜詩諺解』가 간행되던 15세기의 古語에서도 '놈'이라는 말과는 또 달리 '것'이라는 말이 쓰이기는 했던 것으로 보인다. 『杜詩諺解』에서 〈수함水檻〉이라는 시에서의 "人生感故物, 慷慨有餘悲."라는 시구에 대하여 언해하기를 "人生에 옛것을 感傷하는 것이라, 慷慨하니 슬픔이 有餘하도다."라고 함으로써, '者'字가 아닌 말에 대해서도 '것'이라는

53 『杜詩諺解』(重刊本) 卷之二, 〈上水遣懷〉 참조.
54 위의 책, 卷之四, 〈石壕吏〉 참조.

말을 쓴 것을 볼 수 있다.[55] 이로 미루어 보더라도, 『訓民正音解例本』「例義篇」의 첫머리에서 쓰인 '者'字와 『訓民正音諺解本』의 첫머리에서 쓰인 '놈'이라는 말의 의미에 대해서는, 그 의미가 '것'을 뜻하는 의미였다고 할 만큼 '것'과 같거나 가까운 것이었으면서도 '것'이라는 말로써만 설명하기가 어렵다고 할 만큼, 그 모두 '것'과 '경우'를 아울러 뜻하는 의미로서의 '사물'을 지칭한 것으로 파악되어야 할 것이라는 느낌을 받게 된다. 따라서 그런 의미를 나타내는 글자와 말이, 바로 그 '者'字와 '놈'이라는 말이었을 것으로 판단되는 것이다.

다음으로는 그 밖의 조선시대 몇몇 자료에서 우리말 '놈'이 쓰인 용례를 살펴보기로 한다.

18세기 중엽에 간행된 것으로 보이는 『海東歌謠』에 수록된 時調에 "皮ㅅ겨ᄀᆞ튼 갈랑니 보리알ᄀᆞ튼 슈통니 줄인니 ᄀᆞᆺ신니 준벼룩 굴근벼룩 강벼룩 倭벼룩 긔는 '놈' 쒸는 '놈'에 琵琶ᄀᆞ튼 빈대삭기"[56] 라는 구절이 있다. 그리고 19세기 후반(1887년)의 필사본 『별토전』에 "톡기 '놈'의 등살미이을 곡 집어 올리이다."[57]라는 구절이 있다. 그리고 또한 20세기 초(1908년)의 필사본 『장홍보전』에 "이 '놈'의 집 불질으고"[58]라는 구절이 있다. 이와 같은 고전 자료들에서 쓰인 '놈'이라는 말은, '놈'이라는 그 말이 대개 '동물·식물·무생물' 등의 '물건' 또는 '사물'을 의미하는 말로 두루 쓰일 수 있었던 것임을 보여 주는 용례들이라고 하겠다.

55 위의 책, 卷之六, 〈水檻〉 참조.
56 金壽長 編, 『海東歌謠』의 時調 394번 참조.
57 가람본 『별토전』, 1887(필사본) 참조.
58 오영순 소장 『장홍보전』, 1908(필사본) 참조.

4. 결론

『訓民正音解例本』, 「例義篇」 첫머리에서의 '者'字와 그 우리말 풀이에 해당되는 『訓民正音諺解本』 첫머리에서의 '놈'이라는 말은, '(~하는) 사실·사항·사건·사정·처지·상황' 등의 말로써도 일컬어질 만한 '사물'을 뜻하는, '(~할) 것' 또는 '(~할) 경우'를 의미하는 글자와 말이었다. 따라서 그 '者'字와 '놈'이라는 말은, 종래의 연구에서와 같이 '(~하는) 사람'이라는 의미로 해석될 글자와 말이 결코 아니었다.

필자는 본고에서, 『訓民正音』 「序文」에 대한 이와 같은 견해를 밝히는 것을 중심으로 하여 고전 자료 재검토의 필요성을 논의하였다. 그리하여 본고의 앞부분에서는 고전 자료에서의 문맥의 의미 등을 잘못 파악함으로써 종래의 연구에서 오해가 있었던 몇몇 사례들을 예시하고, 그 바른 이해를 위한 해결책을 제시하기도 하였다.

이제 그 몇몇 사례에 관한 논의와 아울러 『訓民正音』 「序文」에 관한 논의로써 고전 자료 재검토의 필요성을 거듭 강조하거니와, 『訓民正音』 「序文」에서의 '者'字와 '놈'이라는 말은, "~ 마침내 제 뜻을 능히(제대로) 나타내지 못할 '것(경우)'이 많으니라."와 같은 문맥으로서의 '것(경우)'이라는 의미로 풀이하고 해석해야 마땅할 것이다. 조금 더 부연하여 설명하자면, 그 '者'字와 '놈'이라는 말은 '것'과 같거나 가까우면서도 다만 '것'이라는 특정한 말로써만 설명하기도 어려울 만큼의 '것'과 '경우'를 아울러 뜻하는 의미가 담긴 글자와 말이었다. 『訓民正音諺解本』의 첫머리에서는 『訓民正音解例本』의 「例義篇」 첫머리에 있는 '者'字를 순우리말로 언해하면서, 그와 같은 의미에서 '놈'이라고 하게 된 것으로 보인다. 『光州千字文』 등 『千字文』類 책의 끝부분에서 볼 수 있는 '者'字와 그 訓에 해당되는 '놈'이라는 말이, 바로 그런 관점으로 이해될 또 하나의 사례이다.

만약 『訓民正音解例本』 「例義篇」 첫머리에서의 '者'字가 일반 平語的인

의미에서의 '사람'을 뜻하는 글자로 쓰인 것이라면,『訓民正音諺解本』 첫머리에의 '놈'이라는 말이 쓰인 그 바로 뒷부분에서의 '사람마다로 하여금'이라는 의미의 語句에서 '사룸'이라는 말이 쓰였듯이, 그 '者'字를『訓民正音諺解本』의 첫머리에서 언해하되 마땅히 '사룸' 또는 '이'라는 말로 언해했어야 할 것이다. 그 시대에 '사람'을 뜻하는 말로 쓰인 '놈'이라는 말은, '愚夫(어리석은 놈)'·'狂夫(미친 놈)'·'鄙夫(더러운 놈)' 등의 경우에서와 같이, 모두 스스로 자신을 낮추는 '겸양어' 또는 사람을 사물에 빗대어서 욕하듯이 낮추어 표현하는 '비속어'로 쓰였을 뿐이다.

따라서 위에서 논의한 바와 같이,『訓民正音』「序文」을 종래의 해석과는 다소 다르게 이해하는 관점이 필요하다고 할 것이며, 또한 고전 자료 일반에 관하여 더욱 치밀하고도 적극적인 검토가 필요하다고 할 것이다.

-4부-

傳統 人文學으로서의 漢文學의 文化 理論的 活用

文化觀光 產業의 발전을 위한 傳統 人文學의 역할

1. 문화와 문화관광

문화관광 산업의 발전을 위한 전통 인문학의 역할을 논의하고 강조하기 전에, 먼저 '문화文化'란 무엇이며 '관광觀光'이란 무엇인가 그리고 '문화관광文化觀光'이란 무엇인가를 다시 한번 생각해 볼 필요가 있으며, 우리의 전통문화를 토대로 문화관광 산업을 일으켜 국가 경쟁력을 제고할 수 있는 대책에 대하여 전반적으로 고심할 필요가 있다. 우리보다 환경이 특별하게 좋다거나 물적 자원이 매우 풍부하다거나 한 것도 아닌 이웃 또는 먼 나라들이 무척 잘 사는 문화국으로 인정받는 사례에서 볼 수 있듯이, 이제는 국가 경제를 일으키는 데 공업·기술만으로 승부를 걸 시대가 아니다.

'한류韓流'란 외국에서 느끼는 '한국적 물결'을 의미한다. 그런데 그마저도 한국의 진정한 '대중문화'의 '물결'을 대변하는 것은 아닐 것이다. 어쨌든 최근에 고조되는 '한류'의 형성과 그로 인한 국가 브랜드 이미지 개선의 효과는 매우 바람직한 일이라 하겠으나, '한류'만으로 문화 산업

전반의 수출 증대를 기대하기란 어려운 일이다. 2004년도 한국 문화 산업의 수출액은 9억 3천 9백만 달러인 데 비하여 그 수입액은 16억 3천 4백만 달러이다.[1] 그리고 2004년도 한국의 방송 · 영화 · 게임 등 대중문화의 수출액은 5억 1천 7백만 달러인 데 비하여 일본의 만화 · 애니메이션 · 게임 등 대중문화의 수출액은 180억 달러로, 일본이 우리의 35~36배에 달한다.[2]

그와 같은 통계 자료들에 비추어 볼 때, 우리의 '문화 산업' 또는 '문화관광 산업'에 대한 정책적 전략이 시급하다는 것을 절실히 느끼지 않을 수 없다. 어떤 문화 상품을 개발하는가의 문제가, 그 전략의 하나가 될 것이다. 그리고 한국을 관광하는 데 한차례의 검색만으로도 주어진 기간에 어찌하면 한국 여행을 가장 보람 있게 할 것인가 하는 정보를 쉽게 제공받도록 하는 문제도, 그 전략의 하나가 될 것이다. 또한 '문화관광 산업'에서도 이제는 외국인들에게 단순히 景物이나 景致 또는 문화유적 · 문화유산 등의 표면적인 모습만을 관광하게 하는 데 그칠 것이 아니라 우리의 전통문화에 뿌리를 둔 '문화인文化人들이 사는 고장'임을 보여 줄 수 있는 관광 기획 등의 정책적 배려가 요구된다고 하겠다.

우리 민족과 국민은 자부심을 가져도 좋을 만큼, '사람 됨됨이'로서의 '된 사람'을 의미한다고 할 수 있는 '君子' 곧 '덕을 이룬 분'으로서의 '成德之人' 또는 '成德之士'나 '도로써 이루어지고 덕으로써 만인 앞에 우뚝 선 분'으로서의 '道成德立者'가 될 것을 목표로 살아온 민족이며 국민이다. 그런 점에서도 우리에게는 이제 우리의 모든 산천과 문화유적 · 문화

1 문화관광부, 한국문화콘텐츠진흥원, 『2005 문화 산업 통계』의 「문화 산업 수출입 규모」 자료에 의함.

2 한국의 자료는 '한국 상공회의소'의 자료에 의한 것이며, 일본의 자료는 '일본 무역진흥공사(Jetro)'의 자료에 의한 것임.
註 1과 2의 자료는 모두 제7차 '동숭포럼(2006. 9. 7.)'에서 박명진 교수(서울대학교 사회과학대학 언론정보학과)가 발표한 「일본의 대중문화」를 참고하였음.

유산 등을 관광하는 외국인에게 일관되고도 보편적인 어떤 고상한 정신을 곳곳에서 또는 많은 사람에게서 느낄 수 있도록 하는, '문화관광 산업'의 정책적 전략이 필요할 것이다. 그리고 평소에 국민의 교육 제도나 교육 내용 등을 통해서 그에 대한 대비책이 실현될 수 있도록 하고, 그리하여 그것이 자국인은 물론 외국인들에게 보여 주는 갖가지 '고급문화 상품'을 통해서도 우리 국민부터 교육 · 교화시킬 수 있도록 해야 할 것이며, 우리 나라를 관광하는 외국인들에게도 존경과 흠모의 깊은 정을 오래도록 간직할 수 있게 해야 할 것이다.

'문화'란 무엇인가? 우리말의 '문화'라는 말과 유사한 의미를 지닌 서양의 말에서 느끼는 개념에 우리말 '문화'의 개념을 억지로 끌어다 맞출 것이 아니라 우리는 우리대로 '문화'라는 말이 지녀 온 어휘의 원래의 개념을 사용하면 될 것이며, 우리 나름의 그에 대한 개념 정립이 또한 필요할 것이다. 서양에서도 우리말 '문화'라는 어휘와 유사한 의미를 지닌 말들이 있어 왔다. 'culture(Kultur)'가 그것이며, 그와 관련하여 '파이데이아Paideia' · '디씨플리나disciplina' · '휴마니타스humanitas' 등의 말들이 있어 왔다. 'culture'라는 말이 '사물'이나 '재배' 또는 '경작'이라는 의미로부터 점차 '교양'이나 '교육' 등을 의미하는 '파이데이아'라는 말을 생성하고, '인격 수양'이나 '지기 수련' 등을 의미하는 '디씨플리나'라는 말을 생성하였으며, 나아가 '인간 교육' 또는 '인문 교양' 등을 의미하는 '휴마니타스'라는 말을 생성하며 사용해 왔다고 한다.[3] 그러나 그와 같은 어휘 개념을 수반하게 된 말이, 반드시 우리말 '문화'라는 말과 크게 동떨어진

3 W. Perpeet, 「Kultur문화, Kulturphilosophie문화철학」, 『Historisches Worterbbuch der Philosophie철학 개념사 사전』 Bd. 4., Basel/Sturrgart, 1976.
Reinhart Maurer, 「Kultur문화」, 『Handbuch Philosophischer Grundbegriffe철학 근본 개념 사전』, Munchen, 1973.
Kaspar Maase, 「Kultur문화」, 『Europaische Enzyklopadie zu Philosophie und Wissenschaften철학과 과학에 대한 유럽 백과사전』, Hamburg, 1990.
백종현, 「문화란 무엇인가」, 『우리말 철학사전 1 과학 · 인간 · 존재』, 지식산업사, 2001.

의미로 사용되어 온 것은 아니라고 하더라도, 우리는 우리대로 원래의 '문화'라는 말이 지닌 어휘의 뜻을 제대로 파악하고 그 개념을 정립하여 사용하면 될 것이다.[4]

'문화'라는 말은, 자칫 'Kultur' 또는 'culture'를 번역하는 과정에서 생긴 말, 곧 야만으로부터 문명에 이르기까지, 인류의 사회가 노력해서 얻은 성과나 공적이 과학 · 예술 · 종교 · 도덕 · 법률 · 풍속 · 습관 등의 다방면에 나타난 것을 뜻하는 말을 번역해서 쓰게 된 말이라고 이해하더라도 큰 지장은 없겠으나, 중국 漢代 유향劉向의 『설원說苑』, 「지무指武」篇이나 梁代 소통蕭統의 『문선文選』에 실린 글 등에서 보이듯이, 원래 동양에서 예로부터 쓰여 온 말이며, '文治敎化(빛나는 도덕으로 다스려서, 가르치고 깨우쳐 변화시킨다)'라는 뜻을 지녀 온 말이다.

'문화'의 '文'은 도덕이 빛나서 밝은 것 곧 '밝은 德이 겉으로 드러나는 것'을 의미하는 말로, '威儀(덕이 용모로써 나타나는 것)'와 '文辭(덕이 말이나 글 등의 언어로써 나타나는 것)'가 모두 그것이다.[5] 그리고 '化'는 가르쳐지고 깨우쳐져서 착한 백성 또는 좋은 세상으로 변화하는 것 곧 '교화되는 것'을 의미하는 말이다.[6] 그러므로 '문화'는, 어질게 다스리는 군자의 덕이 '풀' 위에 불고 가는 '바람(風)' 같이 德化를 끼치고 그 '風敎'가 행해져서, 백성이 착한 백성으로 바뀌고 풍속이나 문물제도가 모두 도덕이 밝은 빛나는 모습으로 변한 상태나 그 정도를 의미하는 말이다. 따라서 '문화'는 의리 도덕이 그 관찰이나 평가의 잣대가 된다고 하겠다.

---

4 외국의 이론을 이끌어다 국학을 연구하는 연구자들에게서, 반문화적인 것 또는 문화라는 말과 역행되는 것을 종종 '문화' 또는 '문화의 폭력'이라는 말로 논의하는 사례를 보게 되는데, '문화'란 결코 부정적인 의미에서의 '비도덕적인 것'까지를 혼동하여 마구잡이로 사용될 말이 아니다.

5 『論語』, 「公冶長」篇, '性天'章의 "子貢曰, 夫子之文章, 可得而聞也, 夫子之言性與天道, 不可得而聞也."라는 말씀에 대한 朱子의 註에 "文 · 章, 德之見乎外者, 威儀 · 文辭, 皆是也."라고 하였다.

6 『論語』, 「學而」篇, '歸厚'章의 "曾子曰, 愼終追遠, 民德, 歸厚矣."라는 말씀에 대한 朱子의 註에 "愼終者, 喪盡其禮, 追遠者, 祭盡其禮, 民德歸厚, 謂下民化之."라고 하였다.

조선 초기 정도전鄭道傳의 「도은문집서陶隱文集序」에 쓰인 다음과 같은 구절이, 바로 인류의 문화·문명이 道로써 행해지고 나타나는 것임을 말해 준다.

> 일월성신은 天의 文(빛남)이요, 산천초목은 地의 文(빛남)이요, 시서예악詩書禮樂은 人의 文(빛남)이다. 그러나 하늘은 氣로써 행해지고, 땅은 形으로써 행해지며, 사람은 곧 道로써 행해진다."[7]

그러면 이제 여기서 우리는 우선 '문화'를 담당하는 부처로서의 '문화관광부'가 얼마나 중요한 부처인가를 잠시 생각해 보기로 한다.

조선 후기 홍대용洪大容은 「오팽문답吳彭問答」이라는 글에서 "(세상에서 말하는) 학문에는 세가지 구분이 있으니, 義理之學과 經濟之學과 詞章之學이 바로 그것이다."라고 하였다. 그러나 세상에서는 그 세가지 학문을 별개적인 것으로 인식하는 경향이 있기 때문에 그것이 모두 마침내 의리지학을 최종 목표로 하여 하나로 통섭되어야 하는 것임을 인식하게 하기 위해서, 그는 다시 말하였다.

> 학문을 세가지로 구분하는 것은 세속 선비들의 비루한 소견이다. 義理를 버리게 되면 經濟(經世濟民)는 功利에 빠져들고, 詞章은 늘는 꾸빔에 넘치게 될 것이니, 어찌 족히 학문이라 할 수 있겠는가? 더군다나 經濟가 없으면 義理가 쓰일 곳이 없게 되고, 詞章이 없으면 義理가 나타날 곳이 없게 된다. 요컨대 세가지 중에 하나라도 버리게 되면 학문이라고 할 수 없을 것이니, 義理가 그 근본이 아니겠는가?[8]

---

7 鄭道傳, 『三峯集』 卷之三, 「陶隱文集序」, "日月星辰, 天之文也, 山川草木, 地之文也, 詩書禮樂, 人之文也. 然天以氣, 地以形, 而人則以道."

8 洪大容, 『湛軒書』, 外集, 卷七, 燕記, 「吳彭問答」, "學有三等, 有義理之學, 有經濟之學, 有詞章之學.", "學分三等, 世儒之陋見, 舍義理, 則經濟淪於功利, 而詞章淫於浮藻, 何足以言學. 且無經濟, 則義理無所措, 無詞章, 義理無所見, 要之, 三者舍一, 不足以言學, 而義理非其本乎."

여기서 말한 '의리지학'이 바로 道義·道理를 추구하는 학문이며, 우리 시대의 문화관광부가 우선적인 목표로 삼는 '문화 창달'의 길로 통하는 학문이다. 문장을 잘 짓고 해석하는 학문도 중요하고, 과학·기술의 발전으로 利用厚生을 꾀하는 학문도 중요하며, 살림살이를 제대로 행해지게 하는 재정·경제의 학문도 중요하다. 그리고 문화 창달의 길에 이르게 하기 위하여 교육을 잘 시키는 문제도 중요하다. 그러나 그 모든 것이 결국 국가의 문화 창달을 궁극 목표로 하는 것이니, '문화'가 얼마나 중요하며 '문화 창달'을 우선적 목표로 삼는 '문화관광부'가 얼마나 중요한가? '문화'가 곧 그 나라 국가적 면모의 내실이며 핵심이기 때문에, '문화관광부'의 위상은 매우 높고도 소중한 것이다.

말하자면 '문화'란 도덕이 빛나는 밝은 정치를 함으로써 백성 또는 국민이 가르쳐지고 깨우쳐져서 착한 백성 또는 착한 국민으로 크게 바뀌는 상태를 의미하며, 그것이 예의나 풍속·법제 등 문물제도의 다방면에서 나타나는 모습을 의미한다. '문화관광부'는, 그와 같은 '문화'의 의미를 깊이 인식하여 도덕적으로 참된 국가의 모습을 보여 주는 것이 문화 정책 본연의 목적임을 천명하고, '문화관광'의 정책 또한 그런 방향으로 통섭되도록 산하기관 등 여러 관련 부처의 사업 방향을 제시하고 감독·총괄해야 할 것이다.

그렇다면 '관광'이란 무엇인가?

『주역周易』에 다음과 같은 구절이 있다.

> 天文을 살펴보고서 시절이 변하는 것을 자세히 살피고, 人文을 살펴보고서 天下를 감화시켜 (도덕이 밝은 좋은 세상 착한 백성으로) 이룬다.[9]

9 『周易』, 上經, '離下·艮上', 「賁(비)」, "觀乎天文, 以察時變, 觀乎人文, 以化成天下."

그리고 또한 『周易』에 "觀國之光.(국가의 빛남을 살펴본다.)"[10]이라는 말이 있다. 위에서 '人文'을 살펴본다고 한 것은 인간 세상의 도덕이 빛나는가의 여부를 살펴본다는 말이다. 그리고 '국가의 빛남을 살펴본다'는 것은 그 나라의 문화가 빛나서 밝은가의 여부를 살펴본다는 말이다.

오늘날은 세계인들이 각국을 여행하며 관광을 많이 하는 시대이다. 그런데 그 관광여행의 목적은 무엇이겠는가? 각국의 문물을 보고 다른 나라의 문화를 살펴보며, 각국의 名山大川을 유람하여 흉중의 뜻(胸中之志)을 넓히고 氣象을 높이자는 것이다.

고려 중기 林椿의 글 「上李學士書」에 다음과 같은 구절이 있다.

> 氣를 기르는 자가, 名山大川을 두루 유람하여 天下의 기이한 견문과 장관을 구하지(찾지) 않으면, 또한 흉중의 '뜻(志)'을 스스로 넓힐 길이 없다.[11]

그러므로 외국인들이 우리 나라를 관광하는 것 또한, 우리의 문물을 보아 우리의 전통문화를 살펴보며 우리의 아름다운 자연을 유람하여 흉중의 뜻과 기상을 넓히고 높이자는 데 목적이 있는 것이다. 백두산 · 금강산 · 설악산을 찾기도 하고, 불국사 · 석굴암 그리고 논개와 춘향의 사당을 찾기도 하며, 그에 얽힌 古事와 아름다운 이야기를 듣기도 할 것이다. 또는 경복궁 · 창경궁을 찾기도 할 것이며, 성균관 · 도산서원을 찾기도 할 것이다. 그리고 우리의 '판소리'를 듣기도 할 것이며, '태권도'의 본 고장임을 확인하기도 할 것이다. 그런데 우리가 중요시해야 할 것은, 단순히 그런 名山大川이나 古蹟을 유람하고 유형 · 무형의 문화유산을 외면적으로 살펴보는 것만이 관광의 주된 목적이 아님을 알아야 한다는 점이다. 진정으

10 위와 같음, '坤下 · 巽上', 「觀」, "觀國之光."

11 林椿, 『西河集』 卷四, 「上李學士書」, "養其氣者, 非周覽名山大川, 求天下之奇聞壯觀, 則亦無以自廣胸中之志矣."

로 '氣象'을 넓힌다는 것은, 그와 같은 모든 관광여행을 통해서 무언가 기이한 것을 보고 새로운 것을 배우며, 도덕적으로 참된 뜻을 터득할 때에 비로소 가능한 것이다. 우리는 외국인들에게 그것을 이루어 줄 필요가 있다.

위에서 예를 든 '성균관'에 주목하더라도, 그와 같은 옛날의 훌륭한 국가 교육 기관이 우리 나라와 같이 잘 보존된 사례를 이웃 나라에서 찾아보기 힘들 것이다. 그 교육 기관의 내력과 교육 기관으로서의 역할을, 우리 국민은 매우 자랑스럽게 여길 만하다. 그런 점을 광채 나게 홍보하여 외국인들을 감탄하게 하는 일이 매우 필요한 것이다.

『禮記』에 다음과 같은 구절이 있다.

> 孔子가 말씀하시기를, 그 나라에 들어가 보면 그 교화된 정도를 가히 알 만하니, 그 사람됨이 溫柔敦厚한 것은 詩로써 교화된 까닭이다.[12]

위의 말씀에서 우리는 무엇을 터득할 수 있겠는가? 그 나라에 들어가 보면 그 나라의 백성 또는 국민들이 얼마나 잘 가르쳐지고 깨우쳐졌는가를 알 만하다는 점, 그리고 그 나라 사람들의 사람됨이 '성품이 따뜻하고 부드러우며 인정이 도탑고 두터운 것(溫柔敦厚)'은 그 옛날 『詩經』詩와 같은 좋은 시(오늘날 같으면, 좋은 詩文의 학습을 포함하는, 仁義禮知나 孝弟忠信 같은 도의 교육이나 예절 교육)로써 가르쳐지고 깨우쳐진 덕분임을 알 수 있다는 점일 것이다.

이와 같은 도의나 예절이 참된 것을 보여 주는 문제는, 외국인들이 우리 나라를 방문하였을 때만의 문제가 아니다. 우리가 외국을 찾았을 때에도 같은 태도가 요구되는 문제라고 하겠다.

한국인들이 기업체 등의 일로 외국에 출장 나갔을 경우에, 요즘의 젊은 세대로서는 종종, 평소에 국가와 민족 그리고 민족 문화 등에 관하여 교육

12 『禮記』, 「經解」篇, "孔子曰, 入其國, 其教可知也, 其爲人也, 溫柔敦厚, 詩教也."

을 받거나 학습한 것이 부족한 탓으로, 그저 자기 '이름자(姓名)'를 말할 수 있는 정도에 불과하거나 성씨 또는 조상의 내력에 대해서도 묻는 말에 좀 더 자세히 대답하지 못하고, 우리의 역사나 고유 문화에 대하여 아는 것이 별로 없기에 그저 묵묵부답으로 더 이상 몇 마디 진행하지 못하고 마는 경우가 허다하므로, 상대방에게 더욱 신뢰감을 주는 깊은 교제를 이루지 못하고 자기 소임으로서의 사업 목적 달성에 지장을 주는 사례가 적지 않다고 한다. 그런 데서 우리 '문화' 교육의 필요성이 제기되며, 바로 그것이 문화와 교육을 담당하는 국가 기관이나 전통 인문학자들의 책무에 관한 문제의 하나이다.

따라서 우리는, 외국인이 우리 나라를 관광할 경우, 가령 우리의 논개와 춘향의 사당을 볼 때에는 한국의 의리 있는 女人像을 보고 '義烈'의 나라임을 볼 수 있도록 해야 할 것이며, 충무공 · 안중근 의사의 사당을 찾아서는 '忠義'의 나라이며 仁義禮知信을 전통적으로 알아서 익히고 실천해 온 나라임을 볼 수 있도록 해야 할 것이다. 그리고 태권도의 본 고장인 한국에서 태권도의 정신을 수만 명의 외국인이 해마다 차례로 견학하고 수련하게 함으로써, 돌아가서 자긍심을 지닐 수 있도록 하는 연수 프로그램 등을 개발하기도 해야 할 것이다. 또한 판소리와 같은 우리 고유의 예술 문화를 보고 듣는 데서 전통문화의 독특하고도 고상한 정신을 터득하도록 해야 할 것이다.

그리하여 우리 문화관광의 모든 분야 그리고 유형 · 무형의 모든 문화유산이 광채 나는 문화유산임을 나타낼 수 있도록, 표준화된 문화 정보를 돋보이도록 꾸며서 세계에 널리 알릴 수 있는 정책을 펴야 할 것이다. 한편 우리의 전통문화를 탐구하는 인문학자들은, 그와 같은 사업을 효율적으로 수행할 수 있도록 자료적 뒷받침과 사업의 방향 제시를 위해 부단히 노력해야 할 것이다. 또한 우리의 모든 문화 상품에서는 독자적 고유성을 살리면서도 세계적 보편성을 확보해 가는 방향으로 상품을 기획함으로써, 외국인들에게 우리의 문화 상품이 낯설게 여겨지지 않도록 하는 등[13]의 전략적 정책을 펴야 할 것이다. 그것이 우리 문화관광 산업에서의 국가 경쟁력을 높일 수 있는 지침이요 시책이 되어야 할 것으로 보인다.

우리는 외국인들이 우리 나라에 들어와서 우리 국민을 만나면 저절로 마음이 편안해지고 인격이 향상되도록, 우리 자신이 우리의 인격 향상을 위해 스스로 배우고 노력하며 실천하는 국민이 되어야 할 것이다. 그리고 예절 바르고 친절한 국민이 되어야 할 것이다. 그것이 '道義之國' 또는 '禮義之國'임을 보여 주는 길이다. 문화관광부는, 그와 같은 국민 교육이 실현될 수 있도록 교육 담당 부처에 그것을 강조하고 역설하여, 우리의 교육 정책이 '문화'의 수준을 높일 수 있는 한층 더 좋은 방향으로 개선되도록 노력해야 할 것이다. 그리고 외국인들이 우리의 음식을 먹으면 영양 섭취도 잘 되고 몸과 마음이 편안해지도록 '음식문화'를 가꾸어 가는 데 힘써야 할 것이며, 제대로 복원되고 상설화된 우리의 전통의례를 보면 저절로 눈과 마음이 편안해지고 인격이 향상되도록 '전통의례문화'를 보존하며 광채 나게 빛내야 할 것이다. 그리하여 끊임없이 우리의 고급 문화를 창조해 나가고 보여 주며, 고급 문화 상품을 개발해 나가야 할 것이다.

2. 문화관광 산업과 전통 인문학의 역할

문화관광 산업은, 민족 문화의 세계적 위상을 확보하고 나아가 국가 경쟁력을 제고하는 데 중추적 역할을 담당할 수 있는 중요한 산업이다. 따라서 문화관광 산업의 부가가치를 제고하기 위해서는, 유형·무형의 전통문

13 식민지 시대를 체험한 국가에서 흔히 나타나는 지나친 민족주의나 국수주의적 태도로써 생산하는 문화 상품들이, 그것을 향유하는 외국인들에게 종종 낯설게 여겨지는 경향이 있는데, 그런 태도만을 고집하는 것이 세계화를 지향하는 가장 바람직한 자세는 아닐 것이다.

화와 고전 기록을 검토 · 고증하고 재해석하며 이론적 토대를 마련하여, 그 성과를 문화관광 산업의 각 분야에서 적절히 활용할 수 있도록 하지 않으면 안된다. 전통 인문학의 연구 성과가 적극적으로 활용될 때, 비로소 21세기에 걸맞은 '문화관광의 정보 자원'이 새롭게 구축될 수 있을 것이며, 나아가 문화관광 분야에서의 국가 경쟁력을 높이는 새로운 추진 동력이 현실화될 수 있을 것이다.

전주시는, 2005년에 '전주 전통문화 중심도시 육성 기본계획'을 확정 발표하였다. 그 마스터플랜에는, 전주대학교가 위치한 전주시 서부지구를 '역사문화-전통문화콘텐츠 체험지구'로 조성하겠다는 계획이 포함되어 있다. 그리하여 2025년까지 지속될 그 사업에는, 전통문화 체험관 및 전통문화 테마파크의 조성 사업이 포함되어 있다.

정부 · 지방자치체 · 대학이 연계된 그와 같은 문화산업을 활성화하는 일은, 국민 대다수의 여가 활용과 정신적 여유를 위해 매우 고무적인 일이라고 생각된다. 그러나 우리 나라의 문화관광이 민족적 고유성과 세계적 보편성을 확보하고 동시에 바람직한 지향성을 확보하기 위해서는, 절실한 자성과 혁신이 요구된다. '전통 인문학'의 성과가 그와 같은 자성과 혁신의 잣대로 작용하게 될 것이다.

'인문학'은 인류의 문화 · 문명의 원리와 내력 및 그 생산의 이치와 정신적 향유 세계의 이치를 탐색하고 추구하여, 과거의 득실을 밝히며 미래의 참된 방향을 제시하는 학술이다.

전통 인문학은, 그와 같은 인문학의 역할을 전통문화에 대하여 수행하면서도 특히 '사람다움humanity'에 관한 반성과 탐색에 주력해 온 학술이었다. 이는 서구 '르네상스의 인문학'과 같은 지향성을 지닌 것이라고 할 수 있다.[14] 전통 인문학은 곧 탁월한 인간성의 형성과 심성의 도야를 목표

14 나일수, 「르네상스 인문학과 인문교육」, "르네상스 시기에서 이 용어는 고대 그리스와 로마의 고전들을 학습하는 학문적 활동을 가리킨다는 목적을 가지고 있었으며, '암흑과 무지'의 시

로 하였다는 점에서 서구의 그것과 크게 다르지 않다. 동양과 서양을 막론하고, 인문학은 한 인간이 인간으로서의 고상한 삶을 영위하는 것을 지도해 왔다. 21세기의 문화는 흔히 도시 유목민적인 성향을 지닌다고 하는데, 그와 같은 문화를 발전시키기 위해서는 '창의성'과 '창조력'이 요구되며, 다시 그 창의성과 창조력의 기반으로서 기초 예술과 함께 '인문학'의 중요성이 강조되는 것이다. 따라서 우리에게는 민족 문화가 지닌 잠재적 역량을 극대화하고 민족 문화를 타 민족의 문화와 소통시키기 위하여 전통 인문학으로서의 '깊이 있는 응시'가 요구된다고 하겠다.

이제 문화관광의 정책을 내실화하고 또한 미래지향적으로 혁신하기 위해서는 전통 인문학의 연구 성과를 토대로 하여 '문화관광의 정보 자원'을 새롭게 구축하지 않으면 안된다. 그리 해야만 문화관광 분야에서의 국가 경쟁력을 높이는 새로운 추진 동력이 기획되고 현실화될 수 있을 것이다.

이에 우리 '전통문화 특별 자문위원회'의 연구단은 국가 경쟁력 제고를 위한 문화관광 자원의 新 기획과 전통 인문학의 활용 방안에 관하여 수차례 의견을 교환하고 그동안의 연구 결과를 정리하여, 현 문화관광 산업에 필수적으로 전통 인문학의 성과가 접목되어야 할 것임을 천명하고자, 작은 정성을 모아 오늘과 같은 심포지엄(2006. 11. 17.)의 자리를 마련하게 된 것이다. 이에 문화관광 산업과 전통 인문학을 접목하는 구체적이고도 가시적인 성과의 하나로, '문화관광 정보의 표준화'와 이를 통한 '문화지도' 작성의 필요성을 지적하기에 이른 것이다.

전통 인문학이 정부의 문화관광 정책에 연계되는 점은 다음의 두가지

대로 파악되는 중세적 삶과 교육과는 구별되는, 이른바 '문화와 교양'을 추구하는 삶과 교육적 이상을 드러내는 용어였다.", "르네상스 인문학 곧 '스투디아 후마니타스'는 말 그대로 '인간성 함양을 위한 공부'를 뜻한다. 함양시켜야 할 대상으로서의 인간성은 선천적으로 타고나는 자연적 본성이 아니라 교육을 통해 장차 획득해야 할 후천적 가능성이었다."
김영한, 『르네상스 휴머니즘과 유토피아즘』, 탐구당, 1989.
박봉목 외, 『르네상스 휴머니즘의 현대적 의의』, 영남대학교 출판부, 1990 등 참조.

측면에서이다.

첫째, 전통 인문학의 휴머니즘을 문화관광 정책의 궁극적 목표로 설정할 필요가 있다.

둘째, 국가적 문화관광 산업에서 실질적 추진 동력을 확보하려 할 경우, 전통 인문학의 연구 성과를 활용할 필요가 있다.

최근 우리 사회에는 인간 내면의 조화로운 완성을 해치는 여러가지 요인들이 만연하고 있다. 특히 전통적으로 계승되어 온 가치 체계의 붕괴 이후에 새로이 삶의 건전한 가치 체계가 미처 형성되기도 전에, 사물을 외면적 · 기계적 · 물질적으로 추구하려는 물질 위주의 '속물주의'가 팽배하고 있다. 국가의 문화관광 정책이 바야흐로 이와 같은 현실의 부정적 측면을 극복하여 바람직한 문화 현실을 형성할 수 있도록 도움을 주어야 할 시점이다. 그런데도 종래의 문화관광 정책은 단기적 비전과 '보여 주기' 식의 기획에 의해 사업을 추진하는 사례가 종종 없지 않았다.

현대 사회의 교육은 사회의 보편적 이상과 대비되는 개인의 독자적인 필요성과 동기를 계발하고 신장시키려는 것이므로, 흔히 정형화된 인간상을 획일적으로 소개한다는 이유로써 '고전'을 배격해야 한다는 논리가 없지 않다. 사실상 전통 인문학에는 간혹 현대 생활과 맞지 않는 낙후된 사상이나 관념이 들어 있다는 점도 전적으로 부정하기는 어렵다.

그러나 보편적 문화를 제시하는 '고전'이 개인의 독자적인 삶을 억압하고 왜곡하는 것으로 간주하는 것은 옳지 않다. 고전은 오히려 현대의 개개인이 각기 다른 개성과 기질을 계발하고 표현하는 데 직접 · 간접적으로 모형을 제시하여, 인간성의 함양을 촉구함에 많은 도움을 준다. 유가적 전통에서 말해 온 '爲己之學'은 유가를 초월하여 불교나 도교에서의 인간의 완성을 목표로 하는 개념들과 서로 소통해 왔다. 자기 자신의 도덕적 완성을 위해 공부한다는 '爲己之學'의 이상은, 전형적인 '배움'의 세계에서만 의미를 지니는 것이 아니라, 여가와 향유의 세계에서도 통하는 말이었다.

여기서 孔子의 말씀 '유어예游於藝'라는 말을 환기하면 좋을 듯하다.[15] 이 말씀에서, 궁극적으로는 여가 활동이 심미적 활동으로서의 인간의 자아실현을 자유롭게 이룰 수 있다는 점을 느끼게 된다.

『論語』, 「先進」篇에서는, 제자 '자로子路'·'증석曾晳'·'염유冉有'·'공서화公西華' 네 사람이 '孔子'를 모시고서 자신들의 포부를 대답하게 되었을 때, '증석'이 "저는, 저문 봄에 봄옷이 다 되거든, 관례를 행한 자 5~6명과 동자童子 6~7명과 더불어, 기수沂水에서 멱감고, 무우舞雩에서 바람쐬고, 노래를 읊으며 돌아오겠습니다."라고 하였다. 이때의 '증석'의 정신적 경계는, 天理의 유행을 따르고자 하는 '無欲之意'의 '참뜻'을 보인 것으로, 그러기에 후대에 程子로부터 '聖人之志'와 다를 것 없는 堯·舜 임금의 氣象이라는 평을 듣게 되었고, 또한 朱子로부터 결코 '남과 짝할 수 없는 빼어난 기상' 곧 '不侔의 氣象'이라는 평을 듣게 되었던 것이다.[16] 이는, 유가의 경계에 들어맞는 것이면서도 한편 도가의 경계와도 통한다. 그리고 그 정신적 경계는, 孔子가 최고의 경지로 언급한 '예에서 헤엄치듯 노님(游於藝)'이라든가 '마음의 하고자 하는 바를 따라 행하되 법도를 뛰어넘지 않는 경지(從心所欲, 不踰矩)'로 나아가는 길목에 있는 것이다. 물질 세계의 이해관계를 떠난 정신적 여유가, 그와 같은 정신적 경계에 해당된다고 할 수 있다.

더구나 생태 환경의 파괴와 같은 우리 사회가 직면한 위기의 상황을 극복하기 위하여, 전통 인문학에서는 일상 세계의 단편적이고도 부분적인 생활환경을 초월하여 열려진 우주와 마주보려고 한 경험을 환기하고, 그로부터 무언가를 배워 터득해야 할 것이다. 개개인이 노동의 굴레에 속박당하거나 물질 중심의 속물적 관념에 사로잡힘으로써 마음의 평온을 찾지

15 『論語』, 「述而」篇 '志道'章, "子曰, 志於道, 據於德, 依於仁, 游於藝."(君子의 삶은) 道에 뜻을 두고, 德에 의거하며, 仁에 의지하며, 藝에서 헤엄치듯 노니는 것이라는 뜻의 말씀이다.

16 『論語』, 「先進」篇 '言志'章 및 그에 대한 程子와 朱子의 註 참조.

못하고 삶의 의의를 상실하게 되는 것을 구제하여, 더욱 의미 있는 삶을 영위할 수 있도록 휴식과 휴식 공간을 제공하는 것이, 문화관광 정책의 주요한 목표가 되어야 할 것이다. 우리 사회의 급속한 경제 발전과 더불어 우리가 대개 노동과 현실적 유용성 자체에는 집착하면서도 '문화'·'교양' 등의 가치를 외면하고 있는 것은, 이 시대에서 매우 우려할 만한 사항의 하나이다.[17]

노동과 현실적 유용성에만 집착할 때, 우리는 자유자재한 존재 의의를 상실하고 말 것이다. 바로 그와 같은 이유에서 우리 국민이나 세계인들의 여가와 향유의 세계를 확대하고 질적으로 고양시키는 과제를 수행하는 문화관광부로서는, 다른 부처와는 달리 덕성과 교양을 표방하던 전통 인문학의 목소리를 문화관광의 정책에 적극 반영함으로써, 우리 국민 대다수와 세계인들이 영혼의 안식을 찾고 자신의 삶에 대하여 보람을 느낄 수 있도록 하는 데 도움을 주어야 할 것이다.

한편 매우 실용적인 측면에서 문화관광 산업에서의 국가적인 실질적 추진 동력을 확보하고자 하더라도, 고유문화의 전통과 그에 대한 연구 성과를 적극적으로 활용함으로써 문화관광 산업을 새로이 기획하고, 민족 문화의 깊이와 넓이를 최대한 증대시키지 않으면 안된다.

21세기는 '문화에 기반한 경제의 시대'라고도 할 수 있다. 이는, 문화가 경제적 가치의 창출을 통하여 인간의 삶과 복지에 크게 기여한다는 것을 의미한다. 어느 나라에서든 자국의 문화에 바탕을 두는 문화관광 산업의 상품은 높은 부가가치 실현의 능률을 지닌다고 할 수 있다. 우리 나라에는 이미 경쟁력 있는 다양하고도 풍부한 문화적 자산이 존재한다. 우리의 문화적 자산은, 그것을 창의적 기획력과 전통 인문학의 성과를 결합하여 산업화할 때, 그 잠재력이 무한할 뿐 아니라 국가 경쟁력 제고의 원동력이 될

17 김남두, 「인문학의 성격과 한국 인문학의 과제」, 이성원 외 편저, 『인문과학의 이념과 방법론』, 성균관대학교 인문과학연구소, 1995

수 있다. 국내에서 현재 진행되고 있는 '외형적 문화 산업'의 모델을 극복하여, 인문학을 바탕으로 하는 새로운 문화관광 산업이 육성된다면, 향후에 국가 발전의 획기적인 추진 동력을 확보할 수 있을 것으로 기대된다.

문화관광의 진정한 '글로벌화'는 민족 문화의 재해석을 토대로 할 때에 가능할 것이며, 그럴 경우 전통 인문학의 연구 성과를 적극 활용할 필요가 있다. 최근에 아시아와 중동의 일부 지역에서 '한류'가 나타나고 있으나, 그것이 '공격적'인 모습을 띠게 된다면, 그 진정한 글로벌화를 성취하기 어려울 것이다. '한류'의 효자 상품으로 저명하다는 '드라마'가 실제로는 아시아와 중동에서 한국의 가족 및 가부장제에 대한 왜곡된 像을 심어 주어, 그것이 오히려 한국인에 대한 부정적 이미지를 확대시킬 수도 있다는 사실을 상기할 필요가 있다. '한류'의 부정적 요소를 제거하고 그 '한류'를 지속적으로 확산시키며, 아울러 이를 기반으로 하는 산업적 효과를 확대하여 '韓브랜드화'를 통한 국가 경쟁력을 제고하는 일은, 전통 인문학의 긍정적 자산을 적극 활용하는 방향으로 진행될 때에 한층 더 보편적 가능성을 확보할 수 있을 것이다.

앞서 논의한 바와 같이, '전통 인문학'은 옛날로부터 오늘날에 이르기까지의 인류의 문화·문명의 원리와 내력 및 그 생산의 이치와 정신적 향유 세계의 이치를 탐색하고 추구하여, 과거의 득실을 밝히며 미래의 참된 방향을 제시하는 '인문학'으로서의 역할을 그동안 충실히 수행해 왔다. 그러므로 장차 국가의 문화관광 산업을 위해서도 내실 있는 정제된 표현의 표준화된 문화 정보를 제공하며 그 정보 제시 효과를 극대화한다거나 '역사문화 지도'를 작성한다거나 하는 등의 제반 사업에도 크게 기여할 수 있을 것으로 생각된다.

따라서 '국가 경쟁력 제고 전통문화 특별 자문위원회'는, 이제 '21세기의 전통 인문학과 문화관광 산업의 만남'이라는 주제로, 전통 인문학의 관점에서 문화관광 정책의 문제점을 반성하고 전통 인문학의 성과를 문화관광 산업에 접목시킬 방안을 모색하기로 하였다.

3. 외국에서 행해지는 인문학과 문화관광 산업의 접목 사례

최근 인접 국가인 일본과 중국에서는 인문학과 문화 정책을 연결시키려는 노력이 증대되고 있다.

일본의 경우, '21세기 COE 프로그램'의 하나로, '오사카 시립대학 대학원 문학연구과'가 「도시문화 창조를 위한 인문과학적 연구都市文化創造のための人文科學的研究」를 수행하고 있다. 2006년 3월 18일에 열린 국제심포지엄 '도시문화 이론의 구축을 지향하여'에서는, 과거 오랜 기간 아시아의 여러 도시가 지리 환경이나 사람의 이동 및 교역 그리고 정치권력의 형성 등 여러 측면에서 각 지역의 특유한 상황에 영향을 받으면서 다원적인 문화를 이룩하여 왔다는 사실에 주목하고, 또한 전통적인 도시문화의 계승과 활용에 주목하였다. 현대의 글로벌화에서 아시아의 여러 지역이 서구에 기원하는 근대화와의 대결에 직면하지 않으면 안되는 상황에 놓인 터에, 과거의 문화를 계승하여 온 아시아의 여러 도시가 그 문화 자원을 유효하게 활용하여 글로벌화에 어떻게 대처하고 새로운 도시문화를 어떻게 창출해야 하는가에 대한 과제를 설정하게 된 것으로 보인다. 우리로서는 불행히도 아직 도시 개발에 급급한 나머지, 문화자원의 활용을 통한 새로운 도시문화의 창출이라는 과제를 설정하지 못하고 있는 듯하다.

또한 2000년 봄, 일본의 '동경대학'은 인문사회계 대학원에 '문화 자원학Cultural Resources Studies' 전공을 새로 설치하였다. 대학원에만 설치된 학과로서 학부에는 해당 전공이 없는데, 문화 경영학 · 형태 자료학 · 문자 자료학의 3개 과정으로 구성되었으며, 문자 자료학의 과정은 다시 '문서학'과 '문헌학'으로 구분되어 있다. '문화 자원학'은, 문화가 '말'과 '형태'로 이루어진다는 점을 실마리로 삼아 문화의 '근원'에 대해 재검토해 보려는 관점에서 만들어진 전공 분야이다. 그 전공 분야는 곧, 다양한 관점에서 새로운 정보를 이끌어내고, 이를 사회에 환원하는 방법을 연구하려는 것을 일차적인 목표로 설정된 것이다. 그 '근원' 이라는 말의 대척점에 존재하는 것은, 구체적으로 '과거 · 현재 · 미래' 의 '박물관 · 미술관 · 도서관 · 자료관 · 사료관 · 문서관 · 극장 · 음악홀 · 문화 정책 · 문화행정 · 문화재보호 행정' 등이라고 할 수 있겠는데, 그에 대한 연구도 그 전공 분야에 포괄되고 있다.[18]

그리고 일본에서는 '문화자원학회' 가 2002년에 창립되었다.[19] 그 학회는, 과거에 지녀 왔으며 또 현재에도 지니고 있는 풍부한 문화유산을 유효하게 활용하고 새로운 문화자원을 창출하여 미래에 전수하는 것을 목표로 설립된 것이다. 그들이 말하는 문화자원은, 한 시대의 사회와 문화를 알기 위한 단서가 되는 귀중한 자료의 총체로서의 '문화자료체文化資料體' 이다. '문화자료체' 는, 박물관이나 자료 창고에 수용될 수 없는, 건물이나 도시의 경관 혹은 전통적인 예능이나 제례와 같은 유형 · 무형의 모든 것이 포함된다고 한다. 그 학회에서는, 2002년부터 학회지 『문화자원학文化資源學』을 매년 1회씩 발행하고 있다.

중국의 경우, '절강대학' 에 '인문여유연구중심人文旅游研究中心' 이 설립되어, 2005년부터 『인문여유人文旅游』라는 학술지를 간행하고, 매년 국제대회를 개최하기 시작하였다. 그 연구 센터는, '절강대학' 내의 '인문여유' 및 '문화산업' 과 관련 있는 학과와 학술 자원을 종합하여, '인문여유' 와 '문화산업' 학술 이론의 연구를 주도하고, 절강성 여행 산업과 지역 문화 특색을 발전시키는 데 기여하고자 하는 것으로 보인다. 우리는, 그런 데서 '여행 산업' 과 '인문학' 을 연계시키고 있는 점에 주목할 필요가 있다.

---

18 일본 동경대학 인문사회계 대학원 '문화 자원학Cultural Resources Studies' 전공 홈페이지 참조.

19 「文化資源學會設立趣意書」(2002년 6월 12일 채택).

위의 사례 외에도, 중국의 정부는 근래에 크게 세가지로 전통문화 재건의 전략을 세우고서 문화 사업을 추진 · 시행하고 있는데, 그 전략적 사업의 시행이 1995년으로부터 '장쩌민'의 정부에 의해 대대적으로 행해지고 있으며, 그와 같은 국가 사업에 전통 인문학자들이 적극 참여하는 것으로 알려져 있다.

그런데 그 문화 사업 전략의 첫째는, 전통문화를 통해 민족 구성원을 하나로 통합하려는 차원의 전략이다. 둘째는, 전통문화의 재건을 위한 문화유산의 정리와 그 보호 정책의 전략이다. 셋째는, 전통문화의 재건을 위해 국민의 도덕을 함양하기 위한 국민 교육 이데올로기로서의 전통사상을 적극 활용하는 전략이다.[20]

프랑스에서는 국가가 오래 전부터 문화의 보호 · 창조 · 전파에 적극적으로 개입해 왔다. 일찍이 17세기에 설립된 '아카데미 프랑세즈(프랑스 한림원)'가 '표준이 될 만한 문학적 취향을 유지시키고 문학 용어를 확립하는 것' 곧 '프랑스어와 프랑스 문학을 보호하는 것'이라는 의미의 역할을 하는 기관으로서 끊임없이 활약해 왔다.

그리고 프랑스에서는 근래에도 '드골De Gaulle' 정부의 초대 문화부 장관을 지낸 '앙드레 말로André Malraux'가 1959년에 흩어져 있던 모든 문화 정책 기구들을 집대성한 거대 기구로서의 '문화부'를 창설하고, 이어서 문화유산 보존과 재평가에 관한 법령 제정과 함께 그 재정적 보조를 뒷받침하는 장기 정책을 확립한 후로 현재에 이르기까지 일관된 문화 정책을 펴면서 프랑스를 문화 강국으로 이루어 나가고 있으며, 그와 같은 사업에 전통 인문학자들이 적극 관여해 왔다.[21]

우리 나라에서는 '한류'가 우리 문화 산업의 성공 사례로 운위되면서도,

20 이욱연, 「지구화 시대 중국의 문화 담론과 문화 발전 전략」, 『中國現代文學』 제37호, 2006.
21 고봉만, 「국가는 문화를 위해 존재한다」, 고봉만 · 이규식 外, 『프랑스 문화예술, 악의 꽃에서 샤넬 No.5까지』 한길사, 2001.

그 국면과 현황 그리고 전망과 과제에 대한 입체적 접근이 최근에서야 이루어지고 있다.[22] 이는 문화 산업에 대한 인문학적인 심도 있는 성찰이 즉각적으로 이루어지지 못했음을 뜻한다. '인문학'에서는 장차, 문화 산업에 대한 즉각적이고도 한층 깊이 있는 성찰이 지속적으로 행해져야 할 것이다. 특히 '전통 인문학'에서는, 민족문화 자원의 활용 방안에 대하여 다각적인 분석을 행함으로써 문화관광 산업을 활성화할 수 있는 노력을 경주해야 할 것이다.

4. 전통 인문학과 문화관광 산업의 접목을 위한 종합적 제언

문화관광부는, '인문학' 특히 '전통 인문학'의 성과를 문화관광 산업의 정책에 효율적으로 접목시킴으로써 문화관광 산업의 전반에 관하여 다양한 기획과 장기적인 비전을 제시해야 할 것이며, 또한 민족 문화의 창달에 관한 효율적인 전략을 수립해야 할 것으로 판단된다. 전통 인문학의 성과를 수용하는 문화관광 산업은 국내외의 문화 수요자들이 우리의 문화유산을 더욱 바람직한 양태로 향유할 수 있도록 해야 할 것이며, 또한 문화의 자원을 다양한 콘텐츠로 변용할 수 있도록 해야 할 것이다.

따라서 우리 '전통문화 특별 자문위원회'는, 오늘의 심포지엄을 통하여 최근에 활발하게 추진 중인 문화 콘텐츠 사업의 문제점을 되짚어 보고 그 개선책을 위한 방안을 제시하며, 문화관광부가 향후에 문화관광 정보의 표준화와 한국형 문화지도의 개발에 역점을 두어야 할 것임을 제안하는 바이다. '전통문화 특별 자문위원회'의 위원들은, 文·史·哲 등으로 구성된 전문 연구 인력으로서, 전통 인문학과 문화관광 산업의 접목이라는 문제와 관련하여 그동안 다양한 방식으로 의견을 교환해 왔다. 그리고 그 연

22 김수이 편, 『한류와 21세기 문화비전』, 청동거울, 2006.

구 결과의 일단을 오늘의 심포지엄에서 발표함으로써 세부 전공 또는 분과 학문의 한계를 초월하는 연구를 권장하고, 아울러 전통문화에 대한 각계의 관심을 촉발하고자 한다. 본 연구진은, 연구 내용에서 특히 '문화관광 정보의 표준화와 문화지도의 개발'이라는 구체적인 활용 사례를 제시하고 '인문학의 전통에 근거한 문화 콘텐츠 자원의 활용 방안' 및 '전통의례의 발굴 · 복원을 통한 문화관광 산업의 전략' 등을 제시함으로써, 향후 문화관광 산업의 방향 설정에 일정하게 기여할 수 있을 것으로 기대된다.

본 위원회 주최의 심포지엄(2006. 11. 17.)이 결코 일과성의 행사로 끝나서는 안될 것이다. 인접한 일본과 중국의 사례에서 보아 알 수 있듯이, '인문학'과 문화 산업, 특히 '전통 인문학'과 문화 산업의 접목을 위한 정부 · 학계 · 사회의 공동 노력이 필요할 것이다. 이에 본 위원회는, 다음과 같은 세가지의 요망 사항을 제의하고자 한다.

첫째로 문화관광부는, '문화'가 곧 국가적 면모의 내실이며 핵심이라는 점 그리고 '도덕이 빛나 밝은 세상임을 보는 것'이 문화관광의 진정한 목적이라는 점을 깊이 인식하여, 우리 국민이 전통적으로 仁義禮知信 등의 道義를 배우고 몸으로 익히며 행동으로 실천해 온 道義之國의 국민임을 문화관광의 모든 산업과 사업을 통해 드러나도록 문화 정책의 방향을 결정하여 시행하고, 그와 관련한 국민 교육이 근래에 다소 소홀해진 점에 주목하여 국민 교육이 점차 그와 같은 방향으로 개선될 수 있도록 노력해 주기 바란다.

둘째로 문화관광부(또는 문화관광부의 특정 부서나 산하기관)는, 『전통 인문학과 문화관광 산업』(가제)이라는 학술지를 정기적으로 간행할 것을 요망한다. 그리하여 전통 인문학의 성과를 문화관광 산업에 직접 연계시키는 학술 연구가 활성화되고, 아울러 인문학적 유효성과 방향성의 관점에서 정부 주도나 정부 지원의 각종 문화관광 산업과 사업이 발전적으로 검토될 수 있기를 기대한다.

셋째로 문화관광부는, '국가 경쟁력 제고 전통문화 특별 자문위원회'가 다양한 형태의 전통문화 자원들을 수집 · 보존하고 해석하는 방안을 수립하는 연구 단체로 자리매김할 수 있도록 제도적으로 지원해 주기 바란다.

따라서 우리는 이제, 문화관광부가 문화 정책 전반의 기획 · 수립 · 시행을 실질적으로 총괄함으로써 장차 문화 담당 중앙 부처로서의 명실상부한 위상을 확립하고 나아가서 국가 경쟁력 제고에 크게 기여해 줄 것을, 전통 인문학 연구자들의 관점에서 국가의 밝은 장래를 기대하는 염원으로 요청하는 바이다.

참고문헌

1. 基本 資料

1) 中國 資料

宋刊本十三經注疏附校勘記『詩經』, 藝文印書舘, 1981.

________________『尙書』, ________.

________________『周易』, ________.

________________『禮記』, ________.

________________『春秋左傳』, ________.

________________『論語』, ________.

________________『孟子』, ________.

『論語』·『論語集註』, 京城書籍業組合, 1917.

『孟子』, 『論語集註』, 京城書籍業組合, 1922.

『大學·中庸』, 景文社, 1979.

『管子』, 中國學術名著今釋語譯, 臺北 西南書局, 1972.

『莊子』, 『漢文大系』 1, 世德堂 刊本.

『荀子』, 中國學術名著今釋語譯, 臺北 西南書局, 1972.

司馬遷, 『史記』, 樂天出版社, 1974.

『十九史略諺解』, 弘文閣, 1982

班固, 『漢書』, 樂天出版社, 1974.

『陶淵明集』, 里仁書局.
劉勰, 『文心雕龍』, 臺灣 開明書店, 1972.
蕭統, 『文選』, 商務印書館 香港私家本, 1981.
杜甫, 『分類杜工部詩』, 『杜詩諺解』本, 景仁文化社, 1975.
楊倫 編, 『杜詩鏡銓』, 里仁書局, 1981.
仇兆鰲 輯註, 『杜詩詳註』, 臺灣 正大印書館, 1974.
白樂天, 『金針格』, 『欽定四庫全書』本, 『中國詩話叢編』 收錄, 商務印書館, 1989.
歐陽脩, 『六一詩話』, 歐陽文忠集, 中華書局, 1970.
周敦頤, 『周子全書』, 商務印書館, 1978.
程顥 · 程頤, 『二程全書』, 景文社, 1981.
朱熹, 『朱子大全』, 曺龍承 影印本, 1978.
____, 『朱子語類』, ____________.
『古文眞寶』, 世昌書舘, 1928.
阮閱, 『詩話叢龜』, 『欽定四庫全書』本, 『中國詩話叢編』 收錄, 商務印書館, 1989.
徐師曾, 『文體明辯』, 京都 中文出版社, 1982.
姚鼐, 『古文辭類纂』, 臺北 華正書局有限公司, 1982.
張岱, 『四書遇』, 浙江古籍出版社, 1985.
臺靜農 編, 『百種詩話類編』, 藝文印書館, 1974.

2) 韓國 資料

『高麗史節要』, 亞細亞文化社, 1973.
『朝鮮王朝實錄』, 國史編纂委員會, 1973.
『承政院日記』, 國史編纂委員會, 1961.
『訓民正音解例本』 · 『訓民正音諺解本』.
『釋譜詳節』, 原本國語國文學叢林, 大提閣, 1986.
『月印釋譜』, ________________.
『三國史記』.
『三國遺事』.
『小學諺解』.
『杜詩諺解』, 重刊本, 1632.
『光州千字文』, 1575.
『石峯千字文』, 1583.
『註解千字文』, 1804.
『東文選』, 太學社, 1975.

『大東野乘』, 民族文化推進會, 1971.

林椿, 『西河集』, 『韓國文集叢刊』 1, 民族文化推進會.
李仁老, 『破閑集』, 『高麗名賢集』 2 收錄本, 成均館大 大東文化硏究院, 1973.
李奎報, 『東國李相國集』, 『高麗名賢集』 1 收錄本, ______________________.
崔滋, 『補閑集』, 『高麗名賢集』 2 收錄本, ______________________.
李穡, 『牧隱集』.
李獻慶, 『艮翁先生文集』.
李齊賢, 『櫟翁稗說』.
徐居正, 『徐四佳全集』, 旿晟社, 1980.
金時習, 『梅月堂全集』, 成均館大 大東文化硏究院, 1973.
南孝溫, 「師友名行錄」, 『大東野乘』 收錄本, 民族文化推進會, 1971.
______, 『秋江先生文集』, 『韓國文集叢刊』 16, 民族文化推進會, 1988.
徐敬德, 『花潭集』, 『韓國文集叢刊』 24, 民族文化推進會, 1971.
李滉, 『退溪全書』, 成均館大 大東文化硏究院, 1958.
李珥, 『栗谷全書』, ______________________.
許筠, 『許筠全書』, ______________________.
李睟光, 『芝峯類說』, 景仁文化社, 1970.
張維, 『谿谷集』, 『韓國文集叢刊』 92, 民族文化推進會, 1981.
金萬重, 『西浦集 · 西浦漫筆』, 通文館, 1971.
金昌協, 『農巖集』, 『韓國文集叢刊』 162, 民族文化推進會, 1996.
金壽長 編, 『海東歌謠』.
洪良浩, 『耳溪集』, 『韓國文集叢刊』 242, 民族文化推進會, 2000.
朴趾源, 『燕巖集』, 景仁文化社, 1974.
洪大容, 『湛軒書』, 『韓國文集叢刊』 248, 民族文化推進會, 2000.
丁若鏞, 『增補與猶堂全書』, 서울大 古書刊行會, 1969.
申緯, 『警修堂全藁』, 『韓國文集叢刊』 291, 民族文化推進會, 2002.
____, 『申紫霞詩集』, 景文社, 1980.
金澤榮, 『韶濩堂集』, 『韓國文集叢刊』 347, 民族文化推進會, 2005.
韓龍雲, 『韓龍雲全集』, 新丘文化社, 1973.
______, 『님의 沈默』, 滙東書館, 1926.
『열녀춘향수절가』, 『韓國古代小說叢書』 2, 通文館, 1958.
가람본 『별토전』(필사본), 1887.
오영순 소장 『장홍보전』(필사본), 1908.

2. 論著

1) 著書

郭紹虞, 『中國文學批評史』, 臺南 平平出版社, 1974.

廖振佑, 『古代漢語特殊語法』, 內蒙古人民出版社, 1979.

楊伯峻, 『古漢語虛詞』, 北京, 中華書局, 1981.

王力, 『古漢語通論』, 北京, 中外出版社, 1976.

松下大三郞, 『標準漢文法』, 東京, 勉誠社, 1939.

姜信沆, 수정증보 『訓民正音研究』, 成均館大學校 出版部, 1987.

金明昊, 『熱河日記 研究』, 창작과 비평사, 1990.

______, 『박지원 문학 연구』, 成均館大 大東文化研究院, 2001.

김수이 편, 『한류와 21세기 문화비전』, 청동거울, 2006.

김영한, 『르네상스 휴머니즘과 유토피아즘』, 탐구당, 1989.

南豊鉉, 『吏讀研究』, 태학사, 2000.

朴箕錫, 『朴趾源文學研究』, 三知院, 1984.

박봉목 외, 『르네상스 휴머니즘의 현대적 의의』, 영남대학교 출판부, 1990.

박창원, 『훈민정음』, 신구문화사, 2005.

梁柱東, 『麗謠箋注』(訂正版), 乙酉文化社, 1995.

林熒澤, 『韓國文學史의 視角』, 창작과 비평사, 1984.

李家源, 『漢文新講』, 新丘文化社, 1960.

______, 『燕巖小說研究』, 乙酉文化社, 1965.

李覲洙, 『訓民正音新研究』, 寶庫社, 1995.

李基文, 『國語史槪說』(改訂版), 塔出版社, 1972.

李丞宰, 『高麗時代의 吏讀』, 태학사, 1992.

鄭堯一, 『漢文學批評論』, 仁荷大 出版部, 1990 ; 集文堂, 1994.

______, 『漢文學의 研究와 解釋』, 一潮閣, 2000.

趙潤濟, 『朝鮮詩歌史綱』, 東光堂書店, 1937.

車相轅, 『中國古典文學評論史』(改定重版), 汎學社, 1979.

車溶柱, 『韓國漢文小說史』, 亞細亞文化社, 1989.

______ 編, 『燕巖研究』, 啓明大學校 出版部, 1984.

2) 論文

고봉만, 「국가는 문화를 위해 존재한다」, 『프랑스 문화예술, 악의 꽃에서 샤넬 No.5까지』(고봉만 · 이규식 外), 한길사, 2001.

琴章泰, 「義理思想과 선비精神」, 『月刊朝鮮』 1981. 6월호.

_____, 「선비와 선비정신」, 『大學國語作文』, 서울대학교 출판부, 1994.

金慶漢, 「陶山十二曲에 對한 硏究」, 『陶南 趙潤濟 博士 華甲記念 論文集』, 新雅社, 1964.

金均泰, 「兩班傳의 主題」, 『韓國文學史의 爭點』, 集文堂, 1986.

김남두, 「인문학의 성격과 한국 인문학의 과제」, 이성원 외 편저, 『인문과학의 이념과 방법론』, 성균관대학교 인문과학연구소. 1995.

金昞國, 「高山九曲歌 硏究-'精言妙選'과 관련하여-」, 성균관대 박사학위 논문, 1991.

_____, 「'精言妙選'과 栗谷의 選詩觀」, 『陶南學報』 13집, 陶南學會, 1992.

_____, 「'精言妙選'의 文獻的 檢討와 栗谷의 詩觀」, 『書誌學報』 15號, 韓國書誌學會, 1995.

김윤조, 「樗村 李廷燮의 생애와 문학」, 『韓國漢文學硏究』 제14집, 한국한문학회, 1991.

金周漢, 「退溪와 南冥의 文學觀 小攷」, 『民族文化論叢』 5, 嶺南大 民族文化硏究所, 1984.

_____, 「李退溪의 文學觀」, 『退溪學報』 61, 退溪學硏究院, 1989.

金智勇, 「退溪의 文學觀과 茶山의 文學論 比較硏究」, 『退溪學硏究』 第2輯, 檀國大 退溪學硏究所, 1988.

金鎭英, 「兩班傳의 諷刺性考」, 『태능어문』 1, 서울女大 國文科, 1981.

金豊起, 「'精言妙選'에 나타난 栗谷의 審美理想」, 『語文論集』 30집, 고려대, 1991.

金學成, 「燕巖小說의 諷刺性」, 『文理大學報』 26, 서울大, 1971.

金惠淑, 「韓國漢詩論에 있어서 天機에 대한 고찰」(1), 『韓國漢詩硏究』 2, 한국한시학회, 1994.

_____, 「韓國漢詩論에 있어서 天機에 대한 고찰」(2), 『韓國漢詩硏究』 3, 한국한시학회, 1995.

金興圭, 「李奎報의 氣 · 意論」, 『東洋學 國際學術會議 論文集』, 成均館大 大東文化硏究院, 1993.

朴箕錫, 「燕巖의 初期 九傳에 對한 一考-穢德先生傳을 中心으로-」, 張德順 先生華甲紀念 『韓國古典散文硏究』, 同和文化社, 1981.

박명진, 「일본의 대중문화」, 제7차 〈동숭포럼〉, 2006.

박무영, 「정약용 시문학의 연구」, 이화여대 박사학위 논문, 1992.
백종현, 「문화란 무엇인가」, 『우리말 철학사전 1. 과학 · 인간 · 존재』, 지식산업사, 2001.
徐首生, 「退溪는 文學을 어떻게 보았나」, 『文學思想』 25, 文學思想社, 1974.
徐元燮, 「退溪의 陶山十二曲 研究」, 『退溪學研究』 2, 慶尙北道, 1974.
沈浩澤, 「文學論의 나타난 氣의 類型 體系 試攷」, 『국어국문학』 제87호, 국어국문학회, 1982.
윤재민, 「홍세태의 문학사상」, 『한국문학사상사』, 계명문학사, 1991.
李家源, 「燕巖小說과 實學思想-특히 兩班傳을 中心으로-」, 『韓國思想叢書』 II, 韓國思想研究會, 1973.
______, 「退溪 先生의 文學」, 『退溪學報』 10, 退溪學研究院, 1976.
李光麟 · 李佑成 · 崔永浩, 「鼎談 · 韓國의 선비 文化」, 『韓國의 선비 文化』, 時事英語社, 韓國文化시리즈 2, 1982.
李東歡, 「朴趾源論」, 『韓國文學作家論』, 螢雪出版社, 1977.
______, 「朝鮮後期 '天機論'의 概念 및 美學理念과 그 文藝 · 理想史的 聯關」, 『韓國漢文學研究』 제28집, 한국한문학회, 2001.
李敏弘, 「士林派의 鄕樂에 대한 見解」, 『碧史 李佑成 教授 定年退職 記念論叢』(上), 창작과비평사, 1990.
이승수, 「17세기 말 천기론의 형성과 인식의 기반」, 『韓國漢文學研究』 제18집, 한국한문학회, 1995.
李然世, 「栗谷의 風格論에 대한 研究」, 『인하어문연구』 1집, 인하대 국어국문학과, 1994.
李源周, 「退溪 先生의 文學觀」, 『韓國學論集』 第8輯, 啓明大 韓國學研究所, 1981.
이욱연, 「지구화 시대 중국의 문화 담론과 문화 발전 전략」, 『中國現代文學』 제37호, 2006.
李廷卓, 「退溪文學 研究」, 『安東文化』 9, 安東大 安東文化研究所, 1988.
任侑炅, 「18세기 천기론의 특징」, 『韓國漢文學研究』 제19집, 한국한문학회, 1996.
林熒澤, 「朴燕巖의 友情論과 倫理意識의 方向-馬駔傳과 穢德先生傳의 分析-」, 『韓國漢文學研究』 I, 韓國漢文學研究會, 1976.
______, 「國文詩의 傳統과 陶山十二曲」, 『退溪學報』 19, 退溪學研究院, 1978.
張源哲, 「조선후기 문학사상의 전개와 천기론」, 한국학대학원 석사학위 논문, 1982.
鄭然峰, 「張維 시문학 연구-莊子的 天機論을 중심으로-」, 고려대학교 박사학위 논문, 1989.
鄭堯一, 「文以載道論의 理解」, 『韓國漢文學研究』 第六輯, 韓國漢文學研究會, 1982.
______, 「古典批評 用語의 概念 規定」, 『韓國漢文學研究』 第7輯, 韓國漢文學研究會,

1984.
______, 「韓國 古典文學理論으로서의 道德論 硏究」, 서울대 박사학위 논문, 1985.
______, 「退溪의 文學論」, 『退溪學硏究』 第4輯, 檀國大 退溪學硏究所, 1990.
______, 「李奎報의 文學思想」, 『震檀學報』 第八十三號, 震檀學會, 1997.
______, 「선비精神과 선비精神의 文學論」, 『省谷論叢』 三十輯, 省谷學術文化財團, 1999.
정우봉, 「김창협 시론의 비평사적 의의」, 『어문논집』 31집, 고려대 국어국문학과, 1992.
정인승, 「陶山十二曲에 담긴 退溪 先生의 낙천주의」, 『나라사랑』 48, 외솔회, 1983.
曺圭益, 「退溪의 詩歌觀 小攷」, 『退溪學硏究』 第2輯, 檀國大 退溪學硏究所, 1988.
趙東一, 「李滉」, 『韓國文學思想史試論』, 知識産業社, 1978.
진영미, 「天機의 槪念과 特性」, 『韓國詩歌硏究』 제5집, 한국시가학회, 1999.
진재교, 「耳溪 洪良浩의 文學論」, 『古典文學硏究』 제15집, 1999.
車相轅, 「宋儒의 文學觀」, 『儒教學論叢』, 東喬 閔泰植 博士 古稀紀念 論叢 發行委員會, 1972.
崔承洵, 「栗谷의 文學觀」, 『栗谷思想硏究』 1집, 栗谷學會, 1994.
崔載南, 「'六歌'의 受容과 傳承에 대한 고찰」, 『冠嶽語文硏究』 第12輯, 서울大 國文科, 1987.

찾아보기

ㄱ

ㄴ

ㄷ

ㄹ

ㅁ

ㅂ

ㅅ

ㅈ

ㅊ

ㅌ

ㅍ

ㅎ

정요일 鄭堯一

1946년 인천 출생
서울대학교 문리과대학 국어국문학과 졸업
서울대학교 대학원 국어국문학과 졸업(문학박사)
단국대학교 동양학 연구소 『漢韓大辭典』 편찬원 역임
계명대학교 한문교육과 · 인하대학교 국어교육과 교수 역임
한국고전연구학회 · 한국한문학회 회장 역임
현재 서강대학교 국어국문학과 교수
문화관광부 국가 경쟁력 제고 '전통문화 특별 자문위원회' 위원장

저서

『한국고전시학사』(공저, 홍성사, 1979)
『한문학비평론』(인하대학교 출판부, 1990)
『한문과 한문학』(공편저, 인하대학교 출판부, 1997)
『고전비평 용어 연구』(공저, 태학사, 1998)
『한문학의 연구와 해석』(일조각, 2000)
『논어 강의』(새문사, 2009)

논문

「퇴계의 문학론」(1990)
「한시비평 용어의 개념 규정」(1997)
「선비정신과 선비정신의 문학론」(1999) 등

한문학漢文學의 논리

1판 1쇄 펴낸날 2009년 2월 20일

지은이 | 정요일

펴낸이 | 김시연

펴낸곳 | (주) 일조각

등록 | 1953년 9월 3일 제300-1953-1호(구 : 제1-298호)

주소 | 110-062 서울시 종로구 신문로 2가 1-335

전화 | 734-3545 / 733-8811(편집부)

733-5430 / 733-5431(영업부)

팩스 | 735-9994(편집부) / 738-5857(영업부)

이메일 | ilchokak@hanmail.net

홈페이지 | www.ilchokak.co.kr

ISBN 978-89-337-0556-8 93800

값 20,000원

* 이 도서의 국립중앙도서관 출판시도서목록(CIP)은
e-CIP홈페이지(http://www.nl.go.kr/ecip)에서 이용하실 수 있습니다.
(CIP제어번호 : CIP2009000372)